성경의 맥을 따라 읽으라

The Old Testament

성경의 맥을 따라 읽으라

구순옥 지음

[구약 성경]

아침향기

친구의 전도를 받고 처음 교회에 나간 그 시절이 생각난다. 주일날 목사님의 설교 말씀을 듣고 집에 와서 해당 본문과 전후의 앞 뒷장을 읽었다. 나의 신앙생활은 성경읽기로 시작되었다.

요즈음에는 성경 안에 책별로 안내문이 실려 있고 어려운 단어는 해설도 덧붙여 있어서 그나마 많은 도움이 된다. 그러나 그 시절에는 달랑 성경 본문과 참고 성경 구절만 있을 뿐이었다. 그럼에도 말씀을 읽는 재미에 푹 빠졌다. 다른 어떤 책과 비교할 수 없는 독특한 내용이었지만 지루하지 않았다. 성경을 읽으면서 신학이라는 전혀 새로운 학문에 관심을 갖게 되었고 결국 신학대학원에 입학하는 예상하지 못한 일이 벌어지고 말았다. 학교에서 신구약 개론과 성경을 책별로 배우면서 '아! 성경은 이런 책이구나. 그럼 이런 강의 듣지 못한 일반 성도들은 어떻게 이해하고 파악할까' 하는 안타까운 마음이 끊임없이 스쳤다. 지금은 교회 마다 성경 공부 시간이 다양하게 준비되어 있지만, 당시에는 구역 공과와 주일학교 공과 정도의 교육이 전부였다.

신학교를 졸업하던 바로 그 해 여름에, 남편이 뒤늦게 공부하느라 온 가족이 미국으로 가게 되었다. 한인교회에 다니면서 진로를 생각하다 결국 기독교 교육을 공부하게 되었다. 다락방과 감리교 출판부서가 있던 지역이라 자연스럽게 여기에 연결되면서(Nashville, TN), 성경 공부 교재와 번역하는 일을 도왔다. 한인교회에서는 성인을 위한 성경공부를 인도하며 차츰 평신도의 입장에서 생각하게 되었다. 그들은 무엇을 궁금해 하는가? 성경을 어떻게 읽고 있는가? 덕분에 많은 것을 배우고 깨닫는 은혜를 누렸다.

서울에 돌아와 모교회(남서울교회)에서 사역을 시작하게 되었다. 그 때가 1996년 12월이었다. 새 가족을 맞이하고 관리하는 일을 맡게 되었다. 해가 바뀌어 신구약 성경 읽기를 성도들과 함께 시작하면서 내가 인도하는 성경 공부반이 개설되었다. 비록 15명이 채 안 되는 성도들이 모였지만, 교재를 직접 만들어 함께 공부하면서 여러 해가 지나갔다. 성도들도 차츰 성경 공부에 재미를 붙였다. 은혜롭고 재미있다는 성도들의 반응에 힘을 얻어 오늘날까지 성경 읽기반은 계속되고 있다. 해마다 교재에 조금씩 변화를 주면서 어느덧 14년의 세월이 지나갔다. 많은 성도들이 사용하는 교재를 책으로 출판하면 좋겠다고 말씀하셨다. 내 스스로도 은퇴하기 이전에 책으로 묶어야지 생각은 했지만 실천에 옮기지 못하고 2012년 12월 은퇴하였다. 그제야 사역에 쫓겨 다니는 분주함을 내려놓고 넉넉한 마음으로 지난 한 해 동안 성경 읽기반을 인도하면서 원고를 정리하고 출판할 마음을 갖게 되었다.

지난 14년 동안 신구약 읽기반에 참여한 성도들로부터 성경의 전체적인 흐름을 알게 되었다는 반응이 가장 많았다. 대부분의 성도들이 성경의 전체적인 흐름과 맥을 파악하지 못한 채 설교 말씀 위주로 성경을 만나고 있다. 선포되는 말씀을 통해 하나님의 은혜는 경험하지만, 말씀을 감싸고 있는 역사와 배경을 이해하기는 쉽지 않다. 이를 보완하기 위해 말씀의 참고서로 준비하였다. 그리고 성도들이 어떻게 이 책을 쉽게 내 것으로 만들어 갈 수 있을까에 많은 주의를 기울였다.

첫 번째 제안은 목사님의 지난 주일날 설교 말씀을 상기해 보는 것이다. 본문이 창세기의 요셉과 형제들에 대한 말씀이라고 가정해 보자. 그럼 이번 한 주 동안에 이 책의 창세기 부분을 읽어 본다. 창세기 전체를 다 읽기 어려우면 야곱과 요셉에 대한 부분을 찾아보는 것도 좋다. 야곱과 요셉 이야기의 앞부분에는 무슨 내용이 있는가? 이 책의 창세기를 소설책 읽어가듯이 읽자. 창세기의 전체적인 흐름과 맥이 잡혀 갈 것이다. 매주 이렇게 계속해서 이 책의 내용과 만나 간다면, 어느 날 전체가 보이면서 말씀의 의미를 새롭게 발견할 수 있으리라!

두 번째 제안은 창세기를 한 달 동안 한번 읽어 보자 한 달에 못하면 두 달에 걸쳐서라도! 이런 나름의 계획을 세우고 창세기를 읽어 간다. 이 책을 옆에 앉혀 놓고서! 이렇게 창세기, 출애굽기 순서대로 성경과 본서를 함께 읽어 가는 것이 가장 좋은 방법이다. 일단 구약의 전체를 마무리한 이후에 신약으로 넘어가는 것이 좋겠다.

세 번째 제안은 교회 내의 성경 읽기반을 통해 성경을 읽으면서 이 책을 참고서로 읽는 방법이다. 어느 방법을 택하든 간에 하나님의 구원 역사를 보다 넓은 시야로 읽으면서 크신 하나님을 경험할 수 있을 것 같다. 시대 별로 당대의 역사와 배경을 알아 가면서 하나님의 은혜를 누리기를 기대한다.

그동안 매 학기 초마다 강의안을 중심으로 복사본 만드느라 사무실의 직원들이 얼마나 분주했는지 모른다. 참 죄송한 마음이었다. 이제 이 책이 나오면 한결 부담을 덜 수 있지 않을까 싶다. 성경을 읽으면서 누린 은혜와 감동을 교회 안에서 나눌 수 있도록 기회와 지혜를 부어주신 하나님께 가장 먼저 감사드린다! 강의를 위해 늘 격려해 주신 이철 목사님, 은퇴 이후에도 계속 강의할 수 있도록 배려해 주신 시원스러운 화종부 목사님, 지난 10 여년 간 친구처럼 가깝게 지내면서 말씀을 함께 나누었던 남서울교회의 성도들, 몇 년 전부터 책 출간을 강력하게 주장하며 밀어붙여 왔던 룸메이트 유진방 집사, 모두에게 감사드린다! 출판 과정에서 온갖 수고를 다하신 강신억 목사님과 편집 및 교정을 위해 애쓰신 모든 스텝들에게도 감사의 인사를 드리고 싶다.

바라기는 이 작은 책이 성경에 대해 궁금해 하는 성도들에게, 보다 넓은 시각으로 성경의 전체를 파악하면서 역사 안에 전개되어진 하나님의 구원 역사를 알고자 하는 성도들에게, 그 옛날 초등학교 시절 교과서 옆에 두고 참고하며 공부하던 전과지도서와 같은 역할을 해 준다면 더 바랄 게 없겠다.

2014년 5월 **구순옥**

글 싣는 순서

[구약 성경]

역사는 하나님의 인도하심으로 전개되는 구속의 역사와
인간의 역사로 이어지는 세속의 역사로 전개되고 있다.

하나님을 왕으로 모신 하나님 나라의 역사(구속사)!
세상의 왕들을 중심으로 펼쳐지는 세상 나라의 역사(세속사)!
그 안에서 성경은 펼쳐지고 있다.

창세기 1-11장에서는 구속의 역사와 세속의 역사가 함께 한다.
아브라함(창세기 12장)의 부르심으로부터 하나님의 구속의 역사는 구체적
으로 시작된다. 아브라함, 이삭, 야곱으로 이어지는 구속의 역사는 모세와
출애굽, 사사시대, 왕정시대, 포로시대와 포로회복 시대를 거쳐 400여년
의 공백기, 그리고 메시야로 오신 예수 그리스도로 연결된다.

구약 성경

The Old Testament

구약성경 읽기

1. 구약시대의 흐름과 배경

시 대	주 요 내 용
• 창조 시대	천지창조–인류의 타락–노아의 방주, 심판–바벨탑(인류의 분산과 수많은 언어). (창세기 1–11장)
• 족장 시대	아브라함의 부르심–이삭–야곱–12지파–요셉(애굽 이주). (창세기 12–50장)
• 애굽 시대	이스라엘의 종살이 430년
• 모세 시대	모세를 부르심–출애굽–시내산–가데스바네아–모압 평지(출애굽기, 레위기, 민수기, 신명기).
• 여호수아 시대	가나안 정복과 정착 시대
• 사사 시대	12 사사들(340년) 옷니엘 — 기드온 — 입다 — 삼손 — 사무엘
• 왕정 시대	초대 왕 사울–다윗 시대(통일 왕국)–솔로몬 시대
• 분열왕국 시대	남유다 왕국(BC 586 바벨론에 멸망) → 북 이스라엘 왕국(BC 722 앗수르에 멸망).
• 바벨론 포로 시대	70년
• 포로 귀환 시대	스룹바벨, 에스라, 느헤미야
• 신구약 중간 시대	400여년

2. 구약 성경의 내용과 분류

모세오경(5권)	창세기 출애굽기 레위기 민수기 신명기
역사서(17권)	여호수아 사사기 룻기 사무엘상·하 열왕기상·하 역대상·하 에스라 느헤미야 에스더
시가서(5권)	욥기 시편 잠언 전도 아가
예언서(17권)	**대선지서:** 이사야 예레미야 예레미야애가 에스겔 다니엘 **소선지서:** 호세아 요엘 아모스 오바댜 요나 미가 나훔 하박국 스바냐 학개 스가랴 말라기

★역사서(17권)에 대해서

• 창조 시대	창세기 1–11장 인류의 역사 : 세속사 + 구속사
• 족장 시대	창세기 12–50장 이스라엘의 부름 : 구속사
• 모세 시대	출애굽기 레위기 민수기 신명기 : 구속사
• 사사 시대	여호수아 사사기 룻기 사무엘상·하: 구속사
• 왕정 시대	열왕기상·하 역대상·하 구속사
• 포로시대와 그 이후	에스라 느헤미야 에스더 : 구속사

★구약 성경의 흐름

창세기 ➡ 출애굽기 ➡ 민수기 ➡ 여호수아 ➡ 사사기 ➡ 사무엘상·하
(욥기)   (레위기) (신명기)   (룻기)   (시편)

➡ 열왕기상·하 ➡ 역대상·하 ➡ 에스라 ➡ 느헤미야 ➡ 신약 ➡
(잠언 전도서 아가)   (다니엘 에스겔)   (에스더 학개 스가랴 말라기)

3. 성경의 정경화 과정

• 유대 멸망(바벨론 BC 586) → 바벨론 멸망 (바사 BC 539) → 바사 멸망 (알렉산더의 헬라제국 BC 330)→ 프톨레미 왕조(알렉산더 대왕 33세 요절)

프톨레미 2세 시대에 두루마리 성경을 당시 공용어였던 헬라어로 번역하였다. 당시 알렉산드리아에 살고 있던 유대인 디아스포라 72명이 번역한 이 성경을 '70인 역' 이라고 불렀다(BC 280년경 구약 39권 완역).

신약은 AD 95–100년경 완성되었고, AD 397년 카르타고 공회에서 신약 27권이 정경으로 채택되었다. 성경의 단락이 구분된 것은 AD 13세기 무렵에 시작되었다.

먼저 각 권의 책 제목들이 붙여졌고 이어서 각 책의 장들이 분리되었다. 각 장은 1–2문장으로 이루어진 절들로 나뉘었다. 히브리어 성경(구약)과 헬라어 성경(신약)의 원문에서는 장과 절이 나뉘어져 있지 않았다.

4. 구약 시대의 중요한 하나님 언약

언약명	성경	내 용
1) 원시복음 (창 3:15)	'내가 너로 여자와 원수가 되게 하고 네 후손도 여자의 후손과 원수가 되게 하리니 여자의 후손은 네 머리를 상하게 할 것이요 너는 그의 발꿈치를 상하게 할 것이니라'	아담과 하와는 저들의 불순종으로 인해 에덴동산에서 추방당하였고 하나님의 저주를 받았지만, 그럼에도 하나님은 구원의 문을 열어 놓으셨다. 여자의 후손으로 오실 예수 그리스도를 통해 사탄은 멸망할 것이다. (구원을 선포: 요한 3:16과 연결)
2) 무지개 언약 (창 9:11–17)	'내가 너희와 언약을 세우리니 다시는 모든 생물을 홍수로 멸하지 아니할 것이라 땅을 멸할 홍수가 다시 있지 아니하리라 …… 대대로 영원히 세우는 언약의 증거는 이것이니라 내가 내 무지개를 구름 속에 두었나니 이것이 나와 세상 사이의 언약의 증거니라'	무지개 언약을 통해 하나님께서는 인류를 멸망시킬 그 어떠한 재앙도 없을 것임을 약속하셨다. (세상은 멸망하지 않는다)

3) 횃불 언약 (창 15:17-21)	'해가 져서 어두울 때에 연기 나는 화로가 보이며 타는 횃불이 쪼갠 고기 사이로 지나더라 그 날에 여호와께서 아브람과 더불어 언약을 세워 이르시되 내가 이 땅을 애굽 강에서부터 그 큰 강 유브라데까지 네 자손에게 주노니'	하나님께서 아브람을 부르시고 그를 통해 축복하셨다. 아브람은 하나님을 믿어 이로 인해 의를 인정받게 된다. 하나님은 아브람에게 제사를 명령하시고 제물을 준비한 아브람과 횃불언약을 맺으신다. 제물 사이로 지나가는 횃불(하나님 임재)을 통해 택한 백성에게 가나안 땅을 허락하심.
4) 할례 언약 (창 17:1-14)	'하나님이 또 아브라함에게 이르시되 그런즉 너는 내 언약을 지키고 네 후손도 대대로 지키라 너희 중 남자는 다 할례를 받으라 이것이 나와 너희와 너희 후손 사이에 지킬 내 언약이니라'	남자의 표피를 베는 의식을 통해 하나님은 당신의 소유임을 확인하셨다. 이 할례 언약을 통해 모든 하나님의 백성들은 자자 손손 하나님의 자녀임을 상징하는 의식을 치룬 것이다. 아브라함은 하나님의 인치심을 받는 할례의식 이후 사라와의 사이에서 약속의 자녀인 이삭을 낳았다.
5) 벧엘 언약 (창 28:10-22, 35:1-15)	'네 이름이 야곱이지마는 네 이름을 다시는 야곱이라 부르지 않겠고 이스라엘이 네 이름이 되리라 하시고 그가 그의 이름을 이스라엘이라 부르시고 하나님이 그에게 이르시되 나는 전능한 하나님이라 생육하며 번성하라 한 백성과 백성들의 총회가 네게서 나오고 왕들이 네 허리에서 나오리라'	야곱은 형 에서로부터 도망가는 여정 가운데 길에서 돌베개로 잠을 자던 중 하나님의 임재를 경험하고 서원 기도하였다. 이곳이 바로 벧엘이다. 그 후 20여년의 세월이 지나고 다시금 야곱은 벧엘에서 하나님을 만나게 된다. 하나님을 만나면서 그는 가족과 종들에 이르기까지 지니고 있던 모든 이방 신상들을 땅에 묻고 하나님 앞에 단을 쌓는다. 아브라함에게 주신 언약의 말씀(네 후손이 번성하리라)이 야곱을 통하여(12 아들은 이스라엘의 12 지파가 됨) 다시금 재확인되었다.
6) 시내산 언약 (출 19:5-6)	'세계가 다 내게 속하였나니 너희가 내 말을 잘 듣고 내 언약을 지키면 너희는 모든 민족 중에서 내 소유가 되겠고 너희가 내게 대하여 제사장 나라가 되며 거룩한 백성이 되리라 너는 이 말을 이스라엘 자손에게 전할지니라'	이스라엘 백성을 애굽에서 가나안으로 인도하시면서 하나님은 시내산에 이르러 언약을 맺으신다. 하나님의 말씀을 듣고 언약을 지키면 하나님의 소유된 백성이요, 제사장 나라요, 거룩한 백성이 되리라고 약속하셨다. 언약이 맺어진 이후에 하나님은 이스라엘 백성들에게 십계명을 허락하셨다(출 20장).

7) 다윗 언약 (삼하 7:8-17)	'네 집과 네 나라가 내 앞에서 영원히 보전되고 네 왕위가 영원히 견고하리라'	하나님은 나단 선지자를 통해 다윗과 언약을 맺으신다. 다윗을 이스라엘의 주권자로 삼으시고, 어디로 가든지 하나님이 함께 하시며, 다윗의 몸에서 태어날 자식을 통해 나라가 견고하게 될 것임을 약속하셨다. 만일 그 아들이 범죄 하면 사람 막대기와 인생 채찍으로 징계하시지만 하나님의 은총을 빼앗지 아니하실 것이요, 다윗의 집과 나라가 영원히 보전되고 견고할 것임을 약속하셨다.
8) 새 언약 (렘 31:31-34)	'여호와의 말씀이니라 보라 날이 이르리니 내가 이스라엘 집과 유다 집에 새 언약을 맺으리라 …… 그들이 다시는 각기 이웃과 형제를 가리켜 이르기를 너는 여호와를 알라 하지 아니하리니 이는 작은 자로부터 큰 자까지 다 나를 알기 때문이라 내가 그들의 악행을 사하고 다시는 그 죄를 기억하지 아니하리라 여호와의 말씀이니라'	우상 숭배로 말미암아 죄에 빠진 이스라엘을 하나님은 바벨론 포로가 되게 하셨다. 유다 왕국은 멸망했지만 예언의 말씀대로 70년 이후 포로들은 예루살렘으로 돌아오는 회복에 대한 언약이다. 하나님은 이스라엘을 다시 회복시키시고 새롭게 하나님의 언약 백성으로 세울 것임을 선포하고 있다. 새 언약의 의미는 여기에 그치지 않고, 예수 그리스도(메시야)를 통한 구원을 가리키고 있다. 새 언약은 믿음으로 구원에 이르는 예수 그리스도를 통해 완성될 보혈의 언약을 예표한다.

5. 더 깊은 연구와 삶의 적용

1) 창세기에서 말라기에 이르기까지 구약의 전체적인 역사의 흐름을 살펴보자.

2) 바벨론 포로에서 회복된 그 이후, 이스라엘은 역사 안에서 어떻게 존재하였는가?

3) 구약 성경의 내용을 종류별로 구별지어 보자.

4) 구약에 나타난 하나님의 언약의 말씀을 찾아보자. 언약의 말씀들 중에서 가장 내 마음에 와 닿는 내용은 무엇인가?

창세기

Genesis

1. 창세기를 어떻게 읽을 것인가

창세기는 시작의 책이다. 시작은 마음만 먹으면 그럭저럭 읽으면서 전체를 파악하기 어렵지 않다. 성경을 읽거나 공부할 때 창세기에서는 막힘없이 비교적 잘 읽어 내려간다. 게다가 족장들의 이야기는 서술체로 읽기가 비교적 쉽고 재미있다. 그러나 창세기를 쉽게 이야기의 흐름만을 따라서 읽어 내려가면 구약 전체를 읽는데 실패하기 십상이다. 왜냐하면 하나님과 이스라엘 백성들과 맺은 언약의 의미를 깊이 생각하지 않으면 하나님의 약속(언약/ 구속)의 의미를 놓치기 때문이다.

어떻게 읽어 가야 하나? 태초에 하나님이 천지를 창조하셨다는데 그 이후 역사는 어떻게 전개되어 가는가하는 질문을 안고 읽어 가야 한다. 구속의 역사는 어떻게 전개되고 있는가? 아브라함, 이삭, 야곱과 12 아들들, 그리고 하나님은 인간의 삶 속에 어떻게 관련을 맺고 계신가하는 궁금증을 안고 하나님의 구속의 역사라는 큰 드라마를 알고 싶어 하는 마음으로 읽어 가야 한다. 하나님의 구속의 역사, 은혜의 역사라는 큰 그림을 우리 머리와 마음에 담고 나아가자~! 구약의 마지막 책 말라기를 읽으면서, 신약의 마지막 요한계시록을 읽으면서, 성경에 나타난 하나님의 구원의 역사는 바로 이것이로구나 하는 감격을 함께 누려 볼 수 있도록 역사적인 흐름과 틀 안에서 하나하나 차근히 읽어 가자~!

창세기의 주제어: '하나님이 보시기에 좋았더라' (1:4)

하나님께서 천지를 창조하시기 이전 땅은 혼돈하고 공허하며 흑암이 깊음 위에 있었다(창1:2). 하나님의 천지창조는 6일 동안 계속되었다. 모든 창조에 대한 하나님의 반응은 '하나님 보시기에 좋았더라' 고 7번이나 반복되고 있다. 특별히 인간은 하나님의 형상(창1:26)을 따라 창조되었다. 그러나 첫 사람 아담과 하와의 불순종으로 인해 인간은 타락하였고, 하나님의 동산 에덴에서 쫓겨났다. 하나님 보시기에 좋은 창조의 역사는 막을 내리고 인류는 하나님의 저주를 받게 된다. 인류의 역사는 인간의 불순종으로 인해 하나님과 불화의 관계로 시작되지만, 다른 한편으로 하나님의 구속 역사는 약속의 말씀(원시복음, 창3:15)을 통해 전개되었다.

구속사는 사건 중심의 인간의 역사가 아니라, 하나님께서 택한 백성들의 역사 안에 하나님이 개입하시는 구원의 역사를 중점적으로 다루고 있다. 하나님의 명령에 불순종하였음에도 인류를 향한 구원의 장치를 하나님께서 마련해 놓으신 창세기의 내용은 다음과 같다.

1. 1-11장은 전 인류의 역사(세속사와 구속사가 함께)를 함께 다루고
2. 12-50장은 하나님의 택한 백성의 역사, 구속사(족장시대의 역사: 아브라함, 이삭, 야곱, 요셉과 12지파로 이어지는 약 300년의 세월)가 펼쳐지고 있다.

2. 저자 · 기록연대 · 기록동기

천지창조와 인간의 타락, 노아의 홍수, 바벨탑 사건(1-11장) 등 인류의 초기 역사와 모세가 태어나기 전 약 3000 여년 이전의 족장시대의 역사를 기록

하고 있다. 애굽의 궁중에서 당대 최고의 학문으로 교육받은 모세가 구전되어 온 족장 시대의 역사(아브라함, 이삭, 야곱과 12지파)를 성령의 인도하심으로 기록하였다. 이는 신약(마 19:4–8, 눅 16: 29–31)에서 분명히 명시되어 있다.

기록연대: 이스라엘이 출애굽한 이후 모세가 느보산에서 죽기 이전(신 34:1–5)에 기록된 것으로 추정된다. 창세기의 마지막 부분은 출애굽기 1:1과 역사적으로 연계되고 있다.

기록동기: 모세 오경 중에서 첫 번째인 창세기는 출애굽 이후 광야 생활하던 이스라엘 백성들을 향해 모세가 기록하였다. 모세는 이들에게 족장시대의 과거 역사를 알려줌으로 이스라엘을 하나님의 택한 백성임을 확신시켜 주었고, 이를 통한 하나님의 사랑과 구원을 알려 주려고 했다. 이스라엘 백성들은 창세기를 통해 출애굽의 사건은 하나님의 계획된 구원 역사임을 깨닫게 되었다. 더 나아가 우리 모두에게 하나님의 천지창조와 인간의 타락, 택한 백성 이스라엘을 통한 하나님의 구원 역사가 전개되고 있음을 알려 주고자 기록되었다.

3. 창세기의 파노라마

주제	천치창조와 인류의 초기 역사				족장 시대의 신앙과 삶			
내용 구분	1:1　3:1	6:1	10:1	12:1	25:1	27:1	37:1	50:26
	창조	타락	노아시대	바벨탑	아브라함	이삭	야곱	요셉
문체	천지창조와 인류의 초기역사(서사체)				족장들의 신앙과 삶의 역사(전기체)			
장소	고대 근동(에덴 → 하란)				가나안(하란 → 가나안)		애굽(가나안 → 애굽)	
기간	천지창조– BC 2090년 전후				BC 2090–1900		BC 1900–1805	

I. 창세기 1장-11장: 천지창조와 인류의 초기 역사(?-BC 2090)

		무에서 유를 창조하시고 '하나님이 보시기에 좋았더라'고 하셨다
천지 창조	1장	무는 혼돈/공허/흑암을, 유는 질서/충만/빛을 뜻한다
	2:1-3	안식일 제정
	2:17	선악과와 인간의 불순종
인간의 타락	3:15	원시복음
	3:14-19	아담의 죄로 인한 심판
	6:1-7	인류의 타락
노아의 홍수	6:8-22	노아의 삶
	7-8장	홍수와 감사 제사
	9:1-7	홍수 이후 하나님의 축복
	9:12-17	무지개 언약
바벨탑 사건	11:1-9	민족과 언어의 분열, 그리고 확산
	11:10-32	셈의 후예

II. 창세기 12장-50장: 이스라엘의 역사 시작(BC 2090-BC 1805)

아브라함	12:1-8	소명과 하나님의 약속
	12:10-20	아브람의 실수(애굽)
	13장	가나안으로 귀환
	14:17-20	멜기세덱의 축복
	15:1-21	언약 체결(횃불 언약)
	17:1-11	할례 언약
	18:1-21	세 천사의 예언
	18:22-33	중보기도
	19:4-29	소돔과 고모라
	20:1-18	아브라함의 실수(그랄)
	22:1-19	하나님의 시험(여호와 이레)

기억할 말씀

창 1:1-2
'태초에 하나님이 천지를 창조하시니라 땅이 혼돈하고 공허하며 흑암이 깊음 위에 있고 하나님의 영은 수면 위에 운행하시니라'

창 1:26-28
'하나님이 이르시되 우리의 형상을 따라 우리의 모양대로 우리가 사람을 만들고 그들로 바다의 물고기와 하늘의 새와 가축과 온 땅과 땅에 기는 모든 것을 다스리게 하자 하시고 하나님이 자기 형상 곧 하나님의 형상대로 사람을 창조하시되 남자와 여자를 창조하시고 하나님이 그들에게 복을 주시며 하나님이 그들에게 이르시되 생육하고 번성하여 땅에 충만하라, 땅을 정복하라, 바다의 물고기와 하늘의 새와 땅에 움직이는 모든 생물을 다스리라 하시니라'

창 3:22-24
'여호와 하나님이 이르시되 보라 이 사람이 선악을 아는 일에 우리 중 하나 같이 되었으니 그가 그의 손을 들어 생명 나무 열매도 따먹고 영생할까 하노라 하시고 여호와 하나님이 에덴 동산에서 그를 내보내어 그의 근원이 된 땅을 갈게 하시니라 이같이 하나님이 그 사람을 쫓아내시고 에덴 동산 동쪽에 그룹들과 두루 도는 불 칼을 두어 생명 나무의 길을 지키게 하시니라'

창 12:1-2
'여호와께서 아브람에게 이르시되 너는 너의 고향과 친척과 아버지의 집을 떠나 내가 네게 보여 줄 땅으로 가라 내가 너로 큰 민족을 이루고 네게 복을 주어 네 이름을 창대하게 하리니 너는 복이 될지라'

창 28:15
'내가 너와 함께 있어 네가 어디로 가든지 너를 지키며 너를 이끌어 이 땅으로 돌아오게 할지라 내가 네게 허락한 것을 다 이루기까지 너를 떠나지 아니하리라 하신지라'

창 39:2-3,21-23
'여호와께서 요셉과 함께 하시므로 그가 형통한 자가 되어 그의 주인 애굽 사람의 집에 있으니 그의 주인이 여호와께서 그와 함께 하심을 보며 또 여호와께서 그의 범사에 형통하게 하심을 보았더라'

창 50:20
'당신들은 나를 해하려 하였으나 하나님은 그것을 선으로 바꾸사 오늘과 같이 많은 백성의 생명을 구원하게 하시려 하셨나니'

이삭	25:19-34	에서와 야곱
	26:1-25	하나님의 언약과 축복
야곱	28:1-22	야곱의 축복과 벧엘의 서원
	32:1-23	에서와의 만남
	32:24-32	압복강의 기도와 이스라엘
	35:1-15	벧엘 언약
	36장	에서와 에돔 족속
	37장	요셉의 꿈과 팔려가는 요셉
	38:12-30	유다와 다말의 사건
요셉	39:1-6	종이 되는 요셉
	41:25-36	꿈 해석자 요셉
	45:1-8	하나님의 섭리
	46:1-27	애굽으로 이주
	47:28-31	야곱의 유언(장지에 대해)
	48:8-22	야곱의 축복(에브라임과 므낫세)
	49장	야곱의 축복기도와 죽음
	50:15-26	요셉의 죽음

4. 창세기 해석의 키워드

★천지 창조 이전과 그 이후

천지 창조 이전: 땅이 혼돈하고 공허하며 흑암이 깊음 위에 있었고 하나님의 영은 수면에 운행하셨다(창1:1-2).

천지 창조 이후: 빛과 질서와 충만함(창1:3-31)으로 이는 하나님 보시기에 좋았다. 그러나 하나님의 천지창조를 믿지 못하면 혼돈과 공허와 흑암이 인생여정에 전개된다. 하나님은 빛이시며, 하나님은 질서의 하나님이시요, 하나님은 충만함의 하나님이시다. 하나님의 천지창조를 믿음으로 빛과 질서와 충만함을 회복할 수 있다.

★아담과 하와의 불순종으로 인한 하나님의 심판(3:14-19)

뱀	사탄	하와	아담	땅과 자연
-배로 기어다니며 저주받아 흙을 먹는다	-여자의 후손과 원수가 된다 -여자의 후손이 머리를 상하게 한다	-잉태의 고통 -남편에게 다스림을 당한다	-땀을 흘려야 먹을 수 있다 -죽은 후에 흙으로 돌아간다	-저주를 받는다 -가시덤불과 엉겅퀴를 낸다

★족보에 대한 고찰

창세기의 족보(5:1-32)와 마태복음의 족보(1:1-16)를 비교해 보면 대조적이다.

창세기의 족보는 죽고, 죽고, 죽고의 연속으로 나타난다.

마태복음의 족보는 낳고, 낳고, 낳고로 이어진다. 이는 무엇을 의미하는가?

창세기는 아담과 하와의 범죄로 인해 초래된 죽음의 역사를, 마태복음은 예수 그리스도로 통해 죽음에서 생명으로 전환되는 구속의 역사가 시작되고 있음을 알려 준다. 족보를 따라 읽어 가면서 창세기의 첫사람 '아담'과 마태복음의 둘째 '아담' 예수 그리스도를 비교해 보자.

아 담	예수 그리스도
첫 사람 / 산 영 / 육신의 사람 육에 속한 자(고전 15:45-49)	마지막 아담/ 살려주는 영/ 영의 사람/ 하늘에 속한 자(고전 15:45-49)
그리스도의 모형(롬 5:14)	아담이 예표한 실체(롬 5:14)
죽음을 가져온 자(롬 5:17,21)	영생을 가져온 자(롬 5:17,21)
아담과 하와(창 2:18-25)	그리스도와 교회(엡 5:22-33)

아브라함이 백세에 낳은 아들 이삭은 언약의 자녀로, 그가 할례 받은 이후에 낳은 아들이다. 아내 사라의 권고로 사라의 몸종 하갈의 몸에서 낳은 아들 이스마엘은 인간의 생각 속에 태어난 할례받기 이전의 아들이다. 언약의 후손인 이삭은 어린 시절 번제물로 하나님께 드려지는 상황 속에서 하나님이 예비하신 번제물로 인해 생명을 구했다. 그의 생애는 여러 의미에서 예수 그리스도를 예표하고 있다.

창 3:14-19
여호와 하나님이 뱀에게 이르시되 네가 이렇게 하였으니 네가 모든 가축과 들의 모든 짐승보다 더욱 저주를 받아 배로 다니고 살아 있는 동안 흙을 먹을지니라 내가 너로 여자와 원수가 되게 하고 네 후손도 여자의 후손과 원수가 되게 하리니 여자의 후손은 네 머리를 상하게 할 것이요 너는 그의 발꿈치를 상하게 할 것이니라 하시고 또 여자에게 이르시되 내가 네게 임신하는 고통을 크게 더하리니 네가 수고하고 자식을 낳을 것이며 너는 남편을 원하고 남편은 너를 다스릴 것이니라 하시고 아담에게 이르시되 네가 네 아내의 말을 듣고 내가 네게 먹지 말라 한 나무의 열매를 먹었은즉 땅은 너로 말미암아 저주를 받고 너는 네 평생에 수고하여야 그 소산을 먹으리라 땅이 네게 가시덤불과 엉겅퀴를 낼 것이라 네가 먹을 것은 밭의 채소인즉 네가 흙으로 돌아갈 때까지 얼굴에 땀을 흘려야 먹을 것을 먹으리니 네가 그것에서 취함을 입었음이라 너는 흙이니 흙으로 돌아갈 것이니라 하시니라

이삭	예수 그리스도
아브라함의 독자(창 21:2-7)	하나님의 독생자(요 1:14, 3:16)
하나님의 언약에 의해 난 자(창 15:4-5)	구약의 예언에 의해 나심(사 7:14, 9:6)
하나님의 은혜로 태어난 자(창 17:15-22)	성령으로 잉태(마 1:18-25)
죽음에 이르기 까지 순종(창 22:1-12)	죽기까지 순종하심(빌 2:6-8)
죽기 직전에 다시 구원된(창 22:9-13)	죽은 후 부활하심(마 28:1-9)
아버지의 소유를 물려받음(창 25:5)	하늘과 땅의 권세를 받으심(마 28:18)

★인류의 세 조상:

• **첫 인류의 조상:** 하나님이 하나님의 형상으로 창조하신 아담(창 2:7-25)을 통하여 인류가 번성해 나갔다.

• **홍수 심판 이후 새 역사의 조상:** 노아(창 6:9-22, 9;18-19)의 세 아들을 통하여 인류가 다시금 땅에 퍼져 나가는 번성의 역사가 일어났다.

• **믿음의 조상:** 아브라함(창 12:1-4)이 하나님을 믿으니 하나님께서 이를 그의 의로 여기셨다(창 15:6, 롬 4:11-12,16). 하나님께서는 그와 언약을 맺으시고 그를 열국의 아버지로 세우셨다(창 17:1-4). 혈통적 후손이 아닌 이방인도 믿음으로 아브라함의 자손이다(갈 3:7-9).

※**아담의 뜻**은 '하나님이 사랑하시는 자'이다. 아담이 하나님의 사랑의 대상이기에 그는 희망의 존재이다.

★성경이 제시하는 인간관

1. 인간은 하나님의 형상으로 창조되었고, 흙으로 만들어졌고, 흙으로 돌아간다(창 1:27, 2:7, 3:19).

2. 사탄의 유혹으로 인간은 타락하여 에덴동산에서 쫓겨났고, 하나님과의 관계가 단절되고 만다(창 3:4-6, 23-24).

3. 인간의 타락으로 하나님의 진노를 받아 죽음과 수고와 고통의 삶을 살 수 밖에 없는 존재이다(창 3:14-19).

4. 모든 인간은 하나님 앞에서 죄인이다(롬 3:23, 5:12).

5. 하나님은 모든 인간이 구원받기를 원하신다. 하나님은 모든 인간에게 구원의 언약을 준비해 놓으셨다(딤전 2:4, 창 3:15).

6. 예수께서 성육신하심으로 인간에 대한 구원의 언약이 성취되었다(마

1:21-23, 요 1:12, 3:16, 계 1:5).

7. 인간은 하나님의 영광을 위해 창조되었다(사 43:7).

8. 누구나 예수를 믿음으로 구원을 얻는다(행 4:12, 16:31).

★히브리 사람, 아브람

'히브리' 는 강을 건넌 자 혹은 이주자를 뜻하는데 성경에서 제일 먼저 히브리란 단어가 사용된 것은 창세기 14:13에서 아브람이 히브리 사람이라고 설명하면서 시작된다. 그 후 보디발의 아내가 요셉을 가리켜 히브리 사람이라고 표현한다(창 39:14). 당시 농업을 하던 애굽인들은 목축업을 하던 히브리인들을 적대시할 뿐 만 아니라 무시하였다(창 43:32, 46:34).

★신앙의 조상, 아브라함의 생애가 주는 교훈

하나님의 구속의 역사는 아담과의 언약(창 3:15)으로 시작되었다. 언약은 노아와 아브람을 거치면서 구체화 되었다(12:1-3). 아브람의 소명과 순종을 통해 이스라엘 민족이 형성되었고 하나님의 구속사는 민족을 통하여 펼쳐져 나아갔다. 그의 생애를 살펴보면서 신앙의 교훈을 찾아보자.

1. 75세에 하나님의 부르심에 믿음으로 즉각 순종하였다. 그는 고향, 친척, 땅과 물질 등을 다 내려놓고 부르심에 순종하였다(12:1-4, 히 11:8).

2. 하나님은 의인 아브람을 통해 횃불 언약을 주셨다(15:7-21).

3. 아브람은 조카 롯과 동거하기 어렵게 되자 자신이 누릴 이권을 내려놓고 롯에게 먼저 선택권을 주어 풍요의 땅을 차지하게 했다(13:5-13).

4. 자신을 축복한 멜기세덱에게 십분 일을 주었다. 아브람은 멜기세덱의 존재를 하나님으로 여겼다(14:20).

5. 믿음으로 의인이라 칭함을 받아(15:6, 롬 4:13) 믿는 자의 조상이 되었다(롬 4:11-16).

6. 그는 즉각적인 순종을 보였다(17:23,22:1-9). 하나님이 말씀하신 바로 그 날에 집안의 모든 남자를 다 할례 받게 하였다(17:23). 독자 아들을 희생제물로 바치라는 하나님의 명령에 그대로 순종하였다(22:1-19).

창 15:6
네 자손은 사대 만에 이 땅으로 돌아 오리니 이는 아모리 족속의 죄악이 아직 가득 차지 아니함이니라 하시더니

롬 4:11-16
그가 할례의 표를 받은 것은 무할례시에 믿음으로 된 의를 인친 것이니 이는 무할례자로서 믿는 모든 자의 조상이 되어 그들도 의로 여기심을 얻게 하려 하심이라 또한 할례자의 조상이 되었나니 곧 할례 받을 자에게뿐 아니라 우리 조상 아브라함이 무할례시에 가졌던 믿음의 자취를 따르는 자들에게도 그러하니라 아브라함이나 그 후손에게 세상의 상속자가 되리라고 하신 언약은 율법으로 말미암은 것이 아니요 오직 믿음의 의로 말미암은 것이니라 만일 율법에 속한 자들이 상속자이면 믿음은 헛것이 되고 약속은 파기되었느니라 율법은 진노를 이루게 하나니 율법이 없는 곳에는 범법도 없느니라 그러므로 상속자가 되는 것이 은혜에 속하기 위하여 믿음으로 되나니 이는 그 약속을 그 모든 후손에게 굳게 하려 하심이라 율법에 속한 자에게뿐만 아니라 아브라함의 믿음에 속한 자에게도 그러하니 아브라함은 우리 모든 사람의 조상이라

7. 세상의 재물에 그는 결코 연연해하지 않았다(14:21-24).

8. 손님 대접하기를 즐거워했다(18:1-15, 히 13:2).

9. 소돔과 고모라의 타락상을 보고 하나님의 징계가 임할 것을 알고 황폐한 소돔과 고모라를 위해 중보기도하는 기도의 사람이었다(18:20-33).

10. 그는 믿음과 인내로 부르심을 받은지 25년이 흐른 후 백 살이 되어서야 비로소 아들 이삭을 얻었다(21:1-8).

　믿음의 조상 아브라함의 생애를 보면 어려움을 겪지만 결코 시험받음을 원망하지 않고 하나님의 인도하심을 기대하며 순종하는 삶의 자세를 한 평생 동안 보여 주었다.

★창세기의 축복자들과 성경 전체 축복자들

- 노아는 두 아들 셈과 야벳에게 축복하였고, 함에게는 저주하였다(창 9:25-27).
- 살렘 왕 멜기세덱은 하나님께 아브라함을 위해 축복하였다(14:18-20).
- 이삭은 아들 야곱을 마음껏 축복하였다. 만민이 섬기고 야곱에게 굴복하며 형제들의 주가 되리라고 축복하였다(27:18-30).
- 야곱은 죽기 전 그의 12 아들들을 한 사람씩 각각 달리 축복하였다(49:1-28). 유다에게는 규(개역한글-홀)가 그에게서 떠나지 아니하며 그에게 모든 백성이 복종한다고 축복하였다. 이 축복의 기도는 예수 그리스도를 통해 성취되었다.

★살렘 왕 멜기세덱(창 14:18-20)

1. 멜기세덱은 살렘*왕으로 하나님의 제사장이었다. 멜기세덱은 아브람을 만나자 떡과 포도주를 가지고 아브람을 축복한다. 이에 아브람은 전리품 중에서 십분의 일을 멜기세덱에게 준다. 아브라함은 율법을 받기 전에 멜기세덱에게 십일조를 드린 것이다. 십일조는 모세 시대에 와서 비로소 율법으로 정해졌다(레27:30-33). 멜기세덱은 율법이 오기 이전 시대에 아브라함으로부터 십일조를 받은 것이다. 그는 율법을 뛰어 넘는 하나님과 같

은 존재임을 본문에서 드러내고 있다.

2. 신약에서는 히브리서에서 멜기세덱에 대해 설명하고 있다(히 7:1-17). 제사장 직분은 레위 자손만이 할 수 있는데 멜기세덱은 레위 자손이 오기 훨씬 이전 시대에 살았다. 그는 부모도, 족보도 없는 제사장이다. 멜기세덱의 제사장 직분은 하나님이 허락하신 레위인 이상의 직분을 가진 자로 신적 존재임을 나타내고 있다. 멜기세덱의 반차**에 속한 예수 그리스도는 인간과는 달리 거룩하고 지존하신 죄가 없는 분이시다. 멜기세덱은 영원한 대제사장이신 예수 그리스도를 예표한다.

기억할 말씀

창 14:18-20
살렘 왕 멜기세덱이 떡과 포도주를 가지고 나왔으니 그는 지극히 높으신 하나님의 제사장이었더라 그가 아브람에게 축복하여 이르되 천지의 주재이시요 지극히 높으신 하나님이여 아브람에게 복을 주옵소서 너희 대적을 네 손에 붙이신 지극히 높으신 하나님을 찬송할지로다 하매 아브람이 그 얻은 것에서 십분의 일을 멜기세덱에게 주었더라

★바벨탑 사건과 야곱의 사닥다리 사건 비교

바벨탑 사건은 인간이 하나님처럼 되고자 했던 사건이라면, 야곱의 사닥다리 사건은 하나님의 축복을 반드시 얻겠다는 하나님을 향한 처절한 몸부림이다. 이 사건들의 결과를 살펴보면 바벨탑 사건은 하나님의 심판으로 언어의 혼잡과 인류가 분산되는 역사를 초래하였다. 그러나 야곱의 사닥다리 사건은 하나님의 은혜와 축복을 누리는 길을 제시하였다.

• 반차**: 제사장들이 직무를 수행하기 위해서 순서를 정하는 것.

바벨탑 사건 (창 11:1-9)		야곱의 사닥다리 (창 28:10-22)
인간	주 체	하나님
하나님처럼 되고자 하는 교만	동 기	하나님의 관심과 사랑을 사모
인간의 힘과 지혜	방 법	하나님의 주권
바벨탑 무너지고 인간의 계획은 무산	효 과	하늘과 땅이 연결됨
언어의 혼잡, 인류의 분산	결 과	하나님에 대한 확신과 성숙한 신앙
인간의 교만과 반역이 초래한 역사	해 석	하나님과 사람을 연결시키는 길을 제시

★야곱의 얍복강 기도(32:24-32)

형 에서와의 만남을 생각하면서 심히 두렵고 답답하여 야곱은 기도했다. 에서의 손에서 자신을 건져 내 달라고! 그리고 많은 예물들을 준비하고 가족들을 먼저 강 건너편으로 보냈다. 야곱은 기도하면서도 한편으로는 온갖 인간적인 생각과 노력을 다했다. 그러나 얍복 강가에서 그는 새로운 이름을 받고

새 이름은 모두 다 하나님께서 칭하신
것이다. 하나님이 주신 새 이름을 받
은 이후 저들은 하나님의 사람으로 새
로운 인생을 살게 되었다.

새 사람이 된다. 인간적인 간교와 술수에 능한 야곱의 삶은 하나님의 인도함을 받는 삶으로 변화 받는다. 하나님의 사자와 날이 새도록 씨름하는 사건이 벌어진다. 사자가 야곱의 허벅지 관절(개역한글은-환도뼈)을 쳐서 어긋나 다리를 절게 되었다. 그럼에도 끝까지 하나님의 사자에게 축복을 간청하였다. 그것은 야곱(속이는 자의 의미)의 이름을 이스라엘(하나님이 통치하신다는 의미)로 칭하는 축복이었다. 야곱의 생애는 하나님이 통치하시는 복을 누리게 되었다. 야곱은 에서와 화해하며 그 이후 그의 삶은 어려움 속에서도 결코 인간적인 계획이나 수고에 힘쓰지 않고 하나님의 인도하심에 맡기는 삶으로 전환되었다. 축복은 하나님의 통치를 받는 것임을 야곱의 생애는 우리에게 교훈하고 있다.

★요셉의 생애와 하나님의 섭리

요셉은 어린 시절 아버지의 편애와 하나님께서 주신 꿈(창 37:1-11)으로 인해 형들로부터 미움과 질시 속에 애굽으로 팔려가는 고난의 세월을 겪는다. 열 명의 형들은 요셉의 특별함을 수용하지 못하고 동생을 노예로 넘기고 만다. 그러나 하나님이 섭리 가운데 그의 삶은 노예의 삶 속에서도 형통한 복을 누린다(창 39:1-6). 온갖 유혹과 시련을 겪지만 그는 꿈을 해석하는 능력을 하나님으로부터 받아 애굽 총리의 자리까지 오른다(41장). 그 때 가나안 땅에는 심한 흉년으로 인해 큰 어려움을 겪는다. 야곱의 가정도 예외는 아니었다. 요셉의 형들은 애굽에 식량을 구하러 왔고, 이 과정에서 형들과 요셉은 우여곡절 끝에 해후하기에 이른다.

요셉은 이 모든 역사를 하나님의 예비하심이요 섭리임을 형들에게 알린다(창 45:7-8). 아버지 야곱과 온 권속들은 애굽에 내려와 살게 된다. 야곱의 죽음 이후에도 두려워하는 형들에게 요셉은 하나님께서 저들을 구원하시려고 일으킨 하나님의 구원의 역사임을 다시금 알리면서 430년의 애굽에서의 히브리 민족의 삶은 계속된다(창 50:15-26). 요셉의 생애는 하나님께서 적극적으로 개입하신 하나님의 섭리의 역사였다. 그 섭리를 요셉은 항상 순종하며 따라갔다. 그는 비록 애굽의 문물 속에서 최고의 권력을 누렸지만 인간적인 생각이나 수고로 자신의 삶을 개척해 나가지 않고 오직 하나님의 섭리와 인도하심을 바라보며 여기에 전적으로 순종하며 따라가는 삶을 살았다.

창 45:7-8
하나님이 큰 구원으로 당신들의 생명을 보존하고 당신들의 후손을 세상에 두시려고 나를 당신들보다 먼저 보내셨나니 그런즉 나를 이리로 보낸 이는 당신들이 아니요 하나님이시라 하나님이 나를 바로에게 아버지로 삼으시고 그 온 집의 주로 삼으시며 애굽 온 땅의 통치자로 삼으셨나이다

1) 하나님은 요셉에게 어려서부터 꿈꾸는 자로서 특별한 은총을 주셨다 (37:5-11).

2) 애굽에 종으로 팔려 갔지만 하나님께서 함께 하시므로 그의 범사에 형통한 삶을 누리며 살았다. 고난 중에서도 결코 낙심하지 않았다(39:1-6, 21-23).

3) 그는 성실하였고, 죄의 유혹을 물리쳤다(39:7-23).

4) 고난을 겪었지만 이를 통해 연단받아 영광을 얻었다(39:1-6,19-40, 41:37-45).

5) 하나님의 주권과 섭리를 고백하는 신앙의 인물이었다(45:7-8,50:20-21).

6) 형제에 대한 사랑과 용서를 실천하는 아름다운 신앙의 모습을 보였다 (42:3-25, 43:16-45:15).

7) 감옥에서도 다른 사람에게 꿈을 해석하여 은혜를 베풀었다. 비록 상대방이 그 은혜를 잊어도 그는 개의치 않았다(40:1-23).

8) 당시 애굽에서 최고의 영화를 누렸지만 세상을 떠날 때 요셉은 자신의 시체를 조상들에게 하나님이 맹세하신 땅, 가나안에 묻어 달라고 유언하였다. 그는 자손들이 약속의 땅으로 돌아갈 것을 확신하였던 것이다(50:22-26).

5. 더 깊은 연구와 삶의 적용

1. 창세기를 읽으면서 나는 어떤 하나님을 경험하였는가?

   성경을 읽기 전 생각하던 하나님은 성경을 읽으면서 어떤 변화가 있었는가?

2. 천지가 창조되기 이전 땅은 어떤 상태로 있었는가? (창1:1-2)

3. 창 3:15(원시복음)에서 '여자의 후손'은 누구를 상징하며 어떤 의미를 갖는가?

여자의 후손은 마리아의 몸을 빌어 성육신한 하나님의 아들 예수 그리스도를 상징한다. 비록 아담과 하와가 하나님께 불순종하여 에덴을 떠나 죽을 수밖에 없는 죄인으로 전락하였지만 본문에서 예수 그리스도를 통한 구원의 역사를 예고하고 있다. 하나님의 전 인류를 향한 구원과 회복의 메시지는 창세기에서 시작되고 있다.

4. 노아의 방주의 크기를 알아보면서 구원의 방주를 묵상해 보자.
방주는 길이 300 규빗(1규빗은 약 45cm), 넓이 50 규빗, 높이가 30 규빗으로 대략 길이 135m 넓이 21m 높이13m 규모이다(농구장 20개 규모의 크기).

5. 믿음의 조상 아브라함에 대해 성경은 어떻게 표현하고 있는가?

나는 훗날 자녀들로부터 어떤 인물로 평가받기를 기대하는가?

열국의 아버지(창 17:4-5), 선지자(창 20:7), 하나님의 방백(창 23:6)
하나님의 벗(대하 20:7, 사 41:8, 약 2:23, 창 18장), 하나님의 종(시 105:5)
기름부음 받은 자(시 105:15), 믿는 자의 조상(롬 4:11)

6. 창세기에서 하나님은 어떤 하나님으로 나타났으며, 지금까지 나는 어떤 하나님을 경험하면서 살아 왔는지 빈 칸에 표시하고 나누어 보자!

돌보시는 하나님(16:13)	엘 로이
전능하신 하나님(17:1)	엘 샤다이
영생하시는 하나님(21:33)	엘 올람
강하신 이스라엘의 하나님(33:20)	엘 엘로헤 이스라엘
내게 나타나신 하나님(35:7)	엘 벧엘

기억할 말씀

창 6:3
여호와께서 이르시되 나의 영이 영원히 사람과 함께 하지 아니하리니 이는 그들이 육신이 됨이라 그러나 그들의 날은 백이십 년이 되리라 하시니라

7. 창세기의 중요 인물들의 수명들과 오늘날 우리들의 수명에 대해서 생각해 보자(창 6:1-3).

아담(930세)-셋(912세)-에노스(905세)-게난(910세)-마할랄렐(895세)-야렛(962세) 에녹(하나님과 동행)-므두셀라(969세 인류역사상 최장수자)-라멕(777세)-노아(950세) 셈(600세)-아르박삿(438세)-셀라(433세)-에벨(464세)-벨렉(239세)-르우(239세)-스룩(230세)-나홀(148세)-데라(205세)-아브라함(175세, 사라127세)-이삭(180세)-야곱(147세) 요셉(110세)

아담 이후 인간의 수명은 점점 단축되고 있다. 노아 이전의 사람들은 900세 이상을 살았다. 노아 이후부터 600세에서 점점 수명이 계속해서 단축되다가 아브라함을 기점으로 사람들은 200세를 넘지 못했다. 요셉이 110세, 모세가 120세, 그 이후에는 120세 이상 산 자가 없었다. 하나님께서는 사람의 수명을 창세기에서 구체적으로 120세라고 말씀하셨다(창 6:3).

8. **요셉은 어떻게 형들을 용서할 수 있었는가?**(45:1-8, 50:18-21 읽고 묵상하자)

자신이 종으로 팔려왔지만 결국에 애굽의 총리로 세우시고 그의 평생을 인도하신 분은 바로 하나님이심을 요셉은 깨달았기에 인간적인 생각에 사로잡히지 않았다. 하나님의 섭리 가운데 노예의 신세로, 보디발의 아내로

창 50:18-21

그의 형들이 또 친히 와서 요셉의 앞에 엎드려 이르되 우리는 당신의 종들이니이다 요셉이 그들에게 이르되 두려워하지 마소서 내가 하나님을 대신하리이까 당신들은 나를 해하려 하였으나 하나님은 그것을 선으로 바꾸사 오늘과 같이 많은 백성의 생명을 구원하게 하시려 하셨나니 당신들은 두려워하지 마소서 내가 당신들과 당신들의 자녀를 기르리이다 하고 그들을 간곡한 말로 위로하였더라

인해 감옥에도 갇혔고, 꿈 해몽자로서 바로에게 불려가서 결국 애굽의 총리가 된 이 모든 역사 안에는 하나님이 계셨다. 하나님의 섭리를 깨달은 요셉은 하나님께서 형님들 앞서 자신을 애굽으로 먼저 보내셨다고 설명하고 있다. 요셉은 믿음의 사람이요 지혜의 사람이었다. 하나님의 개입하심으로 그의 믿음과 지혜를 통해 형들과의 관계에서 용서와 관용의 태도를 지켜 나갈 수 있었다. 오히려 아버지 야곱이 세상을 떠난 이후 요셉을 두려워했던 형들을 위로하였다.

제3과

출애굽기

Exodus

1. 출애굽기를 어떻게 읽을 것인가

출애굽과 모세는 기독교 신앙을 받아들이지 않는 불신자라 할지라도 저 유명한 영화 '십계'를 통해 친숙하게 듣고 보아온 구약의 대표적인 사건이요 인물이다. 모세의 파란만장한 생애로 시작되는 출애굽기는 늘 읽어도 지루하지 않는 장면들의 연속이다. 10가지 재앙과 홍해의 사건은 전능하신 하나님을 만나기에 충분하다. 그러나 십계명을 전수받고 성막 건축에 대한 온갖 규례들을 접하면서 지루하고 차츰 어려워진다. 왜 하나님은 이렇게 복잡한 설명을 자세히 기록하면서 성막을 건축하게 하셨는가? 성막은 성전이 지어지기 이전, 이스라엘 백성들과 하나님과의 만남의 장소이다. 이 만남을 위해, 하나님의 임재를 경험하기 위해 이스라엘 백성들에게 온갖 준비를 갖추어 성막을 건축하게 하셨다. 성막이 건축되어가는 준비와 과정들을 읽으면서 하나님의 섬세하심과 함께 하나님의 임재를 경험하기 위해 나는 무엇을 준비하고 있는지 생각해 보자! 그 마음으로 읽어 간다면 지루하다는 생각 보다는 하나님의 섭리와 개입하심을 다시금 누리는 시간이 될 것이다!

이스라엘 백성들은 고센 땅에서 애굽 사람들이 천시하던 목축업에 종사하며 430년간 애굽의 종살이를 한다. 노예 생활로 지칠 대로 지친 이스라엘 백성들을 위해 하나님은 레위 족속의 후예, 모세를 준비시키신다. 그의 부르심

출애굽기의 주요사건 연대표

BC 1876	이스라엘의 애굽 이주(창 46:1-7)
BC 1805	요셉의 죽음(창 50:26)
BC 1527	모세의 출생(출 2:1-10)
BC 1487	모세가 미디안으로 도망 (출 2:16-25)
BC 1447	애굽에 내린 10 재앙들(출 7장-12장)
BC 1446	출애굽(출 12:37-51)/ 율법 전수(출 19:3-24:11)
BC 1445	성막 건축(출 35-40장)/ 시내산 출발(민 10:11-12)
BC 1406	미리암과 아론의 죽음/ 모세의 죽음

과 함께 출애굽기는 애굽을 향한 하나님의 10가지 재앙, 유월절과 홍해 사건 등으로 이어진다. 모세를 통해 이스라엘 백성의 출애굽 과정과 함께 율법 수여, 성막 건축을 통해 구원의 약속을 이행하시는 하나님의 능력과 신실하심을 본서는 기록하고 있다. 애굽을 떠나 시내산에 오기까지 2-3개월이 흐르고, 시내산에서 10-11개월을 머물면서 십계명과 성막에 대한 말씀을 하나님으로부터 받는다. 십계명의 말씀을 주시면서 하나님께서는 이스라엘 백성들에게 '나는 너를 애굽 땅, 종 되었던 집에서 인도하여 낸 네 하나님 여호와니라'(20:2)라고 자신을 설명하신다. 창세기에서 저들을 애굽에 내려가게 하신 하나님께서 다시금 애굽에서 나오도록 인도하시는 하나님이심을 보여주신 것이다.

출애굽의 인물, 모세는 동족을 죽이고 난 후 두려워하면서 미디안 광야로 도망간다. 광야에서 양을 치던 40년간의 삶은 광야의 모든 지형과 기후를 익히는 시련의 시절이었지만, 출애굽 이후 이스라엘 백성들을 인도하면서 겪게 된 광야 생활에 큰 도움을 주었을 것이다. 이 또한 하나님의 섭리가 아니겠는가!

모세의 생애는 초기 40년의 바로 왕궁에서 왕자의 삶, 중반 40년은 도피자로 광야에서의 삶, 후반 40년은 민족 지도자로서 광야의 삶으로 나누어진다. 하나님의 은혜와 인도하심을 받은 모세의 삶은 인간적인 시야에서는 파란만장한 고난의 연속이었다.

1) 1-18장은 종의 신분으로 고통 받는 이스라엘 백성들의 상황, 모세의 출생과 소명, 애굽에 내려진 10대 재앙과 홍해가 갈라지는 사건.

2) 19-40장은 언약의 체결과 함께 언약의 백성들이 지켜야 할 율법과 성막 건축에 대한 역사적인 사건을 기록하고 있다. 성막을 완성하고 봉헌하면서 하나님의 영광이 성막 위에 충만하게 나타난다. 출애굽기는 성막 위에 나타난 하나님의 영광이 임하면서 끝난다.

참고로 애굽에 내려갈 때 야곱의 식구들은 70명(창 46:27, 출 1:5)에 불과했으나 430년이 지난 이후 장정만 60만(출 12:37, 민 1:46, 남녀노소 포함하면 약 300만 정도로 추정)의 대식구로 불어났다(BC 1876-1446).

구약에서 출애굽 사건은 이스라엘의 역사에 있어서 최대의 사건으로 신약의 십자가 사건 만큼이나 중요하게 다루어지고 있다. 이스라엘 백성들을 종의

기억할 말씀

'낮에는 여호와의 구름이 성막 위에 있고 밤에는 불이 그 구름 가운데에 있음을 이스라엘의 온 족속이 그 모든 행진하는 길에서 그들의 눈으로 보았더라'(40:38)

상황에서 해방시킨 출애굽의 그날을 새해 첫날로 정하고 이 날을 기준하여 모든 절기를 지키도록 하였다.

2. 저자 · 기록연대 · 기록동기

저자와 기록연대: 모세 오경(창. 출. 레. 민. 신) 중의 한 권으로 모세의 저작으로 알려지고 있다. 정확한 기록 연대는 알 수 없으나 출애굽 이후 모세가 죽기 전 BC 1446–1406년 사이에 기록된 것만은 분명하다.

기록동기: 창세기는 하나님의 천지창조로 시작하여 믿음의 조상 아브라함과 이삭, 야곱, 요셉에 이르기까지 족장시대의 역사를 다루고 있다. 이어지는 출애굽기는 애굽 땅에서 고통 받는 이스라엘 백성들의 삶과 그들의 부르짖음에 응답하시는 하나님의 놀라운 구원의 역사가 모세라는 지도자를 통해 펼쳐진다. 출애굽기는 창세기에 등장하는 4대 족장(아브라함, 이삭, 야곱, 요셉)에게 주신 언약을 성취하시는 구원의 하나님을 이스라엘 백성들과 오늘날의 우리 모두에게 알려 주기 위해 기록되었다. 이스라엘 백성들에게 출애굽의 역사는 구원의 역사로 시대를 넘어서서 저들의 삶 속에 깊이 뿌리 내려져 갔다.

3. 출애굽기의 파노라마

주제	하나님 백성의 고난과 구원			하나님 백성과 맺은 언약	
내용 구분	1:1　　　5:1	15:22	19:1	32:1	40:38
	구원의 준비과정	구원의 성취	승리의 행군	언약 체결과 율법 전수	성막 건립
문체	역사적인 서술			법조문	
장소	애굽		광야	시내산	
기간	430여년 간		2–3개월	10–11개월 간	

1. 출 3:14

하나님이 모세에게 이르시되 나는 스스로 있는 자이니라 또 이르시되 너는 이스라엘 자손에게 이같이 이르기를 스스로 있는 자가 나를 너희에게 보내셨다 하라

2. 출 4:22

너는 바로에게 이르기를 여호와의 말씀에 이스라엘은 내 아들 장자라

3. 출 10:1-2

여호와께서 모세에게 이르시되 바로에게로 들어가라 내가 그의 마음과 그의 신하들의 마음을 완강하게 함은 나의 표징을 그들 중에 보이기 위함이며 네게 내가 애굽에서 행한 일들 곧 내가 그들 가운데에서 행한 표징을 네 아들과 네 자손의 귀에 전하기 위함이라 너희는 내가 여호와인 줄을 알리라

4. 출 12:35-36

이스라엘 자손이 모세의 말대로 하여 애굽 사람에게 은금 패물과 의복을 구하매 여호와께서 애굽 사람들에게 이스라엘 백성에게 은혜를 입히게 하사 그들이 구하는 대로 주게 하시므로 그들이 애굽 사람의 물품을 취하였더라

5. 출 19:5-6

세계가 다 내게 속하였나니 너희가 내 말을 잘 듣고 내 언약을 지키면 너희는 모든 민족 중에서 내 소유가 되겠고 너희가 내게 대하여 제사장 나라가 되며 거룩한 백성이 되리라 너는 이 말을 이스라엘 자손에게 전할지니라

6. 출 20:20-21

모세가 백성에게 이르되 두려워하지 말라 하나님이 임하심은 너희를 시험하고 너희로 경외하여 범죄하지 않게 하려 하심이니라 백성은 멀리 서 있고 모세는 하나님이 계신 흑암으로 가까이 가니라

1) 1-18장: 택한 백성을 부르심

이스라엘 민족의 번성과 고난(1:1-7, 8-22), 하나님의 응답하심(2:23-25), 모세의 소명과 하나님(3:1-22), 모세와 하나님의 대화(5:22-6:13), 출애굽과 하나님의 이적(7:1-12:36), 이스라엘의 출애굽(12:37-51), 하나님의 인도하심(13:17-22, 홍해의 길, 구름기둥과 불기둥), 홍해의 이적(14:10-31), 모세의 감사 찬양(15:1-18), 치유의 하나님(15:25-27), 만나와 메추라기(16:12-18), 아말렉과의 전쟁의 기도(여호와 닛시, 17:8-16). 모세 장인 이드로 방문(18:1-12), 백성의 지도자 세움(18:13-27)

2) 19-40장: 하나님의 언약(십계명)과 성막

이스라엘의 시내산 정착(19:1-15), 하나님의 시내산 강림(19:16-25), 십계명(20:1-17), 하나님 임재와 백성들의 두려움(20:18-21), 참된 제사법(20:22-26), 히브리인 종에 대한 규례(21:1-11), 사형에 해당하는 중죄(21:12-17), 상해 배상법(21:18-36), 재산 피해에 대한 규례(22:1-15), 성 도덕법(22:16-19), 이스라엘의 사회 복지법과 종교에 대한 율례(22:20-31), 사회 정의에 관한 율례(23:1-9), 안식년에 관한 규례(23:10-13), 이스라엘의 절기들-무교병의 절기, 맥추절, 수장절(23:14-19), 이방풍속 추종금지 규례-가나안 정복 이후(23:20-33), 시내산 언약 체결-공식적인 장면 묘사(24:1-11), 시내산에 다시 오른 모세(24:12-18), 성막 건축을 위한 예물들(25:1-9), 법궤, 진설병상, 등잔대 제작에 관한 규례(25:10-40), 성막에 관한 규례(26:1-14), 성막 구조물 규례(26:15-30), 지성소와 성소의 휘장에 관한 규례(26:31-37), 번제단과 성막뜰의 규례(27:1-19), 등불에 관한 규례(27:20-21), 제사장 의복에 관한 규례(28장), 우림과 둠밈(28:29-30), 제사장 위임식 규례(29:1-37), 상번제의 규례(29:38-46),

분향단의 규례(30:1-10), 생명의 속전에 관한 규례(30:11-21), 관유와 향 제조법(30:22-38), 성막 제조자 지명(31:1-11), 안식일에 대한 규례(31:12-18), 금송아지 사건(32:1-6), 모세의 중보기도(32:7-35), 백성의 참회와 모세의 기도(33장), 새로 만든 돌판과 언약(34:1-28), 빛나는 모세의 얼굴(34:29-35), 안식일 규례(35:1-3), 성막 건축 예물(35:4-9), 성막 건축을 명령하시는 하나님과 이를 위한 헌물(35:10-29), 성막 건축자 브살렐을 지명(35:30-36:7), 성막 건축의 준비(36:1-7), 성막 양장의 제작(36:8-38), 증거궤와 진설병상 제작(37:1-16), 등잔대와 분향단 제작(37:17-29), 번제단·물두멍과 성막 뜰 제작(38:1-20), 성막 건축의 결산(38:21-31), 제사장 의복 제작(39:1-31), 성막 제작의 완성(39:32-43), 성막 봉헌식의 규정(40:1-16), 성막 봉헌식과 하나님의 현현(40:17-33), 하나님 영광의 현현(40:34-38)

4. 출애굽기 해석의 키워드

★출애굽의 여정

라암셋(출 12:37)→숙곳→에담→홍해(출 14장)→마라→신 광야(출 16:1-18:27)→르비딤→시내산(출 19:1-2, 이곳까지 2-3개월 소요, 10-11개월 머뭄)→가데스바네아(광야에서 38년 방황)→모압 평지

- **에담**: 불기둥과 구름기둥으로 인도하시는 하나님(출 13:20-22)
- **홍해**: 바다가 갈라지는 기적(출 14:1-31)
- **마라**: 쓴물이 단물로 변하는 기적(출 15:25)
- **신 광야**: 하늘의 양식 만나와 메추라기(출 16:4-21), 안식일 제정(출 16:22-30, 20:8)
- **르비딤**: 생수(모세가 반석을 쳐서 샘물이 솟아났다, 출 17:1-7)
- **아말렉과의 전쟁**: 모세와 아론과 훌이 합심하여 기도함으로 승리(출

기억할 말씀

1. 출 22:20-21
여호와 외에 다른 신에게 제사를 드리는 자는 멸할지니라 너는 이방 나그네를 압제하지 말며 그들을 학대하지 말라 너희도 애굽 땅에서 나그네였음이라

2. 출 26:30
너는 산에서 보인 양식대로 성막을 세울지니라

3. 출 28:3
너는 무릇 마음에 지혜 있는 모든 자 곧 내가 지혜로운 영으로 채운 자들에게 말하여 아론의 옷을 지어 그를 거룩하게 하여 내게 제사장 직분을 행하게 하라

4. 출 40:35-38
모세가 회막에 들어갈 수 없었으니 이는 구름이 회막 위에 덮이고 여호와의 영광이 성막에 충만함이었으며 …… 낮에는 여호와의 구름이 성막 위에 있고 밤에는 불이 그 구름 가운데에 있음을 이스라엘의 온 족속이 그 모든 행진하는 길에서 그들의 눈으로 보았더라

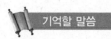
출 13:21-22
여호와께서 그들 앞에서 가시며 낮에
는 구름 기둥으로 그들의 길을 인도하
시고 밤에는 불 기둥을 그들에게 비추
사 낮이나 밤이나 진행하게 하시니 낮
에는 구름 기둥, 밤에는 불 기둥이 백
성 앞에서 떠나지 아니하니라

17:8-16)
- **시내산**: 율법 전수(출 20:3-17), 시민법(출 21-23장), 의식법(절기/제사 출 35-40장)

★유월절 어린 양과 그리스도

유월절 어린 양	예수 그리스도
죽기 4일 전에 예비(출 12:3-6)	창세 전에 예비(벧전 1:20)
흠이 없는 양(12:5)	죄와 흠이 없는 예수(고후 5:21, 히 9:14)
죽임을 당함(12:6)	죽임을 당함(마 27:50, 히 9:28)
뼈를 꺾지 않음(12:46)	뼈가 꺾이지 않음(요 19:36)
문설주에 피를 발라 죽음의 재앙을 면함 (12:7,13)	십자가에서 피 흘리심으로 인류의 구원 역사 성취(엡 1:7, 히 9:21,23)
고기를 불에 구워 먹음(12:8)	참된 양식과 생명수를 제공(요 6:52-58)

★구름기둥과 불기둥(13:21)

낮에는 구름기둥을 통해 강한 햇볕을 막아 주셨고, 밤에는 불기둥으로 어두움 속에서 밝혀 주셨다. 구름기둥과 불기둥의 역사는 광야 40년 동안 하나님께서 이스라엘 백성들을 지키시고 함께 하셨다는 놀라운 은혜이다. 구름기둥이 없었다면 광야에서 이스라엘 백성들은 뜨거운 햇볕 아래에서 결코 행군할 수 없었을 것이다. 불기둥이 없었다면 저들은 칠흑 같은 사막의 어두움과 추위 속에서 살아남지 못했을 것이다. 구름기둥과 불기둥은 이스라엘 백성들 앞서서 진행해 나아갔다. 저들은 40년이라는 긴 광야의 여정 속에서도 불기둥과 구름기둥으로 말미암아 계속해서 행군해 나아갈 수 있었다. 하나님의 강권적인 보호하심으로 이스라엘 백성들은 하루 이틀도 지내기 힘든 광야에서 40년의 세월을 중단 없이 이동할 수 있었다.

지성소	법궤(언약궤 출 25:22)	대제사장, 1년에 한번
성소	진설병상(25:23-30)/ 등잔대(25:31-40)/ 분향단(30:1-10)	제사장들, 필요한 때
성막뜰	번제단(27:1-8)/물두멍(30:17-20)	일반 평민, 항상

★지성소

하나님의 임재를 상징하는 성막에서 가장 중심이 되는 지성소는 1년에 한 번 대제사장만이 들어갔다. 거룩한 하나님 앞에 인간 죄인들은 들어 갈 수 없다. 그러나 신약에 와서 예수 그리스도의 십자가 보혈로 지성소의 휘장이 찢어졌고 누구든지 예수님의 이름으로 죄 사함을 받고 하나님 앞에 나아갈 수 있게 되었다(마 27:51).

★속죄소(시은소, 25:17-20)

지성소에 있는 법궤(언약궤)의 뚜껑을 가리키는데, '덮는다' 는 히브리어 '카파르' 에서 유래된 말로 죄를 덮어 용서한다는 뜻이다. 순금으로 만들어졌고, 금으로 그룹 둘의 날개가 속죄소 위에 놓였다. 죄를 용서받고 하나님과 화목하는 속죄소는 하나님과 인간을 화목하게 하신 예수 그리스도를 상징한다.

★하나님의 임재하심(25:8,22)

에덴동산에서 하나님은 처음으로 아담을 부르신다. 하나님은 말씀으로 임하셨다(창 3:9). 그 장면이 바로 첫 번째 하나님의 임재하심이다. 수많은 하나님의 사람들을 부르실 때 하나님은 말씀으로 저들을 찾아 오셨다. 이어서 하나님은 성막의 지성소와 속죄소 위에 임하셨다(출 25:22, 40:34-38, 왕상 8:13, 29). 에스겔에게는 환상을 통해 임하셨다. 그리스도 안에 임하셨다(요 10:30, 14:9-11). 모든 교회에 임하셨고(엡 2:21-22), 모든 성도에게 임하셨고, 지금도 임하고 계시다(요 14:16, 고전 3:16). 앞으로 새 하늘과 새 땅, 새 예루살렘에 임하실 것이다(계 21:3, 22:1-5).

★성막(회막 26:30)

출애굽 2년(BC 1445) 1월 1일에 건립된 것으로(출 40:17) 하나님께서 백성의 대표자를 만나는 장소로서 회막과 동일한 개념이다. 그러므로 성막은 하나님이 임재하시는 상징적인 장소이다(출 25:8, 22). 이는 조립식으로 되어 있어(출 25:1-9), 광야의 여정에서 그 사용이 용이하도록 만들어졌다. 이 성막은

기억할 말씀

출 40:17
둘째 해 첫째 달 곧 그 달 초하루에 성막을 세우니라

출 28:30
너는 우림과 둠밈을 판결 흉패 안에 넣어 아론이 여호와 앞에 들어갈 때에 그의 가슴에 붙이게 하라 아론은 여호와 앞에서 이스라엘 자손의 흉패를 항상 그의 가슴에 붙일지니라

하나님의 지시에 의해 산에서 하나님이 보여주신 그 모양대로 세워졌다.

★에봇(28:6-30)

제사장의 의복(양쪽 어깨에 거는 앞치마 모양의 겉옷)으로 하나님의 뜻을 물을 때에 대제사장은 이 옷을 입고 우림과 둠밈(하나님의 뜻을 분별하는데 사용된 도구)으로 판결을 구했다. 금색, 청색, 자색, 홍색, 흰색 등 다섯 가지 색의 실을 사용하여 만들었다.

★흉패(28:15)

대제사장이 성소와 지성소에 들어갈 때 가슴에 다는 큰 패이다. 금실, 청색, 홍색, 자색실과 가늘게 꼰 베실로 만들었고 가로 세로가 손바닥 한 뼘 정도 되는 정사각형으로 12지파의 이름을 새겼다. 이 속에는 우림과 둠밈이 있어 이것으로 판결을 내렸다(39:8-21).

★우림과 둠밈(28:30)

모양과 만든 재료에 대해 정확하게 알려져 있지 않다. 단지 하나님의 뜻을 묻기 위해 사용된 도구라고 알려지고 있는데, 사용 방법 역시 구체적으로 알 수 없다.

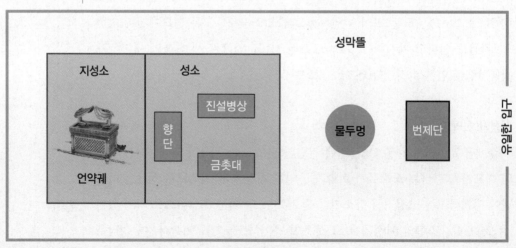

성막 구조

★번제단(35:16)

하나님께 제사드릴 때 제물을 태우는 단으로 놋으로 만들어져서 놋단이라고도 부른다. 번제단은 세상 죄를 위해 십자가에서 죽임 당하신 예수 그리스도를 예표한다. 언제나 드릴 수 있도록 항상 불이 붙어 있었다(레 6:13). 그리스도의 죽음으로 우리 옛사람이 죽임당하는 심판의 장소를 상징한다(갈 2:20). 또한 그리스도의 죽음으로 담대하게 하나님 앞에 나아갈 수 있게 된 생명의 길을 상징한다(롬 6:10, 23).

★법궤(37:1)

궤 혹은 증거궤(언약궤)로도 불렸다. 조각목에 금박을 씌워 만들었다. 이 법궤를 덮는 뚜껑을 속죄소라 한다(37:6). 법궤 안에는 아론의 싹 난 지팡이(부활과 생명이신 예수 그리스도를 상징), 만나 항아리(하늘의 양식을 상징), 십계명을 기록한 두 돌판(말씀이신 예수 그리스도를 상징함, 요 1:14)이 있었다.

법궤는 특별히 다음과 같은 상징적인 의미를 갖고 있다. 하나님의 임재와 계시(출 25:22), 하나님의 인도하심(민 10:32), 하나님의 능력 행하심(대하 7:41), 예수 그리스도(롬 3:25-27), 영원한 천국(계 11:19).

★진설병 상(37:10)

상위에 항상 진설병이 놓여 있었으므로 진설병 상(떡상)이라고 불렀다. 조각목으로 만들어 금박을 씌웠다. 제사장은 백성을 대표해서 성소의 상에서 하나님과 깊은 사랑의 교통을 누렸다. 진설병은 상 위에 여섯 개씩 두 줄로 놓았는데 안식일 마다 새 것으로 바꾸어 놓았다. 상에서 물린 떡은 제사장들이 성소 안에서 먹었다(레 24:9).

이 떡은 영원한 생명의 떡이신 예수 그리스도를 상징한다. 특별히 진설병(떡)은 삶의 축복에 대한 감사의 표시로 하나님께 드려진 것이다(레 24:5-9). 이 떡은 신약에 와서 영적 이스라엘(하나님의 자녀들)에게 영생을 주시는 생명의 떡을 상징한다(요 6:27-33).

기억할 말씀

요 6:27-33
썩을 양식을 위하여 일하지 말고 영생하도록 있는 양식을 위하여 하라 이 양식은 인자가 너희에게 주리니 인자는 아버지 하나님께서 인치신 자니라 그들이 묻되 우리가 어떻게 하여야 하나님의 일을 하오리이까 예수께서 대답하여 이르시되 하나님께서 보내신 이를 믿는 것이 하나님의 일이니라 하시니 그들이 묻되 그러면 우리가 보고 당신을 믿도록 행하시는 표적이 무엇이니이까, 하시는 일이 무엇이니이까 기록된 바 하늘에서 그들에게 떡을 주어 먹게 하였다 함과 같이 우리 조상들은 광야에서 만나를 먹었나이다 예수께서 이르시되 내가 진실로 진실로 너희에게 이르노니 모세가 너희에게 하늘로부터 떡을 준 것이 아니라 내 아버지께서 너희에게 하늘로부터 참 떡을 주시나니 하나님의 떡은 하늘에서 내려 세상에 생명을 주는 것이니라

★등잔대(37:17)

일곱 등잔의 등대는 진설병 상과 마주 대하게 함으로 등잔대의 불빛이 항상 진설병 상을 비추게 하도록 하였다. 아침, 저녁으로 등잔대의 기름을 가득 채웠다. 진설병 상(떡)을 비추는 등잔대의 빛은 성령의 기름 부으심과 도우심을 상징한다. 새 예루살렘에 임하신다(계 21:3, 22, 22:1-5).

★분향단(37:25)

이는 금향단이라고도 불렀다. 제사장들은 먼저 번제단에서 번제를 드리고, 불을 휘장 안으로 가져와 분향단에서 향을 피웠다. 제사장이 백성을 대표해서 여호와께 향을 피우는데, 우리를 위해 간구하는 예수의 기도를 상징하고 있다 (히 9:24-25).

★모세와 그리스도

성막에는 여호와의 영광이 충만하여(하나님의 임재하심) 모세가 들어가려는 것을 막았다(출 40:34-38). 솔로몬 왕이 성전을 완공하고 봉헌할 때에도 이와 같은 현상이 나타났다(왕상 8:10-11). 여호와의 영광이 충만한 성막 속으로 모세가 들어갈 수 없었던 것은,

1) 모세도 하나님 앞에서 온전치 못한 죄인(롬 3:23)이다.
2) 하나님의 영광에 동참하려면 예수 그리스도를 통해 가능하다(고후 3:5-18).

'말씀이 육신이 되어 우리 가운데 거하시매 우리가 그의 영광을 보니 아버지의 독생자의 영광이요 은혜와 진리가 충만하더라'(요 1:14).

모세는 하나님의 율법 전수자로 이 땅에 왔다. 예수 그리스도는 이 땅에 육신을 입으시고 오셨다. 하나님의 영광이 온 땅에 충만하게 나타났다(요 1:14). 모세는 하나님의 영광으로 충만하신 예수 그리스도를 예표하는 그림자의 역할을 하였다.

5. 더 깊은 연구와 삶의 적용

고전 10:1-5
형제들아 나는 너희가 알지 못하기를 원하지 아니하노니 우리 조상들이 다 구름 아래에 있고 바다 가운데로 지나며 모세에게 속하여 다 구름과 바다에서 세례를 받고 다 같은 신령한 음식을 먹으며 다 같은 신령한 음료를 마셨으니 이는 그들을 따르는 신령한 반석으로부터 마셨으매 그 반석은 곧 그리스도시라 그러나 그들의 다수를 하나님이 기뻐하지 아니하셨으므로 그들이 광야에서 멸망을 받았느니라

1. 출애굽기를 읽으면서 나는 어떤 하나님을 경험하였는가?

2. 이스라엘 백성들이 홍해를 건너가고, 신령한 식물을 먹고, 반석에서 나온 물을 마신 체험들은 신약시대 이후 우리의 삶에서 무엇을 상징하는가?(출 13:21-22, 14:19-31, 16:12-18, 고전 10:1-5 참조)

   우상 숭배를 삼가라! 하나님을 시험하지 말라! 하나님을 원망하지 말라!

3. 왜 이스라엘 백성들은 먼 길로 돌아서 출애굽 하였는가?(출 13:17-18 참조)

   블레셋 땅의 길은 가나안 땅에 이르는 지름길이었다(약 4-7일 소요). 그러나 하나님은 이 길로 인도하지 않으셨다. 호전적인 블레셋 사람들이 장정만 60만에 이르는(총 300만 명 이상) 이스라엘 백성들에게 자신들의 길을 통과하도록 길을 열어주기 보다는 오히려 전쟁이 일어날 수도 있다는 것이다. 이 같은 상황 속에서 이스라엘 백성은 종살이 하던 애굽으로 돌아갈까 싶어 홍해의 광야 길로 인도하셨다.

4. 지성소와 성소는 왜 갈라놓았고(출 26:33), 등잔대와 떡상은 무엇을 의미하는가?

   지성소와 성소는 휘장으로 갈라놓았다. 휘장 넘어 지성소에는 1년에 한번 대속죄일에 대제사장만이 황소의 피를 가지고 들어갔다. 십자가에 예수께서 돌아가심으로 이 휘장이 위에서 아래로 찢어졌고, 그 후 누구든지 하나님께 나아갈 수 있다. 등잔대는 성령의 빛을 나타내며, 그 빛은 하나님의 말씀인 떡상을 비추고 있다. 성경 말씀은 성령의 조명아래 깨달을 수 있다.

창 17:1
아브람이 구십구 세 때에 여호와께서 아브람에게 나타나서 그에게 이르시되 나는 전능한 하나님이라 너는 내 앞에서 행하여 완전하라

창 22:14
아브라함이 그 땅 이름을 여호와 이레라 하였으므로 오늘날까지 사람들이 이르기를 여호와의 산에서 준비되리라 하더라

출 15:25-26
모세가 여호와께 부르짖었더니 여호와께서 그에게 한 나무를 가리키시니 그가 물에 던지니 물이 달게 되었더라 거기서 여호와께서 그들을 위하여 법도와 율례를 정하시고 그들을 시험하실새 이르시되 너희가 너희 하나님 나 여호와의 말을 들어 순종하고 내가 보기에 의를 행하며 내 계명에 귀를 기울이며 내 모든 규례를 지키면 내가 애굽 사람에게 내린 모든 질병 중 하나도 너희에게 내리지 아니하리니 나는 너희를 치료하는 여호와임이라

고전 3:16
너희는 너희가 하나님의 성전인 것과 하나님의 성령이 너희 안에 계시는 것을 알지 못하느냐

5. 출애굽기 3장 14절의 하나님은 어떤 분이신가? '나는 스스로 있는 자' 즉 피조물이 아닌 창조자이시다. 이어서 하나님은 모세에게 '나의 영원한 이름' 은 '아브라함의 하나님, 이삭의 하나님, 야곱의 하나님' 이라고 말씀하셨는데, 창세기와 출애굽기에 나타난 하나님은 어떤 하나님이신가?

- 엘 샤다이(창 17:1): 전능하신 하나님
- 여호와 이레(창 22:14): 준비하시는 하나님
- 여호와 라파(출 15:25-26): 치료하시는 하나님
- 여호와 닛시(출 17:8-16): 승리의 하나님

6. 성막의 여러 명칭을 살펴보자(출 27:21).

- 성막과 장막(출 26:1): 하나님께서 임재하시는 장소
- 회막(출 27:21): 이스라엘 백성들이 하나님 앞에 모이는 장소
- 증거막(출 38:21): 언약의 증거인 십계명, 만나, 아론의 지팡이가 들어있는 법궤가 있는데 법막으로도 불렀다(대하 24:6)
- 여호와의 장막: 하나님께서 거하시는 장소(왕상 2:28)

이 모든 명칭들은 성막을 표현하는 단어들이다.

★ 성막시대 이후 솔로몬의 성전 스룹바벨의 성전
신약에 와서는 예수 그리스도가 성전이시요, 예수께서 승천하신 이후는 모든 성도들이 성전이 되었다(고전 3:16, 고전 6:19-20).

레위기

Leviticus

1. 레위기를 어떻게 읽을 것인가

　　레위기 1장에서 마지막 장까지 읽어 내려가기란 참으로 곤욕스럽다. 한 장 한 장 읽어 가다보면 앞 장에서 무엇을 읽었는지 기억조차 하기 어렵다. 내용을 이해 못하고 읽다 보면 집중은 더욱 힘들어진다. 수많은 제사와 규례에 대한 설명으로 인해 자칫 잘못하면 성경 일독의 맥을 끊어 버릴 수도 있다. 레위기를 강해설교 하거나 주일설교 말씀으로 듣는 일이 흔하지 않기에 더욱 레위기를 접할 기회는 많지 않다. 어떻게 레위기와 친근해 질 수 있을까? 레위기를 이해하려면 왜 하나님께 제사 드려야 하는지 질문하면서 대답을 찾아야 한다. 먼저 제사에 대한 이해가 필요하다. 하나님으로부터 죄 사함을 받기 위해, 하나님께 온전히 헌신하기 위해, 하나님께 감사하기 위해 제사를 드린다.

　　구약의 이스라엘 백성들은 동물의 제사와 소제를 드림으로서 하나님으로부터 죄 사함을 받으며, 하나님께 헌신하며, 감사를 구체적으로 표현하였다. 레위기의 제사법을 하나하나 읽어 가면서 이를 십자가의 예수 그리스도와 연결 지어 보면, 우리의 죄를 위해 흘린 보혈의 공로에 대한 더 큰 은혜와 감사, 온전한 헌신을 다시금 확인하며 체험하게 된다.

　　구원역사의 흐름 안에서 레위기를 어떻게 읽을 것인가? 레위기의 내용은 모세가 시내산에서 십계명을 받고 성막을 완성한 이후, 출애굽 제 2년(BC

하나님의 구원역사의 흐름을 따라 성경 말씀을 정리해 보면,

• 하나님 나라의 시작: 창세기
• 하나님 나라의 법을 전수(율법): 출애굽기, 레위기, 민수기, 신명기
• 하나님 나라의 땅(가나안 땅): 여호수아
• 하나님 나라 백성들의 역사: 사사기, 사무엘상하, 열왕기상하, 역대상하
• 하나님 나라의 쇠퇴와 회복: 에스라, 느헤미야
• 하나님 나라의 왕에 대한 예언: 대선지서와 소선지서
• 하나님 나라의 왕, 예수 그리스도: 사복음서
• 세상 안에서 하나님의 나라와 교회: 사도행전, 신약의 서신서들
• 영원한 하나님의 나라(새 예루살렘): 요한계시록

레 11:44-45
나는 여호와 너희의 하나님이라 내가 거룩하니 너희도 몸을 구별하여 거룩하게 하고 땅에 기는 길짐승으로 말미암아 스스로 더럽히지 말라 나는 너희의 하나님이 되려고 너희를 애굽 땅에서 인도하여 낸 여호와라 내가 거룩하니 너희도 거룩할지어다

1445)에 한 달에 걸쳐 하나님으로부터 받은 계시이다. 이 계시의 주 관심사는 하나님께 나아가는 방법과 하나님과 교제하는 방법인데, 그것은 바로 '거룩'에 초점을 맞추고 있다(레 11:44-45). 이 거룩을 바탕으로 성결(holiness), 희생(sacrifice), 속죄(atonement)에 대해 레위기는 기록하고 있다.

레위기에 기록된 여러 제사, 절기, 성결에 관한 법은 신약에서는 어떻게 이해되어야 하는가? 레위기의 여러 종류의 희생제물은 장차 인간의 죄를 위해 십자가에 돌아가신 예수 그리스도를 상징하고 있다. 예수께서 이 땅에 오셔서 단번에 드린 제사(히 9:26)로 인해 구약의 모든 의식법이 완성되었다. 하나님께 제사를 드린다는 것은, 1)자신이 하나님 앞에서 죄인임을 고백하는 것이다. 2)제사에 올리는 제물은 죄의 대가로 죽어야만 한다. 3)공의의 하나님은 죄를 결코 묵인하시지 않는다. 죄에 대한 대가를 요구하신다. 그러나 하나님은 제사를 통해 죄를 용서하시는 긍휼과 자비와 사랑의 하나님이심을 나타내신다.

이스라엘 백성들이 하나님께 드려야 할 '다섯 제사'(번제, 소제, 속죄제, 속건제, 화목제)와 '일곱 절기'(유월절과 무교절, 오순절, 초막절, 나팔절, 속죄일, 안식일)에 대해 레위기는 설명하고 있다.

• 1-17장은 각종 제사의 기본 목적과 제물과 제사의 절차에 대한 규정.
• 18-27장은 하나님의 백성들이 하나님과의 관계를 계속 유지하기 위해 지켜야 할 성결법, 제사장의 성결법, 이스라엘의 절기들에 대한 규례를 기록하였다. 구약의 모든 제사는 신약의 예수께서 십자가에서 담당하신 화목의 제물에 대한 밑그림이다. 예수 그리스도의 십자가 죽음은 인류가 하나님으로부터 죄 사함을 받을 수 있는 유일한 방법이다. 십자가의 예수 사건은 인류 역사에서 가장 중심이 되는 하나님의 구원의 역사이다. 십자가의 예수를 제대로 이해하기 위해서 레위기의 제사법은 반드시 읽고 묵상해야 한다.

2. 저자 · 기록연대 · 기록동기

저자와 기록연대: 레위기에는 '여호와께서 모세에게 말씀하여 이르시되' 라는 표현과 모세가 저자임을 증거 하는 표현이 무려 56회 나타나 있다. 기록연대는 다른 모세 오경과 같이 BC 1446–1406년 사이에 기록되었다.

기록동기: 하나님의 백성으로 택함을 받은 이스라엘 백성들이 하나님과의 관계 속에서 지켜야 할 신앙과 삶의 규례들, 즉 율법을 기록하고 있다. 비록 하나님의 백성이라 할지라도 죄를 지었을 경우, 하나님과의 관계 회복을 위해 희생의 피를 통한 제사가 필요함을 보여주고 있다. 또한 하나님의 백성으로서 하나님의 거룩함을 본받아 살기 위해 지켜야 할 기준과 실천법을 기록하였다. 형식적이고 의식적인 제사법과 성결법은 당대의 이스라엘 백성들에게만 제시한 것이 아니라 오늘을 사는 우리 모든 성도들에게 하나님의 자녀로서 어떻게 헌신하며 일상적인 삶을 살아가야 할지를 구체적으로 가르쳐 주며, 동물의 피 제사를 통해 장차 오실 예수 그리스도의 십자가 사역을 미리 예표하고 있다.

3. 레위기의 파노라마

주제	제사(하나님께 나아가는 길)에 관한 율법			성결(하나님과 동행하는 삶)에 관한 율법				
내용 구분	1:1　　8:1	16:1	18:1	21:1	23:1		27:1	27:34
	제사법	정결법	속죄일	일반법	제사장법	절기법	서원법	
문체	제사법을 기록한 법조문							
장소	시내산							
기간	약 50일(BC 1445년 1월–2월)							

1. 레 9:23-24

'모세와 아론이 회막에 들어갔다가 나와서 백성에게 축복하매 여호와의 영광이 온 백성에게 나타나며 불이 여호와 앞에서 나와 제단 위의 번제물과 기름을 사른지라 온 백성이 이를 보고 소리 지르며 엎드렸더라'

2. 레 11:44-45

'나는 여호와 너희의 하나님이라 내가 거룩하니 너희도 몸을 구별하여 거룩하게 하고 땅에 기는 길짐승으로 말미암아 스스로 더럽히지 말라 나는 너희의 하나님이 되려고 너희를 애굽 땅에서 인도하여 낸 여호와라 내가 거룩하니 너희도 거룩할지어다'

3. 레 17:11

'육체의 생명은 피에 있음이라 내가 이 피를 너희에게 주어 제단에 뿌려 너희의 생명을 위하여 속죄하게 하였나니 생명이 피에 있으므로 피가 죄를 속하느니라'

1) 1-17장: 하나님께 나아가는 방법(제사에 관한 율법)

번제의 규례(1장), 소제의 규례(2장), 화목제의 규례(3장),

속죄제의 규례(4:1-5:13), 속건제의 규례(5:14-6:7),

번제에 관한 제사장 직무(6:8-13), 소제에 관한 제사장 직무(6:14-23),

속죄제에 관한 제사장 직무(6:24-30), 속건제에 관한 제사장 직무(7:1-10),

화목제에 관한 제사장의 직무(7:11-36), 제사 규례의 총 요약(7:37-38),

제사장 위임식(8장), 제사장의 첫 번째 직무(9장),

나답과 아비후의 죽음(10:1-7), 잘못된 제사장에 대한 규례(10:8-20),

정한 짐승과 부정한 짐승의 규례(11장), 산모의 정결 규례(12장),

나병의 진단과 처치(13장), 나병(문둥병)의 정결 규례(14장),

유출병 규례(15장), 대속죄일에 대한 규례(16장),

희생 제물에 대한 규례(17장).

2) 18-25장: 하나님과 교제하는 방법(성결한 삶에 대한 율법)

이방풍속 금지(18:1-5), 근친상간 금지 규례(18:6-18),

건전한 성 도덕 규례(18:19-30), 백성의 거룩 강조(19:1-8),

백성의 도덕적 행동 지침(19:9-25), 사회도덕법(19:26-37),

우상 숭배자 처벌 규례(20:1-5), 성범죄자 처벌 규례(20:6-21),

말씀 준수 강조(20:22-27), 제사장 성결 규례(21:1-15),

제사장 신체의 정결 규례(21:16-24), 성물에 관한 지침(22:1-16),

제물에 관한 규례(22:17-33),

이스라엘의 절기(23장)-(안식일1-3, 유월절/무교절 4-8, 초실절 9-14,

칠칠절 15-22, 나팔절 23-25, 속죄일 26-32, 초막절 33-44),

등잔대와 진설병 규례(24:1-9), 신성 모독자 처벌 규정(24:10-23),

안식년에 관한 지침(25:1-7), 희년에 관한 지침(25:8-55).

3) 26-27장: 율법에 대한 적용

하나님께 순종함에 대한 축복(26:1-13),

하나님께 불순종함에 대한 저주(26:14-39),

회개를 통한 회복과 축복의 약속(26:40-46), 서원에 관한 지침(27장)

맺는 말(27:34 출애굽 2년 BC 1445년 1월 1일 성막을 준공한 뒤 한 달 가량 레위기에 나타난 법을 전수받았다)

4. 레위기 해석의 키워드

• 제사의 종류

제사의 종류	제사의 의미	제물
번제 1:15-17, 6:8-13 (자원제)	• 온전한 헌신을 상징 • 제사장들의 위임제사 • 제사장들의 헌신을 위한 제사 • 여인들의 산후 결례를 위해 • 유출병이 깨끗해진 후 • 나실인의 서원이 끝날 때 • 나병환자를 정결하게 함	• 소, 양, 흠 없는 수컷 염소, 집비둘기나 산비둘기의 새끼를 제단에 전부 불태웠다
소제 2:1-16, 6:14-23 (자원제)	• 소제물은 고운 가루로 이는 온전한 인격을 뜻한다. 위에 부어지는 기름과 유황은 성령과 기도를 상징 • 희생제물이 없는 제사(첫 이삭의 고운 가루)	• 추수한 곡식을 고운 가루로 만들어 드리는 제사로 포도주 전제를 함께 드렸다(감람유와 유황과 함께)
속죄제 4:1-35, 6:24-30 (의무제)	• 하나님 앞에 지은 모든 죄를 대속하기 위한 제사 (의도적인 죄는 예외)로 회개의 제사 • 고운 가루의 제사는 생축을 희생한 단위의 화제물 위에서만 불사른다 • 매월 초하룻날 죄에 대한 회개를 드린다.	• 제사장: 숫염소 • 평민: 암염소/암 어린양/산비둘기/ 집비둘기 새끼/고운가루 약간 • 영문 밖에서 태우고 피만 성소에 7번 뿌림
속건제 5:1-6:7 7:1-7 (의무제)	• 인간관계 안에서 조성된 죄를 속하는 제사(성물에 대한 죄/ 이웃의 물건을 탈취)로 회개의 제사 • 남의 물건을 범했을 경우 1/5을 더해 본인에게 돌려준 후 속건제를 드릴 수 있다.	• 오직 흠 없는 숫양 • 피는 단에 뿌리고 고기는 불태웠다
화목제 3:1-17, 7:11-34, 19:5-8 2:21-25 (자원제)	• 세 종류: 감사제/서원제/자원(낙헌)제 자원제는 하나님을 향한 자신의 사랑을 표현하는 기쁨의 제사로 자발적인 제사이다. 화목제는 하나님과 인간이 불화의 관계에서 제사를 통해 화평하게 하며 동시에 인간관계 안에서도 화평하게 하는 제사로 하나님께 감사하며 성도간의 교제를 나타내는 제사이다.	• 소, 양, 염소를 암수 구별 없이 드림 • 피만 제단에 뿌리고 고기는 나누어 먹었다

1. 레 18:3-5
'너희는 너희가 거주하던 애굽 땅의 풍속을 따르지 말며 내가 너희를 인도할 가나안 땅의 풍속과 규례도 행하지 말고 너희는 내 법도를 따르며 내 규례를 지켜 그대로 행하라 나는 너희의 하나님 여호와이니라 너희는 내 규례와 법도를 지키라 사람이 이를 행하면 그로 말미암아 살리라 나는 여호와이니라'

2. 레 20:26
'너희는 나에게 거룩할지어다 이는 나 여호와가 거룩하고 내가 또 너희를 나의 소유로 삼으려고 너희를 만민 중에서 구별하였음이니라'

3. 레 24:15-16
'누구든지 그의 하나님을 저주하면 죄를 담당할 것이요 여호와의 이름을 모독하면 그를 반드시 죽일지니 온 회중이 돌로 그를 칠 것이니라 거류민이든지 본토인이든지 여호와의 이름을 모독하면 그를 죽일지니라'

1. 레 26:3-12

'너희가 내 규례와 계명을 준행하면 … 내가 그 땅에 평화를 줄 것인즉 … 내가 너희를 돌보아 너희를 번성하게 하고 너희를 창대하게 할 것이며 내가 너희와 함께 한 내 언약을 이행하리라 … 내가 내 성막을 너희 중에 세우리니 내 마음이 너희를 싫어하지 아니할 것이며 나는 너희 중에 행하여 너희의 하나님이 되고 너희는 내 백성이 될 것이니라'

2. 레 26:14-20

'너희가 내게 청종하지 아니하여 이 모든 명령을 준행하지 아니하며 … 내 언약을 배반할진대 … 너희는 쫓는 자가 없어도 도망하리라 … 그렇게까지 되어도 내게 청종하지 아니하면 너희의 죄로 말미암아 … 내가 너희의 세력으로 말미암은 교만을 꺾고 너희의 하늘을 철과 같게 하며 너희 땅을 놋과 같게 하리니 너희의 수고가 헛될지라 땅은 그 산물을 내지 아니하고 땅의 나무는 그 열매를 맺지 아니하리라'

★구약의 제사

• 관유

성막이나 성막의 기구를 성별할 때, 왕이나 제사장 위임식 때 그 머리에 부은 기름(레 8:30)을 가리킨다. 이는 감람유에 몰약과 창포, 계피 등의 향품을 섞어서 만든다. 또한 관유는 아무나 함부로 만들거나 바를 수 없었으며 오직 제사장이 만들고 관리했다.

• 모세의 응식

응식은 '직무에 따라 받는 몫'을 말한다. 요제에 사용되었던 위임식 숫양의 가슴이 이 의식을 주관한 모세의 응식이 되었다. 제사장의 위임식 이후에 드려진 요제는 제사장의 몫이 되었다(레 8:30-31).

• 아사셀 염소(scapegoat)

대속죄의 날에 이스라엘 백성들의 죄를 사하기 위해 광야로 추방당하는 염소를 아사셀 염소라 한다. 대속죄일에 드려지는 속죄 제물로 염소 두 마리를 준비하는데 제비를 뽑아 한 마리는 여호와를 위하여 제물로 드리고, 다른 한 마리는 산 채로 드린다. 먼저 한 마리를 제물로 드린 후 산 염소의 머리에 안수하여 이스라엘 자손의 모든 불의와 그 범한 모든 죄를 고하고 그 죄를 염소의 머리에 두어 광야로 보내서 그 곳에서 죽게 한다. 이는 죄 없으신 예수께서 십자가에 죽으심(속죄제물)으로 죄가 사함 받는 것을 상징하고 있다(레 16:8-10, 20-22, 롬8:33-34).

• 제사 드리는 방법에 의한 분류

화제	불에 태워지는 의식(레 1:13) 번제를 화제로도 부른다
거제	제물을 높이 들었다(하나님께 올림) 내려놓는(제사장의 몫) 의식(레 7:32)
요제	흔들어서 드리는 의식(레 7:30)
전제/관제	부어 드리는 의식: 포도주(레 23:13/출 29:40/민 15:5), 기름(창 35:14), 피(시 16:4) 신약에서 전제(한글개역-관제)로 표현(딤후 4:6, 빌 2:17): 바울의 순교를 의미

• 몰렉과 유아 제사(18:21-30, 20:2-5))

몰렉은 암몬 족속이 섬기던 우상이다. 암몬 족속은 제사를 드릴 때 살아 있는 자녀(특별히 유아)를 번제물로 드리는 극악무도한 제사를 지냈다. 이러한 제사는 힌놈의 골짜기(예루살렘 남쪽에 있는 깊은 골짜기로 도벳에 위치)를 중심으로 계속 확산되었는데, 후에 남유다 왕국의 아하스 왕과 므낫세 왕도 자녀들을 불태워 우상 **몰록***에게 바치는 암몬의 풍습을 따랐다(대하 28:3, 33:6). 예레미야 선지자는 이를 '죽임의 골짜기'라 불렀는데(렘 7:32), 요시야 왕 시대에 비로소 자녀를 제물로 드리는 제사가 엄격하게 금지되었다(왕하 23:10).

• **몰록***: 옛 헬라어 번역본(왕상 11:7 참조)

★동성애에 관한 규례(18:22-30)

성경은 레위기를 통해 강력하게 동성연애를 금하고 있다. 남자와 남자가 관계를 맺는 일에 대해 이는 가증한 일이라고 했다. 이런 일을 하는 자는 죽이라고 명령할 정도로 강도 높게 금하고 있다(20:13). 동성애는 남자와 여자가 결혼하여 한 가정을 이루고 자녀를 낳아 생육하고 번성하여 땅에 충만하며 땅을 정복하라는 하나님의 창조 질서에 역행하는 일이다(롬 1:26-27). 이에 덧붙여 짐승과 교합하여 자기를 더럽히지 말라고 하면서, 이 역시 가증한 일로 규정하면서 이런 일을 하는 자는 죽이라고 명했다(20:15-16).

★대속죄제와 예수 그리스도의 구속

대 속죄제	예수 그리스도의 구속
• 레위의 자손, 대제사장이 드림(출 6:16, 20) • 희생 제물로 짐승을 드림(레 16:5-11) • 지성소, 회막, 단을 먼저 성결케 함 (16:16-19) • 대제사장은 자신과 가족의 죄부터 속죄하기 위해 제사를 먼저 드림(16:6, 11) • 1년에 한 번 드림(레 16:34)	• 예수님 자신이 제물이 되셨다(히 10:5-18) (화목제물, 속죄제물) • 성소에 들어가지 않고 하늘에 들어 가셨다 (히9:23-24) • 예수님은 무죄하기에 자신의 죄를 속죄할 필요가 없다(히7:26-28) • 예수께서 십자가에서 제물이 되신 제사는 단한 번으로 끝났지만(히 9:12, 25-28, 10:1-18) 구원의 역사는 영원히 지속된다(히 7:24)

★이스라엘의 중요한 절기들

• 유월절

이스라엘 백성들이 애굽으로부터 해방된 것을 기념하는 날(1월 즉 아빕월 14일 해질 때)로 이스라엘의 최대 명절이다. 흠 없는 1년 된 어린 양을 준비하여 무교병(누룩 넣지 않은 떡)과 쓴 나물과 함께 구워 먹는다. 이를 통하여 이스라엘 백성들은 어린 양의 피로 인해 죽음에서 구원받는 하나님의 구원역사를 기념한다. 또한 이스라엘 백성들이 애굽에서 노예 생활하던 그 시절을 기억한다. 7일 동안 계속해서 무교병과 쓴 나물을 먹고 노동도 하지 않는다(태양력으로 3월 중순). 유월절의 행사는 신약시대 예수께서 십자가 죽음 당하시기 이전 제자들과 함께 했던 성만찬을 예표한다(마 26:17-29). 특히 유월절 희생양은 흠 없으신 예수 그리스도의 죽음(요 1:29, 고전 5:7, 21)과, 믿음의 성도들이 사망에서 구원받아 영생을 누리는 구원의 역사를 예표한다(출 12:1-28, 민 28:16-25, 신 16:1-8).

• 오순절(맥추절/칠칠절)

유월절 이후 50일 째 되는 날(오순절) 혹은 7주(칠칠절) 후에 드리는 절기로 밀의 첫 수확을 하나님께 드림으로 맥추절이라 불렀다. 이 절기는 하루 동안 성회로 모이고 노동이 금지되었다. 흠이 없는 1년 된 어린 양과 수소와 숫양을 번제로 드리고, 고운 가루 에바에 누룩을 넣어 만든 떡 두 개를 소제로 드린다. 이 날은 수확할 수 있도록 모든 여건을 허락하신 하나님께 감사하는 오늘날의 추수감사절에 해당하는 절기이다(출 23:16, 34:22, 레 23:15-22, 신 16:9-12). 신약에 와서 예수께서 승천하신 후 성령 강림하신 성령강림일을 예표하고 있다(행 2:1-4).

• 초막절(장막절/수장절)

이스라엘 백성들의 광야 40년을 기념하는 절기로 광야의 삶을 인도하신 하나님의 은혜를 감사하며 이를 기억하고 기념하기 위한 절기이다. 7일 동안 초막을 짓고 절기를 지켰는데, 다가올 1년 동안 사용할 곡식을 저장하며 이를 지키는 절기로 장막절 혹은 수장절이라 한다. 칠일 동안 초막을 짓고 광야 장막 생활을 기념하는데, 매일 숫염소 하나로 속죄제를 드리고 여덟째 날에 수송아지와 숫양 하나, 흠 없는 1년 된 숫양 일곱의 번제와 소제, 전제를 드린다. 초막에 거하는 경험을 통해 이 세상 인생여정이 초막에 거하는 나그네 길이며 영원한 집은 오직 하늘나라에 있음을 예표한다. 이러한 절기 행사를 통해 이스라엘 백성들은 함께 모여 서로 이웃과의 사랑을 나누며 하나님께 감사의 예물을 올려 드렸다. 신약 시대 이후의 성도들은 복음 안에서 성탄절, 부활절, 추수감사절, 사순절을 통하여 감사와 회개, 예수의 오심과 부활을 함께 기뻐하며 성도간의 교제를 나눈다(출 23:26, 레 23:34-43, 민 15:4-20, 29:12-38, 신 16:13-15).

• 안식일/안식년과 희년

안식일은 하나님께서 천지 창조하시고 마지막 날에 쉼을 누림으로 시작되었다(창 2:2-3). 출애굽의 역사 가운데 하나님께서 이스라엘에게 십계명을 주시는데 '안식일을 기억하여 거룩하게 지키라' 는 네 번째 계명으로 안식일은 이스라엘의 역사 속에서 중요한 절기가 되었다. 사람과 동물들이 모든 일로부터 쉬는 날이다. 안식년은 매 7년 째 지켜지는데 '내가 너희에게 주는 땅에 들어간 후에 그 땅으로 여호와 앞에 안식하게 하라'(레 25:2)하면서 땅을 향한 안식을 선포하고 있다. 땅에 안식을 명하면서 사람이 이를 지켜야 할 것임을 분명히 하고 있다.

희년은 거룩한 해(레 25:8-12, 민 36:4)로 안식년이 일곱 번 지난 바로 다음 해 곧 50년 째 되는 해를 가리킨다. 이 해에는 노예를 자유하게 하여 그 가족들에게 돌아가게 했고, 땅은 본래 주인에게 돌려주고 휴경하였다(레 25:8-55). 모든 빚진 것을 탕감해 주기도 했다. 그래서 희년은 대제사장이 나팔을 불면서 기쁨의 축제로 시작되었다. 매 50년 마다 새해 첫 달 첫 날에 뿔나팔 소리로 희년을 선포하였다.

• 나팔절

유대력으로 7월 1일에 나팔을 불어 성회를 공포하였다. 나팔을 불면서 이 날을 알렸기에 이날을 나팔절이라고 불렀다(레 23:24, 민 29:1). 이 날에는 일을 쉬고, 성회를 열어 희생 제사를 드렸다. 원래 이 날은 월삭으로서 새로운 달을 맞이하면서 지난달의 죄를 사함 받는 것을 암시하는 절기이다. 하나님께 특별한 제사를 드렸다고 하는데, 종들을 해방시켜 주고 빚을 탕감해 줌으로 해방절로도 불렀다. 훗날 유대교가 확립되면서 신년제로 절기를 지켰다(1세기경 부터).

5. 더 깊은 연구와 삶의 적용

1. 레위기를 읽으면서 나는 어떤 하나님을 경험하였는가?

2. 아론의 두 아들(나답과 아비후)은 왜 여호와 앞에서 죽음을 당하였는가?(레 9:22-10:7 참고)

3. 레위기를 대표하는 말씀을 찾아서 읽고 묵상하자(레 11:44-45).

4. 레위기의 모든 제사들은 무엇을 예표하며 상징하는가?

레위기는 성막을 통해 하나님께 제사 지내는 방법을 이스라엘 백성들에게 가르치고 있다. 제사에서 하나님께 올려 드리는 모든 희생 제물은 장차 인류의 죄를 대속하기 위해 십자가에 돌아가신 예수 그리스도를 상징하는 예표이다. 예수께서 이 땅에 오셔서 단번에 드린 십자가의 제사(히 9:23-28)로 구약의 모든 제사(속죄제, 번제, 화목제, 속건제, 소제)가 완성된 것이다(롬 12:1-2).

5. 왜 하나님께서 정한 짐승과 부정한 짐승을 구별해 나누셨는가?(레 11:8, 44-45)

하나님께서는 하나님의 백성, 이스라엘과 이방인들을 구별하기 위해 이스라엘이 먹는 짐승까지 정하셨다. 이를 통해 이스라엘 백성은 하나님 앞에서 구별되었음을 가르치셨다. 그러나 신약에 와서 예수 그리스도를 통해 율법이 완성되었기에 그 어떤 고기도 다 먹을 수 있게 되었다. 하나님이 지으신 모든 것이 선하기에 아무도 이를 부정하다고 할 수 없게 된 것이다(딤전 4:4, 행 10:9-16, 28) 어떤 고기든지 먹을 수 있지만 하나님의 영광과 다른 사람(초신자)의 유익을 위해 자제할 수도 있다(고전 10:24-33).

6. 소제물에 넣지 말아야 될 것은 무엇이며 이것은 무엇을 의미하는가?(레 2:11-13)

누룩과 꿀을 소제물에 넣지 않았다. 누룩은 위선과 교만의 의미를, 꿀은 부패와 전염성, 즉 죄의 속성을 갖고 있기 때문이다. 모든 소제물에는 소금과 유향을 넣었는데, 이는 부패와 불결을 막아주고 정결을 유지하게 하기 때문이다(마 16:12, 막 8:15, 눅 12:1, 민 18:19, 대하 13:5). 유향은 남부 아라비아 지역에서 산출되는 유향나무의 진액으로 만든 향료인데, 성도들이 하나님께 올려 드리는 기도의 아름다운 향기를 상징한다.

기억할 말씀

롬 12:1-2
그러므로 형제들아 내가 하나님의 모든 자비하심으로 너희를 권하노니 너희 몸을 하나님이 기뻐하시는 거룩한 산 제물로 드리라 이는 너희가 드릴 영적 예배니라 너희는 이 세대를 본받지 말고 오직 마음을 새롭게 함으로 변화를 받아 하나님의 선하시고 기뻐하시고 온전하신 뜻이 무엇인지 분별하도록 하라

제5과 민수기

민수기

Numbers

1. 민수기를 어떻게 읽을 것인가

민수기는 이스라엘 백성들이 약속의 땅 가나안에 들어가기 전 광야에서 방황하던 시절의 기록이다. 저들의 고난의 여정은 하나님의 인도아래 38년 동안 계속된다. 비록 구름기둥과 불기둥이 낮에는 저들에게 뜨거운 태양열을 막아 주고 밤에는 어두움을 밝혀 주면서 가야 할 길을 열어 주었지만 척박한 광야 생활에서 지칠 대로 지친 백성들, 그리고 저들을 인도하는 모세 역시 힘겨운 여정이었다. 광야에서의 삶 속에서 이스라엘 민족은 끊임없이 불평한다. 만나와 메추라기를 주신 하나님께 감사하기 보다는 시시 때때로 투정을 부리기 일쑤였다. 광야 생활은 지치고 고달픈 여정이었으나 하나님을 체험하는 은혜의 여정이기도 하였다. 하나님께서는 때마다 적절하게 하나님의 방법으로 이스라엘 백성들을 인도하셨다. 저들의 방황은 하나님의 때를 따라 계획된 과정이었다. 그래서 방황은 방황으로 끝나지 않고 하나님의 계획안에서 성취로 가는 길목이었기에 소망의 여정이었다. 단지 이스라엘 백성들이 이를 깨닫지 못했을 뿐이다.

오늘 우리 인생 여정을 이스라엘 백성들의 광야에서의 삶과 비교하곤 한다. 예수 그리스도 안에서 우리 인생은 새 하늘과 새 땅을 바라보면서 완성을 향해 나아가는 여정이기에 비록 광야 같은 세상에서 살고 있다 해도 지치지 않고, 좌절하지 않고 가나안(천국)을 향해 전진해 나아갈 수 있다.

출애굽기는 이스라엘 백성들이 애굽을 출발하여 시내산에 도착한 이후 십계명을 받고 성막을 완성하여 하나님의 임재를 경험한 내용을 담고 있고, 레위기는 성막 완성한 이후 한 달간 시내산에 머물면서 하나님으로부터 받은 각종 제사법과 절기에 관한 기록이다.

민수기는 이스라엘 백성들이 애굽 땅에서 나온 후 둘째 해 둘째 달 첫째 날에 시내 광야 회막에서 모세에게 하나님이 말씀하심으로 시작된다(민 1:1 BC 1445). 이스라엘 백성들이 광야 행군을 시작하기 전 하나님께서는 인구조사를 명령하셨다. 인구조사가 시작되고 그 이후 약 38년간의 광야 생활에 대해 민수기는 기록하고 있다. 히브리 성경의 원래 제목은 '광야에서' 이다.

시내산 → 가데스바네아(여기까지 출애굽에서 18개월 걸림, 이 지역 주변에서 37년 6개월 정도 방황함) → 모압 평지로 이어지는 광야의 삶을 통해 이스라엘 백성들의 후손에게 두 가지 사실을 알려 준다. 출애굽의 세대가 하나님께서 인도하신 놀라운 체험 속에서도 그 분의 명령에 불순종하여 징계를 받았다는 사실(갈렙과 여호수아를 제외한 출애굽 당시 20세 이상의 모든 이스라엘 백성들은 광야에서 죽는다)과 택하신 백성을 버리시지 않고 연단하셔서 출애굽 당시 20세 이하의 자녀들과 광야에서 태어난 모든 백성들에게 가나안 땅으로 인도하시는 하나님의 축복을 알려 주는 기록이다.

전체적인 내용을 살펴보면, 1) 1~10:10은 인구조사(출애굽 세대)를 통해 광야의 행군이 준비되는 과정. 2) 10:11~25:18은 가데스바네아에서의 긴 광야 여정에 대한 기록. 3) 26~36장은 광야 여정을 끝낸 이스라엘의 새 세대가 하나님의 2차 인구조사 명령을 수행하면서 가나안 정복 준비에 대해 기록하고 있다. 모세는 출애굽의 전 과정을 회고하면서(33장), 이스라엘 백성들에게 가나안 땅에 들어가면 먼저 그 땅 거민들과 모든 우상을 타파할 것을 명령하고 있다.

민수기는 하나님의 명령하심을 따라 1차 인구조사(애굽에서 태어난 20세 이상 장정: 60만 3,550명, 민 1:46)로 시작되고 2차 인구조사(출애굽 당시 20세 미만의 남자로부터 광야에서 태어난 장정: 60만 1,730명, 민 26:51)로 마무리되고 있다.

기억할 말씀

민 33:51~53
너희가 요단 강을 건너 가나안 땅에 들어가거든 그 땅의 원주민을 너희 앞에서 다 몰아내고 그 새긴 석상과 부어 만든 우상을 다 깨뜨리며 산당을 다 헐고 그 땅을 점령하여 거기 거주하라 내가 그 땅을 너희 소유로 너희에게 주었음이라

2. 저자 · 기록연대 · 기록동기

저자와 기록연대: 본서의 저자 역시 모세이다. 민수기에도 '여호와께서 모세에게 말씀하여 이르시되' 라는 표현이 80회 이상 기록되어 있다. 기록연대도 다른 모세오경과 같이 BC 1446-1406년 사이, 모세의 생애 말년에 자신의 삶을 회고하며 기록하였다.

기록동기: 출애굽한 세대가 하나님의 크신 은혜를 체험했음에도 하나님의 명령에 불순종하여 가나안 땅에 들어가지 못하고 광야에서 삶을 마감하는 징계와 심판의 하나님을 후세대에게 보여주고 있다. 그러나 세대교체를 통해 하나님께서 새로운 지도자 여호수아를 세우시고 젖과 꿀이 흐르는 가나안으로 인도하시는 축복의 하나님을 이스라엘 백성들과 오늘의 성도들에게도 알려준다. 역경 속에서도 택한 백성을 향한 하나님의 구원의 역사는 계속된다.

3. 민수기의 파노라마

주제	출애굽 1세대 행군 준비		불순종으로 인한 38년간의 광야 생활				출애굽 2세대를 위한 준비			
	1:1 5:1	10:11	13:1	15:1	20:1	26:1	28:1	31:1	36:13
내용 구분	1차 인구 조사	행군 준비	가데스 바네아 행군	백성들의 불신앙	광야의 방황하는 삶	모압 행군	2차 인구조사	제사 서원 규례	가나안 정복과 땅 분배
문체	이스라엘 백성의 광야 생활을 기록한 역사서									
장소	시내산		광야				모압 평지			
기간	20일		38년 4개월				5개월			

1) 1-10:10 : 출애굽 제 1 세대

출애굽 세대에 대한 1차 인구조사(60만 3,550명)와 행군 출발(1:1-46), 구별된 레위지파(1:47-54), 장막 배치도와 행군 순서(2장),

레위인 계수와 직무(3장), 레위 자손의 업무 분담(4장),

이스라엘 진영의 정결 유지(5:1-4), 배상을 통한 화평 유지(5:5-10),

가정의 신뢰 유지(5:11-31), 나실인 규례(6:1-21),

제사장의 축복기도(6:22-27), 성막 봉헌 예물(7장),

등대 보완 규례(8:1-4), 레위인의 성별 의식과 봉사 연한(8:5-26),

시내산에서 첫 유월절(9:1-14), 불기둥과 구름 기둥(9:15-23).

2) 10:11-25장 : 38년간의 광야 방황

은 나팔에 관한 규례(10:1-10), 시내 광야의 출발-언약궤의 인도(10:11-36),

다베라의 원망 사건(11:1-3), 만나로 인한 원망(11:4-9),

70인 장로 선택(11:10-30), 만나로 인한 원망에 대한 심판(11:31-35),

미리암과 아론의 모세 비방(12:1-16), 가나안 정탐(13장),

가데스 대 반역 사건(14:1-10), 모세의 중보기도(14:11-38),

백성들의 거듭되는 불순종(14:39-45), 각종 제사의 기본 규례(15장),

고라 일당의 반역과 하나님의 심판(16:1-40), 아론의 중보기도(16:41-50),

아론의 싹난 지팡이(17장), 제사장과 레위인의 직무(18:1-7),

제사장의 분깃(18:8-20)-소금언약(18:19),

십일조와 레위인의 분깃(18:21-32),

정결법의 규례(19:1-10), 정결 잿물의 사용법(19:11-22),

반석을 쳐서 단물을 얻는 사건(20:1-13), 에돔 왕의 방해(20:14-29),

아랏 왕의 대적(21:1-3), 불뱀과 놋뱀 사건(21:4-9),

계속되는 행군 여정(21:10-20), 아모리와 바산 정복(21:21-35),

발락의 대적(22:1-6), 발락의 발람 초대(22:7-30),

발락과 발람의 만남(22:31-41), 발람의 첫 번째 예언(23:1-12),

발람의 두 번째 예언(23:13-26), 발람의 세 번째 예언(23:27-24:13),

이스라엘과 열방에 대한 발람의 예언(24:14-25),

이스라엘의 음행 사건(25:1-5), 비느하스의 징계(25:6-15),

미디안 진멸 명령(25:16-18).

기억할 말씀

1. 민 2:32-34

'이상은 이스라엘 자손이 그들의 조상의 가문을 따라 계수된 자니 모든 진영의 군인 곧 계수된 자의 총계는 육십만 삼천오백오십 명이며 레위인은 이스라엘 자손과 함께 계수되지 아니하였으니 여호와께서 모세에게 명령하심과 같았느니라 이스라엘 자손이 여호와께서 모세에게 명령하신 대로 다 준행하여 각기 종족과 조상의 가문에 따르며 자기들의 기를 따라 진 치기도 하며 진행하기도 하였더라'

2. 민 3:45

'이스라엘 자손 중 모든 처음 태어난 자 대신에 레위인을 취하고 또 그들의 가축 대신에 레위인의 가축을 취하라 레위인은 내 것이라 나는 여호와니라'

1. 14:33-34

'너희의 자녀들은 너희 반역한 죄를 지고 너희의 시체가 광야에서 소멸되기까지 사십 년을 광야에서 방황하는 자가 되리라 너희는 그 땅을 정탐한 날 수인 사십 일의 하루를 일 년으로 쳐서 그 사십 년간 너희의 죄악을 담당할지니 너희는 그제서야 내가 싫어하면 어떻게 되는지를 알리라 하셨다 하라'

2. 민 32:11-12

'애굽에서 나온 자들이 이십 세 이상으로는 한 사람도 내가 아브라함과 이삭과 야곱에게 맹세한 땅을 결코 보지 못하리니 이는 그들이 나를 온전히 따르지 아니하였음이니라 그러나 그나스 사람 여분네의 아들 갈렙과 눈의 아들 여호수아는 여호와를 온전히 따랐느니라 하시고'

3) 26-36장 : 출애굽 제2 세대

2차 인구조사 및 새 세대의 준비(26:1-4, 51-55, 64-65),

새 지도자(27:12-23), 가나안에 들어가서 지켜야 할 절기 및 제사(28-29장)-

(상번제/ 안식일/ 월삭 규례),

서원의 규례(30장), 미디안 정복(31:1-12),

요단 동편땅 분배(갓, 르우벤, 므낫세 반 지파)-(32장),

출애굽 노정의 회고(33:1-49), 가나안 정복과 우상 타파(33:50-56),

가나안 땅의 경계(34:1-15), 도피성의 규례(35:9-34),

여자의 유산 상속법(36:1-12), 민수기 결론(36:13).

4. 민수기 해석의 키워드

★레위인(8:5-26): 전 이스라엘 백성들의 영적 대표임을 상징한다.

1) 이스라엘 자손 중에서 처음 난 자를 대신해 하나님께서 레위인을 취하셨다.

2) 레위인은 성막에서 이스라엘 자손들을 대신해서 봉사하였다.

3) 이스라엘 자손들을 대신하여 속죄하게 했다.

4) 25세부터 성막에 들어와 봉사할 수 있었고, 50세부터는 이 일을 쉬었다.

5) 레위인들은 성막 안에 직접 들어가지 않았다. 성막 뜰에서 아론의 후손들(제사장)을 도왔다. 아론의 후손들인 제사장과 대제사장들만이 성막 안에 들어갔다.

6) 레위인들은 여호와 하나님이 저들의 기업이었기에 가나안 땅을 분배받지 못했다. 가나안 정복 이후 각 지파들로부터 3-4 성읍들과 성읍 사면의 초장을 받았다(민 35:2, 수 21:2-3). 도합 48 성읍이었는데, 이 중에서 6 성읍을 택해서 도피성으로 만들었다(수 20:7-9).

★은 나팔

희년 때 사용된 뿔나팔(레 25:9)과 다른 나팔로 곧게 뻗은 긴 악기를 가리킨다(출 19:16). 회중을 소집하여 진행하게 하였다(10:1-2).

★서원제와 낙헌제

서원제는 화목제의 일종으로 여호와께 자발적으로 서원할 경우에 드리는 제사(레 7:16). 낙헌제는 감사제, 서원제와 함께 화목제의 일종으로 특별한 하나님의 은혜에 감사하여 드리는 제사이다(15:2-3).

★거제

매일 제사드릴 때 제물을 들어 올렸다 내렸다 하는 제사의 방법 중 하나이다. 제물을 들어 올리는 것은 하나님께 바친다는 의미이며 내리는 것은 제물이 제사장의 소유임을 나타낸다(15:18-21).

★상번제(28:3-8)

매일 아침, 저녁으로 흠이 없는 일 년 된 숫양 한 마리씩을 하나님께 드리는 번제이다(출 29:38-42). 매일 드림으로 하나님께 헌신하는 삶과 거룩한 삶을 계속해서 지속적으로 다짐하는 의미를 갖는다.

★이스라엘 백성들의 원망과 불평

출애굽 이후 40년의 광야 생활 중 이스라엘 백성들은 저들이 경험한 하나님의 은혜와 축복에 대해 감사하기 보다는 고달픈 광야의 삶에 대해 하나님께 원망하며 불평한 사례들도 많았고 당을 짓고 반역하는 일까지 발생했다. 모세와 함께 출애굽의 대장정을 인도한 형 아론과 누나 미리암도 모세를 비방하는 등 지도자의 권위에 도전하여 하나님의 심판을 받기도 했다.

- 홍해 바다 앞에서 애굽 군사들의 추적에 대해(출 14:10-12)
- 마라에서 먹을 수 없는 물로 인해(출 15:22-27)
- 신 광야에서 먹는 양식으로 인해(출 16:1-3)
- 므리바에서 마실 물이 없음으로 인해(출 17:1-7)
- 시내산에서 모세를 기다리면서(출 32:1-6)

- 다베라에서 악한 말로 하나님을 원망하는 백성들(민 11:1-2)

- 먹을 것이 없다고 불평하는 백성들(민 11:4-15)

- 모세를 비방하는 아론과 미리암(민 12:1-16)

- 가나안 정탐 보고를 듣고 모세와 아론을 원망하며 곡하는 백성들(민 14:1-10)

- 고라 일당의 반역 사건(민 16:1-19)

- 에돔 땅을 우회하는 사건으로 인해 원망(민 21:1-9)

★고라 일당의 반역과 하나님의 심판(민16:1-40)

시내산에서 하나님으로부터 율법을 전수받고, 성막을 완성한 이후 38년 동안 광야에서 이스라엘 백성들은 힘든 여정 속에 지냈다. 출애굽의 여정 중 가장 큰 반역의 대사건은 가데스바네아에서 열 정탐꾼들의 반응에 대한 백성들의 울부짖음과 원망이었다. 많은 백성들은 다시금 애굽으로 돌아가는 것이 낫다고 주장하였다. 모세와 아론은 온 회중 앞에 엎드렸고, 여호수아와 갈렙은 옷을 찢으며 저들을 향해 젖과 꿀이 흐르는 아름다운 땅으로 하나님께서 인도하시기에 결코 가나안 토착민들을 두려워하지 말라고 권면하였다. 하나님은 전염병으로 이 백성을 다스리겠다고 말씀하셨다. 모세는 하나님 앞에서 중보 기도하였고 하나님은 말씀으로 응답하셨다. 이스라엘은 40년 동안 광야에서 방황한 끝에야 가나안으로 들어갈 것이며 출애굽 당시 20세 이하와 광야에서 태어난 자들 이외의 세대들은 모두 광야에서 죽을 것이라고 말씀하셨다(민 14:1-38).

두 번째 사건이 바로 고라 일당의 반역이다. 저들은 당을 지어 족장 250명과 함께 모세와 아론을 거슬렸다. 하나님께서는 이 반역 사건에 직접 심판으로 다스렸다. 고라와 그의 가족들은 땅이 갈라지면서 산 채로 스올에 빠졌고, 250인의 족장들도 불이 나와 소멸시켰다(민 16:31-33). 사건이 일단락되고 하나님은 아론에게 다시금 말씀을 주셨다. 아론의 아들 엘르아살이 불붙은 향로를 취하여 불을 쏟게 하셨고 이 향로로 제단을 싸서 이스라엘 자손의 기념물이 되게 하였다. 이는 아론 자손 이외에는 하나님 앞에서 분향하러 가까이 못하게 함이며 고라와 그를 따르는 무리들과 같이 당을 짓지 않도록 하기 위한 조치였다. 그러나 다시금 백성들이 원망하자 하나님은 전염병이 돌게 하였다. 아론의 중보기도로 전염병이 그쳤지만 1만 4,700명의 백성이 전염병으로 죽었다. 백성들의 거듭되는 불신앙과 원망에 대해 지도자 모세와 아론은 중보기도자의 사명을 다했다. 반역한 고라 일당의 죄악을 살펴보면,

1) 당을 지어 이스라엘 백성들에게 분열을 조장시켰다(16:1-2).

2) 영적인 권위에 도전하여 자신들이 권위자의 역할을 하려 했다(16:3,10-11).

3) 하나님의 방법에 순종하지 않고 스스로 영적 직분을 취하려 했다(16:9-10).

4) 가나안 약속의 땅에 대한 말씀을 믿지 않았다(16:12-14).

하나님은 심판으로 백성들의 죄를 다스렸다. 공의의 하나님은 택한 백성이라 할지라도 말씀에 불순종할 때 어김없이 의의 심판으로 다스리셨다. 그러나 지도자들의 중보기도로 하나님의 심판은 저들의 죄악에 비해 훨씬 가볍게 마무리 지워졌다.

★소금 언약(18:19-20)

당시 고대 근동지방에서는 소금이 아주 귀했다. 소금이 변하지 않고 부패하지 않는 속성을 담아 계약을 체결할 때 중요한 증표로 이용하였다. 본문에서는 하나님과 제사장 사이에 맺은 영원히 변하지 않는 언약이다. 역대기에서는 하나님께서 다윗 왕가에 주신 변함없는 언약을 가리켜 소금 언약(변함없는 언약)으로 표현하였다(레 2:13, 대하 13:5).

★선지자 발람

선지자 발람은 어떤 인물이며 그의 예언은 어떤 의미가 있는가?

1) 브올의 아들로 이방인 선지자(민 22:5)였는데, 그는 하나님의 뜻을 거역하였고(민 22:12, 19, 20) 이로 인해 말 못하는 나귀에게 책망을 받았다(민 22:21-30).

2) 그는 자신의 탐욕으로 인해 이스라엘을 죄로 유도하였다. 싯딤에 머문 이스라엘 백성들은 모압 여자들과 음행을 저질렀고 저들의 우상 바알브올을

기억할 말씀

민 18:19-20
이스라엘 자손이 여호와께 거제로 드리는 모든 성물은 내가 영구한 몫의 음식으로 너와 네 자녀에게 주노니 이는 여호와 앞에 너와 네 후손에게 영원한 소금 언약이니라 여호와께서 또 아론에게 이르시되 너는 이스라엘 자손의 땅에 기업도 없겠고 그들 중에 아무 분깃도 없을 것이나 내가 이스라엘 자손 중에 네 분깃이요 네 기업이니라

섬기게 되었다. 이로 인해 결국 발람은 죽임을 당하고 만다(민 25:1-13, 31:1-8).

3) 모압 왕 발락과 함께 발람은 바알의 신당에 올라가 고대 이방 점술가들이 사용하던 대로 제단을 쌓고 하나님의 음성을 기다렸다. 이는 하나님을 자신이 섬기던 이방신으로 착각하여 하나님을 구슬려 자신의 목적을 이루려는 주술적인 신앙 행위였다(민 23:1-12, 23, 24:1).

4) 신약성경은 발람 선지자를 불의의 삯을 사랑하며 불법으로 인해 말 못하는 나귀로부터 책망 받은 자(벧후 2:15-16)로, 어그러진 길로 간 자(유 1:11), 이스라엘에 올무를 놓아 우상 제물을 먹고 행음하도록 유혹한 자(계 2:14)로 설명하고 있다.

발람은 탐욕에 빠져 모압 왕 발락의 요청을 따른다. 그러나 네 번에 걸쳐 예언을 하는 과정에서 발락이 원하는 바 이스라엘을 저주하지 않고, 오히려 이스라엘을 축복하는 말씀을 주었다. 그는 하나님의 영에 사로잡혀 이스라엘의 복된 미래를 예언한 것이다. 특히 네 번째 예언에 이르러서 그는 하나님의 도구로서 그 임무를 다한다. 야곱의 별(민 24:17)이란 표현을 통해 메시야 도래를 상징하는 등 하나님의 구원사역을 예언하였다. 이스라엘을 저주하려던 거짓 선지자 발람을 통해 하나님은 이스라엘의 구원의 역사를 계시한 것이다. 이와같이 하나님께서는 이방의 선지자를 도구로 삼으시고 이스라엘의 미래를 예고하셨다.

★도피성 제도와 예수 그리스도(민 35:9-34)

의도적인 살인이 아니라 실수로 인해 살인한 자들의 도피처로 요단 동편과 서편에 각각 세 개씩 세운 도피성은 가나안 땅 어디에서든지 하룻길이면 도착할 수 있는 장소에 설치하였다. 당시에는 오늘날과 달리 개인적으로 복수할 수 있도록 허용하였기 때문에 아무리 고의성이 없는 실수로 인한 살인이라 해도 보복 당할 수 있었다. 억울하게 복수 당할 수 있는 환경에서 피할 수 있도록 만든 제도가 도피성 제도이다.

• 구약의 도피성 제도와 예수 그리스도의 구속 역사

도피성	예수 그리스도
하나님이 정하셨다(민 35:1-15)	창세전부터 하나님의 예정(벧전 1:20)
살인자(실수)위한 도피제도(35:11)	죄인이 예수 안에서 죄 사함(요 8:32, 엡 1:7)
이스라엘 백성/타국인 모두 적용(35:15)	누구든지 믿으면 구원(요 3:16)
도피성 안에 거할 때 구원(35:26-27)	그리스도 안에서 구원(요 15:5, 롬 6:23)
대제사장이 죽기까지는 성안에 거함(35:25)	대제사장이신 예수 그리스도로 인해 구원 (히 4:15-16)
당대 대제사장의 죽음으로 자기 땅에 돌아갈 수 있다(35:28)	대제사장이신 그리스도의 죽으심으로 구원 (롬 4:24-25)

5. 더 깊은 연구와 삶의 적용

1. 민수기를 읽으면서 나는 어떤 하나님을 경험하였는가?

2. 나실인 규례의 의미를 찾아보자.
   1) 몸을 구별하여 드림(민 6:2): 하나님을 향한 순결한 헌신
   2) 술을 멀리함(6:3-4): 세상의 쾌락을 배척
   3) 머리를 자르지 못함(6:5): 하나님께 순종하며 경외하는 표현
   4) 시체를 멀리함(6:6-7): 죄로 인한 부정함을 멀리함

3. 제사장의 축복기도를 읽으면서 오늘날 모든 성도들이 제사장의 특권을 누릴 수 있기에(벧전 2:9) 축복하는 기도를 직접 주위의 가족들과 친지들에게 해 보자.

4. 민수기 21장 4-9절의 불뱀과 놋뱀 사건이 신약에서는 어떻게 기록되고 있는가?(요한 3:14-16) 모세가 광야에서 만들었던 놋뱀과 예수 그리스도를 비교해 보자.

기억할 말씀

• 민 6:22-27
여호와께서 모세에게 말씀하여 이르시되 아론과 그의 아들들에게 말하여 이르기를 너희는 이스라엘 자손을 위하여 이렇게 축복하여 이르되 여호와는 네게 복을 주시고 너를 지키시기를 원하며 여호와는 그의 얼굴을 네게 비추사 은혜 베푸시기를 원하며 여호와는 그 얼굴을 네게로 향하여 드사 평강 주시기를 원하노라 할지니라 하라 그들은 이같이 내 이름으로 이스라엘 자손에게 축복할지니 내가 그들에게 복을 주리라

놋뱀을 통한 치유(민 21:4-9)	예수 그리스도를 통한 구원(요 3:14)
불뱀에 물린 자는 놋뱀을 쳐다 볼 때 치유 받는다	죄인인 인간은 예수를 나의 구주로 믿음으로 죄 용서함 받고 의인(구원)된다.
놋뱀은 높이 들리었다	예수 그리스도는 십자가에 달려 돌아가셨다
다른 어떤 노력도 필요 없다. 오직 놋뱀을 쳐다 볼 때 치유 받는다	인간의 노력, 선행으로 구원받지 못한다. 오직 예수를 믿는 믿음으로 구원 받는다
이러한 치유는 하나님의 은혜이다.	예수로 인한 구원은 하나님의 은혜이다.

5. 지성소 안의 언약궤(법궤)에는 무엇이 들어 있는가?(민 17:1-13)

   금으로 둘러싼 법궤가 지성소 안에 있는데, 이 법궤 안에는 출애굽 이후 광야에서 이스라엘 백성들이 먹던 하늘의 양식 만나를 담은 항아리와 아론의 싹 난 지팡이, 십계명이 기록된 돌이 있었다(히 9:4). 언약궤 위에는 이를 덮는 뚜껑이 있는데, 이를 속죄소라 하며 그 위에는 속죄소를 덮는 그룹들이 있었다(히 9:5, 출 25:17-18).

6. 출애굽의 전 여정을 지도를 보면서 이스라엘 백성들의 40년 광야의 삶을 돌아보자. 그리고 나의 삶의 여정도 생각해 보자.

신명기

Deuteronomy

1. 신명기를 어떻게 읽을 것인가

신명기는 전체가 모세의 설교문으로 구성되어 있다. 왜 모세는 이스라엘 백성들을 향해 말씀을 선포하고 있는가? 모세는 가나안 땅에 들어가는 이스라엘 백성들에게 새로운 땅에서의 새로운 삶을 위해 하나님의 택함 받은 자들이 이 땅에서 어떻게 살아가야 할지를 소상하게 선포하고 있다. 이스라엘 백성들은 행복자라고 말씀하면서 하나님의 축복의 메시지를 알려 주고 있다.

과연 이스라엘 백성들은 모세의 말씀대로 잘 순종할 것인가? 저들이 어떻게 순종하였는지의 내용은 여호수아와 사사기에 이어지고 있다. 가나안 본토에 진입하기 이전 시내산과 바란 광야 가데스바네아를 거쳐 모압 평지에 도착한 이스라엘 백성들은 출애굽의 지도자 모세로부터 3차에 걸친 고별설교를 듣는다. 약속의 땅 가나안을 눈앞에 두고 출애굽 2세대들을 향해 지난 40년의 광야생활을 회고하며 하나님의 은혜와 사랑을 간증하면서 설교하고 있다.

또한 시내산에서 받은 율법을 요약하고 정리하여 가나안 땅에 들어가서 하나님의 택한 백성으로서의 삶을 교육하고자 유언처럼 기록되어 있다. 신명기의 마지막은 모세의 죽음으로 끝나는데, 그는 죽기 전 이스라엘 백성들을 축복하면서 **'이스라엘이여 너는 행복한 사람이로다'** 라고 본서의 결론을 맺는다 (33:29). 비록 저들이 430년 동안 애굽에서의 노예 생활과 40년의 광야 생활 가운데 엄청난 고난의 세월을 지냈으나 하나님의 손 아래 인도하심을 받은 하나님의 백성이었기에 복 있는 자임을 선포하였다.

전체의 내용을 살펴보면,

1) 1:1–4:43은 출애굽 이후 이스라엘 백성들이 광야 생활에서 일어난 특별한 사건들(순종과 불순종)과 이에 대한 하나님의 축복과 심판.

2) 4:44–26:19은 하나님이 주신 율법의 내용들을 요약해서 설교한 내용이다.

3) 27–30장은 이스라엘 백성들이 들어갈 가나안 땅에서 하나님과의 언약을 어떻게 지켜 나갈지 그 방법에 대해 설명하고 있다.

4) 31–34장은 모세의 유언과 죽음에 대한 내용을 담고 있다.

이 내용들은 지나온 40년 광야의 삶에 대한 역사를 회고하고 율법에 대한 해석을 통해 출애굽 2세대를 향한 하나님에 대한 믿음과 헌신을 촉구하는 간증이요 설교이다. 오늘 우리는 이 땅에서의 삶을 정리하고 천국을 소망하며 준비하는 삶을 살기 위해 말씀을 듣는다. 마치 신명기의 이스라엘 백성이 가나안 땅에 들어가기 전 모세의 설교를 듣는 것처럼!

선포되는 말씀을 들음으로 구원에 이르고, 더 나아가 구원의 완성을 이루고자 저마다 말씀을 듣고 행하고자 달려가고 있다. 이스라엘 백성들을 향해 하나님께서는 신명기를 주셨고, 오늘 신약시대 이후 우리에게는 신구약 성경을 허락하셨다. 특별히 신명기는 신약에 와서 가장 많이 인용되고 있다(80회). 가장 대표적인 말씀은 예수님께서 마귀에게 시험 당했을 때 신명기의 말씀으로 마귀를 대적하셨고 물리치셨다(신 6:13, 16; 8:3, 마 4:4–10).

> '너를 낮추시며 너를 주리게 하시며 또 너도 알지 못하며 네 조상들도
> 알지 못하던 만나를 네게 먹이신 것은 사람이 떡으로만 사는 것이 아니
> 요 여호와의 입에서 나오는 모든 말씀으로 사는 줄을 네가 알게 하려 하
> 심이니라'(신 8:3).

2. 저자 · 기록연대 · 기록동기

저자와 기록연대: 모세의 죽음이 기록되어 있지만, 신구약 성경은 모세가

신명기의 저자임을 확증하고 있다(신 31:9, 수 1:7, 왕상 2:3, 마 19:7, 막 7:10, 행 3:22, 롬 10:19 등), 기록연대는 40년 동안의 광야 생활이 끝날 무렵 (BC 1406), 모압 평지에서 기록되었다.

기록동기: 약속의 땅 가나안 정복을 앞두고 출애굽 2세대들을 향해 모세는 지난 40년의 광야 생활을 회고하면서, 출애굽 이후 하나님으로부터 받은 율법에 대해 다시금 설명하고 있다. 과거를 돌아보면서 하나님의 백성으로서 지켜야 할 규례들, 더 나아가 장차 이루어질 가나안 정복에 대한 전망과 함께 하나님을 향한 믿음과 순종을 촉구하고자 본서를 기록하였다. 오늘의 우리들에게는 하나님의 자녀로서 하나님의 뜻에 순종할 때, 과거 이스라엘 백성들이 가나안에 입성하였듯이 천국의 기업을 얻는다는 확신을 심어주고 있다.

기억할 말씀

신 1:1-4
이는 모세가 요단 저쪽 숲 맞은편의 아라바 광야 곧 바란과 도벨과 라반과 하세롯과 디사합 사이에서 이스라엘 무리에게 선포한 말씀이니라 호렙 산에서 세일 산을 지나 가데스 바네아까지 열 하룻길이었더라 마흔째 해 열한째 달 그 달 첫째 날에 모세가 이스라엘 자손에게 여호와께서 그들을 위하여 자기에게 주신 명령을 다 알렸으나 그 때는 모세가 헤스본에 거주하는 아모리 왕 시혼을 쳐죽이고 에드레이에서 아스다롯에 거주하는 바산 왕 옥을 쳐죽인 후라

3. 신명기의 파노라마

주제	구원역사 설교 (모세 1차 설교)	하나님 백성이 지켜야 할 규례 (2차 설교)			미래에 대한 전망 (3차 설교)	모세의 죽음과 유언
내용 구분	1:1 4:44	12:1	16:18	27:1	31:1	34:12
	기본법	의식법	시민법	모압 평지 언약	모세의 유언	
문체	구원 역사를 회고하면서 율법을 해석한 설교문				유언	
장소	모압 평지					
기간	1개월					

1) 1차 설교(1:1-4:43)

광야 40년 동안의 주요 사건들을 역사적으로 회고하면서 설교한다. 하나님의 명령에 대한 백성들의 순종과 불순종, 이에 대한 하나님의 축복과 징벌을 중심으로 다루고 있다. 모세는 시내산에서 율법을 받은 때부터 요단강의 모압 평지에 이르기 까지 과거의 구원 역사를 회상하고 증언하면서 하나님 이외에는 다른 신이 없음을 다시금 재확인하고 있다.

기억할 말씀

1. 신 4:39-40

'그런즉 너는 오늘 위로 하늘에나 아래로 땅에 오직 여호와는 하나님이시요 다른 신이 없는 줄을 알아 명심하고 오늘 내가 네게 명령하는 여호와의 규례와 명령을 지키라 너와 네 후손이 복을 받아 네 하나님 여호와께서 네게 주시는 땅에서 한 없이 오래 살리라'

1:1-5 신명기의 서론(열 하룻길에 대한 설명: 민 14:20-35, 신 1:19-46).

세일산, 모압 지역, 암몬 지역 우회 통과(2:1-23),

헤스본 왕과 바산 왕 진멸과 요단 동편 땅 분배(2:24-3:22),

모세의 기도(3:23-29),

율법 준수에 대한 모세의 권면(4:1-43)-첫 번째 설교의 핵심(4:39-40).

2) 2차 설교(4:44-26:19)

하나님께서 주신 시내산 율법을 회상하면서, 율법이 선민 이스라엘 백성들의 삶의 좌표가 되도록 제시하면서 저들이 지킬 규례들에 대해 요약하여 설명하고 있다. 하나님의 계명과 규례를 지키라는 명령과 함께 이 명령에 순종하며 따르면 하나님의 보배로운 백성이요, 여호와의 성민이 되게 하신다. 하나님의 축복은 모든 사람에게 주어지지 않고 오직 하나님을 하나님으로 고백하는 자에게만 임한다(26:16-19).

십계명 회고(5장), 이스라엘의 신앙 교육(6장),

하나님의 성민, 이스라엘(7:1-11), 가나안 정복 시 준수 사항(7:12-26),

광야 여정의 훈련과 경고(8장),

이스라엘의 자만에 대한 경고와 지난날의 실수를 회고(9장-10:11) : (9:25-29은 모세의 중보기도),

이스라엘 백성을 향해 순종 권고(10:12-22),

하나님의 능력과 이적(11:1-7), 복과 저주 선포(11:8-32),

참된 제사와 규례(12장), 거짓 선지자와 우상 숭배(13장),

자해 금지와 음식에 대한 규례(14:1-21), 십일조의 규례(14:22-29),

안식년에 대한 규례(15장), 이스라엘의 절기들(16:1-17)-(유월절, 칠칠절, 초막절)

재판에 대한 규례(16:18-20), 우상 숭배자에 대한 규례(16:21-17:7),

성소에 대한 규례(17:8-13), 왕에 대한 규례(17:14-20),

제사장과 레위인의 분깃(18:1-14), 참선지자에 대한 예언(18:15-22),

도피성 제도(19장), 전쟁에 임하는 규례와 전투 수칙(20장),

미결 살인 사건에 대한 규례(21:1-9), 가정 내 질서 확립(21:10-21),

저주의 죽음(21:22-23), 이웃 사랑의 규례(22:1-4),

창조 질서에 관한 규례(22:5-12), 성도덕에 관한 규례(22:13-30),

여호와의 총회에 들어오지 못하는 자들(23:1-14),

자비와 성실의 규례(23:15-25), 약자에 대한 보호와 규례(24장),

태형에 관한 규례(25:1-3), 짐승에 대한 긍휼(25:4),

이스라엘의 계대 결혼법(25:5), 사회 정의에 대한 규례(25:6-16),

아말렉 진멸 지시(25:17-19): (출 17:8-16과 삼상 15:1-9 참조)

첫 열매를 바칠 때와 십일조(26:1-15),

하나님 말씀 준수를 권고(26:16-19)-(두 번째 설교의 핵심)

3) 3차 설교(27-30장)

하나님께서 주신 율법을 장차 들어갈 가나안 땅에서 신실히 지키면 하나님의 축복(생명과 복)이, 순종하지 않으면 저주(사망과 화)가 임할 것임을 엄숙하게 모세는 선포하였다. 믿음의 길에는 중간이 없다. 하나님과 세상(우상) 중에서 하나만 선택할 수 있다. 3차 설교의 결론은 순종과 불순종, 믿음과 불신앙, 축복과 저주라는 두 갈래에서 하나님께 순종함으로 생명과 복을 누린다는 것이다.

율법을 새긴 돌비와 돌단(27:1-10),

그리심산(축복)과 에발산(저주)(27:11-26),

말씀 순종의 축복(28:1-14),

불순종의 저주(28:15-68),

모압 평지에서 언약의 갱신(29:1-30:20) : 회개에 대한 축복(30:1-10),

세 번째 설교의 핵심(30:11-20).

기억할 말씀

1. 신 26:16-19
'오늘 네 하나님 여호와께서 이 규례와 법도를 행하라고 네게 명령하시나니 그런즉 너는 마음을 다하고 뜻을 다하여 지켜 행하라 네가 오늘 여호와를 네 하나님으로 인정하고 또 그 도를 행하고 그의 규례와 명령과 법도를 지키며 그의 소리를 들으라 여호와께서도 네게 말씀하신 대로 오늘 너를 그의 보배로운 백성이 되게 하시고 그의 모든 명령을 지키라 확언하셨느니라 그런즉 여호와께서 너를 그 지으신 모든 민족 위에 뛰어나게 하사 찬송과 명예와 영광을 삼으시고 그가 말씀하신 대로 너를 네 하나님 여호와의 성민이 되게 하시리라'

2. 신 29:9
'그런즉 너희는 이 언약의 말씀을 지켜 행하라 그리하면 너희가 하는 모든 일이 형통하리라'

3. 신 30:20
'네 하나님 여호와를 사랑하고 그의 말씀을 청종하며 또 그를 의지하라 그는 네 생명이시요 네 장수이시니 여호와께서 네 조상 아브라함과 이삭과 야곱에게 주리라고 맹세하신 땅에 네가 거주하리라'

신 33:29
'이스라엘이여 너는 행복한 사람이로다 여호와의 구원을 너 같이 얻은 백성이 누구냐 그는 너를 돕는 방패시요 네 영광의 칼이시로다 네 대적이 네게 복종하리니 네가 그들의 높은 곳을 밟으리로다'

4) 모세의 죽음(31-34장)

죽음을 앞둔 모세는 먼저 후계자 여호수아를 격려하며 율법책의 전수를 명령한다. 특별히 모세는 하나님을 증거하고, 더 나아가 이스라엘 백성들이 장래에 하나님을 반역함으로 하나님의 심판이 임한다는 내용을 담고 하나님의 공의와 사랑을 노래하였다. 마지막으로 이스라엘 자손을 축복하고, 느보산에 올라가서 모세는 약속의 땅, 가나안을 바라보면서 120년의 파란만장한 삶을 마무리한다.

여호수아에 대한 권면(31:1-8), 율법 책의 전수(31:9-13),
이스라엘의 장래에 대한 모세의 노래와 레위인에 대한 당부(31:14-30),
이스라엘의 반역에 대한 모세의 노래(32:1-47),
모세의 죽음에 대한 말씀(32:48-52),
모세의 이스라엘 자손에 대한 축복(33장): 이스라엘아 너는 행복자로다 (33:29),
모세의 임종(34:1-8), 모세의 후계자 여호수아(34:9-12): 모세의 죽음 이후의 기록인 34장은 그의 후계자 여호수아에 의해 기록된 것으로 추정한다.

4. 신명기 해석의 키워드

★열 하룻길(1:2)과 출애굽의 여정 40년

호렙산(시내산)에서 세일산을 거쳐 가데스바네야까지 걸어서 행군하여 소요되는 기간은 열 하룻길 정도였다. 그러나 이스라엘 백성들이 실제로 도착한 시기는 무려 38년이나 되는 긴 여정이었다. 이에 대한 설명은 민수기에서 찾아 볼 수 있다(민 14:1-38). 가나안에 들어가기 전 12지파의 대표자를 선출하여 40일 동안 정탐한 결과 갈렙과 여호수아만 가나안 입성이 가능하다고 했다. 10지파의 대표들은 가나안 거민이 강하고 성읍은 견고하기에 결코 들어갈 수 없다고 불평하자, 온 백성들마저 밤새도록 울부짖으며 모세와 아론을 원망했다. 저들의 완강한 태도에 하나님은 40일의 하루를 1년으로 환산하여 40년간 광야에서 이스라엘 백성들이 유리방황하도록 징벌을 내리셨다. 또한 출애굽 당시 20세 이상의 모든 남녀는 광야에서 저들의 삶을 마감해야만 했다. 하나님의 징계는 철저하게 행해져 젖과 꿀이 흐르는 가나안 땅에는 출애굽 당시 20세 이전의 남녀와 그 이후 출생한 이스라엘 백성들만 들어갈 수 있었다(여호수아와 갈렙을 제외하고). 이토록 하나님께서는 택한 백성의 불순종에 대해 엄중히 심판하시면서 구원의 역사를 이루어 나가셨다.

★십계명과 이스라엘 백성(5:1-21, 출 20:2-17)

십계명은 출애굽기와 신명기에 기록되어 있다. 출애굽기는 역사서로, 신명기는 모세의 설교문으로 기록되었지만 십계명에 대한 내용은 거의 동일하다. 4 계명 '안식일을 거룩히 지키라' 에 대한 설명에서 조금 다르다. 출애굽기에서의 4 계명은 천지창조와 연관하여 설명하고 있다. 6일 동안 하나님께서 천지를 창조하시고 제 7일에 쉬셨기에 안식일을 복되게 하여 그 날을 거룩하게 하였다고 했다(출 20:11).

이에 비해 신명기에서는 애굽 땅에서 종 되었던 너희를 하나님께서 강한 손과 편 팔로 인도하여 내셨으니 안식일을 지키도록 명령하였다고 했다(신 5:15). 출애굽기에서는 천지창조의 하나님에, 신명기에서는 종 되었던 이스라엘 백성들을 출애굽 하도록 인도하신 구원의 하나님에 초점이 맞추어져 있다.

모든 율법의 핵심이라고 할 수 있는 십계명은 하나님과 이스라엘 백성들과 맺은 언약이다. 출애굽의 지도자 모세는 시내산에서 하나님으로부터 돌판에 십계명을 받았고 하나님께서 나타나셔서 온 이스라엘 백성들이 들리도록 말씀을 선포하셨다(5:22-27, 출 20:1, 18-21). 1-4 계명은 하나님을 향한 이스라엘 백성들의 신앙에 대한 계명이요, 5-10 계명은 하나님의 백성들이 어떻게 삶을 살아가야 하는가에 대한 인간관계 안에서의 계명이다.

• 1계명: '나 외에는 다른 신들을 네게 두지 말지니라' (5:7, 출 20:3)
오직 하나님 한 분 만이 신적 존재임을 선포하였다. 유일하신 하나님만을 섬기라는 것이다. 이스라엘 백성들이 탈출한 애굽은 우상을 섬겼고, 앞으로 이스라엘 백성들이 들어가게 될 가나안 역시 수많은 우상을 섬기는 땅이다. 하나님 이외에 다른 신들(우상)을 섬기지 말고 오직 하나님만을 섬기라는 계명 중 가장 기본이 되는 계명이다.

• 2 계명: '너는 자기를 위하여 새긴 우상을 만들지 말고 위로 하늘에 있는 것이나 아래로 땅에 있는 것이나 땅밑 물 속에 있는 것의 어떤 형상도 만들지 말며 그것들에 게 절하지 말며 그것들을 섬기지 말라 나 네 하나님 여호와는 질투하는 하나님인즉 나를 미워하는 자의 죄를 갚되 아버지로부터 아들에게로 삼사 대까지 이르게 하거니와 나를 사랑하고 내 계명을 지키는 자에게는 천 대까지 은혜를 베푸느니라' (5:8-10, 출 20:4-6)

나 자신을 위해 하나님 보다 더 우선이 되는 우상을 두지 말라고 하신다. 하나님은 다른 형상을 만들어 이로 대신하는 그런 분이 아니다. 하나님은 살아 계셔서 역사와 만물을 주관하시며, 사람의 생각과 마음의 중심도 다 알고 계신다. 하나님은 죄에 대해서는 삼사 대까지 갚으시지만 하나님을 사랑하며 계명을 지키는 자는 천 대까지 사랑하시는 사랑의 하나님이시다.

• 3 계명: '너는 네 하나님 여호와의 이름을 망령되이 일컫지 말라 나 여호와는 내 이름을 망령되이 일컫는 자를 죄 없는 줄로 인정하지 아니하리라' (5:11, 출 20:7)

하나님의 이름을 함부로 혹은 헛되이 사용하지 말라는 계명이다. 하나님의 이름을 거짓 맹세, 저주, 헛된 축복 등에 사용해서는 안 된다. 하나님의 이름을 생각 없이, 제멋대로 일컬으면 하나님께서 이를 죄로 여기신다.

• 4 계명: '네 하나님 여호와가 네게 명령한 대로 안식일을 지켜 거룩하게 하라' (5:12, 출 20:8-11)

하나님께서 6일 동안 천지 만물을 창조하시고 7일 째 되는 날 안식하셨음을 바탕으로 이 계명은 시작된다. 애굽에서 종살이하던 이스라엘 백성들을 구원하신 출애굽의 하나님을 기억하며 이날을 특별히 거룩하게 구별하라는 의미를 신명기는 첨가하고 있다. 안식일은 쉼과 함께 구원의 하나님을 기억하며 이 날을 구별하여 거룩하게 지키는 날이다

• 5 계명: '너는 네 하나님 여호와께서 명령한 대로 네 부모를 공경하라 그리하면 네 하나님 여호와가 네게 준 땅에서 네 생명이 길고 복을 누리리라' (5:16, 출 20:12)

인간관계에서 가장 먼저 지켜야 할 계명으로 부모를 공경하라고 명령했다. 부모를 섬기는 자에게 하나님은 장수의 복을 허락하셨다.

• 6 계명: '살인하지 말지니라' (5:17, 출 20:13)

생명은 하나님께 속한 것(레 17:11)이기에 살인해서는 안 된다. 모든 인간은 하나님의 형상(창 1:26, 9:6)으로 만들어진 존재이기에 살인해서는 안 된다고 명령하셨다.

• 7 계명: '간음하지 말지니라' (5:18, 출 20:14)

부부관계 이외에는 성관계를 해서는 안 된다는 계명이다. 신약에서 예수께서는 마음으로 음욕을 품는 것도 간음으로 간주하였다(마 5:27-32).

• 8 계명: '도둑질 하지 말지니라' (5:19, 출 20:15)

남의 물건을 훔치는 것 이외에도 도둑질에 해당되는 행위가 있다. 남의 시간이나 지식, 정보를 몰래 또는 함부로 빼앗는 것, 사기와 착복 행위, 불로 소득 등 이 모든 행위들은 도둑질에 해당된다.

• 9 계명: '네 이웃에 대하여 거짓 증거하지 말지니라' (5:20, 출 20:16)

거짓말하는 것은 마귀의 속성이다. 이웃에 대해 거짓 증거하지 말라는 것은 문자 그대로 거짓말하지 말라는 의미에 더하여 말에 대한 책임을 묻는 계명이다.

• 10 계명: '네 이웃의 아내를 탐내지 말지니라 네 이웃의 집이나 그의 밭이나 그

기억할 말씀

마 5:27-32
또 간음하지 말라 하였다는 것을 너희가 들었으나 나는 너희에게 이르노니 음욕을 품고 여자를 보는 자마다 마음에 이미 간음하였느니라 만일 네 오른눈이 너로 실족하게 하거든 빼어 내버리라 네 백체 중 하나가 없어지고 온 몸이 지옥에 던져지지 않는 것이 유익하며 또한 만일 네 오른손이 너로 실족하게 하거든 찍어 내버리라 네 백체 중 하나가 없어지고 온 몸이 지옥에 던져지지 않는 것이 유익하니라 또 일렀으되 누구든지 아내를 버리려거든 이혼 증서를 줄 것이라 하였으나 나는 너희에게 이르노니 누구든지 음행한 이유 없이 아내를 버리면 이는 그로 간음하게 함이요 또 누구든지 버림받은 여자에게 장가드는 자도 간음함이니라

의 남종이나 그의 여종이나 그의 소나 그의 나귀나 네 이웃의 모든 소유를 탐내지 말 지니라'(5:21, 출 20:17)

이 계명은 인간의 탐심과 탐욕에 대한 것이다. 내게 주어진 것에 만족하라는 의미로 이웃의 소유를 탐내지 말라는 계명이다. 신약에 와서 바울 사도는 탐욕을 가리켜 인간의 10대 죄악이라고 규정했다(롬 1:29). 뿐만 아니라 탐심은 우상 숭배에 해당되며(골 3:5), 모든 죄의 근원이라고 했다(롬 7:7, 약 1:5).

십계명은 이스라엘 백성들이 출애굽의 구원을 경험하고 새로운 땅 가나안에 들어가기 전에 하나님의 백성으로 갖추어져야 할 삶의 규범이요 율례로 하나님께서 주신 계명이다. 이는 인간이 만든 도덕이나 윤리 혹은 법규가 아니다. 수많은 우상을 바탕으로 한 세상의 문화를 접하게 될 하나님의 백성들에게 하나님의 법을 가르쳐 지키게 함으로 하나님에 대한 신앙과 문화를 가나안 땅에서 뿌리내릴 수 있도록 하나님이 주신 법규이다.

★이스라엘의 결혼법(계대 결혼법 25:5-10)

후손 없이 죽음으로 가문이 단절되는 것을 당시에는 저주로 여겼다. 이를 극복하기 위한 방법으로 이스라엘 백성들은 자손 없이 죽은 형제의 아내가 시동생과 결혼하여 아들을 낳게 함으로 대를 잇게 하였다. 이는 가문의 대를 잇는 중요한 의미도 있지만 과부가 된 형수를 돌보기 위한 가문 내에서의 보호법이기도 했다.

★축복(그리심산)과 저주(에발산)의 선포(27:1-26)

모세는 이스라엘의 장로들을 불러 요단강을 건너 가나안 땅으로 들어가면 먼저 큰 돌들을 세우고 율법의 말씀을 기록하여 그것들을 에발산에 세우고 석회를 바르라고 했다. 사람의 손으로 다듬지 않은 자연 그대로의 돌을 쌓으라고 명했다(출 20:25). 그리고 하나님 여호와를 위해 단을 쌓고 먼저 번제를 드리고 그 후 화목제를 드리고 거기서 먹으며 하나님 여호와 앞에서 즐거워하라고 명했다. 이날 모세는 가나안 땅으로 들어 갈 이스라엘 백성들을 둘로 나누어 각각 그리심산과 에발산에 서게 하였다. 그리심산에 선 자들(시므온, 레위,

유다, 잇사갈, 요셉, 베냐민)에게는 율법에 순종함으로 하나님의 축복을, 에발산에 선 자들(르우벤, 갓, 아셀, 스불론, 단, 납달리)에게는 율법에 불순종함으로 하나님의 저주를 선포하였다.

모세는 이스라엘 백성들이 약속의 땅, 젖과 꿀이 흐르는 땅에 들어가기 전 하나님의 축복과 저주에 대해 분명하게 선포하면서 하나님의 율법에 순종하도록 인도하는 큰 의식을 가졌다. 축복과 저주의 이 의식은 여리고 성과 아이 성을 정복한 이후 여호수아에 의해 거행되었다. 여호수아는 모세가 명령한 모든 것을 다 순종하였다(수 8:30-35).

• **저주받는 대상:** 우상을 만들어 세우는 자/ 부모를 경홀히 여기는 자/ 이웃의 경계표를 옮기는 자/ 맹인에게 길을 잃게 하는 자/ 객이나 고아나 과부의 송사를 억울하게 하는 자/ 아버지의 아내와 동침하는 자/ 짐승과 교합하는 자/ 아버지의 딸이나 어머니의 딸과 동침하는 자/ 장모와 동침하는 자/ 이웃을 암살하는 자/ 무죄한 자를 죽이려고 뇌물을 받는 자/ 이 율법의 말씀을 실행하지 아니하는 자는 저주를 받을 것이다(27:15-26).

• **축복받는 대상:** 하나님의 말씀을 삼가 듣고 모세가 명령하는 모든 명령을 지켜 행하는 자는 세계 모든 민족 위에 뛰어나게 하시며, 여호와의 말씀을 청종하면 이 모든 복이 임한다(28:1-2).

• **성경의 저주 내용:** 망하되 속히 파멸한다(28:20)/ 염병(한글개역-몹쓸 질병)에 걸리고(28:21) 질병에서 치유 받지 못한다(28:27)/ 재앙(한재와 풍재 등)이 임한다(28:22)/ 수한이 차지 않고 일찍 죽는다(사 65:20)/ 적군(한글개역-대적) 앞에서 패하게 한다(28:25)/ 놀람과 비방을 당한다(28:37, 렘 29:18)/ 시체가 새와 짐승들의 밥이 된다(28:26)/ 내 소유물을 내가 사용할 수 없다(28:30-31)/ 자녀가 포로 됨으로 집에서 키울 수 없다(28:32, 41)/ 수고한 열매를 얻지 못한다(28:38-42)/ 주리고 목마르는 등 핍절함을 겪는다(28:47-48)/ 장자를 잃는다(수 6:26)/ 불과 유황으로 타는 못에 던져진다(계 21:8).

★**모세의 축복 기도(신 33장)**

모세는 죽음을 앞두고 이스라엘 백성들을 향해 축복 기도한다(시므온 지파

만 빠짐). 각 지파 별로 축복하지만, 이 기도의 중요한 초점은 이스라엘 백성
들 전체를 향하고 있다. 특히 28절에서 '이스라엘이 안전히 거하며' 라는 표현
은 전 지파를 향해 축복하고 있다. 이어서 '이스라엘이여 너는 행복한 사람이
로다 여호와의 구원을 너 같이 얻은 백성이 누구냐 그는 너를 돕는 방패시요
네 영광의 칼이시로다 네 대적이 네게 복종하리니 네가 그들의 높은 곳을 밟
으리로다' (33:29)라고 선포하고 있다. 이 축복의 기도는 하나님의 택한 백성
이스라엘은 복된 자요 하나님은 저들의 방패이시기에 어떤 대적도 이스라엘
에 복종할 것이라고 축복하고 있다.

모세는 축복 기도를 통해 이스라엘의 각 지파들이 누릴 하나님의 은혜와
사랑을 노래한다. 가나안 땅을 바라보면서 모세는 이스라엘 백성들에게 용
기와 소망을 안겨 주고자 창세기의 야곱의 축복 기도에 근거하여 축복하고
있다.

구약의 이러한 축복의 말씀은 신약에 와서 전 인류(유대인이나 이방인이나
신앙 고백하는 모든 성도)를 향하고 있다. 사도 바울은 고린도 교회와 성도들
을 향해 축복 기도하고 있다. 그러나 이 축복의 기도도 종말에 성도들이 하나
님의 나라에서 누릴 축복에는 비교가 되지 않는다. 신약의 축복 기도는 어떤
내용을 담고 있는지 살펴보자(고후 13:13, 계 1:3, 22:1-5).

★모세의 축복 기도에서 빠진 시므온 지파

모세는 임종을 앞두고 이스라엘 백성들을 축복한다. 그러나 시므온 지파는
축복 기도에서 제외되었다. 일찍이 시므온 지파는 노여움이 혹독함으로 인해
야곱의 저주를 받았다(창 49:5-7). 시므온이 분한 마음에 수많은 사람을 죽였
기 때문이다. 여동생 디나가 히위 족속의 추장 세겜에게 성추행을 당하자, 이
에 격분하여 히위 족속들을 할례 받게 하고 상처가 아물기 이전에 침공하여
무참하게 살해하였다(창 34:25-30). 또한 시므온족의 족장 시므리가 미디안
여인과 음행하므로 결국 죽임을 당한다(민 25:1-15 참조). 그들은 광야에서
모압 여인들과의 음행사건에서 중심적인 역할을 한다. 이로 인해 시므온 지파
는 모세의 축복 기도에서 제외된 것으로 보인다.

★아빕월

원래 히브리 월력으로는 7월에 해당되는데, 출애굽을 기념하기 위해 1월로 정했다(신 16:1). 태양력으로는 3-4월에 해당되며 이 시기는 보리 이삭이 나오는 때이기도 하다. 바벨론 포로귀환 이후에는 '니산월'로 불리웠다(느 2:1).

★하나님의 저주의 성취(28:53-64)

모세를 통해 하나님은 이스라엘 백성들에게 하나님의 명령에 순종하지 않으면 임할 저주를 선포하였다 이 저주 중에서 이스라엘의 역사에서 구체적으로 성취된 내용을 살펴보자.

1) '네 몸의 소생의 살을 먹을 것이라'(53, 57): 북이스라엘 왕국의 여호람 시대 (BC 851-841)에 수도 사마리아가 앗수르에 포위당하자 먹을 양식이 떨어졌다. 극심한 기근으로 인륜까지 져버리는 비참한 일이 발생하였다. 부모가 자녀를 먹는 엄청난 저주가 현실 속에서 일어났다(왕하 6:24-33).

2) '여호와께서 너를 만민 중에 흩으시리니'(64): 북이스라엘 왕국은 앗수르에 멸망하면서 10지파로 왕조를 일으킨 북왕국이 지구상에서 사라지고 만다. 백성들은 뿔뿔이 흩어졌고 사마리아인들만 남겨졌다. 남유다 왕국은 바벨론에 멸망하면서(BC 586) 바벨론에 포로로 잡혀갔고 그 이후 예루살렘으로 돌아오지만 일부는 바벨론에 그대로 남아 있었다. 로마의 침략(AD 70)으로 인해 다시금 유대 백성들은 흩어졌다. 유대 백성들은 남유다 왕국이 멸망하면서 왕과 나라를 상실한 채 흩어져 살다가 1948년에 와서야 이스라엘이라는 국가가 탄생하였다.

★모세 5경과 신약

히브리서 11장 1-29절과 사도행전 7장 2-45절을 읽으면서 모세 오경을 정리해 보자. 역사를 통해 나타난 하나님의 구속사적 섭리와 경륜이 잘 드러나 있다. 특별히 '모세와 같은 선지자가 일어나지 못하였나니'(신 34:10-12)에서 모세는 어떤 인물이었는지를 알 수 있다.

1) 여호와와 직접 대면해 아는 자(민 12:8).

2) 애굽으로부터 이스라엘을 해방시킨 하나님의 도구로서 그는 온유함이 지면의 모든 사람보다 더 했다고 한다(민 12:3).

3) 모세와 같은 선지자가 이스라엘의 역사에 일어나지 못했다. 그는 하나님께서 택하시고 부르셔서 애굽 공주의 아들로 성장하고 당대 최고의 자리(왕자)에서 교육받아 애굽의 문물을 익혔다. 그 후 40년 동안 미디안 광야에서 고난의 삶을 살게 된다. 왕자의 삶에서 광야의 낭인으로의 삶, 80세의 나이에 하나님의 부르심을 받고 출애굽의 지도자로서 이스라엘 역사에 전무후무한 선지자가 되었다. 모세의 죽음 이후 이스라엘 백성들은 모세와 같은 선지자가 일어나기를 기다렸다. 그 기다림은 하나님의 아들 예수 그리스도께서 오심으로 성취되었다.

5. 더 깊은 연구와 삶의 적용

1. 신명기를 읽으면서 나는 어떤 하나님을 경험하였는가?

2. 하나님이 택하신 선민에 대한 표현들을 찾아보자.

　　이스라엘(신 4:4, 31:1), 여수룬(신 32:15, 33:5), 여호와의 성민(신 7:6), 하나님의 자녀(신 32:5), 여호와의 총회(신 23:1-2), 여호와의 백성(출 6:7), 하나님의 기업(출 34:9), 복을 받은 자(민 22:12), 하나님의 택함 받은 자(사 41:8).

*바알브올(신 4:3):
모압의 국가신 그모스를 가리킨다. 모압 백성들은 그들이 섬기는 몰렉과 그모스에게 자녀를 받쳤다(왕하 3:27).

3. 모세는 자녀들에게 무엇을 가르치라고 설교하였는가?(신 4:1-10)

　신구약 성경은 자녀들에게 무엇을 가르치라고 말씀하고 있는가?

　1) 하나님께서 개입하신 과거의 구원역사와 하나님의 섭리를 알자

(신 4:9-10).

2) 복 있는 사람은 누구인지 살펴보자(시 1:1-3).

3) 하나님께 소산물을 올려 드리자(잠 3:9).

4) 인류의 죄에 대해 깨달아 알자(창 2:17, 3:6-24, 엡 2:1).

5) 구원을 주는 성경 말씀을 읽자(딤후 3:14-16).

6) 하나님의 명령을 지키자(다윗의 유언, 왕상 2:1-4).

7) 세상 끝날까지 하나님이 함께 하신다는 신앙을 갖자(마 28:20).

8) 하나님의 사랑을 알자(요 3:16, 요일 5:1-5).

9) 예수의 십자가 죽음과 부활, 재림에 대해 알자(고전 15장, 행 1:6-11).

4. 하나님이 주시는 시련의 목적은 무엇인가?(신 8:1-20)

1) 하나님께 순종하는지 그 여부를 아시고자(창 22:1-19)

2) 하나님의 자녀를 연단하시기 위해(시 26:2, 벧전 1:6, 7:4, 12)

3) 하나님을 경외하고 범죄 하지 않도록 인도하기 위해(출 20:20)

4) 시련을 통해 자만하지 않도록(고후 12:7)

5) 인간의 마음 여부를 아시고자(신 8:2, 대하 32:31)

6) 인간의 연약함을 깨닫게 하기 위해(전 3:18)

7) 하나님을 향한 사랑의 여부를 아시고자(신 13:3)

5. 신명기는 전체가 모세의 고별설교이다. 나는 자녀들과 주위의 가족들에게 이 땅을 떠날 때 무엇을 남기고 싶은가?

6. 하나님의 구원의 역사를 기록한 의미는 무엇인가?

1) 다음 세대의 신앙에 대한 교육적인 효과를 준다(출 12:26, 롬 15:4).

2) 예수 그리스도 사역을 예언하며 예표한다(민 21:6-9, 요 3:13-15).

3) 신앙적인 삶의 본을 보여 주며 그렇지 못할 때 경고를 준다(신 13:1-14,

기억할 말씀

히 12:1-2

이러므로 우리에게 구름 같이 둘러싼 허다한 증인들이 있으니 모든 무거운 것과 얽매이기 쉬운 죄를 벗어 버리고 인내로써 우리 앞에 당한 경주를 하며 믿음의 주요 또 온전하게 하시는 이인 예수를 바라보자 그는 그 앞에 있는 기쁨을 위하여 십자가를 참으사 부끄러움을 개의치 아니하시더니 하나님 보좌 우편에 앉으셨느니라

고전10:1-11).

4) 오늘을 살아가는 성도들에게 용기를 불어 넣어준다(신 31:4-8).

5) 성도가 자신의 믿음에 대해 다시금 확인하게 한다(롬 4:1-25)

6) 현 상황을 이해하는 지혜를 제시한다(호 4:1, 약 1:5).

7) 미래를 예측하고 대비한다(마 24:32-33).

8) 과거의 기록을 통해 현재와 미래를 연결해 준다(신 29:14-15, 히 12:1-2).

여호수아
Joshua

1. 여호수아를 어떻게 읽을 것인가

모세 5경을 통해 하나님의 창조와 인간의 타락, 하나님의 구원과 부르심, 족장 시대의 역사와 함께 부름 받은 백성, 이스라엘의 불순종과 고난을 보았다. 그러나 이들의 고난을 결코 외면하지 않으시는 하나님의 섭리와 인도하심이 출애굽의 역사를 통해 분명하게 드러나고 있음을 또한 보았다.

애굽에서 430년간 종살이하던 그 시절, 출애굽과 광야의 삶 40년의 험난한 세월들, 도합 470년의 시간이 흘러갔다. 아브라함의 후손들은 젖과 꿀이 흐르는 약속의 땅, 가나안을 어떻게 정복하며, 정착하며 살아갔는가? 이제 이스라엘 민족은 하나님께서 아브라함의 후손들에게 허락하신 약속의 땅, 가나안으로 새로운 지도자, 여호수아의 지휘 아래 마침내 돌아온다. 약속의 땅, 가나안으로!(창 15:13-16) 그들의 조상 아브라함과 이삭, 야곱이 살던 바로 약속의 땅, 가나안으로! 하나님께서는 여호수아에게 말씀으로 먼저 준비시키셨다(수 1:5-9).

> '오직 강하고 극히 담대하여 나의 종 모세가 네게 명령한 그 율법을 다 지켜 행하고 우로나 좌로나 치우치지 말라 그리하면 어디로 가든지 형통하리니'(수 1:7)

창세기 출애굽기 레위기 민수기 신명기 여호수아의 주요사건 연대표

BC 2090	아브라함의 가나안 이주
BC 1876	(430년 애굽 생활) 이스라엘(야곱)의 애굽 이주(창 46:1-7)
BC 1805	요셉의 죽음(창 50:26)
BC 1527	모세의 출생(출 2:1-10)
BC 1487	모세의 미디안 광야 도피 (출 2:16-25)
BC 1447	10대 재앙(출 7:14-12:36)
BC 1446	출애굽(출 12:37-42)
BC 1445	시내산 율법 수여(출 19:3-24:11), 성막 건축(출 35:4-40:38), 말씀 전수(레 1:1-7:38), 제사장 위임식(레 8:1-36), 1차 인구 조사(민 1:1-54)
BC 1445	시내산 출발(민 10:11-12), 광야에서의 방황(민 11-36장)
BC 1406	아론의 사망(민 20:38), 2차 인구 조사(민 26:1), 요단 동편 땅 점령 및 분할(민 32:1-42, 신 2:24-3:28), 모압 광야 도착(신 3:29), 모세의 고별설교(신 1-30장), 후계자 여호수아 등장(민 27:12-23)과 모세 의 죽음(신 34:1-12)

　　본서는 요단 강물을 말리시고 마른 땅위로 걷게 하시는 하나님의 구원 역사를 경험하면서 가나안 땅으로 진입하여 본토에 살고 있던 토착민들과의 치열한 전쟁, 여리고 성 함락과 아이 성 정복 등 5년간에 걸친 정복전쟁을 담고 있다. 가나안에서의 전쟁은 하나님께서 이스라엘을 위해서 싸우셨기에 승리의 연속이었다. 가나안 땅을 이스라엘에게 허락하신 약속을 하나님께서 결국 이루셨다. 지도자 여호수아는 정복 전쟁에 전력투구하는 군인이었지만, 그 보다 기도에 힘쓰는 믿음의 용사였다.

　　'이스라엘의 하나님 여호와께서 이스라엘을 위하여 싸우셨으므로 여호수아가 이 모든 왕들과 그들의 땅을 단번에 빼앗으니라'(10:42)

　　정복한 땅을 지파 별로 분배하고 가나안 땅에서의 정착(10년) 과정을 하나하나 펼쳐 나가고 있다(BC 1405~1390). 전체적인 내용을 살펴보면,
　　1) 1:1~13:7은 약속의 땅, 가나안을 정복하고 준비하는 과정이요,
　　2) 13:8~21:45은 정복한 땅에 정착하기 이전 먼저 영토를 분배하고 있다.
　　3) 22~24장은 여호수아가 죽기 이전 이스라엘 백성들에게 약속의 땅에서 지켜야할 법과 이에 따르는 신앙적인 교훈을 내용으로 하고 있다.
　　모세가 이스라엘 백성들에게 유언의 말씀을 준 것처럼 여호수아는 이스라엘 모든 지파를 세겜에 모으고 하나님의 구원의 역사를 회고하면서 백성들에게 교훈의 말씀을 유언으로 남겼다. 말씀으로 가나안 땅에서의 삶을 준비시켰다(24:20~24).

　　'만일 너희가 여호와를 버리고 이방 신들을 섬기면 너희에게 복을 내리신 후에라도 돌이켜 너희에게 재앙을 내리시고 너희를 멸하시리라 …… 그러면 이제 너희 중에 있는 이방 신들을 치워 버리고 너희의 마음을 이스라엘의 하나님 여호와께로 향하라 하니 백성이 여호수아에게 말하되 우리 하나님 여호와를 우리가 섬기고 그의 목소리를 우리가 청종하리이다 하는지라'

2. 저자 · 기록연대 · 기록동기

저자와 기록연대: 여호수아가 죽고 난 이후의 내용은 후대의 저자(많은 학자들은 사사 옷니엘이 사사로 활약하던 시기에 완성한 것으로 BC 1370-1330 추정되나 대부분은 여호수아가 기록하였다. 기록연대는 여호수아의 말년에 기록되었다(BC 1390년 경).

기록동기: 모세 이후 새로운 지도자로 부상한 여호수아는 이스라엘 백성들에게 하나님께서 약속하신 가나안 땅을 어떻게 정복하였으며, 정복한 땅을 어떻게 분배하였는가를 알려주기 위해 기록하였다. 가나안 토착민들과의 정복 전쟁에서 이스라엘의 승리는 오직 하나님의 인도하심과 다스림에 기인함을 상세하게 알려주면서 더욱 하나님을 섬기며 순종할 것을 교훈하고 있다. 또한 약속의 땅을 정복하고 지파 별로 땅을 분배받은 이스라엘 백성들은 약속을 이루시는 신실하신 하나님을 본서를 통해 다시금 확인하게 된다. 오늘을 살아가는 성도들에게도 여호수아서는 이 땅에서의 영적 전쟁에서 결국 승리하게 인도하시는 하나님을 바라보며 하나님의 인도하심에 순종하는 삶을 살아가도록 교훈하고 있다.

3. 여호수아의 파노라마

주제	가나안 정복		땅 분배 및 정착			죽음과 교훈
내용 구분	1:1 13:8		14:1	20:1	22:1	24:33
	가나안 정복의 준비와 정복 과정	요단 동편 분배	가나안 본토 분배	레위 지파의 정착	12 지파의 단결	
문체	정복 과정을 기술한 역사서					
장소	요단강	가나안	가나안 본토와 요단 동편			
기간	1개월	5년	10년			

1. 수 1:8-9

이 율법책을 네 입에서 떠나지 말게 하며 주야로 그것을 묵상하여 그 안에 기록된 대로 다 지켜 행하라 그리하면 네 길이 평탄하게 될 것이며 네가 형통하리라 내가 네게 명령한 것이 아니냐 강하고 담대하라 두려워하지 말며 놀라지 말라 네가 어디로 가든지 네 하나님 여호와가 너와 함께 하느니라 하시니라

2. 수 4:23-24

너희의 하나님 여호와께서 요단 물을 너희 앞에서 마르게 하사 너희를 건너게 하신 것이 너희의 하나님 여호와께서 우리 앞에 홍해를 말리시고 우리로 건너게 하심과 같았나니 이는 땅의 모든 백성에게 여호와의 손이 강하신 것을 알게 하며 너희가 너희의 하나님 여호와를 항상 경외하게 하려 하심이라 하라

3. 수 21:43-45

여호와께서 이스라엘의 조상들에게 맹세하사 주리라 하신 온 땅을 이와 같이 이스라엘에게 다 주셨으므로 그들이 그것을 차지하여 거기에 거주하였으니 여호와께서 그들의 주위에 안식을 주셨으되 그 조상들에게 맹세하신 대로 하셨으므로 그들의 모든 원수들 중에 그들과 맞선 자가 하나도 없었으니 이는 여호와께서 그들의 모든 원수들을 그들의 손에 넘겨 주셨음이니라 여호와께서 이스라엘 족속에게 말씀하신 선한 말씀이 하나도 남음이 없이 다 응하였더라

4. 24:14

그러므로 이제는 여호와를 경외하며 온전함과 진실함으로 그를 섬기라 너희의 조상들이 강 저쪽과 애굽에서 섬기던 신들을 치워 버리고 여호와만 섬기라

1) 1-12장 가나안 정복

소명 받는 여호수아(1:1-9), 여호수아 사역의 시작(1:10-18),
여리고 정탐꾼 파견과 기생 라합(2:1-24), 요단강 건너가기(3:1-17),
요단강 바닥과 길갈에 세운 기념석(4:1-24),
힘 잃은 가나안 사람들과 할례 받는 이스라엘 백성(5:1-7),
가나안 땅의 첫 소산과 여호와의 군대장관-하나님 임재(5:10-15),
여리고 성 함락(6:1-21), 아이 성 공격과 실패(7:1-15),
아간과 아골 골짜기(7:16-26), 아이 성 2차 공격과 승리(8:1-29),
축복과 저주(8:30-35), 기브온과의 화친 조약(9:1-15),
아모리 다섯 왕들의 기브온 침입과 태양이 멈춘 사건(10:1-15),
다섯 왕들의 최후(10:16-27), 남부 지역 정복(10:28-43),
가나안 정복 완수와 이에 대한 역사적 정리(11:1-12:24).

2) 13-22장 가나안 땅 분할 및 정착

미정복 지역(3:1-7), 요단 동편 땅 분배(13:8-33),
땅 분배의 원칙-제비 뽑기(14:1-5), 갈렙의 기업(14:6-15),
지파들의 땅 분배(15-19장), 도피성 선정(20:1-9),
레위 지파에 대한 성읍 분배(21:1-42),
땅 분배의 종결, 약속의 성취와 안식(21:43-45),
복귀하는 세 지파(22:1-9),
요단 동편 병사들의 귀환(22:1-9), 요단 강가에 세운 제단(22:10-20),
두 지파 반의 해명과 화해(22:21-34).

3) 23-24장: 여호수아의 유언

여호수아의 유언(23:1-16), 여호수아의 회고와 백성들의 응답(24:1-26),
언약의 증거와 여호수아의 죽음(24:27-33).

4. 여호수아 해석의 키워드

★라합의 믿음(2:1-24)

여호수아는 가나안 땅의 첫 관문 여리고를 정복하기에 앞서 두 사람의 정탐꾼을 파송한다. 저들은 라합이라는 기생의 집에 들어가 유숙하였다. 이를 알게 된 여리고 왕은 라합에게 이 땅을 탐지하러 온 자들을 끌어내라고 명령하지만, 라합은 정탐꾼을 숨겨준다. 왜 라합은 왕의 명령을 어기고 저들을 숨겨 주었을까?

1) 라합은 하나님께서 가나안 땅을 이스라엘에게 허락하신 것을 알았기 때문이다. 라합과 많은 거주민들은 애굽에서의 역사와 아모리 사람의 두 왕 시혼과 옥에게 행한 하나님을 전해 들었기에 간담이 녹을 정도였다고 한다(2:9-11).

2) 라합은 마음이 녹았고 정신을 잃었다면서, 하나님은 상천하지의 하나님이라고 신앙을 고백한다(2:11).

3) 하나님을 알고 신앙 고백한 라합은 목숨을 걸고 믿음을 행동으로 표현했다(히 11:31, 약 2:25). 그녀는 정탐꾼들을 창에서 줄을 달아내려 재빨리 도망할 수 있도록 도왔고, 이에 대한 보답으로 자신과 부모 형제를 구해달라고 제시했고 이를 약속받았다(2:12-13).

4) 정탐꾼과의 약속대로 라합의 가정에 속한 모든 가족들은 여리고 성이 함락 당했을 때 구원받는다(6:22-25).

5) 라합의 신앙과 행동은 결국 예수 그리스도의 조상의 계보에 그 이름이 올려졌다(마1:5). 그녀는 살몬의 아내가 되어 보아스의 어머니로 족보에 기록되었다.

★여리고 성 전투와 아이 성 전투(6-8장)

난공불락의 요새인 여리고 성이 무너진 것은 하나님의 역사였다. 이스라엘 백성들은 믿음으로 여리고 성을 6일 동안 매일 한 번씩 돌았고, 제 칠일에는 성을 7번 돌며 제사장들은 나팔을 불었고 그 뒤를 여호와의 언약궤가 따랐다.

7번째 나팔을 불 때 백성들은 크게 외쳤다. 백성들이 이처럼 믿음을 선포하자 여리고 성은 무너지고 말았다. 이를 기념하고 후세에게 알리고자 여호수아는 예언적인 저주(이 성을 다시 쌓을 때에 장자를 잃을 것)를 한다(6:26-27). 이 저주는 BC 870년경 아합왕 때 벧엘 사람 히엘에게 그대로 이루어졌다(왕상 16:33-34). 여리고 전투는 믿음에 의한 결과로 승리를 가져왔다. 저들은 사람의 이성적인 판단으로는 도저히 이해하기 힘든 방법이었지만 믿음으로 성을 돌았다. 성을 돌 때에 믿음으로 언약궤를 메고 돌았다. 승리를 기대하면서 큰 소리로 외치며, 나팔을 불었다. 바로 그 때 여리고 성은 무너지고 말았다 (6:3-20).

이에 비해 아이 성 전투에서는 여지없이 실패하고 만다. 큰 성 여리고를 함락한 이스라엘은 승리에 도취되어 아이 성 정복을 쉽게 생각하였다. 자만한 결과였다. 그보다 더 심각한 실패의 원인은 아간의 범죄(하나님은 여리고 성함락 당시 모든 전리품을 하나님께 바치라고 명령하셨는데 탐욕에 이끌려 아간은 전리품들을 몰래 취했다)에 대한 하나님의 진노하심에 있었던 것이다 (7:1).

이스라엘 백성들은 패배의 원인을 규명하고 아간과 그의 자녀들을 아골 골짜기에서 돌로 쳐 죽인다. 비록 개인의 범죄였지만, 하나님은 이스라엘 전체에게 실패를 경험하게 하셨다. 그러나 2차 아이 성 공격에서 이스라엘은 승리한다. 이처럼 전쟁의 승리는 오직 하나님의 방법(하나님께 순종)에 의해 이루어졌다. 하나님의 명령에 불순종하여 자신의 계획과 생각대로 할 때, 욕심에 사로잡혀 있을 때 하나님은 실패를 경험하게 하신다. 여리고 성과 아이 성 전투에서 하나님은 승리와 실패에 대한 분명한 원인과 결과를 우리에게 알려 주셨다.

★기브온 거민과 화친 조약(9장)

기브온 거민들은 가나안 땅을 점령한 이스라엘이 두려워 화친 조약을 체결하려고 했다. 저들은 낡은 옷과 해어진 전대와 찢어져 기운 가죽 포도주 부대를 싣고 자신들이 먼 지방에서 왔다고 거짓말을 했다. 여호수아에게 당신의 종이라고 하면서 화친하기를 구했다. 이 상황에서 여호수아는 하나님께 간구하지 않고 경솔하게 화친 조약을 맺었다. 삼일이 지나 모든 사실이 밝혀졌다. 여호수아는 저들이 저주를 받아 하나님의 집을 위해 나무를 패며 물을 긷는 자가 되리라고 선포하였다. 기브온 거민은 화친 조약으로 생명은 건졌으나 이후 이스라엘의 종이 되고 말았다(9:27, 삼하 21:1-14). 기브온 거민은 거짓으로 죄를 범하였고, 선민 이스라엘도 기도 쉬는 죄를 범하고 말았다. 저들의 실수와 문제 속에서 하나님은 기브온 거민들이 당시 레위인들이 하던 일(여호와의 제단을 위하여 나무를 패며 물을 긷는 일)을 하게 함으로 하나님의 백성 안에서 보호받고 축복을 누리게 하셨다. 하나님께서 인간의 거짓과 실수 속에서도 구원을 이루어 가신다.

★여호수아의 기도와 하나님의 응답하심(수 10:12-15 참조)

태양마저 멈추게 만든 여호수아의 기도는 인간의 이성으로는 도저히 이해할 수 없는 초자연적인 하나님의 역사하심이다. 이 사건은 기브온 전투에 개입하신 하나님의 도우심이다. 연약한 기브온 족속은 이스라엘의 가나안 정복시기에 이스라엘의 종이 되기를 자처했다(9:24-27). 이 소식을 들은 아모리의 다섯 왕(가나안 남부 지역)들은 군대를 이끌고 와서 기브온에 대적하여 싸움을 벌였다. 놀란 기브온 거민들은 이스라엘에 원군을 요청하고 이에 여호수아는 모든 군사와 용사와 더불어 도움의 발길을 재촉하였다. 하나님께서는 하늘에서 우박을 내리시고 칼에 죽은 자 보다 우박에 죽은 자가 더 많은 역사를 일으키셨다. 여기에 그치지 않고 전쟁이 계속 이어져서 완전히 승리할 수 있도록 여호수아는 기도한다. 하나님은 여호수아의 기도에 응답하시어 태양이 머물러 있는 초자연적인 역사가 일어났다. 태양이 종일토록 지지 않고 머물러 전쟁은 결국 이스라엘의 승리로 끝을 맺는다. 아모리 다섯 왕들은 처형되었고(10:16-27), 가나안 남부 지역이 정복되었다.

이는 이스라엘의 하나님 여호와께서 이스라엘을 위해 싸우신 결과였다. 하나님은 이스라엘 백성들에게 허락하신 그 약속을 지키시기 위해 하나님의 방법으로 가나안 정복의 과정을 하나하나 성취하신 것이다. 태양까지도 머물러 있게 하시면서! 이 과정에서 하나님은 약속을 성취하시는 성실하신 하나님이시지만 이를 위해 여호수아는 기도에 힘쓴 지도자였다. 기도의 사람들을 통해 하나님은 역사하신다.

★가나안 정복의 3단계

① 중부지역	② 남부지역	③ 북부지역
여리고 성 함락(6:1-27) 아이 성 점령(8:1-29)	아모리 다섯 왕을 죽임(10:1-27) 막게다에서 드빌 성까지 정복(10:28-41)	하솔과 가나안 연합군 공격(11:1-15)

3차에 걸쳐 가나안 정복을 완수하였고(수 11:16-23), 이어서 하나님께서 여호수아에게 정복한 땅에 대한 분배를 명령하셨다(13:1-7).

므낫세 반 지파와 르우벤 족속, 갓 족속은 요단 동편 땅을 모세로부터 이미 분배받았고(수 13:8, 14:1-5), 나머지 아홉 지파와 므낫세 반 지파는 가나안 땅을 분배받았다. 레위 지파는 땅을 분배받지 않고(13:14) 거할 성읍들과 가축과 재물들만 받았다.

★갈렙의 신앙
출애굽 당시 20세 이상의 이스라엘 백성들은 다 광야에서 죽고 오직 여호수아와 갈렙 만이 가나안 땅에 들어갔다. 갈렙은 어떤 인물인가?

1) 애굽에서 출생한 갈렙은 유다 지파 여분네의 아들로 가나안 정탐에 나선 12 사람 중 하나이다. 그의 딸 악사는 사사 옷니엘의 아내가 되었다(수 15:16-17).

2) 그는 여호수아에게 성실하게 정탐을 보고하였고, 온전히 순종하는 태도를 취했다(14:7-8). 그는 가나안 정탐 보고에서 이 땅은 심히 아름다운 땅이요 하나님께서 우리에게 주실 땅이며, 그 땅 백성을 두려워하지 말라고 했다. 여호와와 갈렙을 거역하지 말고 가나안을 공격하라고 이스라엘의 백성들에게 권고했다(민 14:7-9). 여호수아와 갈렙을 제외한 나머지 10 지파의 정탐꾼들

은 이 땅의 거민들을 두려워하며 절대로 저들을 이길 수 없다는 부정적인 태도를 보였다. 그는 하나님을 경외하며, 하나님의 말씀에 순종하는 자였음을 여실히 나타내고 있다. 그는 결코 가나안 토착민들을 두려워하지 않았으며, 하나님께서 이스라엘과 함께 하심을 믿었다.

3) 모세가 정탐꾼으로 여호수아와 갈렙을 보낸 이후 45년의 세월이 지났지만 여전히 육체적으로 강건하였으며 영적으로도 충만하였다. 그는 가나안 땅 헤브론을 정복하였다(14:10-14).

★실로(18:1)

실로는 에브라임 산지에 위치하고 있다(삿 21:19). 이스라엘 백성들은 가나안 땅에 도착해서 실로에 회막을 세웠다. 실로는 지리적으로 가나안 땅의 중앙에 위치하여 백성들이 모이기에 편리했기 때문이다. 여호수아 시대에서 사무엘 시대까지 실로는 이스라엘 백성들의 신앙과 정치, 교통의 중심지로 언약궤가 있었다. 이곳에서 마지막 7지파들이 땅 분배를 받았다. 사사 시대에는 실로에서 해마다 여호와의 절기를 지켰다(삿 21:19, 삼상 1:3). 그러나 엘리 제사장 때에 언약궤를 블레셋에 빼앗기고 말았다. 그 후 언약궤는 다시 실로에 돌아오지 않았다(삼상 4:11, 6:21, 7:1-2). 그러나 창세기 49장 10절에서는 실로가 특별한 상징적인 의미를 담고 있다. '규가 유다를 떠나지 아니하며 통치자의 지팡이가 그 발 사이에서 떠나지 아니하시기를 실로가 오시기까지 이르리니 그에게 모든 백성이 복종하리로다' 본문에서 실로는 유다지파를 통해 오실 메시야를 상징하고 있다.

★제비뽑기의 의미와 교훈

이스라엘의 지도자들과 백성들은 결정하기 어려운 일이나 자신들이 알지 못하는 일에 대한 해결책으로 제비뽑기를 통해 일을 처리했다. 자신들이 할 수 없는 일에 대해 하나님의 뜻과 인도하심을 제비뽑기를 통해 이루려고 한 이스라엘의 독특한 문제 해결의 방안이었다(18:1-10). 정치, 신앙, 군사적 중심지로 길갈에서 실로에 옮겨온 이후 남은 7 지파의 땅 분배를 실행하려 할

수 1:1-9

여호와의 종 모세가 죽은 후에 여호와께서 모세의 수종자 눈의 아들 여호수아에게 말씀하여 이르시되 내 종 모세가 죽었으니 이제 너는 이 모든 백성과 더불어 일어나 이 요단을 건너 내가 그들 곧 이스라엘 자손에게 주는 그 땅으로 가라 내가 모세에게 말한 바와 같이 너희 발바닥으로 밟는 곳은 모두 내가 너희에게 주었노니 곧 광야와 이 레바논에서부터 큰 강 곧 유브라데 강까지 헷 족속의 온 땅과 또 해지는 쪽 대해까지 너희의 영토가 되리라 네 평생에 너를 능히 대적할 자가 없으리니 내가 모세와 함께 있었던 것 같이 너와 함께 있을 것임이라 내가 너를 떠나지 아니하며 버리지 아니하리니 강하고 담대하라 너는 내가 그들의 조상에게 맹세하여 그들에게 주리라 한 땅을 이 백성에게 차지하게 하리라 오직 강하고 극히 담대하여 나의 종 모세가 네게 명령한 그 율법을 다 지켜 행하고 우로나 좌로나 치우치지 말라 그리하면 어디로 가든지 형통하리니 이 율법책을 네 입에서 떠나지 말게 하며 주야로 그것을 묵상하여 그 안에 기록된 대로 다 지켜 행하라 그리하면 네 길이 평탄하게 될 것이며 네가 형통하리라 내가 네게 명령한 것이 아니냐 강하고 담대하라 두려워하지 말며 놀라지 말라 네가 어디로 가든지 네 하나님 여호와가 너와 함께 하느니라 하시니라

즈음에, 7 지파들은 현실에 안주한 채 땅 정복에 대해 소극적이었다. 먼저 여호수아는 미 점령지의 지도를 준비하게 하고 이를 바탕으로 제비뽑기 방식으로 땅을 분배하였다.

예수님의 열두 제자 중, 가룟 유다의 죽음으로 결원된 사도의 자리를 보충하기 위해 열한 제자들은 함께 기도하며 제비뽑기를 통해 맛디아를 선출했다(행 1:22-26).

1) 제비뽑기는 하나님의 주권적 섭리를 인정하는 방법으로 사용되었다(삼상 10:19-21).

2) 불평이나 다툼을 방지할 수 있었다(잠 18:18).

3) 하나님의 인도하심으로 절대적인 순종이 가능하였다(잠 16:33).

4) 하나님의 뜻으로 받았기에 누구나 만족할 수 있었다(딤전 6:6).

그러나 오늘날에는 하나님의 특별계시인 성경이 완성되었기에 성경 말씀의 원리와 기준을 통하여 우리의 삶과 신앙의 문제를 풀어 나가야 할 것이다.

★도피성 제도(20:1-9)

고의가 아닌 실수로 사람을 살해했을 경우 피할 수 있도록 도피성을 하나님께서 택정하셨다(민 35:14, 신 19:2, 수 20:8). 이 제도는 죄인들을 향한 하나님의 사랑이 담겨 있다. 도피성의 위치는 모든 이스라엘 백성들이 사는 지역의 중앙에 위치하여 어디에서나 가깝게 피하여 갈 수 있게 하였다(요단 서편에 3개, 요단 동편에 3개 총 6개의 도피성들: 게데스, 세겜, 헤브론, 베셀, 라못, 골란). 이스라엘 자손뿐만 아니라 타국인과 이스라엘에 우거하는 자들에게도 도피성 제도는 적용되었다. 이는 그리스도 안에는 유대인이나 헬라인이나 차별이 없다는 하나님의 크신 사랑을 보여주며, 더 나아가서 하나님 앞에 죄인인 우리에게 피할 처소가 되신 예수 그리스도를 상징한다.

5. 더 깊은 연구와 삶의 적용

1. 여호수아를 읽으면서 나는 어떤 하나님을 경험하였는가?

2. 하나님께서는 모세의 후계자로 지명된 여호수아에게 어떤 명령을 주셨는가?(수 1:1-9) 이 명령을 오늘의 우리들에게 어떻게 적용할 수 있는가?

    1) 약속의 땅으로 가라(1:2).
    2) 강하고 담대하라(1:6).
    3) 율법을 다 행하라(1:7).
    4) 좌우로 치우치지 말라(1:7).
    5) 율법을 묵상하라(1:8).
    6) 임마누엘의 하나님을 확신하라(1:9).

3. 여호수아의 유언(23~24장)을 읽으면서 나도 주위의 가족들과 친지들에게 어떤 말을 남길지 한번 기록해 보자.

사사기·룻기
Judges & Ruth

1. 사사기를 어떻게 읽을 것인가

사사기는 여호수아가 죽은 이후부터 왕정 시대에 이르기 전 까지(약 340 년), 가나안 땅에서 이스라엘 백성들이 어떻게 타락한 삶을 살았는지 그 역사를 기록하고 있다(1390–1050).

미처 정복하지 못한 땅을 유다지파가 중심이 되어 정복하고, 정착하면서 사사기는 시작된다. 그러나 이스라엘 백성은 가나안 땅에서 토착민들이 섬기던 우상을 받아들이고 저들의 문화에 심취되는 등 혼란과 타락으로 치닫는다. 그 때마다 하나님은 이스라엘에 큰 시련과 아픔을 안겨 주시고 백성들은 울부짖으며 기도한다. 그들의 기도에 하나님은 사사를 지명해서 백성들의 지도자로 보내 주신다. 그 사사가 사는 동안 백성들은 평안을 누린다. 그러나 또 다시 저들은 불순종의 삶을 살게 되며(우상 숭배), 시련 가운데 하나님을 바라본다. 하나님은 또 다른 사사를 보내 주시는 반복되는 역사가 13명의 사사들을 통해 무려 340년 동안 지속되었다. 이 기나긴 세월 속에서 이스라엘은 하나님 백성이라기보다는 가나안 땅의 이방인들과 함께 우상을 섬기며 지낸 것이다. 저들은 하나님 보다는 땅의 것에 마음을 두는 삶을 살아갔다.

오늘 우리의 삶은 어떤지 돌아보자. 오늘 이 시대에는 사사 시대 보다 더 다양하고 매력 있는 우상들이 도처에 포진하고 있다. 나는 어떤 우상에게 내 마음을 빼앗기고 있는지 한 번쯤 자성하는 시간이 필요하다. 사사기를 읽으면서 오늘을 살고 있는 우리들은 어떤 삶을 살아가야 할지 이에 대한 분명한 가르침을 제시하고 있다. 사사기는 '그 때에 이스라엘에 왕이 없으므로 사람이 각기 자기의 소견에 옳은 대로 행하였더라'(21:25)고 끝을 맺는다.

전체적인 흐름을 살펴보면, 1) 1:10-3:6은 가나안 토착민들과 어울려서 저들의 신앙과 삶에 동화되면서 하나님의 징계로 이웃 부족들로부터 공격당하고 시달린다.

2) 3:7-16:31은 위기 때 마다 하나님은 사사들을 보내 주신다. 그러나 이스라엘의 죄악은 중단되지 않고 계속 이어지고 있다.

3) 17-25장은 사사시대 발생한 우상 숭배, 부도덕한 갖가지 죄악 등 당시의 심각한 타락상에 대해 상세하게 기록하고 있다.

사사기는 하나님의 놀라운 구원의 역사 속에서도 계속해서 이어지는 이스라엘의 불순종에 대한 기록이다. 타락한 이스라엘과 심판 가운데서도 하나님의 구원의 역사는 13 사사들을 통해 계속된다.

2. 저자 · 기록연대 · 기록동기

저자와 기록연대: 전체적인 내용을 보면 사사기는 왕정 시대에 사사 시대를 회고하면서 기록한 것으로 보아 사사 시대와 왕정 시대에 걸쳐 이스라엘 백성들의 지도자였던 사무엘을 저자로 추정하지만 확실하지 않다(17:6, 18:1, 19:1, 21:25). 기록연대는 여부스 족속이 여전히 예루살렘을 장악하고 있다는 사실(1:21)이 나타나 있는 것으로 볼 때, 사사 시대 이후인 BC 1050-1004년 사이로 추정된다(다윗이 예루살렘을 점령하여 여부스 족을 축출한 시기가 BC 1004).

기록동기: 이스라엘 백성들은 약속의 땅 가나안을 정복하라는 하나님의 명령을 따르지 않고 가나안의 토착민들을 완전히 정복하지 않았다. 오히려 저들의 종교와 문화를 수용하면서 우상 숭배라는 큰 죄악의 길로 들어서고 만다. 하나님은 이스라엘 백성들을 징계하시고 가나안 땅의 토착민들로부터 계속해

서 침략 당하게 하신다. 때로는 12지파 간의 갈등과 다툼으로 어려운 시절을
보내기도 한다. 고통 속에서 이스라엘 백성들이 부르짖을 때마다 하나님은 외
면하지 않으시고 사사들을 보내 주셔서 이스라엘을 구원하신다. 이와 같은 하
나님의 은혜와 사랑을 증거 하고자 사사기를 기록하였다. 사사기를 통해 오늘
의 우리 모두에게도 인생의 갖가지 고난 속에서 구원할 자는 오직 하나님이심
을 분명하게 제시하고 있다.

3. 사사기의 파노라마

주제	배경	하나님의 징계와 사사를 통한 구원							타락한 이스라엘	
내용 구분	1:1　　3:7	4:1	6:1	10:6	12:8	13:1	17:1	19:1	21:25	
	정복과 타락	남부	북부	중부	동부	북부	서부	극에 달한 우상 숭배	동족상잔과 부도덕	
문체	이스라엘의 불순종에 대한 하나님의 심판과 구원의 역사서									
장소	가나안 땅									
기간	340년(BC 1390–1050)									

1) 1:1-3:6 이스라엘 백성의 타락
유다 지파의 정복 활동(1:1-10), 갈렙과 옷니엘(1:11-21)
다른 지파들의 정복 활동(1:22-36), 여호와 사자의 경고(2:1-5)
이스라엘 백성들의 타락(2:6-15), 사사들의 등장(2:16-23)
가나안의 남은 원주민들(3:1-6).

2) 3:7-16:31 사사를 통한 구원(13 사사들)
340년의 13 사사들
'옷니엘-에훗-삼갈-드보라-기드온(아들 아비멜렉)-돌라-야일-입다-입
산-엘론-압돈-삼손-사무엘(마지막 사사)과 그 아들들'

사사 옷니엘 3:7-11, 사사 에훗 3:12-30, 사사 삼갈 3:31,
여선지 드보라(4:1-10), 시스라의 군대 격파와 죽음(4:11-24),
드보라와 바락의 찬양(5:1-31), 미디안을 통한 하나님의 징계(6:1-10),
부름 받은 기드온(6:11-24), 사사 기드온의 개혁(6:25-35),
하나님의 증거(6:36-40), 기드온과 삼백 용사(7:1-8),
하나님의 명령과 승리(7:9-25),
에브라임 지파의 불평과 기드온의 설득(8:1-21),
기드온의 실수와 죽음(8:22-35), 왕이 된 아비멜렉(9:1-6),
요담의 비유(9:7-21), 아비멜렉의 죽음(9:22-57),
사사 돌라와 야일의 활약(10:1-18),
사사 입다의 승리와 서원 기도(11:1-40),
사사 삼손의 생애(13-16장)-나실인 삼손의 출생 예고(13:1-14),
마노아의 번제와 삼손의 출생(13:15-25), 딤나 여인과 삼손(14:1-14),
아내를 빼앗긴 삼손(14:15-20), 삼손의 분노(15:1-8),
동족에게 결박당한 삼손과 블레셋 사람들(15:9-20),
유혹에 빠진 삼손(16:1-22), 삼손의 최후(16:23-31).

3) 17-21장 우상숭배와 동족상잔
이스라엘의 종교적인 타락상-신상을 만든 미가(17:1-6),
제사장이 된 레위 소년(17:7-13), 단 지파의 우상 숭배(18:14-31),
레위인의 첩(19:1-9), 기브아 불량배들의 악행(19:10-30),
기브아 징계 결의(20:1-14), 베냐민 지파 복구 대책(21:1-7),
베냐민 지파의 회복(21:13-24), 사사 시대의 대결론(21:25).

1. 삿 3:9
'이스라엘 자손이 여호와께 부르짖으매 여호와께서 이스라엘 자손을 위하여 한 구원자를 세워 그들을 구원하게 하시니 그는 곧 갈렙의 아우 그나스의 아들 옷니엘이라'

2. 삿 6:24
'기드온이 여호와를 위하여 거기서 제단을 쌓고 그것을 여호와 살롬이라 하였더라'

4. 사사기 해석의 키워드

★13 사사들(340년)

사사는 가나안 정복 이후부터 왕정이 수립되기 이전까지(사울왕이 즉위할 때까지 BC 1390-1050), 이 기간 동안 이스라엘을 다스린 정치와 군사의 지도자였다. 사사는 백성이 뽑은 자가 아니라, 하나님께서 이스라엘 백성들에게 보낸 하나님의 사람들이었다. 사사가 사는 동안 이스라엘은 평안을 누렸지만 사사가 죽은 이후 다시금 가나안의 토착 신들을 섬기면서 이스라엘은 고난의 삶을 살게 된다. 이스라엘은 가나안에 남아있던 원주민들의 신앙(바알과 아세라)을 따라 갔기 때문이다. 하나님의 심판으로 어려움을 겪게 되면서 온 이스라엘은 기도한다. 그 때 마다 하나님은 사사를 보내 주셨다.

옷니엘 (1대 사사)→ 에훗→ 삼갈→ 드보라→ 기드온(기드온의 아들 아비멜렉이 스스로 왕이 되어 3년간 치리)→ 돌라→ 야일→ 입다→ 입산→ 엘론→ 압돈→ 삼손→ 사무엘과 그 아들들(하나님께서 보낸 사사들이 아니라 아버지 사무엘이 사사로 임명하였다.) 13명의 사사들 중에서 옷니엘 기드온 입다 삼손은 4대 사사로 불리웠다.

★여호수아와 사사 시대를 비교해 보자

여호수아 시대	사사 시대
1. 가나안 정복과 땅 분배가 이루어진 승리의 시대였다.	1. 끊임없이 가나안 토착민들에게 시달리며 전쟁의 위기가 계속되었다.
2. 하나님께서 이 모든 과정을 통하여 안식과 평안을 허락하셨다.	2. 사사가 살아 있는 동안만 평탄하였다. 사사가 죽으면 다시금 불안해졌다.
3. 온 백성들이 하나 되어 하나님만을 섬겼다.	3. 가나안 토착민들이 섬기던 우상들에게 마음을 빼앗긴 불신앙의 시대였다.
4. 정복과 분배의 시기 동안 하나님의 축복을 경험하였다.	4. 340년 사사 시대는 축복 보다는 고난의 연속이었다.

★사사 기드온의 생애

1) 기드온은 사사로 부름받기 이전 자신의 일에 충실한 평범한 삶을 살았다. 미디안의 공격으로 큰 어려움에 봉착한 이스라엘 백성들에게 하나님은 기드온을 준비시키셨다. 사사로 부름 받자 자신의 가문은 므낫세 중에 극히 약하고 아버지 집에서도 가장 작은 자라고 대답했다(6:11-15).

2) 평범하고 약한 기드온에게 하나님은 '내가 반드시 너와 함께 하리니 네가 미디안 사람 치기를 한 사람을 치듯 하리라'고 말씀을 주신다. 하나님의 섭리를 알게 된 기드온은 하나님을 위해 제단을 쌓고 이름을 여호와 살롬이라고 했다(6:16, 23-24).

3) 하나님의 인도하심을 받고 기드온은 바알의 단을 부수고, 아세라 목상을 찍는 등 우상을 타파하면서 개혁을 일으킨다. 성령께서 기드온에게 임하사 미디안 전투에서 용사 300명으로 승리하였다. 그는 성령의 인도하심을 따라 하나님께 충성하며 순종하는 삶을 사는 지도자의 역할을 다한다(6:33-7:25).

4) 전쟁에서 승리하면서 이스라엘 백성들은 기드온과 그의 아들, 손자가 저들을 다스릴 것을 요구한다. 그러나 '내가 너희를 다스리지 아니하겠고 나의 아들도 너희를 다스리지 아니할 것이요 여호와께서 너희를 다스리시리라'(8:23)고 하면서 하나님의 다스림을 백성들에게 선포한다. 비록 그가 하나님의 통치하심을 선포했지만 백성들에게 전쟁에서 탈취한 금귀고리를 달라고 요구하는 물질에 대한 탐욕을 드러내고 만다. 뿐만 아니라 전쟁터에서 미디안 사람들이 부적으로 사용했던 낙타 목에 달린 초승달 장식을 취했고(8:21-27), 미디안과의 전투에서 탈취한 금으로 에봇(대제사장이 입던 옷)을 만들었고 이스라엘 백성들은 이 에봇을 우상으로 섬기는 죄에 빠지게 된다(8:27).

5) 여러 아내들 사이에서 둔 70명의 아들들, 그것도 모자라 첩까지 두었다. 그 첩의 소생이 아비멜렉이다(8:30-31). 평범하고 자신을 작은 자로 여겼던 순수한 기드온은 하나님의 부르심을 받고 성령의 인도하심에 순종하는 충성된 사사의 역할을 다한다. 그러나 물질에 대한 욕심과 수많은 여인을 거느리는 결점도 드러냈다. 그가 사사로 다스리는 40년 동안 그 땅은 태평을 누렸다.

삿 16:28-30
삼손이 여호와께 부르짖어 이르되 주 여호와여 구하옵나니 나를 생각하옵소서 하나님이여 구하옵나니 이번만 나를 강하게 하사 나의 두 눈을 뺀 블레셋 사람에게 원수를 단번에 갚게 하옵소서 하고 삼손이 집을 버틴 두 기둥 가운데 하나는 왼손으로 하나는 오른손으로 껴 의지하고 삼손이 이르되 블레셋 사람과 함께 죽기를 원하노라 하고 힘을 다하여 몸을 굽히매 그 집이 곧 무너져 그 안에 있는 모든 방백들과 온 백성에게 덮이니 삼손이 죽을 때에 죽인 자가 살았을 때에 죽인 자보다 더욱 많았더라

★사사 삼손의 생애

1) 그는 태어나면서부터 나실인으로 구별된 인물(13:5)이었다.

2) 자라면서 하나님께서 복을 주셨고 하나님의 성령이 감동을 주었다 (13:24-25).

3) 삼손은 자신의 힘을 의지하여 원수를 갚겠다고 다짐했다(15:6-8).

4) 성령의 권능이 임함으로 힘이 큰 장사로 싸움에 능했다(15:14-17).

5) 그는 이방여인들을 사랑했고(14:1-4, 16:4), 저들의 유혹에 약했다 (14:10-18).

6) 여인의 유혹에 빠져 하나님이 자기를 떠나신 줄을 깨닫지 못했다 (16:20).

7) 인생의 마지막에 이르러 모든 것을 내려놓고 하나님께 기도했다(16:28).

삼손의 생애는 여인으로 인해 모든 것이 망가진 비참한 최후를 맞이했지만, 그의 마지막 기도에 하나님께서 응답해 주셨다. 그가 평생 동안 전쟁에서 죽인 사람들 보다 더 많은 적을 죽였고 다곤 신전도 무너뜨렸다. 그는 모든 것을 잃어버린 상태에서 간절히 기도했고 하나님은 역사하셨다. 비록 삼손이 처절한 최후를 맞이했지만 그의 기도로 이방의 신전과 블레셋의 수많은 방백들과 백성들이 몰락함으로 하나님은 이방의 어떤 신보다도 위대하신 신이시고, 하나님은 이스라엘의 구원자이심을 나타내셨다.

★드보라와 바락의 찬양(5장)을 읽으면서 성경 전체에서 찬양의 장면들을 찾아보자. 이 모든 찬양들은 하나님의 역사에 대한 기쁨과 감사가 넘치고 있다.

1) 모세와 미리암이 홍해를 건넌 후 부른 찬양(출 15:1-8, 21)

2) 모세가 죽기 전 이스라엘 백성들을 향해 부른 찬양(신 32장)

3) 하솔왕 야빈의 군대를 격퇴한 후 부른 드보라와 바락의 찬양(삿 5장)

4) 언약궤를 예루살렘으로 운반하면서 다윗이 하나님을 찬양(대상 13:1-8)

5) 사무엘을 낳고 기쁨에 넘친 한나의 감사 찬양(삼상 2:1-11장)

6) 사울 왕과 요나단의 죽음을 애도한 다윗의 활 노래(삼하 1:19-27)

7) 천사로부터 예수 잉태 소식을 전해 듣고 부른 마리아의 찬양(눅 1:39-56)

5. 더 깊은 연구와 삶의 적용

1. 사사기를 읽으면서 나는 어떤 하나님을 경험하였는가?

2. 사사 시대(340년) 반복되는 역사를 살펴보자.

   1) 하나님 앞에 악을 행하며 → 2) 하나님의 진노하심으로 징계를 받으며 →
   3) 이스라엘은 회개하며 부르짖으면 → 4) 드디어 하나님께서 사사를 세우
      신다.
   이러한 역사가 계속해서 반복되면서 사사 시대는 이스라엘 백성의 타락과
   하나님의 심판(징계), 이스라엘이 회개할 때 하나님은 사사를 보내시고 구
   원의 역사를 펼치신다.

3. 사사 시대 이스라엘의 죄악들을 열거해 보자(삿 17:6, 18:1 19:1, 21:25).

   1) 가나안 족속을 살려 두었다(1:21-35).
   2) 그들과 어울리는 삶(2:3).
   3) 가나안의 우상을 숭배(2:12).
   4) 가나안 족속과의 결혼(3:6).
   5) 하나님을 섬기지 않았다(10:6).
   6) 우상을 만들었다(17:4-5).
   7) 마음대로 제사장을 세웠다(17:12).
   8) 음행하였다(16:1,19:1-2).
   9) 동족끼리 전쟁을 벌였다(12:1-7, 20장).
   10) 온갖 죄악에 빠져 타락이 극에 달한 베냐민 지파의 사람들(19:10-30).
      이 모든 죄악들은 '그 때에 이스라엘에 왕이 없으므로 사람이 각기 자기의
      소견에 옳은 대로 행하였더라'(21:25)는 말씀처럼 택한 백성 이스라엘은 하
      나님 보다 자신의 소신 대로, 자신의 생각대로 행하였던 암흑의 시대였다.

4. 사사시대 이스라엘 백성의 신앙에 대해 살펴보자(삿 17–18장).

   1) 가나안 토착민들의 여러 우상을 만들었고 숭배하였다(17:3–4).

   2) 임의로 한 사람(미가)을 제사장으로 세웠다(17:5–6).

   3) 기복적인 신앙으로 흘렀다(17:12–13).

   4) 개인적인 이익을 취하려는 신앙으로 흘렀다(18:14–20).

   5) 겉모습만 있는(위선) 형식적인 신앙이 가득했다(18:27–31).

5. 사사기는 사사 시대에 대해 어떤 결론을 내리는가.

   '그 때에 이스라엘에 왕이 없으므로 사람이 각각 그 소견에 옳은 대로 행하였더라'(21:25)는 결론을 내렸다. 이는 무엇을 의미하는가? 사사기 전체에서 이스라엘은 하나님과의 언약 질서를 깨뜨리고 개개인의 자의적인 생각을 따르면서 살았다. 정치적으로도 강력한 지도자가 계속 이어지지 않았으며, 영적으로도 충만한 지도자가 없었다. 하나님께서 때마다 일마다 사사라는 한시적인 지도자를 보내 주셨다.

● 룻기

1. 룻기를 어떻게 읽을 것인가

룻기는 사사 시대 흉년으로 인해 유다 베들레헴에 살던 사람이 아내와 두 아들과 함께 모압 땅으로 이주하여 사는 장면으로 시작된다. 이방의 땅에서 풍요를 기대했지만 남편과 두 아들을 잃고, 모압에서 얻은 두 며느리와 시어머니만 남겨졌다. 두 며느리 중 하나인 룻과 시어머니 나오미는 비참한 모습으로 고향 땅에 돌아온다. 이방 여인 룻을 통해 헌신적인 사랑과 참 신앙, 그녀를 향한 하나님의 축복하심이 암울했던 사사 시대를 배경으로 감동적으로 그려지고 있다. 이방의 며느리 룻과 친척 보아스를 통해 오벳이 태어나고, 오벳은 이새를 낳고, 이새는 다윗을 낳는 메시야의 계보의 역사가 일어난다. 룻은 훗날 다윗과 메시야를 낳은 조상으로 구원의 역사를 이어간 인물이다. 당대의 여인들은 그녀와 아들 오벳을 가리켜(4:14-15), **'이 아이의 이름이 이스라엘 중에 유명하게 되기를 원하노라 이는 네 생명의 회복자이며 네 노년의 봉양자라 곧 너를 사랑하며 일곱 아들 보다 귀한 네 며느리가 낳은 자로다'** 라고 하면서 기뻐했다.

이러한 역사를 통해 하나님의 구원역사 뿐만 아니라 이방인을 향한 하나님의 관심과 사랑의 역사가 여실히 드러나고 있다. 근동의 가부장적 사회 속에서도 여성이 주인공으로 등장함으로(에스더와 함께), 하나님의 구속의 역사가 때로는 이방인이나 연약한 여인을 통해 이루어지고 있음을 생동감 있게 기록하고 있다. 구속사는 왕이신 하나님 없이 사람이 각각 그 소견에 옳은 대로 행하던 사사 시대에 이방의 여인을 통해 펼쳐졌다. 오늘 이 시대 역시 사사 시대 못지않게 하나님께 불순종과 도덕과 윤리가 무너진 상황이 펼쳐지고 있다. 그럼에도 복음을 통한 구원의 역사가 우리를 통해 이어져 가도록 하나님께서 우리를 부르시고, 인도하고 계심을 본서는 일깨워 주고 있다.

사사들이 치리하던 때에 그 땅에 흉년
이 드니라 유다 베들레헴에 한 사람이
그의 아내와 두 아들을 데리고 모압
지방에 가서 거류하였는데 그 사람의
이름은 엘리멜렉이요 그의 아내의 이
름은 나오미요 그의 두 아들의 이름은
말론과 기룐이니 유다 베들레헴 에브
랏 사람들이더라 그들이 모압 지방에
들어가서 거기 살더니 나오미의 남편
엘리멜렉이 죽고 나오미와 그의 두 아
들이 남았으며 그들은 모압 여자 중에
서 그들의 아내를 맞이하였는데 하나
의 이름은 오르바요 하나의 이름은 룻
이더라 그들이 거기에 거주한 지 십
년쯤에 말론과 기룐 두 사람이 다 죽
고 그 여인은 두 아들과 남편의 뒤에
남았더라

2. 저자 · 기록연대 · 기록동기

저자와 기록연대: 저자는 미상이다. 기록 연대는 족보에 대해서 다윗까지 언급한 것으로 볼 때(룻 4:22), 다윗시대에 기록된 것으로 추정한다.

기록동기: 타락한 사사 시대였지만, 그럼에도 하나님께 충성하며 순종하는 이방 여인 룻을 통해 저자는 하나님의 축복을 전해주고 있다. 타락의 역사인 사사기와는 달리 이방여인을 통해 예수 그리스도의 족보를 낳게 한 룻의 생애를 소개함으로 하나님의 구속의 역사를 기록하고 있다. 또한 기업을 무르는 절차와 재판 등의 당시 생활 풍습을 상세히 기록하여 사사 시대의 이스라엘 백성들의 삶을 보게 한다. 특히 가부장적인 시대 속에서, 타락의 역사 속에서, 하나님의 은총을 입은 룻의 생애를 통해 하나님은 믿음과 순종을 기뻐하시는 분이심을 깨닫게 한다.

3. 룻기의 파노라마

주제	룻의 결단과 실천			하나님의 응답과 보상	
내용 구분	1:1 룻의 결단	2:1 룻의 헌신	3:1 구원자의 등장	4:1 룻의 상급	4:22
문제	역사적 사실을 문학적인 양식으로 기록				
장소	모 압	베들레헴의 밭	베들레헴 타작 마당	베들레헴	
기간	사사 시대(340년 지속)의 중반기				

1) 1-2장 룻의 결단과 헌신

나오미와 두 며느리의 불행(1:1-14), 나오미를 따르는 룻(1:15-22),
룻과 보아스의 만남(2:1-16), 룻을 축복하는 나오미(2:17-23).

2) 3-4장 구원자의 등장과 하나님의 상급

나오미의 계획(3:1-5), 룻과 보아스(3:6-13), 보아스의 약속(3:14-18),

기업을 무르는 보아스(결혼)와 기업의 회복(4:1-17),

다윗의 조상 룻(4:18-22).

4. 룻기 해석의 키워드

★그리스도의 모형, 보아스(2:1-16, 4:7-12)

1) 보아스는 모든 보리 베는 자들을 향해 여호와께서 너희와 함께 하시기를 축복하였다. 그는 복을 빌어주는 자였다(2:4).

2) 시어머니를 따라 베들레헴에 온 이방 출신의 여인에게 다른 소녀들과 함께 이삭을 주우라고 했다. 긍휼과 자비를 그녀에게 베풀었다(2:8).

3) 보아스는 룻에게 그녀가 시어머니에게 행한 모든 일에 하나님께서 온전한 상 주시기를 원한다고 하면서, 그녀를 위로하며 격려했다(2:11-12).

4) 식사할 때 볶은 곡식을 주면서 배불리 먹게 했고, 소년들에게 곡식 단 사이에서 룻이 줍도록 다발에서 조금씩 뽑으라고 그녀를 배려했다(2:14-16).

5) 기업 무를 자가 자신은 포기하고 보아스에게 그 책임을 미루자, 보아스는 기업 무를 역할을 담당한다. 이처럼 법적 절차를 따라 룻의 신랑이 된다(4:7-12).

보아스는 복을 빌어 주는 자로, 긍휼과 자비를 베푸는 자로, 위로와 격려자로, 배불리 먹이는 자로, 신랑으로 예수 그리스도를 예표하고 있다.

★기업 무를 자(2:20, 4:1-13)

기업을 무른다는 것은 다른 사람에게 넘겨진 재산이나 혹은 토지를 친족 가운데 한 사람이 다시 사서 원주인에게 되돌려 주는 관습을 말한다. 재물뿐만 아니라 자녀가 없을 때에도 이 관습을 적용하였다.

1) 가난한 친족이 땅을 팔 때, 대신 값을 치르고 찾아줌으로 땅이 다른 사람

에게 팔려가지 않도록 막아 준다.

2) 친족 중 부당한 혹은 억울한 일을 당했을 상황에서 나약한 친족을 대신해서 복수함으로 그 억울함을 풀어 준다.

3) 친족 중 대를 이을 자녀가 없을 경우, 가장 가까운 친족이 자녀가 없는 자의 대를 잇기 위해 결혼함으로 자녀를 출생하게 한다.

친족의 어려움을 구체적으로 대신 해결해 주는 것을 일컬어 기업을 무른다고 했다. 이는 인류의 죄를 대신하여 하나님 앞에서 희생의 제물이 되시려고 십자가에 못 박혀 돌아가신 예수 그리스도를 예표한다.

5. 더 깊은 연구와 삶의 적용

1. 룻기를 읽으면서 나는 어떤 하나님을 경험하였는가?

2. 나오미는 왜 자신의 이름을 나오미라 칭하지 말라고 했는가?(1:19-22)

3. '기업을 무를 자' 란 어떤 의미를 갖는가?(2:20, 3:6-13, 4:1-12)

율법에 언급되고 있는 고엘 제도에 관한 것으로 룻은 율법의 규정이요, 이스라엘의 관습인 기업 무르는 제도에 따라 기업 무를 의무가 있는 보아스에게 청혼했다. 이에 대해 보아스는 적법한 절차에 따라 의무를 수행하겠다고 약속했다. 기업 무를 의무란 친척관계에서 가난한 친척이 땅을 팔았을 때 이를 대신 값을 치루고 찾아 주는 경우, 부당하게 피해를 본 경우 대신 복수할 보수자로서의 의무, 자녀가 없이 죽으면 대를 이어 줄 의무 등이 있었다. 룻기에서 나오미는 남편과 아들의 뒤를 이을 기업 무를 자로 보아스를 찾게 되고 며느리 룻에게 명령하여 이를 따르게 하였다.
원래 기업 무를 자가 자신의 권리를 포기하였다(신을 벗었다). 이에 보아스는 기업을 이어나가기 위해 룻을 아내로 받아들인다.

4. 룻과 아들 오벳을 향해 여인들은 어떻게 축복하였는가?(4:14-17)

5. 예수 그리스도의 족보를 찾아서 읽고(마 1:1-17), 족보에 나타난 네 여인
   은 누구인지 찾아보자.

   "다말 → 라합 → 룻 → 밧세바(우리야의 아내)"

기억할 말씀

마 1:1-17
아브라함과 다윗의 자손 예수 그리스도의 계보라 아브라함이 이삭을 낳고 이삭은 야곱을 낳고 야곱은 유다와 그의 형제들을 낳고 유다는 다말에게서 베레스와 세라를 낳고 베레스는 헤스론을 낳고 헤스론은 람을 낳고 람은 아미나답을 낳고 아미나답은 나손을 낳고 나손은 살몬을 낳고 살몬은 라합에게서 보아스를 낳고 보아스는 룻에게서 오벳을 낳고 오벳은 이새를 낳고 이새는 다윗 왕을 낳으니라 다윗은 우리야의 아내에게서 솔로몬을 낳고 솔로몬은 르호보암을 낳고 르호보암은 아비야를 낳고 아비야는 아사를 낳고 아사는 여호사밧을 낳고 여호사밧은 요람을 낳고 요람은 웃시야를 낳고 웃시야는 요담을 낳고 요담은 아하스를 낳고 아하스는 히스기야를 낳고 히스기야는 므낫세를 낳고 므낫세는 아몬을 낳고 아몬은 요시야를 낳고 바벨론으로 사로잡혀 갈 때에 요시야는 여고냐와 그의 형제들을 낳으니라 바벨론으로 사로잡혀 간 후에 여고냐는 스알디엘을 낳고 스알디엘은 스룹바벨을 낳고 스룹바벨은 아비훗을 낳고 아비훗은 엘리아김을 낳고 엘리아김은 아소르를 낳고 아소르는 사독을 낳고 사독은 아킴을 낳고 아킴은 엘리웃을 낳고 엘리웃은 엘르아살을 낳고 엘르아살은 맛단을 낳고 맛단은 야곱을 낳고 야곱은 마리아의 남편 요셉을 낳았으니 마리아에게서 그리스도라 칭하는 예수가 나시니라 0그런즉 모든 대 수가 아브라함부터 다윗까지 열네 대요 다윗부터 바벨론으로 사로잡혀 갈 때까지 열네 대요 바벨론으로 사로잡혀 간 후부터 그리스도까지 열네 대더라

사무엘상하

1·2 Samuel

1. 사무엘상을 어떻게 읽을 것인가

'이스라엘에 왕이 없으므로 사람이 각기 자기의 소견에 옳은 대로 행한' 시대의 막을 내리는 마지막 사사 사무엘의 출생에서 사무엘서는 시작된다(BC 1103-1017). 아브라함 이삭 야곱의 족장시대를 거쳐, 모세 여호수아 사사들을 통한 신정 체제, 그리고 이어지는 왕정 체제로 가는 길목에서 마지막 사사의 역할을 담당한 사무엘의 생애가 펼쳐지고 있다. 어머니의 서원기도로 출생한 사무엘은 하나님의 사람으로 사울이 왕위에 오르기(BC 1050)까지 이스라엘 백성의 지도자(사사)로 그가 사는 날 동안 이스라엘을 다스렸다(7:15). 그러나 나이 들어 두 아들들을 사사로 세우는 큰 실수를 저질렀다. 하나님의 인도하심을 따라 사사로 부름 받는 과정을 거치지 않고 아버지 사무엘의 개인적인 생각에 의해 사사가 된 것이다. 사사가 된 이후 아들들은 뇌물을 취하고 판결을 굽게 하였다. 이스라엘의 장로들은 이를 문제 삼아 '우리에게 왕을 세워 우리를 다스리게 하소서'(8:1-5)하면서, 강력하게 왕 제도를 주장하였고, 하나님께서도 이를 허용하셨다(8:22). 이러한 과정을 거쳐 사울이 왕이 되었다. 기름 부음을 받고 하나님의 영이 임했던 사울 왕의 치세는 갈수록 문제를 일으켰다. 스스로 제사장의 역할을 하였고, 모든 전리품을 진멸하라는 하나님의 명령을 어겼으며 신접한 여인을 찾아 나서기까지 했다(13:8-12, 15:4-8, 28:6-14), 사울 왕은 하나님의 말씀에 불순종한 결과 하나님으로부터 버림받고 말았다.

본서는 사울 왕이 사망에 이르기까지 이스라엘의 초기 왕정 시대를 기록하고 있다. 이스라엘의 초대 왕 사울의 실패 속(40년 통치)에서 하나님은 이미 다윗을 새로운 왕으로 예비해 놓으셨다(16:7-13).

계속되는 사울의 위협과 추적 속에서 다윗은 고난의 세월을 보내지만, 하나님의 도우심으로 왕권을 이어 받았다. 다윗은 왕이 된 이전에도 이후에도 사울에게 복수하기 보다는 끝까지 관대한 태도를 고수해 나갔다. 사울과 그의 아들 요나단과의 관계 속에서 다윗은 자신을 기꺼이 내어 주는 삶을 보여주었다(31:1-13, 사울의 죽음과 장사 참고).

사무엘상은 사사 시대에서 왕정 시대로 전환하는 내용을 다루면서 이스라엘의 초대왕 사울의 죽음으로 끝난다(BC 1010). 사울의 기름부음과 통치, 하나님으로부터 버림받는 사울 왕의 실패의 삶, 십여 년 동안 온갖 사울 왕의 위협 속에서 도피행각을 벌였던 다윗의 인생은 고난의 여정이었지만, 인내와 관용을 베푸는 이스라엘의 최고의 왕이 되기 위한 과정이었다. 이스라엘의 초대 왕 사울의 인생은 실패로 끝났지만 2대 왕 다윗은 오실 메시야, 예수 그리스도의 그림자를 우리에게 비춰 주고 있다.

2. 저자 · 기록연대 · 기록동기

저자와 기록연대: 유대 전승에서 저자를 사무엘로 추정하고 있다. 사무엘 죽음 이후의 기록은 당시의 선지자들(나단, 갓: 대상 29:29)에 의해 기록되었을 것으로 추측한다. 일부의 학자들은 왕정 시대 익명의 편집자가 사무엘상하를 기록했을 것으로 추정한다. 기록연대는 남북 왕국의 분열 초기(BC 930-900)로 보고 있다.

기록동기: 사사들에 의한 신정 통치에서 왕정 시대로 전환되는 이스라엘의 과도기 시대의 사울 왕과 그 이후 다윗 왕의 즉위까지 다루고 있다. 특히 사무엘상은 비록 외형적으로는 신정체제에서 왕정체제로 전환되었다고는 하나 역

기억할 말씀

삼상 16:7-13
여호와께서 사무엘에게 이르시되 그의 용모와 키를 보지 말라 내가 이미 그를 버렸노라 내가 보는 것은 사람과 같지 아니하니 사람은 외모를 보거니와 나 여호와는 중심을 보느니라 하시더라 이새가 아비나답을 불러 사무엘 앞을 지나가게 하매 사무엘이 이르되 이도 여호와께서 택하지 아니하셨느니라 하니 이새가 삼마로 지나게 하매 사무엘이 이르되 이도 여호와께서 택하지 아니하셨느니라 하니라 이새가 그의 아들 일곱을 다 사무엘 앞으로 지나가게 하나 사무엘이 이새에게 이르되 여호와께서 이들을 택하지 아니하셨느니라 하고 또 사무엘이 이새에게 이르되 네 아들들이 다 여기 있느냐 이새가 이르되 아직 막내가 남았는데 그는 양을 지키나이다 사무엘이 이새에게 이르되 사람을 보내어 그를 데려오라 그가 여기 오기까지는 우리가 식사 자리에 앉지 아니하겠노라 이에 사람을 보내어 그를 데려오매 그의 빛이 붉고 눈이 빼어나고 얼굴이 아름답더라 여호와께서 이르시되 이가 그니 일어나 기름을 부으라 하시는지라 사무엘이 기름 뿔병을 가져다가 그의 형제 중에서 그에게 부었더니 이 날 이후로 다윗이 여호와의 영에게 크게 감동되니라 사무엘이 떠나서 라마로 가니라

삼상 26:24-25
오늘 왕의 생명을 내가 중히 여긴 것 같이 내 생명을 여호와께서 중히 여기셔서 모든 환난에서 나를 구하여 내시기를 바라나이다 하니라 사울이 다윗에게 이르되 내 아들 다윗아 네게 복이 있을지로다 네가 큰 일을 행하겠고 반드시 승리를 얻으리라 하니라

사를 주관하시는 하나님의 주권과 다스림을 보여 주고자 기록되었다. 즉 사사 시대 말기와 왕정 시대 초기에 어떻게 하나님의 통치가 이루어졌는지 후세대 (남북왕국의 분열 시대)에 알려 주고자 당시의 역사를 구속사적인 관점으로 기록하고 있다.

3. 사무엘상의 파노라마

주제	마지막 사사 사무엘		초대 왕 사울의 실패	다윗 왕의 시대
내용 분석	1:1　　　　　　8:1		15:10	31:13
	사무엘의 출생과 사역	사울 왕의 통치		버림받는 사울과 세워지는 다윗
문체	사사 시대 이후 초기 이스라엘의 왕정 시대를 기록한 역사서			
장소	가나안 전역			
기간	94년(BC 1103-1010)			

기억할 말씀

1. 삼상 7:12
'사무엘이 돌을 취하여 미스바와 센 사이에 세워 이르되 여호와께서 여기까지 우리를 도우셨다 하고 그 이름을 에벤에셀이라 하니라'

1) 1-8장 사무엘의 출생과 소명, 사역
사무엘의 출생 배경(1:1-8), 한나의 서원기도와 기도응답(1:10-28),
한나의 찬양(2:1-10),
엘리와 그 아들들 그리고 하나님의 저주(2:12-36, 3:13-14),
소명 받은 사무엘(3:1-21),
빼앗긴 언약궤와 귀환(4:10-5:12, 6:1-21, 7:1-2),
미스바의 회개운동(7:3-14), 에벤에셀의 하나님(7:12), 왕정 제도(8:4-22).

2) 9-15장 초대 왕 사울의 통치
사무엘과 사울의 만남(9:5-17), 기름부음 받은 사울(10:1-9, 17-24),
암몬의 침략과 사울의 승리(11:1-15),
사무엘의 연설과 이스라엘의 회개(12:6-25),
사울의 군대와 잘못된 번제(13:1-12), 사울을 저주한 사무엘(13:13-23),

요나단의 활약(14:1-15), 사울의 불순종(15:1-9),
하나님의 후회하심과 버림받은 사울(15:10-23), 사울의 회개(15:24-35).

3) 16장-31장 사울 왕과 다윗의 갈등

사무엘과 다윗(16:1-13), 악신이 든 사울(16:14-23),

다윗의 용맹-적장 골리앗(17:17-50),

다윗을 두려워하는 사울과 사랑하는 사울의 자녀들-요나단과 미갈(18:1-30),

다윗을 구하는 자들(19:1-12),

사무엘에게 도피한 다윗과 사울의 상황(19:18-24),

다윗과 요나단의 언약(20:1-16), 다윗을 떠나는 요나단(20:35-42),

아히멜렉과 다윗(21:1-6), 블레셋으로 도망하는 다윗(21:7-15),

모압 땅으로 피신한 다윗(22:1-5), 사울의 제사장 학살 사건(22:6-23),

그일라 거민을 구한 다윗(23:1-5), 그일라 거민의 배반(23:6-14),

다윗과 요나단의 재회(23:15-18), 사울을 해치지 않는 다윗(24:1-22),

사무엘의 죽음(25:1), 미련한 나발과 지혜로운 아비가일(25:2-44),

추적하는 사울과 사울을 살려 준 다윗(26:1-16),

다윗의 충고와 사울의 회개(26:17-25), 블레셋으로 피신한 다윗(27:1-12),

신접한 여인을 찾는 사울(28:3-14), 사무엘의 영과 사울의 만남(28:15-25),

위기를 벗어난 다윗(29:1-11),

다윗의 성읍을 약탈하는 아말렉과 이를 공격하는 다윗(30:1-30),

사울을 장사하는 길르앗 야베스의 거민(31:7-13).

4. 사무엘상 해석의 키워드

★언약궤의 귀환과 그 의미(6:1-21 참고)

블레셋은 언약궤를 전리품으로 여기고 이를 빼앗아 갔다. 이에 대해 하나
님은 블레셋을 향해 재앙을 내리신다. 거듭되는 재앙을 통해 저들은 하나님은

기억할 말씀

1. 삼상 12:20-25
'사무엘이 백성에게 이르되 두려워하
지 말라 너희가 과연 이 모든 악을 행
하였으나 여호와를 따르는 데에서 돌
아서지 말고 오직 너희의 마음을 다하
여 여호와를 섬기라 돌아서서 유익하
게도 못하며 구원하지도 못하는 헛된
것을 따르지 말라 그들은 헛되니라 여
호와께서는 너희를 자기 백성으로 삼
으신 것을 기뻐하셨으므로 여호와께서
는 그의 크신 이름을 위해서라도 자기
백성을 버리지 아니하실 것이요 나는
너희를 위하여 기도하기를 쉬는 죄를
여호와 앞에 결단코 범하지 아니하고
선하고 의로운 길을 너희에게 가르칠
것인즉 너희는 여호와께서 너희를 위
하여 행하신 그 큰일을 생각하여 오직
그를 경외하며 너희의 마음을 다하여
진실히 섬기라 만일 너희가 여전히 악
을 행하면 너희와 너희 왕이 다 멸망
하리라'

2. 삼상 17:47
'또 여호와의 구원하심이 칼과 창에
있지 아니함을 이 무리에게 알게 하리
라 전쟁은 여호와께 속한 것인즉 그가
너희를 우리 손에 넘기시리라'

온 우주를 다스리는 분이심을 알게 되었고, 결국 언약궤를 이스라엘에 돌려보내기로 결의하였다. 하나님 앞에서 속죄하는 마음으로 속건 제물도 드렸다 (5:6-6:9). 비록 이스라엘의 범죄로 인해 블레셋에게 언약궤를 빼앗겼지만, 하나님께서는 하나님의 임재를 상징하는 언약궤를 이방인들의 손아래 있음을 허락하지 않으셨다(7개월 동안 이방인들에게 있었음). 하나님의 놀라운 능력에 의해 결국 언약궤는 이스라엘 영내로 다시 돌아온다. 하나님의 언약궤가 귀환한 것은 무엇을 의미하는가?

1) 하나님은 당신의 영광을 결코 빼앗기지 않으시고 스스로 보호하신다 (5:3-5).

2) 하나님 앞에서 온갖 우상들은 다 무력한 존재임을 입증하였다(5:3-5).

3) 하나님은 언약궤를 빼앗아 간 대적자들을 심판하셨다(5:9-12).

4) 하나님의 구속의 역사는 인간의 뜻과 지혜를 넘어서서 하나님의 뜻하심대로 역사 안에서 계속해서 진행된다(6:10-21).

★사무엘의 세 직분에 대해

사무엘은 어머니의 기도로 출생했고, 젖을 뗀 이후 하나님 앞에 드려졌다 (1:10-11, 19-28). 유년 시절에 이미 하나님의 소명을 받았던(3장) 사무엘은 혼돈스러운 사사 시대에서 왕정 시대로 넘어가는 시기에 제사장(엘리 다음의 제사장 2:35), 선지자(모세 이후 첫 예언자, 대하 35:18 행 3:24, 당시 백성들에게 여호와의 선지자로 인식, 삼상 3:19-21), 사사(사사시대 마지막 사사로 하나님의 말씀으로 다스렸다, 삼상 7:15-17)로서 세 직분을 감당한 위대한 이스라엘의 지도자였다(예수 그리스도는 선지자, 제사장, 왕의 세 직분을 수행).

그러나 자신의 아들들을 이스라엘 사사로 삼는 일로 인하여 생애에 큰 오점을 남겼다. 사무엘의 아들들은 아버지와 달리 뇌물을 취하고 판결을 굽게 하는 등 사사로서의 역할을 수행하지 못했다(8:1-3). 이에 실망한 이스라엘 백성들과 장로들은 '모든 나라와 같이 우리에게 왕을 세워 우리를 다스리게 하소서' 라고 요청하면서 왕정 시대를 예고하였다(8:5).

★사울 왕이 드린 제사의 문제점과 사무엘의 저주(13:8-15)

사무엘(선지자/제사장)의 지시(10:8)를 어기고, 사울 왕은 사무엘의 도착을 기다리지 못하고 자신이 직접 하나님께 번제를 드린다. 제사장만이 드릴 수 있는 제사를 왕이 마음대로 제사를 드린 것이다. 이는 제사를 받으실 하나님의 주권을 무시하고 제사를 통해 자신이 누릴 축복만을 추구하는 이기적인 행위이다. 이는 하나님의 다스림과 인도하심을 무시하고 인간적인 조급한 마음으로 행해진 형식만의 제사요, 율법에도 어긋난 제사였다. 사무엘은 사울 왕의 행위에 대해 강한 어조로 책망한다. 왕이 망령되이 행하였으며, 이로 인해 왕의 나라가 길지 못할 것이라고 저주하였다. 사무엘의 저주대로 사울 왕의 다스림은 자신의 시대로 끝났다.

★사울 왕의 범죄(불순종)

사울은 이스라엘의 초대 왕으로 세움을 받았지만 하나님의 말씀을 불순종함으로 말미암아 버림받는 처참한 신세가 되고 만다. 그는 재물욕, 명예욕, 권력욕이 발동하여 결국 우상을 숭배하는 타락한 삶을 살게 된다.

1) 제사장을 기다리지 않고 스스로 제사 드리는 사울 왕(13:8-15)
2) 아말렉을 멸절시키지 않은 불순종(15:1-9)
3) 다윗을 죽이려고 계속해서 추격하는 사울 왕(18:10-12, 19:5, 9, 10)
4) 제사장 아히멜렉을 죽이는 죄(22:11-19)
5) 신접한 자를 불러들인 죄(28:7-25)

★하나님이 부리신 악령

하나님이 직접 악령(사탄을 가리킨다)을 명하사 사울을 괴롭혔다는 의미가 아니라 하나님의 묵인에 의해 악령의 활동이 용인되었다는 것이다(욥 1:12). 사울이 이처럼 사탄의 지배 아래 놓인 것은 하나님으로부터 버림받은 증거이기도 하다. 악령으로 인해 번뇌하는 사울(16:14-15)을 위해 수금을 잘 타는 소년 다윗이 등장한다. 사울은 다윗을 크게 사랑하였으며 자신의 무기를 드는 자로 삼았다. 다윗의 연주에 사울은 회복되었고 악령은 떠나갔다. 그러나 이

기억할 말씀

욥 1:12
여호와께서 사탄에게 이르시되 내가 그의 소유물을 다 네 손에 맡기노라 다만 그의 몸에는 네 손을 대지 말지니라 사탄이 곧 여호와 앞에서 물러가니라

창 1:2
땅이 혼돈하고 공허하며 흑암이 깊음
위에 있고 하나님의 영은 수면 위에
운행하시니라

사 4:4
이는 주께서 심판하는 영과 소멸하는
영으로 시온의 딸들의 더러움을 씻기
시며 예루살렘의 피를 그 중에서 청결
하게 하실 때가 됨이라

롬 8:26
이와 같이 성령도 우리의 연약함을 도
우시나니 우리는 마땅히 기도할 바를
알지 못하나 오직 성령이 말할 수 없
는 탄식으로 우리를 위하여 친히 간구
하시느니라

엡 1:13
그 안에서 너희도 진리의 말씀 곧 너
희의 구원의 복음을 듣고 그 안에서
또한 믿어 약속의 성령으로 인치심을
받았으니

고전 12:8-11
어떤 사람에게는 성령으로 말미암아
지혜의 말씀을, 어떤 사람에게는 같은
성령을 따라 지식의 말씀을, 다른 사
람에게는 같은 성령으로 믿음을, 어떤
사람에게는 한 성령으로 병 고치는 은
사를, 어떤 사람에게는 능력 행함을,
어떤 사람에게는 예언함을, 어떤 사람
에게는 영들 분별함을, 다른 사람에게
는 각종 방언 말함을, 어떤 사람에게
는 방언들 통역함을 주시나니 이 모든
일은 같은 한 성령이 행하사 그의 뜻
대로 각 사람에게 나누어 주시는 것이
니라

악령은 힘 있게 다시 나타난다(18:10). 처음 나타났을 때 사울은 번뇌하였음
에 비해 두 번째 나타난 악령으로 인해 사울은 다윗을 죽이려고 창을 던지고
점점 더 심한 두려움에 빠진다(18:12, 15, 29). 결국 사울은 요나단과 그의 모
든 신하들에게 다윗을 죽이라고까지 말하는 상황에 이르고 만다(19:1). 악령
의 역사가 사울의 생애를 계속해서 다스려 나갔다.

★**사울의 회개를 받으시지 않는 하나님**(삼상 15:10-35)

1) 자신의 죄를 인정하지 않고 백성들을 탓하면서 변명하였다(15:10-23).
백성들이 하나님께 제사하려고 가장 좋은 것을 취했다고 사울은 주장하였다.

2) 자신의 체면을 유지하기 위해 선지자 사무엘의 옷을 붙잡고 매달렸다.
그는 하나님 앞에 진정으로 회개하는 태도를 취하지 않고 죄악에 대한 하나님
의 심판만을 두려워하였다. 범죄 이후 하나님 앞에서 자복하며 회개함으로 하
나님의 은혜를 입은 다윗과 대조적이다(15:24-35).

★**구약시대의 성령의 역사하심**(삼상 16:14)

구약시대에 나타난 성령의 역사는 일시적인 임재(삼상 10:10, 삿 3:9-10,
시 51:11)로 나타났다. 하나님의 일방적인 선택하심으로 왕 혹은 선지자와 같
은 특별한 인물들에게 임재했다(단 4:8). 이에 비해 신약시대의 성령의 임재와
역사하심은 모든 성도들에게(고전 12:3) 일어났다. 성령은 영원토록 함께 하
신다(요 14:16). 이러한 성령의 사역을 신구약 전체를 통해 살펴보면,

• 창조사역에 성부, 성자, 성령이 함께 하셨다(창 1:2).
• 제사장 직분을 맡은 아론에게 지혜를 주심(출 28:3).
• 부정함을 깨끗하게 하신다(사 4:4).
• 권능(능력)을 부어 주심으로 땅 끝까지 복음을 증거하게 한다(행 1:8).
• 진리를 깨달아 알게 하신다(요 8:32).
• 성도의 기도를 도우신다(롬 8:26).
• 새로운 생명을 부여하신다(롬 8:2).
• 거듭나게 하신다(요 3:6).

- 예수 그리스도를 영화롭게 하신다(요 16:14).
- 성령으로 인을 치신다(엡 1:13).
- 예수를 증거하게 하신다(요 15:27).
- 예수를 믿는 성도 각 사람에게 성령의 은사를 주신다(고전 12:8-11).
- 신앙의 열매를 맺게 하신다(갈 5:22-23).

기억할 말씀

갈 5:22-23
오직 성령의 열매는 사랑과 희락과 화평과 오래 참음과 자비와 양선과 충성과 온유와 절제니 이같은 것을 금지할 법이 없느니라

★사울의 아들 요나단의 신앙과 삶

그는 사울 왕의 아들이었지만 아버지가 추적하여 죽이려던 다윗을 사랑하였다. 혈통을 초월한 신앙적인 인품의 소유자였다.

1) 하나님을 믿는 신실한 신앙으로 대적을 두려워하지 않았다(14:1-15).

2) 의로운 자를 자신의 생명같이 사랑하였다(18:1-5).

3) 불의를 미워하였다(19:1-6, 20:30-34).

4) 혈통보다 하나님의 뜻을 더 중시하는 신앙인이었다(20:12-17).

★다윗의 도피 행로

놉(21:1-9) → 가드(21:10-15) → 아둘람 굴(22:1-5) → 그일라(23:1-13) → 십 광야(23:14-23) → 엔게디 요새(23:29-24:22) → 갈멜(25장) → 하길라(26장)→ 시글락(블레셋 성읍 27-30장)

다윗은 자신을 죽이려고 뒤 쫓는 사울의 위협 속에서 10여 년 동안 도망자의 삶을 살았다. 다윗은 오랜 세월 여기 저기 옮겨 다니면서 고난의 삶을 살았다. 왕이 되기 이전 하나님께서 연단의 과정을 겪게 하셨다. 사울이 어느 날 갑자기 기름부음을 받고 왕이 된 것과 대조적이다.

★다윗의 관용의 태도(엔게디 동굴 24:1-15, 하길라 산의 길 가 26:1-12)

다윗은 사울을 죽일 수 있는 상황이었지만 살려 주는 관용의 태도를 보여준다.

1) **권위에 순종하는 태도**: 여호와의 기름부음 받은 자를 치는 것은 하나님께서 금하시는 것이기에 사울을 죽일 수 없다고 분명하게 밝힌다(24:6, 10,

기억할 말씀

롬 12:21
악에게 지지 말고 선으로 악을 이기라

26:9-11). 이처럼 다윗은 하나님께서 기름부음 받은 자를 사람이 함부로 칠 수 없다고 두 번에 걸쳐 동일한 태도를 취한다.

2) **다윗의 신앙적인 태도:** 다윗은 자신이 사울을 해할 의사가 전혀 없음을 밝히고(24:8-12), 피해의식에 사로잡혀 다윗을 죽이려는 사울의 처사가 하나님 앞에 어리석은 죄임을 지적하였다(24:13-15). 다윗은 악에게 지지 않고 선으로 악을 이기는(롬 12:21) 신앙의 모범을 실천한 인물이다. 이는 하나님이 재판장이심을 알고 하나님께서 자신을 구해 주신다는 믿음이 있었기에 가능하였다.

★아비가일과 다윗(25:18-42)

나발의 어리석음(다윗과 그의 부하들이 도움을 요청하자 이를 거부한다)에 대해 아내 아비가일은 허물을 용서해 달라고 간청한다. 그녀는 예물을 준비하여 다윗이 나발에게 보복함으로 무죄한 피를 흘리지 않도록 요청한다. 아비가일의 지혜로 말미암아 다윗은 친히 복수하지 않게 되었다고 하나님을 찬송하며 아비가일을 칭찬하고 있다. 아비가일의 지혜로운 권고로 다윗은 무력 충돌의 위기 상황에서 벗어나게 된 것이다. 사사로운 감정에 치우쳐 자신이 직접 보복하였다면 이스라엘 백성들에게 그 위상이 크게 손상되는 결과를 낳을 수도 있었다. 감정에 의한 복수를 택하지 않고 아비가일의 간청을 수용하였다. 하나님이 나발을 치시매 그가 죽자 다윗은 그녀를 아내로 삼았다(25:39-42).

★다윗의 신앙과 인격(30:1-25)

1) 아말렉 사람들로 인해 성은 불탔고, 아내와 자녀들이 사로잡힌 상황에서 백성들은 슬퍼하며 다윗을 돌로 치려고 몰아 세웠다. 이러한 위기 속에서 다윗은 하나님만을 의지하면서 힘과 용기를 얻었다(30:3-6).

2) 다윗은 아말렉과 전쟁을 치루기 전, 먼저 하나님께 묻고 그 대답에 순종하여 아말렉을 공격하였다(30:7-8). 그는 하나님의 음성을 듣고 행동으로 나아갔다.

기억할 말씀

삼상 30:3-6
다윗과 그의 사람들이 성읍에 이르러 본즉 성읍이 불탔고 자기들의 아내와 자녀들이 사로잡혔는지라 다윗과 그와 함께 한 백성이 울 기력이 없도록 소리를 높여 울었더라 (다윗의 두 아내 이스르엘 여인 아히노암과 갈멜 사람 나발의 아내였던 아비가일도 사로잡혔더라) 백성들이 자녀들 때문에 마음이 슬퍼서 다윗을 돌로 치자 하니 다윗이 크게 다급하였으나 그의 하나님 여호와를 힘입고 용기를 얻었더라

3) 전투의 승리가 자신들의 힘으로 이루어진 결과라고 말하는 자들을 향해 다윗은 여호와 하나님께서 승리하게 하셨음을 밝히고 있다. 이러한 다윗의 신앙은 전쟁에 참여한 자나 참여하지 않은 자나 관계없이 모든 백성들에게 전리품을 공정하게 분배하는 태도를 취하게 하였다(30:22-25).

● 사무엘하

1. 사무엘하를 어떻게 읽을 것인가

사울 왕가의 몰락 이후 이스라엘의 명실상부한 지도자로 다윗은 왕국의 통일을 향해 전진해 나간다. 헤브론에서 7년 6개월, 그 이후 예루살렘에서 33년 도합 40년의 치리 기간 동안 다윗의 왕좌는 영광과 수치가 교차된다.

전반부에서 사울의 죽음 이후 다윗은 온갖 난관과 반대 세력들을 극복하고 수도 예루살렘에 법궤를 모셔 오며, 주변 국가들을 정복하여 영토를 확장한다. 그러나 후반에 이르러 다윗은 죄악 속에 빠져 들고 만다(밧세바 사건, 인구조사 등).

1-20장에는 연대기 순으로 다윗의 일대기를 기록하고 있다.

21-24장에는 연대와 관계없이 다윗의 치세 기간 동안 있었던 몇몇 사건들과 다윗의 하나님 찬양의 시, 다윗의 유언과 불의한 인구조사에 대해 기록하였다. 사무엘하에서 가장 중요한 부분은 7장의 다윗 언약이다. 선지자 나단을 통해 하나님은 말씀하셨다(7:1-17).

다윗은 하나님의 은혜로 평생 동안 축복의 삶을 누렸지만, 한편으로는 누구보다도 많은 고난과 아픔을 경험하였다. 자신의 범죄와 불순종의 결과였다. 그는 자신의 죄악에 대해 하나님 앞에서 즉각적으로 회개하며 하나님께 화목의 제사를 드렸다. 또한 다윗은 평생을 구원의 하나님을 찬양했다(22장).

다윗의 회개의 기도를 들으시고 하나님은 이스라엘에 내린 재앙을 중단하시는 장면으로 본서는 끝난다(24:25). 승승장구하던 왕 다윗의 통치는 죄로 인해 물거품이 되는 듯하지만, 다윗의 회개를 통해 구속의 역사는 계속 이어져 나간다. 하나님은 회개를 기뻐 받으시며 회개하기까지 기다리시는 분이심을 다윗의 생애를 통해 일깨워준다. 잃어버린 한 영혼이 돌아오는 것을 기뻐하시는 하나님의 사랑은 오늘도 우리에게 회개를 촉구하고 있다.

기억할 말씀

삼하 7:14-16
나는 그에게 아버지가 되고 그는 내게 아들이 되리니 그가 만일 죄를 범하면 내가 사람의 매와 인생의 채찍으로 징계하려니와 …… 네 집과 네 나라가 내 앞에서 영원히 보전되고 네 왕위가 영원히 견고하리라 하셨다 하라

삼하 22:2-3
여호와는 나의 반석이시요 나의 요새시요 나를 위하여 나를 건지시는 자시요 내가 피할 나의 반석의 하나님이시요 나의 방패시요 나의 구원의 뿔이시요 나의 높은 망대시요 그에게 피할 나의 피난처시요 나의 구원자시라 나를 폭력에서 구원하셨도다

사무엘상은 사울 왕과 세 아들들의 죽음으로 끝을 맺는다. 뒤이어 사무엘하는 사울 왕가의 몰락 이후 등장하는 다윗의 시대를 기록하고 있다. '사무엘상하' 전체를 통해서 이스라엘 역사상 가장 위대한 왕 다윗의 왕국도 인간의 죄성으로 인해 실패하는 아픔을 겪지만 하나님은 심판의 와중에서도 다윗의 생애를 끝까지 인도하신다. 이 세상의 왕으로부터는 완전한 평안과 행복을 얻을 수 없고, 오직 다윗의 후손으로 오실 왕이신 메시야 예수 그리스도가 세우실 나라만이 영원히 우리를 평강과 공의의 나라로 인도하심을 본서는 교훈하고 있다. 다윗의 생애를 통해 우리에게 이 세상의 왕은 영원한 왕이 될 수 없으며, 오직 영원한 왕은 메시야 이신 예수 그리스도이심을 다시금 확인시켜 준다.

2. 저자 · 기록연대 · 기록동기

사무엘상하는 원래 한 권의 책으로 편집되었다. 상권은 사사 시대에서 왕정 시대로 전환되는 시대에 사사요 선지자였던 사무엘, 초대 왕 사울과 다윗의 도피 생활에 대해 기록하고 있다. 하권은 다윗의 통일 왕국이 하나님의 다스림 안에서 신정왕국으로서 틀을 잡고 성장하는 과정을 기록하고 있다. 또한 이스라엘의 영웅 다윗의 성공이 자신의 지혜와 수고로 이루어진 것이 아니라, 하나님을 향한 신앙에 기인함을 분명하게 밝히고 있다. 위대한 지도자 다윗 왕 역시 인간의 죄성으로 타락하는 시기도 있었음을 알려 주는 역사를 기록하고 있다(11:2-17).

3. 사무엘하의 파노라마

주제	다윗의 신앙과 통치				다윗의 범죄와 시련
내용 구분	1:1	6:1	8:1	11:1	24:25
	왕 다윗	돌아온 법궤	정복자 다윗		다윗의 죄악 (간음/ 살인/ 가정파탄 등)
문체	다윗 왕의 일생을 사건별로 기록한 역사서				
장소	헤브론	가나안 전역			예루살렘
기간	7년6개월	33년(BC 1003-970)			

1) 다윗의 순종(성공적인 신앙과 통치, 1-10장)

사울의 죽음과 다윗의 애통(1:11-16),

다윗의 활의 노래-사울과 요나단을 위한 애가(1:17-27),

다윗의 유다왕 즉위(2:1-7), 이스라엘의 내전, 사울가와 다윗가(2:8-32),

다윗 왕가의 번성(3:1-5), 사울가의 분열(3:6-11),

다윗 왕가로 전향한 아브넬과 그의 죽음(3:12-39),

사울가의 몰락(4:1-12), 통일 왕국의 왕 다윗과 예루살렘 천도(5:1-12),

블레셋을 정복한 다윗(5:17-25), 하나님의 언약궤(6:1-23),

선지자 나단의 계시와 다윗 언약(7:1-17), 다윗의 감사기도(7:18-29),

다윗의 영토 확장(8:1-14), 다윗의 통치 원리(8:15-18),

사울가에 대한 다윗의 배려(9:1-13), 암몬과 아람과의 전쟁(10:1-19).

2) 다윗의 범죄와 시련(11-20장)

다윗의 범죄와 음모(11:1-27), 나단 선지자의 책망(12:1-15),

하나님의 징계(12:15-23), 솔로몬의 출생과 다윗의 회복(12:24-31),

암논의 범죄-다말(13:1-14), 암논과 압살롬(13:15-39),

압살롬의 귀환(14:1-33), 압살롬의 반역음모와 반란(15:1-12),

다윗의 도피(15:13-23), 언약궤를 돌려보내는 다윗(15:24-29),

애통하는 다윗(15:30-37), 다윗을 영접한 시바와 저주한 시므이(16:1-14),

압살롬의 죄악과 아히도벨(16:15-23), 후새와 아히도벨의 모략(17:1-14),
다윗을 피신시킨 후새(17:15-23), 다윗을 추적하는 압살롬(17:24-29),
다윗의 반격(18:1-8), 압살롬의 죽음(18:9-18), 반란군 토벌(18:19-33),
다윗의 슬픔(19:1-7), 다윗의 예루살렘 귀환(19:8-15),
다윗의 관용(19:16-23), 사울의 손자 므비보셋(19:24-30),
바르실래의 겸손한 태도(19:31-39), 이스라엘의 내분(19:40-43),
세바의 반역과 진압(20:1-22), 요압의 재등용(20:23-26).

3) 다윗의 통치에 대한 평가(21-24장)

삼 년의 기근 사건(21:1-14), 블레셋과의 전쟁과 용사들(21:15-22),
다윗의 하나님 찬양시(22:1-51), 다윗의 최후 고백(23:1-7),
다윗의 용사들 6인/30인(23:8-39), 불의한 인구조사(24:1-9),
하나님의 징계(24:10-17), 다윗의 제사(24:10-25).

4. 사무엘하 해석의 키워드

★다윗의 예루살렘 천도의 의미(5:6-10)

사무엘로부터 기름 부음을 받은 지 약 15년의 세월이 흐른 뒤 다윗은 이스라엘의 장로들이 모인 가운데 기름부음을 받고 이스라엘의 왕이 되었다. BC 1010년 30세의 나이로 유다의 왕이 된 다윗은 7년 6개월 동안은 헤브론에서 유다를 다스렸고, 예루살렘에서 33년 동안 온 이스라엘과 유다를 다스렸다. 헤브론에서 예루살렘으로 수도를 옮기면서 먼저 다윗은 당시 예루살렘의 원주민으로 살고 있던 여부스 족을 축출하고 다윗 성을 건축하였다(5:2-10). 온 이스라엘의 왕으로서 다윗이 가장 먼저 시행한 업무는 수도를 헤브론에서 예루살렘으로 옮긴 것이다. 다윗의 천도는 어떤 의미를 갖고 있는지 살펴보면,

정치적 의미: 지리적으로 유다와 베냐민 지파의 중간 지대로 어느 지역으로부터도 시기 받지 않을 위치에 있다. 또한 이스라엘의 중심부에 자리 잡고

기억할 말씀

1. 삼하 7:12-16

'네 수한이 차서 네 조상들과 함께 누울 때에 내가 네 몸에서 날 네 씨를 네 뒤에 세워 그의 나라를 견고하게 하리라 그는 내 이름을 위하여 집을 건축할 것이요 나는 그의 나라 왕위를 영원히 견고하게 하리라 나는 그에게 아버지가 되고 그는 내게 아들이 되리니 그가 만일 죄를 범하면 내가 사람의 매와 인생의 채찍으로 징계하려니와 내가 네 앞에서 물러나게 한 사울에게서 내 은총을 빼앗은 것처럼 그에게서 빼앗지는 아니하리라 네 집과 네 나라가 내 앞에서 영원히 보전되고 네 왕위가 영원히 견고하리라 하셨다 하라'

기억할 말씀

1. 삼하 12:13-14

'다윗이 나단에게 이르되 내가 여호와께 죄를 범하였노라 하매 나단이 다윗에게 말되 여호와께서도 당신의 죄를 사하셨나니 당신이 죽지 아니하려니와 이 일로 말미암아 여호와의 원수가 크게 비방할 거리를 얻게 하였으니 당신이 낳은 아이가 반드시 죽으리이다 하고'

1. 삼하 22:1-51

'여호와께서 다윗을 모든 원수의 손과 사울의 손에서 구원하신 그 날에 다윗이 이 노래의 말씀으로 여호와께 아뢰어 이르되 ⋯⋯'

있음으로 전 이스라엘을 하나로 융화할 수 있다.

군사 경제적 의미: 이 지역은 기드론 시냇가로부터 물의 공급이 가장 원활하기에 수도로서 방어 요새에 알맞다. 지형상으로 유리하다는 것이다.

영적 의미: 예루살렘은 앞으로 성전을 건축할 수 있는 가장 적절한 지역이요, 장차 임할 하나님의 나라를 예표하는 영적인 지역이다(히 12:22).

★다윗 언약과 하나님의 축복(7:1-17)

블레셋을 정복하고 언약궤의 운반 작업도 마무리되면서 다윗은 하나님의 성전을 건축하겠다는 선한 계획을 가졌다. 그러나 선지자 나단을 통해 성전 건축과 왕국의 앞날에 대해 하나님의 언약을 전달받는다. 이는 다윗 개인과의 언약만이 아니라 다윗 가문과의 언약이요, 유다를 향한 궁극적인 의미에서는 예수 그리스도의 오심과 믿음의 후손들을 향한 영원한 언약이다. 이 언약의 내용과 제시한 복은 무엇인가?

1) 8절: 하나님께서 다윗을 이스라엘의 주권자로 삼으신다.

2) 9절: 하나님께서 다윗과 함께 하시며, 다윗의 이름을 위대하게 만들 것이다.

3) 11절: 모든 원수에게서 벗어나 평안을 누릴 것이라고 약속하셨다.

4) 12절: 다윗의 몸에서 태어날 자식이 왕위를 잇고 그 나라를 견고하게 하신다.

5) 13, 16절: 다윗의 자식이 하나님의 이름을 위해 집을 건축할 것이요, 그 나라의 왕위는 영원히 견고하게 할 것이다.

6) 14-15절: 하나님은 다윗 자손의 아버지가 되고 그는 아들이 되지만 죄를 범하면 사람의 매와 인생의 채찍으로 징계하실 것이다.

다윗의 가문에 대한 영원한 왕권을 보장한다는 다윗 언약은 궁극적으로 다윗 혈통에서 나실 메시야 예수 그리스도가 영원한 왕이심을 의미한다. 그러므로 다윗의 가문과 그 왕국은 영원하며(삼하 7:13-16, 대상 17:14), 그 언약은 영원히 변하지 않는다(삼하 7:16, 대상 17:14). 다윗 언약은 하나님께서 다윗 후손으로 오실 영원한 왕이신 예수의 오심을 모든 세대들을 향해 알려 주고 있다. 이는 결국 하나님의 택한 백성 이스라엘을 중심으로 계속 이어져 온 인류를 향한 구속의 역사가 다윗 언약을 통해 오늘 그리스도 안에서 영적 이스라엘 된 모든 믿음의 성도들에게 이어지고 있음을 시사하고 있다.

★다윗 왕과 이스라엘의 왕정 제도

주변 나라들은 최고 통치권자가 인간 왕이었다(왕정 정치). 그러나 이스라엘의 왕은 제사장으로부터 기름부음을 받은 후에 비로소 왕위에 즉위할 수 있으며 하나님의 법에 순종해야만 했다. 왕은 제사장 직분을 겸직할 수도 없었다.

사울 왕은 자신이 직접 제사를 드리다가 하나님의 저주를 받았다(삼상 13:8-14). 웃시야 왕도 향단에서 직접 분향하려다가 나병환자가 되었다(대하 26:16-21). 이스라엘의 왕은 절대 군주가 아니라 하나님의 법대로 백성을 다스리는 하나님의 일꾼이요 지도자였다. 신정주의 왕권이라 할 수 있다. 다윗은 일찍이 '하나님은 나의 왕'이라고 고백하였는데(시 5:2 참고), 이는 이스라엘의 진정한 왕은 하나님이심을 나타내고 있다. 다윗의 통치 원리는 공의와 정의로 통치되는 하나님의 나라를 예표하고 있다. 다윗은 자신의 아들들에게도 왕자라는 신분으로 최고 권력을 휘두르지 못하도록 대신(일꾼)으로 임명하였다(8:15-18). 이스라엘은 왕을 세우고 나라를 통치하도록 권력을 부여했지만 최고 통치권자는 여호와 하나님으로 신정주의 국가임을 다윗을 통해 알 수 있다.

★다윗의 신앙과 인격

소년 시절	도피 시절	왕이 된 이후
• 순종하는 태도(삼상 17:17-22) • 확신있는 믿음과 두려움 없는 용맹(삼상 17:34-37, 45-47)	• 자비를 베풂 (사울을 2번 살려줌) (삼상 24:1-7, 26:7-12) • 지혜로움(삼상 21:13) • 신실함(삼상 20:1-42) • 정직함(삼상 29:6) • 공평함(삼상 30:23-24)	• 의로움(삼하 8:15)과 신실함(9:6-8) • 경건함(삼하 7:18)과 온유함(16:11) • 자신의 범죄에 대해 통회자복하는 태도(삼하 12:13, 24:10)

★다윗의 아들들

장남 암논은 이복동생 압살롬의 누이동생, 다말을 겁탈하여 압살롬에 의해 죽임을 당한다(13;29). 차남 길르압은 어려서 죽은 것으로 추측된다. 셋째 아들 압살롬은 다윗의 왕위에 도전하여 반역을 일으킨다. 당시 압살롬을 따르는 자들로 인해 다윗은 짧은 기간이었지만 도피 생활을 하는 위기에 처하기도 했다(15:14). 다윗이 그토록 사랑했던 아들 압살롬은 요압에게 죽임을 당한다(18:14). 넷째 아도니아는 요압과 함께 왕위를 노렸지만 다윗은 솔로몬에게 왕위를 물려준다. 다윗이 세상을 떠난 이후 그의 마지막 첩 아비삭을 아내로 삼으려다가 아도니아는 솔로몬 왕에게 죽임을 당한다(왕상 2:24-25).

다윗의 가문은 반역자와 음행자가 속출하는 등 자녀들을 통해 끝없이 고난이 펼쳐졌다. 비극적인 일들은 이미 나단 선지자에 의해 예언되었다(12:10).

★다윗의 범죄 원인과 교훈

범죄 원인	교훈
안목의 정욕에 빠졌다(11:2-4). 자신이 저지른 죄를 은폐하고자 위선과 거짓(11:25)으로 대처했다. 하나님의 말씀을 잊어버리고 악을 행하였다. 율법이 금한 간음과 살인 죄를 저질렀다(12:9).	다윗의 범죄 행위는 또 다른 범죄를 초래하였고, 자신의 범죄가 은폐되었다고 착각하였다(11:5-27). 다윗은 자신의 죄에 대해 지적받자 변명하지 않고 즉시 죄를 고백하고 회개하였다(11:13). 다윗의 범죄는 하나님 신앙보다는 인간의 본능적인 탐욕에 빠진 결과이다. 그는 죄악으로 인해 남은 평생 동안 자녀들의 문제로 큰 아픔을 겪는데 나단 선지자는 이를 예언하였다. 다윗의 죄악은 뿌린 대로 거두었다(12:10-19).

★모세의 1차(민 1:45-46), 2차(민 26:1-51) 인구조사와
  다윗의 인구조사(삼하 24:1-9)의 차이점
● 모세의 1-2차 인구조사는 모세 스스로 한 것이 아니라 하나님의 명령에 의해 실시되었다. 1차 인구조사는 시내산에서 십계명의 말씀과 제사법을 전수받고 성막을 완성한 후 광야여정(38년)을 앞두고 이루어졌다. 20세 이상 전쟁에 참여할 수 있는 장정들을 군대로 조직화하고자 계수한 것이다.

●2차 인구조사는 광야 38년 여정이 끝날 무렵 실시되었다. 출애굽 당시 20세 이하 혹은 광야에서 태어난 20세 이상의 남자를 계수하였다. 출애굽 2세대가 가나안에 들어가 정복 전쟁을 수행하기 위해 가나안에 들어가기 전에 실시된 조사이다. 군대조직의 재편성 및 가나안 입성 이후 땅 분배를 위해서 미리 계수하였다. 2차에 걸친 모세의 인구조사는 사람의 생각과 계획에 따른 것이 아니라 가나안 땅으로 들어가기 위한 준비였고 이는 하나님의 명령으로 실시되었다.

●다윗의 인구조사는 그의 통치 말년에 실시되었는데, 이 조사를 통해 자신의 사후, 왕정에 대해 확실하게 기반을 다지고 왕위를 세습하려는 생각에서 비롯되었다. 이처럼 다윗의 인구조사는 하나님의 명령으로 계수된 것이 아니었다. 왕정제도를 하나님께서 인정하셨지만, 이스라엘은 하나님의 특별한 신정국가임을 다윗은 잊고 말았다. 그는 인간적인 생각으로 이방 나라들의 군사력과 왕위 세습에 초점을 두고 인구조사를 실시하였다. 다윗 왕의 명령으로 인구조사가 실시된 것이다. 이는 하나님께서 다윗이 범죄 하도록 충동하신 것이 아니다. 사탄이 다윗에게 인간적인 생각에 빠지도록 자극한 것을 하나님께서 허락하셨다는 의미이다(24:1, 대상 21:1, 욥이 사탄의 시험으로 고통 받도록 하나님의 허락하심을 참조하자, 욥 2:6).

다윗은 인구조사를 실시하고 이내 하나님 앞에 죄를 자복하고 회개한다. 다윗의 간구에도 불구하고 하나님의 징계가 임한다. 전염병으로 7만 명이 죽는 엄청난 재앙이 내렸다. 천사가 와서 예루살렘을 멸하려 하자 하나님은 긍휼히 여기시고 재앙을 저지하셨다. 다윗은 자신의 범죄와 악에 대해 자신과 자신의 집을 멸하시라고 기도하였고, 하나님을 위해 제단을 쌓음으로 재앙은 그쳤다(24:10-25). 다윗은 재앙을 내린 하나님 앞에서 어떤 기도를 하는가? 그는 재앙에 대해 원망하거나 불평하지 않고 백성들이 아닌 자신과 자신의 집을 치라고 하나님께 요청한다. 이것이 다윗의 위대함이다. 죄를 범하지만 범죄에 대한 대가를 철저히 수용하며, 백성들에게 내려진 징계에 대해 자신을 치라고 간청한 것이다.

5. 더 깊은 연구와 삶의 적용

1. 사무엘상하를 읽으면서 나는 어떤 하나님을 경험하였는가?

2. 신구약 성경에서 기도를 통해 얻은 아들들을 살펴보자.

   이삭(창 15:2-3), 에서와 야곱(창 25:21-26), 요셉(창 30:22-24), 사무엘
   (삼상 1:9-28), 세례 요한(눅 1:13).

3. 언약궤는 무엇을 상징하는가?(삼상 4:1-22) 이스라엘 백성들은 언약궤를
   앞세워서 승리를 얻었다(광야에서 인도받음; 민 10:33, 미디안 대파; 민
   31:1-20, 요단강 건너감; 수 4:1-18, 여리고성 함락; 수 6:1-21 참고). 그
   런데 삼상 4장 1-22절에서는 언약궤를 앞세웠지만 왜 승리를 얻지 못했
   는지 알아보자.

4. 후회하시지 않는 하나님(민 23:19)께서 후회하신 사건에 대해 살펴보자(삼
   상 15:11)

   본문에서 후회라는 의미는 인간의 죄악에 대해 슬퍼하시는 하나님의
   심정을 표현한 것이다(I am grieved that I have made Saul king
   because he has turned away from me and has not carried out my
   instructions.)

5. 나단 선지자가 다윗의 범죄를 책망했을 때 다윗은 어떤 태도를 취하는
   가?(삼하 12:7-23)

   범죄한 다윗에게 나단 선지자는 비유로 말씀을 전하면서 다윗을 책망하고
   그의 죄를 깨닫게 한다. 나단은 비유를 통해 마비된 다윗의 양심을 일깨운

다. 7–8절에서 하나님께서 왕으로 세운 자가 부린 과욕을, 9절에서 하나님의 말씀을 업신여김을, 10절에서 밧세바를 간음한 것과 우리아를 살해한 일을 지적하였다. 다윗의 죄에 대한 징계가 무섭게 임할 것임을 예고하였다. 칼이 다윗의 집을 영원히 떠나지 않을 것이요(10절), 다윗의 아내들이 백주에 다른 남자들과 동침할 것이라는 저주(11–12절)를 예언하였다.

다윗의 태도는 '내가 하나님께 죄를 범하였다'고 인정한다. 다윗은 그 어떤 변명도 하지 않고 나단의 지적을 수용한다. 죄로 인해 다윗의 아이가 죽을 것이라고 하자 다윗은 금식하며 밤새 기도하였다. 이레 만에 아이가 죽자 다윗은 몸을 씻고 기름을 바르고 의복을 갈아입고 여호와의 전에 들어가 경배하였다. 다윗은 간음과 살인을 저지른 자로 죽음의 처벌을 받아 마땅하지만 하나님께서 긍휼과 자비를 베푸셨다. 이는 다윗과 맺은 언약과 진실한 회개의 기도에 기인한다(삼상 7:11–12, 시 51:1–2).

6. 다윗의 생애에서 최대의 실수는 어떤 사건인가? 본문을 다시 읽고 묵상하는 시간을 갖자(삼하 11장 밧세바 사건, 삼하 24:1–9 인구조사).

7. 압살롬을 잃은 아버지 다윗의 태도는 어떤가?(삼하 18:32–19:7)

비록 자신을 대적한 아들이지만 아버지 다윗은 전쟁의 승패를 묻기 전에 아들의 안부부터 물었다. 아들의 죽음을 보고받은 다윗은 '내가 너를 대신하여 죽었다면' 하면서 비통해 한다. 얼굴을 가리고 큰 소리로 '내 아들 압살롬아'라고 울부짖는 다윗의 모습에서 왕의 모습은 찾아 볼 수 없다. 불의한 아들이지만 그의 죽음을 애통해 하는 아버지의 심정은 범죄한 인간을 향한 하나님의 마음이다(히 12:5–13).

8. 사무엘하 22장은 다윗이 하나님을 찬양한 시이다. 이어서 23장의 첫 부분 (1–7절)은 다윗 최후의 고백시이다. 이 두 시를 비교해 보자.

기억할 말씀

삼하 11:27
그 장례를 마치매 다윗이 사람을 보내 그를 왕궁으로 데려오니 그가 그의 아내가 되어 그에게 아들을 낳으니라 다윗이 행한 그 일이 여호와 보시기에 악하였더라

삼하 24:1
여호와께서 다시 이스라엘을 향하여 진노하사 그들을 치시려고 다윗을 격동시키사 가서 이스라엘과 유다의 인구를 조사하라 하신지라

22장에서 다윗은 자신의 생애에서 수많은 승리를 이루게 하신 하나님을 향해 구원의 방패요, 원수들을 대적하신 구원의 하나님을 찬양하였다. 특별히 다윗의 자손 메시야를 통해 영원한 구원을 베푸실 하나님을 찬양하며 선포하고 있다(22:51).

23장에서는 인생의 흥망성쇠를 경험한 다윗이 자신의 생애 말엽에 이르러 미래에 완성될 메시야 왕국을 대망하며 노래하고 있다(23:1-7).

메시야 오심을 기다리는 다윗의 찬양시에서 오늘 우리의 기도와 찬양의 내용을 살펴보자. 삶 속에서 일어나는 수많은 현실을 놓고 우리는 기도한다. 우리의 기도가 과연 얼마만큼 다시 오실 예수 그리스도를 고대하면서 찬양하며 기도하는지 우리를 돌아보는 시간을 갖자.

제10과

열왕기상하

1·2 King

남유다 / 북이스라엘 왕국의 연대표

남유다 왕국의 왕 (통치기간 / 관련성경)		남왕국 선지자	북왕국 선지자	북이스라엘 왕국의 왕 (통치기간 / 관련성경)	
1. 르호보암 (17년) BC 930-913	: 남북이 두 왕국으로 분열 / 자신을 지지하던 젊은 층들의 의견만 수렴 왕상12:1~14:31 / 대하10:1~12:16	스마야	아히야	1. 여로보암 1세(22년) BC 930-910	: 북 이스라엘의 창시자/ 금송아지 둘을 만들어 단과 벧엘에 두었다/ 왕상11:26~14:20/대하9:29~13:22
2. 아비얌 (3년) BC 913-910	: 아비야 라고도 함/ 남북 왕국 분열이후 계속 양국 전쟁 왕상15:1~8 / 대하13:1~22			2. 나 답 (2년) BC 910-908	: 바아사의 모반으로 죽임 당함 (여로보암의 아들). 왕상15:25~28
3. 아사 (41년) BC 910-872	: 우상 숭배한 어머니를 폐위/ 일평생 하나님 앞에 온전/ 우상 제거한 왕/ 즉위35년까지 전쟁 없이 평안을 누림/ 아람왕과 동맹을 맺고 아람왕을 의지하고 하나님을 의지하지 않음 왕상15:9~24 / 대하14:1~16:14			3. 바아사 (24년) BC 908-886	: 남왕국(아사)과 일생 전쟁이 있음 왕상15:27~16:7 / 대하6:1~6
				4. 엘 라 (2년) BC 886-885	: 술에 취해 시므리의 모반으로 살해 됨 왕상16:8~10
				5. 시므리 (7일) BC 885	: 즉위 7일만에 오므리에게 왕위를 빼앗김 왕상16:10~20
			엘리야	6. 오므리 (12년) BC 885-874	: 사마리아를 세운 북 왕국의 악한 왕 왕상16:16~27
4. 여호사밧 (25년) BC 873-848	: 유다 왕국을 부흥시켰고, 아합왕(북왕국)과 평화관계 유지 왕상22:41~50 / 대하17:1~20:37			7. 아 합 (22년) BC 874-853	: 북 왕국에서 가장 악한 왕 (시돈의 이세벨과 결혼) 왕상16:28~22:40 / 대하18:1~34
5. 여호람 (8년) BC 848-841	: 요람이라고도 함/ 아합의 딸 아달랴와 결혼함으로 하나님 보시기에 악을 행함/ 왕하8:16~24/대하21:1~20	오바댜		8. 아하시야 (2년) BC 853-852	: 바알을 섬기다 병으로 죽은 왕 (아합과 이세벨의 장남) 왕상22:40~왕하1:18 / 대하20:30~37
6. 아하시야 (1년) BC 841	: 북 왕국 예후에게 죽임당한 왕 왕하8:25, 9:27 / 대하 22:1~9		엘리사	9. 요람 (12년 여호람) BC 852-841	: 바알은 물리쳤으나 다른 우상들을 숭배한 왕/ 예후에게 죽임 당함(아합과 이세벨의 막내아들). 왕하3:10,9:14 / 대하22:5~7

남 유대 왕국 (좌측)

7. 아달랴 (6년) BC 841-835 : 아하시야의 어머니로 아들이 죽자 왕권 탈취 왕하8:18, 11:1 / 대하 22:1~23:21

8. 요아스 (40년) BC 835-796 : 성전보수하고 우상 제거/말년에는 우상 숭배로 돌아섬/ 신복들에게 살해 당함 왕하11:1~12:21 / 대하22:10~24:27

9. 아마샤 (29년) BC 796-767 : 부왕을 죽인 신복들은 죽였으나 자녀들은 죽이지 않았다/하나님 보시기에 정직하였으나 산당 제사드림 왕하14:1~14 / 대하25:1~28

10. 웃시야 (52년) BC 792-740 : 스스로 분향 하려다가 문둥병에 걸린 왕 공식적인 이름은 웃시야이고 가족들은 아사랴란 이름으로 불렀다. 왕하15:1~7 / 대하26:1~23

11. 요 담 (16년) BC 750-733 : 암몬을 정복한 왕 왕하15:32~38 / 대하27:1~9

12. 아하스 (16년) BC 743-725 : 우상을 숭배하여 자녀를 불사른 포악한 왕 왕하16:1~20 / 대하28:1~27

13. 히스기야 (29년) BC 725-697 : 성전복구하고 유월절을 준수한 왕. 우상 제거 왕하18:1~21 / 대하29:1~32:33

14. 므낫세 (55년) BC 697-642 : 남북 왕국의 왕들 중 가장 오랜 기간 치리한 왕 / 산당을 다시 세우고 바알, 아세라 목상 만들고 일월성신을 숭배 / 무죄한자의 피를 많이 흘림 / 하나님의 징계를 받아 앗수르에 사로잡혀 감 왕하21:~1~18 / 대하33:1~20

15. 아 몬 (2년) BC 642-640 : 신복들이 반역하여 살해당함 왕하21:19~23 / 대하33:21~25

16. 요시야 (31년) BC 640-609 : 율법책을 발견하고 유월절 제사를 회복시킴, 신앙의 대 개혁을 일으킨 왕 왕하22:1~23:30 / 대하34:1~35:27

17. 여호아하스 (3개월) BC 609 : 애굽의 느고에게 사로 잡혀 폐위당한 왕, 요시야의 넷째 아들, 왕하23:31~33 / 대하36:1~4

18. 여호야김 (11년) BC 609-598 : 바벨론에 포로가 된 왕. 요시야의 둘째 아들 왕하23:34~24:5 / 대하36:5~7 **(바벨론 1차 포로)**

19. 여호야긴 (3개월) BC 598-597 : 여호야김의 아들로 바벨론의 포로가 된 왕 왕하24:6~16 / 대하6:8~10 **(바벨론 2차 포로)**

20. 시드기야 (11년) BC 597-586 : 두 눈이 뽑히고 아들은 죽임당함 / 바벨론에 잡혀간 왕. 요시야의 셋째 아들. **(바벨론 3차 포로)** 왕하24:17~25:7 / 대하36:11~21

BC 586 남 유대 왕국 멸망 (바벨론 에게)

선지자 (중앙)

요엘

이사야 / 미가

나훔

스바냐

예레미야

하박국

에스겔 / 다니엘

엘리사

요나

아모스

호세아

북 이스라엘 왕국 (우측)

10. 예 후 (28년) BC 841-814 : 아합의 가문과 바알 숭배자들을 다 죽인 왕/금송아지는 그대로 둠/ 왕하9:1~10:36 / 대하22:7~12

11. 여호아하스(16년) BC 814-798 : 아람왕의 학대로 하나님께 기도하여 응답 받은 왕 왕하13:1~9

12. 요아스 (16년) BC 798-782 : 여호아하스와 동일하게 여로보암의 길을 따른 왕 왕하9:1~10:36 / 대하25:17~24

13. 여로보암 2세 (41년) BC 793-753 : 북 왕국을 정치,군사적으로 부흥하게 만든 왕/ 북 왕국의 왕들 중 가장 오랫동안 치리함. 왕하 14:16~29

14. 스가랴 (6개월) BC 753 : 왕이 된지 6개월만에 살룸에게 죽임 당함(예후의 4대손) 왕하14:29, 15:8~12

15. 살 룸(1개월) BC 752 : 왕이 된지 1개월 만에 므나헴에게 죽임 당함 왕하15:13

16. 므나헴 (10년) BC 752-742 : 앗수르 왕에게 은 일천 달란트를 바치고 나라를 지키려고 한 왕. 왕하15:17~20

17. 브가히야 (2년) BC 742-740 : 베가의 반역으로 죽임 당함 왕하 15:22~26

18. 베 가 (8년) BC 740-732 : 호세아의 반역으로 죽임 당함 왕하15:27~31 / 대하28:5~8

19. 호세아 (9년) BC 732-722 : 앗수르에 조공을 바치다가 이를 배반하면서 앗수르에 멸망당함. 왕하17:1~41

BC 722 북 이스라엘 왕국 멸망 (앗수르 에게)

> **참조**
>
> **16. 요시야(31년) / BC 640~609**
> 바알, 아세라, 하늘의 일월성신을 위해 만든 모든 기명을 불사름/
> 유다 열왕들이 세운 단들을 다 헐고 아스다롯과 암몬 자손의 밀곰 세운 것도 다 철거함/ 북 이스라엘에 있던 벧엘 제단도 훼파시킴/
> 모세의 모든 율법을 온전히 준행한 전무후무한 왕

〈여로보암 1세 → 나답〉→ 〈바아사 → 엘라〉→
〈시므리〉→ 〈오므리왕조 : 오므리 → 아합 → 아하시야 →
여로함〉→ 〈예후왕조 : 예후 → 여호아하스 → 요아스 →
여로보암 2세 → 스가랴〉→ 〈살룸〉→
〈므나헴 → 브가히야〉→ 〈베가〉→ 〈호세아〉

*북 왕국은 왕조가 계속 이어지지 못했다.
〈 〉은 동일한 왕조를 나타냄.

• 선지자들의 활동

시대	왕국 분열 BC 930	북왕국 멸망 BC 722	남왕국 멸망 BC 586	포로 시대 (70년)	포로귀환 시대 (520-430)
북왕국	아모스/호세아				
남왕국		이사야/ 미가/요엘	예레미야/ 스바냐	에스겔/ 다니엘	학개/스가랴/ 말라기
이방	요나/나훔(니느웨)/오바댜(에돔)/하박국(바벨론)				

사무엘상하는 사울과 다윗 시대까지 이스라엘 왕정시대의 형성기의 역사를 다루고 있다. 이에 비해 열왕기상은 역사적으로 BC 970-840년, 열왕기하는 BC 840-586년에 해당되는 솔로몬 왕국과 그 이후 분열 왕국의 시대를 왕조별로 다루고 있다. 도합 400여년의 역사이다.

북왕국의 초대 왕 여로보암은 집권하자마자 두 금송아지를 만들고 하나는 벧엘에 다른 하나는 단에 두어 숭배하게 하였다(왕상 13:27-33). 이렇게 시작된 왕국이 어떻게 평탄하게 왕위를 이어 나갈 수 있었겠는가! 계속되는 우상 숭배는 아합 왕에 이르러 절정에 이르렀다. 저들의 우상숭배로 인해 결국 북왕국은 앗수르에게 멸망당하고 말았다. 솔로몬의 통일왕국(BC 970-BC930) 시대 이스라엘 주위에는 내세울만한 강대국이 없다가 앗수르가 갑자기 세력을 키워 나가면서 북이스라엘 왕국을 정복한 것이다(BC 722).

남유다 역시 한 손에는 하나님 신앙을, 다른 한 손에는 우상을 섬기는 과오를 저지르고 말았다. 아하스와 므낫세 시대에 이르러 자신의 아들을 우상의 제물로 바치는 죄악으로 말미암아 하나님의 분노는 극에 달했다(왕하 21:5-16, 24:3). 북왕국이 멸망하고 앗수르의 주위에는 신흥 왕국 바벨론이 등장하였다. 갈그미스 전투에서 승리한 바벨론은 3차에 걸쳐 남유다 왕국을 침공하였고, 유대인들을 포로로 잡아갔다. 성전을 불태웠고 많은 성전 기물을 빼앗아 갔다. 공의의 하나님은 세 번에 걸쳐 바벨론 포로로 잡혀 가는 심판을 내리신 것이다. 결국 BC 586년 유다 왕국은 바벨론에 멸망당하고 만다. 북이스라엘과 남유다가 처참하게 멸망한 것은 정치, 경제적인 쇠퇴로 인한 것이 아니라 우상 숭배로 인한 하나님의 심판이었음을 열왕기서는 집중적으로 부각시

주요 사건 연대표

BC 1050-1010 사울의 기름부음, 통치, 죽음 40년 통치
BC 1040-970 다윗의 출생과 기름부음, 40년 통치(7년 6개월: 헤브론/ 33년: 통일왕국의 수도: 예루살렘), 죽음
BC 1003 다윗의 예루살렘 성 정복
BC 991 다윗과 밧세바 사건
BC 990 솔로몬 출생
BC 979 압살롬 반역
BC 973 다윗의 인구조사와 대재난
BC 970 다윗의 죽음과 솔로몬 등극 40년 통치
BC 966 솔로몬의 성전 기공/완공 (법궤의 성전 안치, BC 959)
BC 959 왕궁 기공/완공(BC 946)
BC 930 솔로몬의 죽음과 분열왕국
BC 930 르호보암(남유다)과 여로보암(북이스라엘 왕국)
BC 875 엘리사의 사역 시작
BC 875-853 아합왕의 즉위와 죽음
BC 722 북 이스라엘 왕국 앗수르에 멸망(BC 930-722)
BC 612 앗수르 왕국 멸망
BC 640 요시야 왕 즉위와 힐기야의 율법책 발견
BC 605 갈그미스 전투/ 바벨론 1차 포로
BC 597 바벨론 2차 포로
BC 586 남유다 왕국 멸망(바벨론 3차 포로)

왕하 25:27-30
유다의 왕 여호야긴이 사로잡혀 간 지
삼십칠 년 곧 바벨론의 왕 에윌므로닥
이 즉위한 원년 십이월 그 달 이십칠
일에 유다의 왕 여호야긴을 옥에서 내
놓아 그 머리를 들게 하고 그에게 좋
게 말하고 그의 지위를 바벨론에 그와
함께 있는 모든 왕의 지위보다 높이고
그 죄수의 의복을 벗게 하고 그의 일
평생에 항상 왕의 앞에서 양식을 먹게
하였고 그가 쓸 것은 날마다 왕에게서
받는 양이 있어서 종신토록 끊이지 아
니하였더라

키고 있다.

그러므로 본서는 남북왕국의 단순한 역사적인 기록서라기보다는 하나님을 경배하며 섬기지 않는 불신앙에 대해 하나님은 어떻게 심판하셨는가, 그리고 심판 가운데서 어떻게 저들을 구원하시는가라는 구속사의 관점에서 기록하였다. BC 597년 2차 바벨론 침공 때 유다 왕 여호야긴은 예루살렘의 모든 백성, 방백들과 용사들과 함께 바벨론에 잡혀 갔다. 사로잡혀 간지 37년 만에 (BC 560) 왕은 바벨론 왕 에윌므로닥 원년에 옥에서 풀려나고 명예를 회복하면서 열왕기는 끝난다. 이렇게 남유다 왕국의 역사는 멸망의 역사로 끝나지 않고 회복의 조짐을 구체적으로 보여 주고 있다(왕하 25:27-30). 세속의 그 어떤 역사에서도 찾아 볼 수 없는 일이 일어난 것이다. 정복자가 피정복국의 왕에게 관용을 베풀고 종신토록 왕의 대접을 받도록 배려하는 놀라운 일이 일어났다!

1. 열왕기상을 어떻게 읽을 것인가

다윗의 후계자요 통일왕국의 마지막 왕 솔로몬의 행적에서 시작하여 유다 왕 여호사밧과 이스라엘 왕 아하시야의 통치에 이르기까지 약 130년의 역사를 기술하고 있다(BC 970-840년).

전반부에서는 성전 건축과 성전 예배를 중심으로 이루어지는 신정정치를 부각시키고 있다. 솔로몬은 왕이 된지 4년 후 먼저 성전을 건축하여 7년 만에 하나님께 봉헌하며, 자신의 궁을 13년 동안 건축하는 등 재산과 지혜가 세계의 어떤 왕 보다도 뛰어난 자였다. 그러나 솔로몬은 이방의 많은 여인들을 사랑하여 그들의 신들, 즉 아스다롯을 좇고 암몬의 밀곰과 모압의 그모스를 섬기는 등 하나님 앞에 온전치 못한 불순종의 삶을 살게 된다. 이렇게 이방 신을 좇는 솔로몬의 타락상은 왕국이 분열되는 큰 아픔의 역사를 낳게 하였다. 통일 왕국의 분열(BC 930)은 국력의 쇠퇴로 인한 것이 아니라 우상숭배로 인해 초래되었음을 집중적으로 기술하고 있다.

결국 솔로몬의 죽음 이후 여로보암의 북왕국과 르호보암의 남왕국으로 분리되었다. 여로보암은 두 금송아지를 만들면서 하나님 앞에서 큰 죄악을 저질렀고, 하나님은 선지자들을 통해 멸망의 메시지를 주셨다. 열왕기상의 마지막 부분은 북왕국의 아합 왕과 엘리야 선지자에 대한 기록이다. 아합은 모든 사람 보다 여호와 보시기에 악한 왕이었다. 그러나 기도의 사람 엘리야를 통해 하나님은 갈멜산에서 바알의 선지자들을 죽게 하시고 삼년 반의 기근을 멈추시고 비를 내리게 하셨다. 북왕국의 불순종과 사악함의 역사 속에서도 하나님의 사람을 통한 구원의 역사를 펼쳐 가면서 열왕기 상을 마무리하고 있다.

1-11장은 통일 왕국의 번성과 솔로몬의 타락상이 펼쳐지고,

12-22장은 왕국의 분열과 북왕국의 죄악상에 대해 기록하고 있다.

2. 저자 · 기록연대 · 기록동기

저자와 기록연대: 유대의 전승 탈무드에 의하면 열왕기서의 저자는 예레미야이다. 그러나 여호야긴 왕이 바벨론의 감옥에서 풀려났다는 기록을 보면(왕하 25:27-30), 이 사건 이전에 죽은 예레미야의 저술이라고 보기는 어렵다. '솔로몬의 행장' '이스라엘 왕 역대지략' 혹은 '유다 왕 역대지략' 등 열왕기서에는 여러 자료들을 참조하여 기록했음을 표현한 단어들이 나온다. 그러므로 여러 저자들에 의해서 기록되고 편집된 것으로 추정된다. 기록연대는 바벨론 포로 귀환(BC 538)에 대한 언급이 없어서 포로귀환 이전에 기록된 것이 확실하다(BC 560-538년 사이).

기록동기: BC 586년 유다가 멸망하고 난 후 이스라엘 백성들은 3차에 걸쳐 바벨론에 포로로 잡혀 간다. 느부갓네살에 의해 포로가 된 여호야긴(왕하 24:15)은 37년 만에 바벨론 왕 에윌므로닥의 즉위 원년에 신분이 회복된다(왕하 25:27-30). 열왕기는 여기까지 기록하고 있는데, 이스라엘 백성들에게 민족의 몰락이 선조들의 우상 숭배와 타락한 삶에 대해 하나님의 심판이었음을 상기시켜 주고자 기록되었다. 그들의 조상이 섬겼던 이방의 헛된 우상들을 버

1. 왕상 3:3-15
'솔로몬이 여호와를 사랑하고 그의 아버지 다윗의 법도를 행하였으나 산당에서 제사하며 분향하더라 …… 누가 주의 이 많은 백성을 재판할 수 있사오리이까 듣는 마음을 종에게 주사 주의 백성을 재판하여 선악을 분별하게 하옵소서 솔로몬이 이것을 구하매 그 말씀이 주의 마음에 든지라 …… 내가 또 네가 구하지 아니한 부귀와 영광도 네게 주노니 네 평생에 왕들 중에 너와 같은 자가 없을 것이라 ……'

2. 왕상 11:4-11
'솔로몬의 나이가 많을 때에 그의 여인들이 그의 마음을 돌려 다른 신들을 따르게 하였으므로 왕의 마음이 그의 아버지 다윗의 마음과 같지 아니하여 그의 하나님 여호와 앞에 온전하지 못하였으니 …… 솔로몬이 마음을 돌려 이스라엘의 하나님 여호와를 떠나므로 …… 내가 반드시 이 나라를 네게서 빼앗아 네 신하에게 주리라'

리고, 역사를 주관하시고 인도하시는 하나님을 경배하도록 저자는 남북왕국의 멸망의 역사를 기록하고 있다. 또한 역대기가 남유다 왕국을 중점적으로 기록된데 비해 열왕기는 남북왕국 타락과 멸망과정을 객관적으로 상세하게 설명하고 있다. 그러나 선민 이스라엘 민족의 멸망의 역사를 통해 저자는 비록 옛 왕국은 몰락했으나 하나님의 구속의 역사는 이스라엘의 멸망으로 끝나지 않고 언약에 신실하신 하나님께서 회복시키신다는 확신을 포로기 시대의 이스라엘 백성들에게, 그리고 오늘날의 우리 모두에게 심어주고 있다. 이에 대한 내용은 열왕기하에 나타나 있다(왕하 24:9-17, 25:27-30 참조).

3. 열왕기상의 파노라마

주제	통일왕국의 번성과 타락			왕국의 분열과 죄악			
내용 분석	1:1	3:1	9:1	12:1	15:1	16:29	22:53
	왕위에 오른 솔로몬	솔로몬의 영광	솔로몬의 타락	남북분열 왕국	열왕의 통치	아합과 엘리야	
문제	열왕들의 사적을 기록한 역사						
장소	예 루 살 렘			세 겜	사마리아, 예루살렘		
기간	40년(BC 970-930)			90년(BC 930-840)			

1) 솔로몬의 등극과 영화(1-11장)
노쇠한 다윗과 아도니야(1:1-10), 나단의 지혜(1:11-31),

솔로몬의 왕위 즉위(1:32-48), 아도니야의 도피(1:49-53),

다윗의 유언과 죽음(2:1-12), 아도니야의 죽음(2:13-25),

요압과 시므이의 죽음(2:28-46), 솔로몬의 실수와 기도(3:1-15),

솔로몬의 지혜로운 심판(3:16-28), 솔로몬이 받은 축복(4:20-34),

성전 건축 준비와 건축(5:1-6, 6:1-38), 궁전 건축(7:1-12),

성전 기구들 제작(7:13-51), 지성소 언약궤 안치(8:1-11),

성전 봉헌 기념시(8:12-21), 솔로몬의 찬양과 기도(8:22-53),

백성을 향한 축복 기도(8:54-61), 성전 봉헌식과 장막절(8:62-66),
하나님의 응답하심(9:1-9), 스바 여왕과 솔로몬(10:1-13),
솔로몬의 부와 영화(10:14-29), 솔로몬의 범죄와 하나님의 경고(11:1-13),
여로보암의 등장과 솔로몬의 죽음(11:26-43).

2) 왕국의 분열과 열왕의 통치(12-22장)

르호보암의 죄악(12:1-24), 여로보암의 죄악-금송아지 사건(12:25-33),
하나님의 심판에 대한 예언 말씀-요시야 왕(13:1-10),
늙은 선지자의 죽음(13:11-32), 여로보암의 완고함과 멸망(13:33-14:20),
르호보암의 범죄(14:21-31), 유다 왕 아비얌의 통치(15:1-8),
유다 왕 아사의 통치(15:9-24), 이스라엘 왕 나답의 통치(15:25-31),
이스라엘 왕 바아사의 통치(15:32-16:7),
이스라엘 왕 엘라와 시므리(16:8-14),
유다 왕 시므리의 반란와 오므리의 통치(16:15-28),
오므리 아들 아합의 죄악(16:29-34), 엘리야의 예언-가뭄(17:1-7),
엘리야와 사르밧 과부(17:8-24), 엘리야와 오바댜, 아합과의 만남(18:1-19),
갈멜산 상의 대결-엘리야의 승리(18:20-40), 다시 내린 비(18:41-46),
엘리야의 도피(19:1-7), 하나님의 위로하심(19:8-21),
엘리사의 등장(19:19-21), 벤하닷의 사마리아 공격(20:1-12),
이스라엘의 승리(20:13-30), 아합의 교만(20:31-43),
아합의 탐욕과 나봇의 포도원(21:1-16),
엘리야의 예언(아합의 멸망)과 아합의 회개(21:17-29),
아합과 유다왕 여호사밧의 동맹(22:1-4), 참선지자 미가야의 예언(22:5-28),
예언의 성취(22:29-40), 유다 왕 여호사밧의 통치(22:41-50),
아합의 아들 이스라엘 왕 아하시야의 통치(22:51-53).

기억할 말씀

1. 왕상 12:28-33
'이에 계획하고 두 금송아지를 만들고 무리에게 말하기를 너희가 다시는 예루살렘에 올라갈 것이 없도다 이스라엘아 이는 너희를 애굽 땅에서 인도하여 올린 너희의 신들이라 하고 하나는 벧엘에 두고 하나는 단에 두지라 이 일이 죄가 되었으니 이는 백성들이 단까지 가서 그 하나에게 경배함이더라 ……'

4. 열왕기상 해석의 키워드

★북이스라엘 왕국과 남유다 왕국이 섬겼던 우상들

남북 왕국들이 섬긴 우상들은 가나안 토착민들이 섬긴 우상들이었다. 가나안 신의 계보에 의하면, 엘신과 아세라 여신 사이에 태어난 아들이 바알이다. 바알은 엘을 계승하여 비와 땅의 풍요를 주관하는 농경신이 되었다. 아세라는 엘의 아내로 가정을 주관하는 신이다. 아세라는 바알 단 앞에 목상으로 세워졌다. 바알의 여동생이요 아내인 아낫 여신은 성을 주관하는 여신으로 그에게 바쳐지는 남성을 미동이라고 했다(왕상 14:24, 15:12, 22:46, 왕하 23:26). 아스다롯은 다산과 쾌락의 신으로 시돈 사람들로부터 숭배 받았다. 그래서 시돈 사람의 가증한 아스다롯이라고 했다. 이 모든 우상들의 특징은 호색과 탐심이다. 우상을 섬김은 호색하는 자와 탐심하는 자가 되도록 유혹한다.

★솔로몬의 범죄

1) 하나님께서 솔로몬에게 지혜 뿐만 아니라 부귀영화를 주시겠다고 약속하셨다. 그는 모든 것을 가지고 누린 자였다(3:11-13). 상아와 금으로 보좌를 만들고, 금방패를 이백개나 만드는 등 사치가 극에 달했다. 왕의 허영심과 사치스런 생활로 백성들은 무거운 멍에와 고역을 당하게 되었다(10:16-18, 22, 12:4).

2) 천하가 다 그의 지혜를 듣고자 온갖 보물을 가지고 왔다(10:24-25). 솔로몬은 자신도 모르는 사이에 교만한 마음이 들면서 기마대를 조직한다. 왕 된 자가 말을 많이 두지 말라(신 17:16)는 하나님의 명령에 불순종하였다.

3) 솔로몬은 외교적 성과를 위해 애굽(당시 근동 지역의 최강국) 왕의 딸과 결혼한다(3:1). 그 이후에도 후궁 칠백과 첩 삼백 등 수많은 여인들을(11:1-3) 아내로 삼았는데, 저들 중 많은 수가 이방여인들이었다. 율법은 이방인과의 통혼을 엄격히 금하였다(출 34:1, 신 7:3). 이방 여인들에게 그들의 이방신을 섬길 수 있도록 허용되었고 결국 우상들을 위해 산당을 짓고 솔로몬 자신도 우상을 숭배하는 결과를 초래하였다. 한편으로는 하나님을, 다른 한편으로는 우상을 섬기는 종교 혼합주의에 빠지고 말았다(11:4-8).

★왕국의 분열 원인(왕상 11:1-40)

하나님께서 솔로몬의 죄악으로 인해(1-11) '이 나라를 네게서 빼앗아 네 신하에게 주리라' 는 심판의 예언이 성취되었다(26-40). 원래 여로보암은 솔로몬의 신임을 받아 밀로성을 건축하는 감독자로 선정되었다(27-28). 또한 실로 사람 선지자 아히야는 여로보암에게 자신이 입은 새 옷을 열두 조각으로 찢어 그 중 열 조각을 취하라고 하면서 솔로몬의 손에서 열 지파를 주며, 솔로몬에게는 이스라엘의 모든 지파들 중에서 한 지파(유다와 베냐민 지파을 하나로 통틀어 지칭)를 준다고 예언하였다(29-32). 그 이유는 솔로몬이 하나님을 버리고 시돈 사람의 여신 아스다롯과 모압의 신 그모스와 암몬 자손의 신 밀곰을 숭배하며 하나님 보시기에 법도와 율례를 따르지 않았기 때문이다(33).

솔로몬이 다윗 언약(삼하 7:1-11)을 지키지 않았지만 하나님께서 다윗의 왕조를 완전히 멸망시키지 않았다. 영원히 세우신다는 약속을 성취시키려고 왕국은 멸망하지 않고 남유다와 북이스라엘로 분열되었다(34-40).

★르호보암과 여로보암의 죄악(12:6-33, 14:15-24))

＊르호보암: 노신하들의 온건한 정책을 버리고 젊은 신하들의 강경책을 따랐다. 그의 결정은 백성을 생각하기 보다는 권력에 집착하는 왕의 모습을 드러냈고, 하나님을 바라보기 보다는 사사로운 생각에 사로잡혀 있었음을 나타냈다. 결과적으로 르호보암은 아버지 솔로몬보다 더 무거운 멍에를 안겨 줄 뿐만 아니라 전갈 채찍으로 징계하겠다는 더욱 혹독한 통치를 선포하였다(12:6-15). 뿐만 아니라 르호보암은 산 위에, 모든 푸른 나무 아래에 산당과 우상과 아세라 목상을 세웠으며 백성 가운데 남색하는 자들이 있는 등 하나님 앞에 가증한 일들이 펼쳐졌다(14:21-24).

＊여로보암: 금송아지 둘을 만들어 하나는 벧엘에, 또 하나는 단에 두어 백성들에게 금송아지를 숭배하며 제사를 드리게 했다. 또한 성회로 모이는 절기를 임의로 변경하였고 산당을 짓고 레위 자손이 아닌 일반 사람들로 제사장을 삼았다(12:25-33). 결국 선지자 아히야를 통해 받은 말씀처럼 여로보암의 집에는 하나님의 재앙(아들의 죽음)이 임한다(14:6-16).

기억할 말씀

왕상 11:1-13

솔로몬 왕이 바로의 딸 외에 이방의 많은 여인을 사랑하였으니 곧 모압과 암몬과 에돔과 시돈과 헷 여인이라 여호와께서 일찍이 이 여러 백성에 대하여 이스라엘 자손에게 말씀하시기를 너희는 그들과 서로 통혼하지 말며 그들도 너희와 서로 통혼하게 하지 말라 그들이 반드시 너희의 마음을 돌려 그들의 신들을 따르게 하리라 하셨으나 솔로몬이 그들을 사랑하였더라 왕은 후궁이 칠백 명이요 첩이 삼백 명이라 그의 여인들이 왕의 마음을 돌아서게 하였더라 솔로몬의 나이가 많을 때에 그의 여인들이 그의 마음을 돌려 다른 신들을 따르게 하였으므로 왕의 마음이 그의 아버지 다윗의 마음과 같이 아니하여 그의 하나님 여호와 앞에 온전하지 못하였으니 이는 시돈 사람의 여신 아스다롯을 따르고 암몬 사람의 가증한 밀곰을 따름이라 솔로몬이 여호와의 눈앞에서 악을 행하여 그의 아버지 다윗이 여호와를 온전히 따름 같이 따르지 아니하고 모압의 가증한 그모스를 위하여 예루살렘 앞 산에 산당을 지었고 또 암몬 자손의 가증한 몰록을 위하여 그와 같이 하였으며 그가 또 그의 이방 여인들을 위하여 다 그와 같이 한지라 그들이 자기의 신들에게 분향하며 제사하였더라 솔로몬이 마음을 돌려 이스라엘의 하나님 여호와를 떠나므로 여호와께서 그에게 진노하시니라 여호와께서 일찍이 두 번이나 그에게 나타나시고 이 일에 대하여 명령하사 다른 신을 따르지 말라 하셨으나 그가 여호와의 명령을 지키지 않았으므로 여호와께서 솔로몬에게 말씀하시되 네게 이러한 일이 있었고 또 네가 내 언약과 내가 네게 명령한 법도를 지키지 아니하였으니 내가 반드시 이 나라를 네게서 빼앗아 네 신하에게 주리라 그러나 네 아버지 다윗을 위하여 네 세대에는 이 일을 행하지 아니하고 네 아들의 손에서 빼앗으려니와 오직 내가 이 나라를 다 빼앗지 아니하고 내 종 다윗과 내가 택한 예루살렘을 위하여 한 지파를 네 아들에게 주리라 하셨더라

대하 19:1-3
유다 왕 여호사밧이 평안히 예루살렘에 돌아와서 그의 궁으로 들어가니라 하나니의 아들 선견자 예후가 나가서 여호사밧 왕을 맞아 이르되 왕이 악한 자를 돕고 여호와를 미워하는 자들을 사랑하는 것이 옳으니이까 그러므로 여호와께로부터 진노하심이 왕에게 임하리이다 그러나 왕에게 선한 일도 있으니 이는 왕이 아세라 목상들을 이 땅에서 없애고 마음을 기울여 하나님을 찾음이니이다 하였더라

★아합의 회개(21:27-29)

엘리야 선지자를 통해 아합과 이세벨은 나봇의 포도원을 빼앗은 죄로 인해 하나님의 저주의 말씀을 받는다(21:17-26). 아합은 말씀을 듣고 옷을 찢고 굵은 베로 몸을 동이고 금식하며 회개한다. 그의 회개를 들으시고 하나님은 아들의 때에 재앙을 내리시겠다고 심판을 연기하신다. 그의 회개는 온전한 회개라고 할 수 있는가? 그의 삶에서 회개에 합당한 열매를 맺지 못했다. 그는 22장에서 아람과의 전쟁을 통해 또 다시 범죄하였다. 이는 일시적인 회개였기 때문이다. 말씀의 씨앗이 길가에, 돌밭에, 가시떨기에 뿌려졌을 때 결실을 기대할 수가 없다(마 13:19-23).

★아합과 여호사밧의 동맹관계가 주는 교훈(22:1-36)

1) 아합은 아내 이세벨의 충동을 받아 여호와 보시기에 악을 행한 왕이었다(21:25-26). 여호사밧은 여호와 보시기에 정직히 행한 자였다(21:43-44).

2) 아합은 여호사밧과의 동맹을 통해 아람과의 3차 전쟁을 도발하였다. 여호사밧은 북왕국과 화평의 관계가 이어지기를 원했다(22:44).

3) 아합은 여호와의 말씀을 진실하게 전하는 선지자 미가야의 충고는 받아들이지 않고 거짓 선지자들의 충고를 받아들였다(22:5-28).

이스라엘 왕 아합과 유다 왕 여호사밧은 신앙의 자세부터 근본적으로 서로 다른 인물이다. 저들이 비록 동맹 관계를 맺고 전쟁에 임하지만 결국 아합 왕은 전쟁터에서 죽고 여호사밧 역시 전쟁에 임하기 전 하나님의 뜻을 묻지 않는 불신앙적인 태도로 인해 결국 동맹관계 속에서도 승리하지 못했다. 전혀 신앙적인 관점이 다른 두 왕의 동맹은 한 편은 죽음으로, 다른 한 편은 하나님께 순종하지 않는 자와 동맹을 맺은 것에 대해 선지자 예후로부터 책망을 받는다(대하 19:2). 신약에 와서 바울 사도는 불신자와 함께 하지 말 것을 충고하였다(고후 6:14-18).

★선지자 엘리야와 엘리사(북이스라엘 왕국)의 사역

엘리야		엘리사
• 하나님은 우상숭배를 용납하지 않으신다. (가뭄의 재앙, 왕상 17:1-16) • 하나님은 유일하신 신적 존재 (갈멜산에서 바알신에 승리, 왕상 18:1-40) • 하나님의 주권과 기도의 위력 (가뭄 뒤 큰 비를 허락, 왕상 18:41-46)	영 적 교 훈	• 하나님은 훈련된 자를 부르신다(엘리야가 찾아와서 부름. 왕상 19:19-21) • 선지자 조롱하는 자에 대한 심판(엘리사를 조롱한 자들의 죽음, 왕하 2:23-24) • 하나님의 긍휼과 사랑(빈그릇에 기름을 채워주고 수넴 여인의 아들사건, 나아만 장군의 병 고침, 도끼 사건, 왕하 4:1-7, 17-37, 5:8-14, 6:1-7) • 하나님의 예언은 성취된다(사마리아의 회복, 왕하 7:1-2).
• 아합의 종교 정책(바알 숭배하여 사당을 만들고, 아세라 목상 세우고, 바알과 아세라 선지자 850명을 둠)에 대항하였고, 아합에게 하나님의 징계를 예언(가뭄). • 숨어 지내는 동안 사르밧 과부의 집에서 지냄(그녀는 엘리야의 말씀에 순종하였고 죽었던 아들이 일어나는 등 기적의 사역 등을 이루어 나갔다. • 3년후 갈멜산에서 바알선지자 450명과 대결하여 승리(18:19-39). • 이세벨을 피해 로뎀나무에서 천사의 위로, 하나님의 음성 들음(19:5-12). • 예후를 이스라엘 왕으로 예언, 엘리사에게 기름부음(19:15-16). • 아하시야가 죽을 것을 예언(왕하 1:3-4). (BC 875-848 동안 사역)	사 역	• 엘리야가 겉옷을 던지자 그를 영접하고 좇았고(19:19-21), 하나님께 엘리야 보다 갑절의 영감을 구하는 기도를 드렸고 이를 응답받았다(왕하 2:9-15). • 50여 년 동안 수많은 기적과 예언을 통해 선지자의 사역을 담당하였다. • 기름병이 넘치는 축복(왕하 4:1-7) • 아들을 얻은 수넴 여인(왕하 4:8-37) • 독을 해독한 이적(왕하 4:38-41) • 보리떡 이십 개의 이적(왕하 4:42-44) • 나아만의 나병을 고침(왕하 5:1-19) • 모압왕의 전쟁에 대해 승리예언(3:11-27) • 아람왕 벤하닷의 죽음예언(8:7-15), • 아합에게 임할 하나님 심판예언(9:1-10:28). • 요아스가 아람을 쳐서 이길 것 예언(13:14-19). (BC 848-797 동안 사역)

★엘리야(하나님은 여호와이시다)

북왕국에서 활동한 선지자(아합왕 시대). 회오리 바람으로 죽지 않고 승천한 위대한 선지자(왕하 2:1-11). 길르앗의 디셉 사람으로 그의 가문에 대한 언급은 없다(왕상 17:1). 그의 모습은 털이 많고 허리에 가죽 띠를 띠었다(왕하 1:8).

★엘리사(하나님은 구원이시다)

북왕국에서 활동한 선지자(여호람. 예후, 여호아하스, 요아스왕 시대). 엘리야의 후계자(19:16, 21). 요단 강가 아벨므흘라 사람 사밧의 아들(왕상 19:16).

• 시대적인 배경: 북이스라엘 왕국은 가나안의 우상들(바알)을 숭배하며, 금송아지 둘을 만들어 제사를 드리는 여로보암의 죄악이 왕조가 바뀌는 과정 속에서도 계속 이어졌다. 아합왕의 시대에 하나님은 북왕국을 멸망시키지 않으시고 하나님의 선지자(엘리야와 엘리사)를 보내시고 회개의 기회를 주셨다. 그러나 북왕국의 왕들은 선지자들의 놀라운 기적과 말씀의 역사를 외면한 채, 여로보암의 길을 따르는 죄악 속에서 헤어나지 못했다. 엘리야와 엘리사를 통해 하나님은 어떤 역사를 일으키셨는가? 특별히 엘리야의 뒤를 이은 엘리사는 엘리야 보다 갑절의 영감을 구하는 기도를 드리는데, 하나님께서 순순히 응답하셔서 엘리사는 사역 현장에서 실제로 엘리야 보다 훨씬 많은 이적의 사건을 일으켰다.

★세례 요한과 그의 예표자 엘리야

1) 외모: 광야의 삶(털옷과 가죽 띠를 한 모습, 왕하 1:3, 8, 마 3:1-4)
2) 선포하는 말씀: 회개하고 하나님께 돌아오라(왕상 18:21, 마 3:7-12)
3) 사역에서: 심판과 회개를 강조한 삶(말 4:5-6, 마 11:10, 14)
엘리야와 신약 시대의 세례 요한은 이처럼 유사한 부분이 많았다.

●열왕기하

1. 열왕기하를 어떻게 읽을 것인가

상권에서는 솔로몬의 통일 왕국과 분열왕국 초기 시대의 역사를 기술하고, 하권에서는 남북 분열왕국의 후기역사와 멸망하기까지 250 여년의 역사(BC 840-586)를 다루고 있다. 솔로몬의 성전 건축으로 화려하게 시작되는 열왕기 상과는 대조적으로 하권은 북왕국의 패역함에도 선지자 엘리야를 통해서 회개를 촉구하시는 하나님의 긍휼하심으로 시작된다. 엘리야와 엘리사 등 하나님께서 보내신 선지자들의 거듭되는 권고와 심판 선언에도 불구하고 우상숭배와 불의를 자행함으로 타락한 이스라엘과 유다왕국의 몰락 과정을 열왕기하는 자세하게 설명하고 있다. 특별히 북왕국은 타락 이후에도 하나님의 심판이 곧 펼쳐지지 않자 방심하여 계속해서 악을 행하다가 앗수르 제국에게 멸망당했다(BC 722).

유다왕국 역시 죄의 악순환 속에서 마지막 왕 시드기야는 목전에서 아들의 죽음을 겪으며 두 눈이 뽑히고 사슬로 결박당한 모습으로 바벨론에 잡혀간다. 이 얼마나 처참한 최후인가!(BC 586)

이렇게 이스라엘과 유다의 역사는 끝나는가? 하나님의 역사는 우리의 상상을 초월하여 진행되어 갔다. 바벨론 포로로 잡혀간 유다의 왕 여호야긴의 지위가 회복됨으로 예레미야의 예언(렘 29:10)이 성취될 것을 미리 알려 주고 있다(25:27-30). 더 나아가 하나님의 구속의 역사가 유다왕국의 멸망으로 끝나지 않고 있음을 암시하고 있다. 신실하신 하나님께서 결국 이스라엘 백성을 회복시키신다는 확신을 안겨 주면서 하권을 마무리하고 있다. 여호야긴의 회복은 곧 이스라엘의 회복을 예고한 것이다!

'유다의 왕 여호야긴이 사로잡혀 간 지 삼십칠 년 곧 바벨론의 왕 에월므로닥이 즉위한 원년 십이월 그 달 이십칠일에 유다의 왕 여호야긴을 옥에서 내놓아 그 머리를 들게 하고 그에게 좋게 말하고 그의 지위를 바벨론에 그와 함께 있는 모든 왕의 지위보다 높이고'(25:27-28)

2. 열왕기하의 파노라마

주제	북왕국의 죄악과 멸망			남유다 왕국의 멸망		
내용 분석	1:1　　　9:1	17:1	18:1	22:1	25:30	5:30
	열왕의 통치	이스라엘 멸망	히스기야 통치	열왕의 통치	유다의 멸망	성전파괴
문제	남북왕국의 타락과 멸망을 기록한 역사서					
장소	이스라엘, 유다		이스라엘 앗수르	유 다	유다, 바벨론	
기간	131년(BC 853-722)			155년(BC 715-560)		

1) 이스라엘 왕국:(1-17장)

아하시야의 우상 숭배(1:1-4), 엘리야의 경고(1:5-18),

엘리야의 사역과 승천(2:1-11), 엘리야의 후계자 엘리사의 사역(2:12-25),

여호람(북왕국)과 여호사밧(3:1-12), 엘리사를 방문한 여호람(3:13-20),

과부에 행한 엘리사의 기적(4:1-7), 수넴 여인과 엘리사(4:8-37),

길갈에서 행한 엘리사의 두 기적(4:38-44), 나병환자 나아만(5:1-19),

나병에 걸린 게하시(5:20-27), 도끼를 떠오르게 한 이적(6:1-6),

엘리사의 불말과 불병거(6:15-23), 재앙이 내린 사마리아 성(6:24-33),

엘리사의 예언(사마리아 회복)과 사마리아 성 구원(7:3-20),

수넴 여인의 회복(8:1-6), 하사엘과 엘리사(8:7-15),

유다 왕 여호람의 통치(8:16-24), 유다 왕 아하시야의 통치(8:25-29),

예후의 반란(9:1-16), 요람의 죽음(9:17-26), 아하시야의 죽음(9:27-29),

이세벨의 최후(9:30-37), 아합 아들 70인의 죽음(10:1-14),

여호나답과 예후(10:5-17), 예후의 종교개혁과 금송아지 숭배(10:18-31),

하사엘의 이스라엘 침입(10:32-36), 살아남은 요아스(11:1-3),

제사장 여호야다의 혁명(11:4-16),

왕이 된 요아스와 그의 통치(11:17-12:21),

북왕국 여호아하스의 통치(13:1-9), 북왕국 요아스의 통치(13:10-13),

엘리사의 죽음과 예언(13:14-25), 유다 왕 아마샤의 통치(14:1-7),

요아스와 아마샤의 전쟁(14:8-22), 여로보암 2세의 번영과 행악(14:23-29),

유다 왕 아사랴의 통치(15:1-7), 예후 왕가의 멸망(15:8-12),

북왕국의 네 왕(15:13-31), 유다 왕 요담의 통치(15:32-38),

유다 왕 아하스의 통치(16:1-4),

아람과 이스라엘 연합군의 유다 침공(16:5-9),

아하스의 배교 행위(16:10-20), 북왕국의 마지막 왕 호세아(17:1-6),

북왕국의 멸망 원인(17:7-18), 유다 왕국에 대한 경고(17:19-23),

사마리아의 인종과 종교 혼합(17:24-33), 사마리아의 이방인들(17:34-41).

2) 유다 왕국(18-25장)

히스기야의 개혁(18:1-12), 앗수르의 1차 침공(18:13-16),

2차 침공(18:17-25), 랍사게의 유혹(18:26-37),

랍사게에 대한 이사야의 예언(19:1-7),

히스기야의 기도와 하나님의 응답하심(19:14-34),

산헤립의 최후(19:35-37), 히스기야의 병과 치유(20:1-11),

이사야의 유다 멸망 예언(20:16-21), 유다 왕 므낫세의 악행(21:1-9),

예루살렘 멸망 예언(21:10-18), 유다 왕 아몬의 통치(21:19-26),

유다 왕 요시야의 통치(22:1-7), 율법책 발견(22:8-13),

여선지 훌다의 유다 멸망 예언(22:15-20),

요시야의 언약과 우상 파괴(23:1-14), 벧엘 제단(금송아지) 훼파(23:15-20),

유월절 준수(23:21-25), 예루살렘 성전 파괴 예언(23:26-30),

유다 왕 여호아하스와 여호야김-애굽의 섭정(23:31-37),

기억할 말씀

1. 왕하 10:27-31

'바알의 목상을 헐며 바알의 신당을 헐어서 변소를 만들었더니 오늘까지 이르니라 예후가 이와 같이 이스라엘 중에서 바알을 멸하였으나 이스라엘에게 범죄하게 한 느밧의 아들 여로보암의 죄 곧 벧엘과 단에 있는 금송아지를 섬기는 죄에서는 떠나지 아니하였더라 ……'

2. 왕하 16:2-4

'아하스가 왕이 될 때에 나이가 이십 세라 예루살렘에서 십육 년간 다스렸으나 …… 이스라엘의 여러 왕의 길로 행하며 또 여호와께서 이스라엘 자손 앞에서 쫓아내신 이방 사람의 가증한 일을 따라 자기 아들을 불 가운데로 지나가게 하며 또 산당들과 작은 산 위와 모든 푸른 나무 아래에서 제사를 드리며 분향하였더라'

3. 왕하 17:6-8

'호세아 제구년에 앗수르 왕이 사마리아를 점령하고 이스라엘 사람을 사로잡아 앗수르로 끌어다가 …… 이 일은 이스라엘 자손이 자기를 애굽 땅에서 인도하여 내사 애굽의 왕 바로의 손에서 벗어나게 하신 그 하나님 여호와께 죄를 범하고 또 다른 신들을 경외하며 여호와께서 이스라엘 자손 앞에서 쫓아내신 이방 사람의 규례와 이스라엘 여러 왕이 세운 율례를 행하였음이라'

바벨론 1차 침공(24:1–7), 바벨론 2차 침공—여호야긴의 3개월 통치(24:8–17), 유다의 마지막 왕 시드기야(24:18–20), 바벨론 3차 침공(25:1–7), 예루살렘 성전 파괴(25:8–21), 유다 지도자들의 처형(25:22–26), 하나님의 회복—여호야긴의 지위 회복(25:27–30).

기억할 말씀

1. 왕하 18:10–12
'삼 년 후에 그 성읍이 함락되니 곧 히스기야 왕의 제육년이요 이스라엘 왕 호세아의 제구년에 사마리아가 함락되매 …… 이는 그들이 하나님 여호와의 말씀을 듣지 아니하고 그의 언약과 여호와의 종 모세가 명령한 모든 것을 따르지 아니하였음이더라'

2. 왕하 21:11–15
'유다 왕 므낫세가 이 가증한 일과 악을 행함이 그 전에 있던 아모리 사람들의 행위보다 더욱 심하였고 또 그들의 우상으로 유다를 범죄하게 하였도다 …… 내가 사마리아를 잰 줄과 아합의 집을 다림 보던 추를 예루살렘에 베풀고 또 사람이 그릇을 씻어 엎음 같이 예루살렘을 씻어 버릴지라 ……'

3. 23:25
'요시야와 같이 마음을 다하며 뜻을 다하며 힘을 다하여 모세의 모든 율법을 따라 여호와께로 돌이킨 왕은 요시야 전에도 없었고 후에도 그와 같은 자가 없었더라'

4. 왕하 25:27–28
'유다의 왕 여호야긴이 사로잡혀 간 지 삼십칠 년 곧 바벨론의 왕 에윌므로닥이 즉위한 원년 십이월 그 달 이십칠일에 유다의 왕 여호야긴을 옥에서 내놓아 그 머리를 들게 하고 그에게 좋게 말하고 그의 지위를 바벨론에 그와 함께 있는 모든 왕의 지위보다 높이고'

4. 열왕기하 해석의 키워드

★ 종교개혁을 시도한 역대의 왕들

• 아사(남왕국, BC 910–872, 왕상 15:11–14, 대하 14:5)

그는 조상 다윗 같이 하나님 보시기에 정직하게 행한 왕이었다. 남색하는 자를 쫓아냈고 이방 제단과 산당을 없이하고 주상을 훼파하며 아세라 목상을 찍어 제거하였다. 유다 모든 성읍에서 산당과 태양상을 없이 하는 등 우상 숭배를 근절시켰다. 우상 숭배하던 모친에게 태후의 위를 폐할 정도로 개혁의 칼을 들었다. 그러나 유다 왕국의 우상 숭배의 근거였던 산당을 모두 제거하지 못해 온전한 개혁을 이루지 못했다.

• 여호사밧(남왕국, BC 873–848, 왕상 22:41–46, 대하 17:6–9)

하나님 보시기에 정직히 행하였지만 산당에서 제사를 드리며 분향하였다. 특별히 그는 남색하는 자를 멸하고, 전심으로 여호와의 도를 행하여 산당과 아세라 목상을 제거하였다. 하나님의 율법책을 유다 여러 성읍에서 가르쳐 모든 성읍들로 순행하게 함으로 백성들에게 영적 부흥을 일으켰다.

• 예후(북왕국, BC 841–814, 왕하 10:24–31)

바알 숭배자들을 멸절시키기 위해 예후는 자신이 아합 보다 더 바알을 많이 섬긴다고 백성들에게 거짓으로 공포하고 모든 바알 선지자들을 모이게 하여 저들을 다 제거하였다. 그는 바알의 신당에서 목상들을 가져다가 불사르고 바알을 멸하였지만, 여로보암이 벧엘과 단에 만든 두 금송아지를 섬기는 죄에서는 떠나지 않았다.

• 히스기야(남왕국, BC 725-697, 대하 29:5, 대하 30:1, 대하 31:1)

여호와의 전을 성결하게 하여 성전 제사를 재개하였다. 성전과 번제단과 모든 기구와 떡을 진설하는 상 등을 깨끗하게 하였다. 유월절 제사도 회복시켰다. 당시 유월절은 오랫동안 잊혀졌던 절기였는데, 일부 북이스라엘의 백성들도(왕국은 멸망했지만) 예루살렘에서 유월절 행사에 참여하였다. 분열되었던 이스라엘과 유다가 한 자리에 모여 하나님의 구원을 기념한 것은 의미 있는 사건이었다. 유다 여러 성읍에서 주상과 아세라 목상을 찍는 등 온 땅에서 산당과 단을 제단하고 멸하였다.

• 요시야(남왕국, BC 640-609, 왕하 23:1-14, 대하 34:1-21, 35:1-19)

8세에 왕이 된 요시야는 즉위한지 8년에 유다와 예루살렘을 정결하게 하여 산당과 아세라 목상들과 아로새긴 우상들, 부어 만든 우상들 모두를 제하여 버렸다. 왕이 된지 18년째에 성전 수리 작업을 진행하면서 여호와의 율법책을 발견하게 되었다. 이 율법의 말씀을 듣고 왕은 회개하였고, 유다와 예루살렘의 모든 장로들을 불러 모으고 말씀을 들려주면서 하나님의 말씀 준수할 것을 선포하였다. 또한 선지자 사무엘 이후 온전한 유월절의 규례를 준수하였다. 그는 38세의 젊은 나이에 므깃도 전투에서 전사하는데, 예레미야 선지자는 그를 위해 애가를 지었다. 그는 신앙적으로, 정치적으로 유다왕국을 향해 개혁을 일으킨 왕이었다.

★ 열왕기하 12장 9-16절에 나타난 올바른 헌금 관리법

1) 자원하는 마음으로 헌금이 모금되어야 한다(고후 8:3, 9:7).

2) 공개적인 모금과 이에 대한 계산과 관리를 철저히 해야 한다.

3) 개인 혹은 단체가 아닌 하나님의 영광과 하나님의 뜻을 이루는데 사용되어져야 한다(고전 10:31-33).

기억할 말씀

고후 9:7
각각 그 마음에 정한 대로 할 것이요 인색함으로나 억지로 하지 말지니 하나님은 즐겨 내는 자를 사랑하시느니라

★ 열왕기상하에서 가장 사악한 왕들의 삶을 살펴보자.

　　• 아합(북왕국 7대 왕 22년 통치)

　　북왕국의 대부분의 왕들이 하나님을 떠난 악한 왕들이었는데, 그 가운데 가장 악한 왕이었다. 왕비 이세벨과 함께 바알을 위해 제단을 쌓아 숭배하였고 아세라 목상을 만들었다. 그는 엘리야 선지자에게 이스라엘을 괴롭게 하는 자라고 일침을 가한다. 결국 바알 선지자들과 엘리야의 대결을 통해 하나님이 참 신이심을 알게 되었지만 여전히 하나님의 말씀에 불순종하며 악을 행했다. 또한 탐욕이 극에 달해 포도원을 빼앗으려고 포도원 주인을 죽이기까지 한 그의 우상 숭배와 탐욕의 삶은 그 피를 개들이 핥는 비참한 죽음을 가져 왔다(왕상 16:29-33, 18:30-19:2, 21:5-19). 그의 자녀들은(아들 70명) 예후에 의해 한꺼번에 몰살당하는 비극을 겪었다(왕하 10:1-11).

　　• 아하스(남왕국 12대 왕 16년 통치)

　　그의 통치는 지금까지 유다 왕들 보다 더 사악하였다. 첫 아들을 불 가운데로 지나가게 하여 우상의 제물로 바치는 가증한 일(몰렉 숭배)을 했다. 하나님을 떠난 자의 죄악 중에 극치를 보여주는 사악한 행위로 일찍이 레위기에서 강력하게 금지했다(레 18:21). 몰렉은 암몬 족속들이 섬기는 우상인데, 살아 있는 유아를 불 가운데 던지면서 몰렉 신에게 제사를 드렸다. 아하스 왕은 산당 위와 푸른 나무 아래서 우상에게 제사를 드리며 분향하는 등 우상 숭배에 빠진 왕이었다(왕하 16:2-4). 그의 우상 숭배는 여기에 그치지 않고 다메섹의 제단을 보고 그대로 만들어 제사를 올리기도 했다. 아하스의 아들 히스기야는 부친과는 달리(29년 치리) 산당을 제하고 주상과 아세라 목상을 찍는 등 종교 개혁을 일으켰다. 그는 하나님을 의지하는 기도의 사람이었다. 그러나 아들 므낫세는 다시금 여호와 보시기에 악을 행하는 악한 왕이었다.

　　• 므낫세(남왕국 14대 왕 55년 통치)

　　이스라엘의 역사에서 가장 장기 집권한 므낫세 왕(55년 치리)은 부친 히스기야가 헐어버린 산당을 다시 세웠으며 아합 왕처럼 바알을 위해 제단을 쌓고 아세라 목상을 만들고 하늘의 일월성신을 숭배하는 죄악된 삶을 살았다. 또한 아들을 산 채로 불 가운데로 지나가게 하며 사술을 행했고 신접한 자와 박수를 신임함으로 말미암아 이스라엘 백성들이 열방의 백성들 보다 더 악한 길로 가도록 만들었다. 므낫세의 악행은 무죄한 자의 피를 흘리게까지 하였다(왕하 21:2-16 유대 전승에 의하면 그는 선지자 이사야를 톱으로 잘랐다고 함). 이러한 므낫세의 죄악으로 인해 '사마리아를 잰 줄과 아합의 집을 다림 보던 추를 예루살렘에 베풀고 또 사람이 그릇을 씻어 엎음 같이 예루살렘을 씻어 버릴지라'(왕하 21:13)는 말씀으로 유다 왕국도 하나님의 심판을 받다 멸망할 것을 선지자를 통해 말씀하셨다.

남유다 왕국의 멸망의 가장 큰 원인 제공자가 된 므낫세는 역대기에 의하면(33:10-17), 하나님의 징계(앗수르에 포로로 잡혀간다)를 통해 회개한다. 하나님께서 다시 돌아와 백성들 다스릴 수 있도록 기회를 주시고, 그는 복위된 이후 신앙의 개혁 조치를 가한다. 이방신들과 여호와의 전의 우상을 없애고 예루살렘에 쌓은 모든 단을 성 밖에 던지고 백성들을 향해 이스라엘 하나님을 섬기라고 명령한다. 그러나 그의 개혁조치는 제대로 이루어지지 못하고 아들 아몬은 다시금 아버지 므낫세가 섬겼던 우상을 섬기고 경배하였다. 므낫세의 우상 숭배 뿐만 아니라 출애굽 이후 계속된 이스라엘 백성의 죄악으로 인해 결국 북이스라엘은 앗수르에(BC 722), 남유다는 바벨론에(BC 586)에 멸망하였다.

★ 예루살렘 성전의 파괴(왕하 25:9-21)

예루살렘 성전은 세워진지(솔로몬의 성전 완공 BC 959, 왕상 6:1, 37-38) 약 370 여년 만에 바벨론에 의해 부서지고 불타 버린다(BC 586). 성전이 파괴된 지 70년이 지난 후(BC 516), 바벨론 포로에서 귀환한 스룹바벨이 중심이 되어 성전을 재건하였다(스 6:13-22). 당시 성벽도 헐렸는데, 이는 느헤미야에 의해 수축되었다(느 6:15-22, BC 444). 예루살렘 성전은 하나님께서 거룩하게 하시고 그 곳에 임재하실 것을 약속하신 하나님의 전이었다(왕상 9:1-3). 그러나 유다 백성들은 성전 안에까지 우상을 세우는 큰 악을 저질렀다(왕

기억할 말씀

왕하 21:5-9
또 여호와의 성전 두 마당에 하늘의 일월 성신을 위하여 제단들을 쌓고 또 자기의 아들을 불 가운데로 지나게 하며 점치며 사술을 행하며 신접한 자와 박수를 신임하여 여호와께서 보시기에 악을 많이 행하여 그 진노를 일으켰으며 또 자기가 만든 아로새긴 아세라 목상을 성전에 세웠더라 옛적에 여호와께서 이 성전에 대하여 다윗과 그의 아들 솔로몬에게 이르시기를 내가 이스라엘의 모든 지파 중에서 택한 이 성전과 예루살렘에 내 이름을 영원히 둘지라 만일 이스라엘이 나의 모든 명령과 나의 종 모세가 명령한 모든 율법을 지켜 행하면 내가 그들의 발로 다시는 그의 조상들에게 준 땅에서 떠나 유리하지 아니하게 하리라 하셨으나 이 백성이 듣지 아니하였고 므낫세의 꾐을 받고 악을 행한 것이 여호와께서 이스라엘 자손 앞에서 멸하신 여러 민족보다 더 심하였더라

왕하 25:27-30
유다의 왕 여호야긴이 사로잡혀 간 지
삼십칠 년 곧 바벨론의 왕 에윌므로닥
이 즉위한 원년 십이월 그 달 이십칠
일에 유다의 왕 여호야긴을 옥에서 내
놓아 그 머리를 들게 하고 그에게 좋
게 말하고 그의 지위를 바벨론에 그와
함께 있는 모든 왕의 지위보다 높이고
그 죄수의 의복을 벗게 하고 그의 일
평생에 항상 왕의 앞에서 양식을 먹게
하였고 그가 쓸 것은 날마다 왕에게서
받는 양이 있어서 종신토록 끊이지 아
니하였더라

하 21:5-7).

아하스 왕은 앗수르로부터 하늘의 일월성신(별을 숭배)을 받아들이고 이를 숭배했다. 므낫세 왕의 치리 기간에는 숭배가 극에 달했다. 므낫세는 그 형상을 성전 두 마당에 세웠다(왕하 21:5-9). 하나님은 바벨론을 들어서 엄청난 심판을 허락하셨다. 성전 파괴만이 아니라 예루살렘의 사면 성벽을 헐었고, 귀족들의 집마저 불살랐으며, 성전의 두 놋기둥과 받침들과 놋바다를 깨뜨리고 그 놋을 바벨론으로 가져갔다. '내 이름을 위하여 내가 거룩하게 구별한 이 성전이라도 내 앞에서 던져버리리니' (왕상 9:7)라는 예언의 말씀이 역사 안에서 구체적으로 성취된 것이다.

★ 여호야긴 왕의 지위 회복(왕하 25:27-30)

바벨론의 느부갓네살에 의해 포로로 잡혀간 지 37년 만에(24:15) 여호야긴의 신분이 회복되었다. 이미 예레미야에 의해 유다의 회복에 대해 예언되었는데(렘 29:10), 열왕기하의 마지막 내용인 여호야긴의 지위 회복은 예레미야의 예언의 성취에 대한 전조로서, 하나님의 구속의 역사는 유다의 멸망 이후에도 계속 이어지고 있음을 확인하는 사건이라고 할 수 있겠다. 신실하신 하나님께서 그의 백성들을 회복시키신다는 예언이 성취되고 있음을 선포하면서 열왕기서는 끝을 맺고 있다. 세상의 어떤 역사 속에서도 찾아 볼 수 없는 회복과 구원의 역사가 하나님의 섭리 가운데 펼쳐진 것이다.

5. 더 깊은 연구와 삶의 적용

1. 열왕기상하에 나타난 남북왕국의 분열과 멸망의 과정을 살펴보자.

• 남북 왕국의 분열(왕상 11:1-33)

솔로몬은 정치적인 안정과 경제적인 부흥을 위해 바로의 딸과 결혼했으며, 그 후에도 많은 이방여인들과 결혼했고 이를 통해 이방의 종교들이 왕궁에 들어와 다른 신들을 좇게 된 범죄를 초래하였다. 나이가 들면서 솔로몬은 마음을 돌이켜 왕비들이 섬기는 다른 신들을 좇게 하였다. 시돈 사람의 여신 아스다롯을 좇고, 암몬 사람의 가증한 밀곰을 좇았다. 모압의 가증한 그모스와 암몬의 몰록를 위해 예루살렘 앞산에 산당을 지었다. 하나님의 심판은 에돔 사람 하닷이 솔로몬의 대적이 되게 하였고 그의 신복 여로보암 마저 왕을 대적하였다. 여기에 선지자 아히야를 통해 열두 지파가 두 왕국으로 분열될 것임을 말씀하셨다.

• 북왕국 멸망(왕하 17:7-23, 18:9-12)

북이스라엘은 애굽에서 저들을 인도하신 하나님을 잊고 다른 신을 경외하였다. 하나님과의 언약을 저버리고 금송아지 두 형상을 만들었다. 이방 사람들이 섬기는 허무한 것을 좇아 아세라 목상을 세우고, 하늘의 일월성신을 숭배하였고, 바알을 섬길 뿐만 아니라 자녀를 불 가운데로 지나가게 하는 등 온갖 복술과 사술을 행하였다. 북왕국의 초대 왕 여로보암이 행한 죄를 계속해서 왕들이 좇아갔기에 앗수르 제국에 멸망하는 하나님의 심판이 임했다.

북왕국이 멸망한 이후 수도 사마리아에는 온갖 주변국가들의 인종들이 들어와 인종의 혼합을 초래하였다. 저들은 여호와를 경외한다고 하면서 이주해 온 주변 나라의 영향을 입어 그 민족의 풍습도 따르는 죄악을 계속해서 저질렀다. 멸망 이후에도 저들은 결코 하나님 앞에서 회개하지 않았다. 하나님께서 북왕조의 백성들(10지파)마저 역사 안에서 사라지도록 심판하셨다.

• 남왕국 멸망(왕하 20:16-18, 21:1-16, 22:15-20, 23:26-27, 24:1-25:21)

이사야 선지자를 통해 왕궁의 모든 것과 쌓았던 것들을 바벨론으로 다 옮겨 갈 것을 말씀하셨다. 므낫세 재임 중 하나님께서 백성이 므낫세의 꾀임을 받고 악을 행하면 열방 보다 더 심하게 멸하시겠다고 선지자들을 통해 말씀하셨다.

왜 엄중한 하나님의 심판을 받게 되었는가? 유다 왕들 가운데 여호사밧, 히스기야, 요시야 이외에는 하나님의 마음에 합한 다윗의 뒤를 따르지 않았기

기억할 말씀

왕하 17:7-12

이 일은 이스라엘 자손이 자기를 애굽 땅에서 인도하여 내사 애굽의 왕 바로의 손에서 벗어나게 하신 그 하나님 여호와께 죄를 범하고 또 다른 신들을 경외하며 여호와께서 이스라엘 자손 앞에서 쫓아내신 이방 사람의 규례와 이스라엘 여러 왕이 세운 율례를 행하였음이라 이스라엘의 자손이 점차로 불의를 행하여 그 하나님 여호와를 배역하여 모든 성읍에 망대로부터 견고한 성에 이르도록 산당을 세우고 모든 산 위에와 모든 푸른 나무 아래에 목상과 아세라 상을 세우고 또 여호와께서 그들 앞에서 물리치신 이방 사람 같이 그 곳 모든 산당에서 분향하며 또 악을 행하여 여호와를 격노하게 하였으며 또 우상을 섬겼으니 이는 여호와께서 그들에게 행하지 말라고 말씀하신 일이라

때문이다. 유다 왕국의 대부분의 왕(20명의 왕 중 17명의 왕들)들이 이방인들의 가증한 일을 본받아 바알을 위해 단을 쌓으며, 아세라 목상을 만들며, 하늘의 일월성신을 숭배하며 섬겼다. 아들들을 불 가운데로 지나가게 하여 이방신에게 드리며, 점치며, 사술을 행하며, 신접한 자와 박수를 신임하여 하나님 보시기에 악을 행했다.

유다 왕국은 요시야의 세 아들들과 손자가 왕위를 이어 갔지만 바벨론에 포로로 1–3차에 걸쳐 잡혀 가는 철저한 멸망의 과정을 겪었다. 마지막 왕 시드기야는 자신의 목전에서 아들들이 죽임을 당했고, 자신의 두 눈을 뽑히고 사슬로 결박당한 채 바벨론으로 끌려갔다. 예루살렘 성전과 왕궁은 불탔고 성벽은 무너졌다. 성전 안의 기둥과 받침들 심지어 숟가락과 놋그릇에 이르기까지 바벨론은 노획해 갔다. 성 밖에 거주하던 귀족들의 집들도 다 불태웠고 성안에 있던 시종들까지 모두 죽임을 당했다.

2. 성경에서 승천한 자들은 누구인가? 에녹과 엘리야의 승천의 의미는?

1) 에녹(창 5:21–24): 늘 하나님과 동행
2) 엘리야(왕하 2:11): 하나님을 위한 열심
3) 예수 그리스도(행 1:9–11): 겸손하게 하나님께 순종
궁극적으로 성도들이 장차 하나님과 연합하여 변화된 몸으로 승천하게 될 것을 예표한다(고전 15:51–53, 빌 3:21, 살전 4:17).

3. 히스기야의 기도를 통해 우리는 무엇을 배우는가?(왕하 19:1–37)

1) 옷을 찢고 굵은 베를 입고(회개의 기도), 여호와의 전에 들어갔다(1절).
2) 궁내대신 엘리야김, 서기관 셉나, 제사장 중 장로들에게 굵은 베를 입혀서 선지자 이사야에게 보내 기도를 요청했다(2절).
3) 남아 있는 자를 위하여 중보기도를 부탁하였다(4절).
4) 앗수르 왕의 편지를 하나님 앞에 펴 놓고 기도하였다(14절).

5) 하나님을 찬양하며 기도하였다(15절).

6) 앗수르를 고발하면서 나라의 구원을 위해 기도하였다(16-19절).

하나님은 히스기야의 참회의 기도, 간절함의 기도, 하나님을 찬양하는 기도를 받으시고 선지자 이사야를 통해 응답하셨다. 기도의 응답으로 앗수르 왕 산헤립을 심판하시고, 예루살렘 성의 보호와 회복을 약속하셨다. 결국 하나님의 심판으로 산헤립은 아들의 손에 죽고 만다(32-37). 이처럼 하나님은 현세적인 축복과 미래적인 축복(29-31)을 허락하셨다.

4. 유다 왕국의 마지막 개혁자 요시야(BC 640-609) 왕은 조상 다윗의 모든 길로 행하는 정직한 왕이었다. 그의 개혁에 대해 살펴보자(왕하 23:1-25).

조상 다윗의 길로 행하였느냐가 유다 왕들의 치적에 대한 평가의 기준이었다. 이 기준에 합격한 왕은 여호사밧, 히스기야, 요시야 왕 뿐이었다. 그는 8세 때 왕이 되었다. 16세가 되었을 때, 조상 다윗의 하나님을 구하기 시작하였다(대하 34:3). 20세 때 성전 수리 작업에 착수했는데, 이는 므낫세의 55년간의 통치 기간 동안 훼손된 것을 복구하는 작업이었다. 수리 과정 중 성전에서 율법책을 발견하게 된다(BC 622).

요시야는 하나님의 율법책을 백성들이 듣도록 낭독하였다. '여호와 앞에서 언약을 세우되 마음을 다하고 뜻을 다하여 여호와를 순종하고 그의 계명과 법도와 율례를 지켜 이 책에 기록된 이 언약의 말씀을 이루게 하리라' 고 선포하매 백성이 그 언약을 좇기로 하였다. 그는 바알과 아세라와 하늘의 일월성신을 위해 만든 모든 그릇들을 성전에서 내어다가 불살랐다. 여기에 분향하던 자들도 모두 폐하였다. 유다 열왕들이 태양을 위해 드린 말들을 제거하는 등 모든 우상을 철거하고 유다와 예루살렘을 정결하게 하였다. 또한 몰록에게 자녀를 드리려고 불로 지나가게 하는 이방의 제사를 금하였다(왕하 23:4-15).

- 사무엘상하: 사사시대 마지막 사사
요 선지자였던 사무엘부터 왕정시대
사울과 다윗의 시대를 역사적으로
기술하고 있다.
- 열왕기상하: 솔로몬과 통일왕국 –
남북 분열왕국 – 북왕국 앗수르에
멸망(722 BC) – 남유다 바벨론에
멸망(586 BC) – 바벨론 포로시대
등 역대 왕들의 이야기로 죄악을 회
고하며 회개를 촉구한다. 왕정은 결
국 패망의 역사였지만, 하나님께서
택한 백성을 향한 회복과 소망의 역
사가 열왕기하 마지막 부분에 나타
나 있다.
- 역대기상하: 역대기는 아담으로 시
작된다. 하나님의 천지창조로부터
시작된 역사의 시작에서 아브라함,
이삭, 야곱, 12지파의 계보, 유다 지
파와 유다 왕국의 열왕들을 중심으
로 서술되고 있다. 즉 다윗의 혈통
으로 시작된 유다왕국의 다윗과 솔
로몬, 남유다 왕국의 열왕들의 통치,
바벨론 포로기, 그 이후 이방왕 고
레스의 칙령(대하 36:22–23)을 통
해 하나님의 다스림과 인도하심을
전달하고 있다. 이와 같이 역대기는
에스라, 느헤미야, 에스더와 연결되
어 패역한 백성들의 죄악에도 하나
님의 택한 백성(남유다 왕국)을 향한
신실하신 사랑과 회복에 초점(새 역
사의 창조)을 두고 기록되었다.

1. 역대상을 어떻게 읽을 것인가

역대기의 시작은 첫 사람 아담에서부터 홍수 이전의 족보까지 담고 있다 (대상 1:1). 여기에는 특별한 의미가 담겨 있다. 족보의 나열을 통해 이스라엘 은 하나님의 언약 백성으로서 그들로 말미암아 구속사가 전개되고 있음을 나 타내고 있다. 또한 바벨론 포로 생활에서 돌아온 이후 낙담한 이스라엘 백성 들에게 지나간 과거를 회고하면서 하나님께서 택한 백성들의 불순종과 타락 에도 불구하고 계속 인내하시고 사랑으로 다스리신 하나님의 역사를 기억시 키면서 여호와 신앙을 바탕으로 신정국가의 재건을 촉구하는 기록이 바로 역 대기다.

역대상은 첫 사람 아담으로부터 시작하여 아브라함과 유다 지파의 계보를 소개하고 있다. 12지파 중에서 가장 먼저 유다 지파의 족보를 나열한 것은 유 다 지파가 예수의 조상이요, 다윗의 가문을 중심으로 하나님의 구속사가 전개 되고 있기 때문이다. BC 537년경 바벨론 1차 포로귀환 때까지의 역사가 하나 님이 택하신 이스라엘의 역사라는 사실을 증명하기 위해 기나긴 이스라엘의 족보가 제시되면서 시작되고 있다(1–9장). 9장에서 바벨론 1차 포로 귀환자 의 명단을 소개함으로 포로에서 회복의 역사를 기록하고 있다.

10장에서부터 사울 왕가로부터 시작하여 다윗의 왕가로 이어지면서 역대 기상은 다윗 왕의 생애에 초점을 맞추고 있다. 특히 언약궤에 대한 기록을 다른 사건들 보다 중시하여 다루고 있다. 예루살렘의 다윗 성에 돌아온 언약궤를 바라보면서 왕은 기뻐하며 기쁨의 찬양을 펼친다(16장). 다윗의 찬양시는 감사와 기쁨이 넘친다!

> '너희는 여호와께 감사하며 그의 이름을 불러 아뢰며 그가 행하신 일을 만민 중에 알릴지어다 그에게 노래하며 그를 찬양하고 그의 모든 기사를 전할지어다 그의 성호를 자랑하라 여호와를 구하는 자마다 마음이 즐거울지로다'(16:8-10)

전체적인 흐름을 살펴보면, 1-9장은 아담에서 시작하여 유다 지파의 가문과 바벨론 포로 귀환자의 명단에 이르기까지 전 역사의 주인공들을 구속사의 관점에서 기록하였다. 10-29장은 통일 왕국 시대 다윗왕의 영광의 역사와 후계자 솔로몬과 성전 건축 준비에 대해 소상하게 설명하였다.

> '내 아들 솔로몬아 너는 네 아버지의 하나님을 알고 온전한 마음과 기쁜 뜻으로 섬길지어다 여호와께서는 모든 마음을 감찰하사 모든 의도를 아시나니 네가 만일 그를 찾으면 만날 것이요 만일 네가 그를 버리면 그가 너를 영원히 버리시리라 그런즉 이제 너는 삼갈지어다 여호와께서 너를 택하여 성전의 건물을 건축하게 하셨으니 힘써 행할지니라 하니라'(28:9-10)

역대상은 솔로몬이 다윗의 뒤를 이어 왕이 되고 이스라엘 백성들로부터 심히 존귀함을 받는 가운데 마무리되고 있다. 하나님께서 저를 어느 왕보다 뛰어나게 하셨다.

2. 저자 · 기록연대 · 기록동기

저자와 기록연대: 역대기의 저자는 확실하게 알려져 있지 않다. 그러나 유

주요사건 연대표

- BC 2090 아브라함의 부르심(우르에서 가나안으로)
- BC 1876 이스라엘의 애굽 이주 (430년 애굽에서 종살이)
- BC 1446 출애굽의 역사
- BC 1406 모세의 죽음과 새로운 지도자 여호수아
- BC 1405 가나안 입성 및 가나안 땅 정복과 영토 분할(15년)
- BC 1390 사사 시대의 시작(350년간 지속)
- BC 1103-1017 마지막 사사 사무엘의 출생과 죽음
- BC 1091 사무엘의 소명
- BC 1050-1010 사울의 기름부음, 통치, 죽음(40년 통치)
- BC 1025-970 다윗의 기름부음, 통치, 죽음(40년 통치) (7년 6개월: 헤브론 / 33년: 통일왕국(수도: 예루살렘))
- BC 1003 다윗의 예루살렘 성 정복
- BC 991 다윗과 밧세바 사건
- BC 990 솔로몬 출생(BC 979 압살롬 반역)
- BC 973 다윗의 인구조사와 대재난
- BC 970 솔로몬 등극(40년 통치)
- BC 930 솔로몬의 죽음과 분열왕국(남유다)과 여로보암(북이스라엘 왕국)
- BC 722 북이스라엘 왕국 멸망(앗수르 제국에 멸망 BC 930-722)
- BC 609 요시야 왕의 죽음(므깃도 전투) 요시야의 아들 여호아하스 즉위(석달 치리) 요시야의 아들 여호야김 즉위(11년간 치리)
- BC 598 여호야김의 아들 여호야긴 즉위(석달열흘 치리)
- BC 597 시드기야 왕의 즉위(11년 치리)

• BC 586 남유다 왕국 멸망
         (바벨론 제국에 멸망)
• BC 539 바사의 바벨론 정복
• BC 538 고레스왕의 포로 귀환
         칙령(스 1:1-4)
• BC 537 1차 포로 귀환
         (스 2:1-67)
• BC 516 성전 재건 완공
         (스 6:15-18)
• BC 458 2차 포로 귀환
         (스 7:1-10)
• BC 444 3차 포로 귀환
         (느 2:10-11)

기억할 말씀

1. 대상 9:1-2
'온 이스라엘이 그 계보대로 계수되어 그들이 이스라엘 왕조실록에 기록되니라 유다가 범죄함으로 말미암아 바벨론으로 사로잡혀 갔더니 그들의 땅 안에 있는 성읍에 처음으로 거주한 이스라엘 사람들은 제사장들과 레위 사람들과 느디님 사람들이라'

대 전승 탈무드에 의하면 저자는 에스라이다. 또한 역대기의 마지막 부분(대하 36:22)과 에스라의 시작 1장 1-3절은 마치 한권의 책처럼 내용이 자연스럽게 이어지고 있기에 역대기의 저자를 학사, 에스라로 학자들은 추정하고 있다. 기록연대는 2차 바벨론 포로 귀환 직후인 BC 450년 경으로 본다.

기록동기: 역대기와 열왕기는 모두 이스라엘 왕정시대의 역사를 기록한 역사서이다. 열왕기는 사무엘서와 연결되어 남유다 왕국이 패망한 직후에 남북 왕국의 죄악사를 회고하며 반성하기 위해 기록된 인간의 역사이다. 객관적인 관점에서 역사의 주관자이신 하나님의 역사를 기록하였다. 역대기는 에스라, 느헤미야, 에스더서 등 남유다 왕국이 멸망한 후 150년의 세월이 흐른 뒤 회복의 새로운 역사를 창조하는 하나님의 섭리 가운데 펼쳐진 은혜와 영광에 초점을 맞추어 저자의 주관적인 관점에 따라 기록되었다.

3. 역대상의 파노라마

주제	이스라엘 족보	다윗의 통치와 생애					
문단 구분	1:1 10:1	13:1	18:1	21:1	28:1	29:30	
	다윗의 혈통	다윗 왕	돌아온 언약궤	영토 확장	성전 건축 준비	다윗 말년	
문체	족 보	다윗을 중심으로 기록된 역사서					
장소	이스라엘						
기간	태초-BC 500	33년(BC 1003-970)					

1) 이스라엘의 족보(1-9장)
아담의 후손들과 아브라함의 후손들(1:1-23, 24-42),
이스라엘의 12아들(2장), 다윗의 후손들(3장),
유다 시므온의 후손들 4장(야베스의 기도: 4:9-10),
르우벤, 갓의 후손들(5장), 레위의 후손들(6장),
잇사갈 베냐민의 후손들(7:1-12), 납달리 요셉 아셀의 후손들(7:13-40),

베냐민 지파의 계보(8:1-28), 사울 가의 계보(8:29-40),

1차 바벨론 포로 귀환자의 명단(9:1-9), 귀환한 제사장들(9:10-13),

귀환한 레위인들(9:14-34), 사울 가계의 재 언급(9:35-44),

2) 다윗의 통치와 생애(10-29장)

사울 왕가의 몰락(10장), 다윗의 예루살렘 정복과 다윗의 용사들(11장),

도피 시절 다윗의 용사들(12:1-22), 다윗에게 온 헤브론 용사들(12:23-40),

언약궤와 웃사의 죽음(13장), 다윗 왕가의 번성(14장), 옮겨진 언약궤(15장),

언약궤 안치와 다윗의 찬송시(16:1-36), 제사장과 레위인들의 직무(16:37-43),

다윗 언약과 감사기도(17장), 다윗의 정복 전쟁(18장),

계속되는 승리-암몬과 아람 연합군(19:1-20:3), 블레셋과의 전쟁(20:4-8),

다윗의 인구조사와 하나님의 진노하심(21:1-17),

타작 마당에서 드린 제사(21:18-30), 성전 건축 준비와 솔로몬(22장),

레위 자손의 계수와 새로운 직무(23장), 제사장 직분을 맡은 사람들(24:1-19),

레위 자손 중에 남은 자들(24:20-31), 찬양대의 직무와 조직(25장),

문지기의 직무(26:1-19), 성전 곳간지기의 직무(26:20-28),

성전 밖에서 봉사할 레위인의 직무(26:29-32), 군대 조직의 정비(27:1-15),

지방 행정 조직의 정비(27:16-24), 왕실 재정 관리자들(27:25-34),

다윗의 마지막 유언(28:1-10), 성전 건축의 설계도(28:11-21),

성전 건축 예물(29:1-9), 다윗의 마지막 감사기도(29:10-19),

다윗의 왕위를 이은 솔로몬과 다윗의 치적(29:20-30).

4. 역대상 해석의 키워드

★ **역대상 1-8장의 족보와 포로 귀환자 명단**

• 홍수이전의 족보(1:1-4)

아담으로 시작되는 계속되는 족보의 나열은 단순한 인명의 나열이 아니다.

기억할 말씀

1. 대상 10:13-14

'사울이 죽은 것은 여호와께 범죄하였기 때문이라 그가 여호와의 말씀을 지키지 아니하고 또 신접한 자에게 가르치기를 청하고 여호와께 묻지 아니하였으므로 여호와께서 그를 죽이시고 그 나라를 이새의 아들 다윗에게 넘겨주셨더라'

2. 대상 29:19

'또 내 아들 솔로몬에게 정성된 마음을 주사 주의 계명과 권면과 율례를 지켜 이 모든 일을 행하게 하시고 내가 위하여 준비한 것으로 성전을 건축하게 하옵소서 하였더라'

하나님의 언약 백성의 정통성과 그들을 통해 하나님의 구속사가 이어지고 있음을 역대상을 읽는 독자들에게 알려 주기 위한 기록이다.

• 노아의 후손들(1:5-23)

노아와 세 아들, 함과 야벳과 셈을 소개하면서 셈의 족보를 마지막으로 나열하고 있다. 이는 셈의 후예들을 하나님의 택함 받은 아브라함과 연결해 주는 역할을 한다.

• 셈과 아브라함의 후손들(1:24-34)

아담에서 노아까지 10대, 셈에서 아브라함까지 10대로 구성되어 있다. 아브라함의 후손들에 대해 나열하면서 수많은 자녀들 중에서 이삭과 야곱(이스라엘)을 통해 다윗으로 이어지고 있음을 나타내고 있다.

• 에서의 족보(1:35-54)

이삭의 장자 에서는 장자의 권리를 소홀히 여겨 언약 백성의 자리에서 밀려 나고 만다. 즉 구속사의 흐름에서 제외되었다. 그들의 후손은 현세적인 축복을 누리면서 번성하였지만, 영적인 하나님의 구속의 복을 누리지 못했다. 43-54절에서 에돔 족장들을 소개한다. 이스라엘의 왕정제도가 시작되기 900년 전부터 저들은 왕정 체제를 갖추는 강력한 세력을 구축하였다.

• 이스라엘의 12지파와 다윗 지파의 계보(2:1-3:24)

이스라엘 12지파의 족보에 대해 소개하는데, 먼저 유다 지파의 족보가 언급되고 있다. 이는 언약의 백성 중에서 예수의 조상 다윗 가문을 중심으로 구속의 역사가 전개되기 때문이다. 또한 유대 왕국의 뿌리가 되는 다윗의 가문은 인간의 계획과 수고에 의해서가 아니라 하나님의 일방적인 은혜와 주권에 의해 선택되었음을 알려 주고 있다. 특별히 3장 1-9절에서는 다윗의 아들들에 대해 소개되고 있는데, 헤브론에서 태어난 자들과 예루살렘에서 태어난 자들로 구분하고 있다(초기 7년은 헤브론에서, 33년은 예루살렘에서 통치).

10-17절까지는 솔로몬에서 시드기야까지의 족보를 통해 남유다왕국은 다윗의 자손들에 의해 계승되었음을 확인해 준다. 17-24절에서는 비록 왕국은 바벨론에 멸망하였지만, 언약의 백성들은 단절되지 않고 있음을 나타내고 있다. 19절의 스룹바벨은 바벨론 포로에서 돌아온 이후 성전을 재건한 자로 그는 메시야의 조상이다(슥 4:6-10 참조).

• 유다지파를 제외한 지파들의 계보와 사울의 계보(4-8장)

유다지파에 추가된 족보(4:1-23)와 시므온 지파(4:24-43)의 족보에 대해 언급하고 있다. 5장에서 르우벤 지파(1-10), 갓 지파(11-17), 므낫세 반지파(23-24)의 족보와 요단 동쪽지파(르우벤, 갓, 므낫세 반 지파)들은 주변 족속들의 위협에 대처하고자 서로 연합하였음을 알려주고 있다. 요단 동쪽 지파들은 풍요로운 땅을 차지하여 번성을 누렸지만 우상 숭배로 말미암아 하나님의 징계가 임한다. 앗수르의 왕 불에게 멸망당하는 종말을 맞는다(BC 722년). 하나님을 의뢰하고 부르짖었을 때에 승리하였으나 요단 동편 땅의 우상들을 섬기자 저들은 파멸에 빠졌다(18-26). 6장에서는 대제사장의 계보(1-15)와 레위 지파의 족보(16-30), 성가대로 봉사한 레위 자손의 계보(31-48), 아론의 계보(49-53), 레위 지파의 거주 성읍들에(54-81) 대해 언급하고 있다. 7장에서는 잇사갈 지파(1-5), 베냐민 지파(6-12), 납달리 지파(13절), 므낫세 지파(14-19), 에브라임 지파(20-29), 아셀 지파(30-40)에 대해서 언급하고 있다. 8장에서는 베냐민지파에 대해 상세하게 기록하고 있는데 이는 이스라엘의 초대 왕 사울을 부각시키는 의미가 있다(1-28). 이어서 사울가의 계보를 소개하고 있는데, 이는 사울의 범죄로 말미암아 1대로 왕위는 끊겼지만 그의 가문은 멸족하지 않고 어떤 가문 못지않게 번성하였음 기록하여 바벨론 포로 생활에서 돌아온 이스라엘 백성들에게 소망과 위로를 안겨 주고 있다.

• 포로 귀환자들의 명단(9장)

바벨론 포로 생활에서 귀환하여 예루살렘에 거주하게 된 각 지파 사람들의 명단(1-9)을 소개하고 있는데, 저들은 BC 538년 고레스의 칙령에 따라 1차

대상 5:1-2
'이스라엘의 장자 르우벤의 아들들은
이러하니라 (르우벤은 장자라도 그의
아버지의 침상을 더럽혔으므로 장자의
명분이 이스라엘의 아들 요셉의 자손
에게로 돌아가서 족보에 장자의 명분
대로 기록되지 못하였느니라 유다는
형제보다 뛰어나고 주권자가 유다에게
서 났으나 장자의 명분은 요셉에게 있
으니라'

로 바벨론에서 예루살렘으로 귀환한 자들이다. 10-13절은 귀환한 제사장들의 명단(1,760명)인데 이들은 고레스 칙령에 따라 가장 먼저 예루살렘으로 귀환하였다. 14-34절은 귀환한 레위인의 명단이다. 35-44절은 사울의 족보를 다시금 언급하고 있는데, 이는 사울의 죽음과 다윗의 왕위 즉위에 대한 도입부 역할이다. 특별히 귀환자들의 명단을 통해 저들이 어디에 소속되었는지를 깨닫게 한다. 귀환한 제사장들과 레위인들의 명단은 무너진 성전을 재건하고 제사를 회복하여 하나님께 참된 예배를 드려야 하는 과제를 제시하였다.

★야곱(이스라엘)의 장자 명분이 유다에게 넘어간 경위(대상 5:1-2)

르우벤은 장자로서 가족 안에서 권위와 능력이 있었지만, 급하고 충동적인 성격으로서 아버지의 첩 빌하와 간통하는 죄를 저질렀다(창 35:22, 49:4). 아버지 야곱은 요셉에게 형제들보다 일부분을 더 주었다(창 48:22). 이는 요셉의 두 아들 에브라임과 므낫세가 제각기 독립된 지파로 가나안 땅에 들어가서 분배받을 것을 의미한다(수 13:29-33, 16:1-17). 요셉은 장자의 권리(장자는 상속받을 때 다른 형제의 두 배를 받는 권리를 부여받는다, 신 21:15-17)를 얻어 육적인 축복을 받았다. 그러나 하나님의 구속의 섭리 안에서 유다는 영적인 축복을 받아 메시야로 오실 예수 그리스도를 탄생하는 역사를 일으켰다(창 49:9-10).

★느디님 사람들(대상 9:2)

느디님이란 용어는 거룩히 구별됨을 뜻한다. 이스라엘 백성들이 가나안 땅에 정착한 이후 성막이나 성전에서 허드렛일을 한 사람들로 나무와 물을 나르는 일을 했다. 원래 기브온 사람들로 저들은 가나안 전쟁 당시 이스라엘과의 전쟁에서 승산이 없자 스스로 항복하였다. 이스라엘과 화친을 한 기브온 사람들은 거짓으로 조약을 맺었기에 나무를 패고 물 긷는 일을 하는 이스라엘의 종이 되고 말았다(수 9:16-27). 그 후 성전에서 레위인들을 도와 여러 가지 잡일을 도맡아 하였다. 남유다 왕국이 멸망하자 느디님 사람들도 유다 지파와 함께 바벨론 포로로 잡혀 갔는데, 포로로 잡혀간 이스라엘 백성들이 바벨론으로부터 돌아올 때 저들 역시 예루살렘으로 돌아왔다(스 8:20). 느디님 사람들은 하나님의 율법을 준행하며 안식일을 지켰고 이방인과 결혼하는 것도 금하는 등 이스라엘 백성들과 다름없는 삶을 살았다(느 10:28-39).

★돌아온 언약궤와 다윗의 찬양(대상 15:25-16:36)

우여곡절 끝에 드디어 예루살렘으로 입성하는 언약궤를 바라보면서 다윗과 백성들은 기쁨으로 춤을 추며 하나님을 찬양한다. 그러나 다윗의 처 미갈(사울 왕의 딸)은 왕이 춤추는 모습을 보고 왕을 업신여겼다. 다윗은 이후 미갈을 다시는 찾지 않는다(삼하 6:16, 21-23). 미갈의 냉담함에도 다윗은 아랑곳하지 않고 번제와 화목제를 드리고 여호와의 이름으로 백성들을 축복하며 온 무리들에게 떡과 고기, 건포도를 나누어 주며 하나님을 찬양한다. 온 백성들과 함께하는 축제의 장을 펼쳤다(대상 16:1-36).

다윗의 찬양은 감사로 시작된다. '온 땅이여 여호와께 노래하며 그의 구원을 날마다 선포할지어다'(16:23)고 하면서 '만국의 모든 신은 헛것이나 여호와께서는 하늘을 지으셨도다'(16:26)고 했다. 감사의 찬양을 하자, 온 백성은 한 목소리로 아멘하고 여호와를 찬양하였다. 다윗은 온 백성들을 찬양의 제사로 인도하는 찬양 사역자의 면모를 보여 주고 있다.

★역대기 저자(대상 17:7-15)는 다윗 언약을 어떻게 기록하였는가.

1) 너를 이스라엘의 주권자로 삼고 네가 어디로 가든지 내가 너와 함께 있어 네 이름을 존귀하게 만들 것이다(8절).

2) 네 모든 대적이 네게 복종하며 여호와가 너를 위하여 한 왕조를 세울지라(10절).

3) 네 아들 중 하나를 세우고 그 나라를 견고하게 할 것이다(11절).

4) 네 아들이 나를 위해 집을 건축할 것이요 나는 그 왕위를 영원히 견고하게 할 것이다. 내가 영원히 그를 내 집과 내 나라에 세우리니 그 왕위가 영원히 견고하리라(12, 14절).

5) 나는 그의 아버지가 되고 그는 나의 아들이 되리니 나의 인자를 그에게

서 빼앗지 않을 것이다(13절).

사무엘서와 역대기에 기록된 다윗 언약은 다윗 가문을 향한 육적 축복의 약속이지만, 궁극적으로는 다윗의 후손으로 오실 예수 그리스도를 통해 주어질 영원한 왕권에 대한 영적 약속이다. 만왕의 왕, 만유의 주이신 예수 그리스도가 다윗의 육신적인 후손으로 오셔서 영원한 왕이 되심을 암시하고 있다(눅 1:32-33, 계 19:16).

★ 다윗의 불의한 인구조사(대상 21:1-17)

1) 인구조사를 하겠다는 다윗의 행위는 하나님을 의지하기 보다는 자신의 군사력을 더 의존하고 이를 내세우는 교만한 마음에서 비롯되었다. 사탄은 다윗의 교만한 마음을 이용하였다(21:1, 3, 4).

2) 하나님을 향한 믿음이 있는 의인이라 할지라도 하나님에 대한 생각이 멀어지면 타락할 수밖에 없다(렘 17:23).

3) 죄를 깨달으면 그 즉시 회개해야 한다(21:8, 16-17 요일 1:9). 다윗은 인구조사에 대한 하나님의 징벌이 있자(전염병으로 7만의 백성이 죽음을 당한다), 자신이 직접 하나님의 징벌을 받겠다고 회개의 기도를 한다. 돌이킬 수 없는 심각한 죄라 할지라도 즉시 회개한 다윗의 기도에 하나님은 응답하셨다.

★ 다윗의 유언(대상 22장, 28장)

다윗은 하나님의 언약(17:4-14)을 상기하면서 솔로몬에게 성전 건축을 부탁한다. 이어서 방백들을 향해 당부하고 있다(17:17-19). 육신적으로는 연약해져 갔지만 하나님의 일을 이루기 위한 열정은 식지 않았다.

1) 이스라엘 백성을 향해 하나님 여호와의 모든 계명을 지키라고 명령하면서 이를 지키면 아름다운 땅을 누리고 너희 후손에게 영원한 기업이 될 것이라고 강하게 권면하고 있다(28:8).

2) 솔로몬에게 네 아버지의 하나님을 알고 온전한 마음과 기쁜 뜻으로 섬기라고 하면서 하나님은 모든 마음을 감찰하사 모든 의도를 아시기에 네가 하나님을 찾으면 만날 것이요 버리면 너를 영원히 버리시는 하나님이심을 알려주

었다(28:9절).

　　3) 솔로몬에게 너를 하나님께서 택하사 성전을 건축하게 하셨으니 힘써 행하라고 명령하고 있다(28:10).

　　4) 다윗은 말씀으로 유언했을 뿐만 아니라 성전 건축에 필요한 모든 재료를 준비하였다. 성전건축을 위한 설계도까지 성령의 가르치심에 따라 만들어 솔로몬에게 넘겨주었다. 성전에서 사용될 제사 도구의 제사법도 가르쳤다 (28:12-19).

　　5) 하나님의 손이 임하여 성전 건축을 위한 준비가 이루어졌음을 솔로몬에게 알렸다. 하나님께서 친히 함께 하셨기에 성전 건축에 대해 결코 두려워 말고 놀라지 말고 이 일을 강하고 담대하게 행하라고 다시 한 번 권고하였다 (28:19-20).

● 역대하

1. 역대하를 어떻게 읽을 것인가

솔로몬 왕이 하나님께 일천 번제를 드리는 장면으로 역대하는 시작된다. 하나님은 솔로몬에게 나타나 '내가 네게 무엇을 주랴 너는 구하라'고 말씀하셨다. 하나님의 말씀에 솔로몬은 백성들을 다스릴 지혜와 지식을 구하였다. 백성을 향한 그의 기도에 하나님은 축복하사 지혜와 지식, 부와 재물과 영광도 허락하셨다(1:7-12). 솔로몬은 하나님의 축복으로 20년에 걸쳐 성전과 궁전을 완공하였다. 사울 왕에 이어 부친 다윗으로 이어지는 120년 동안 이스라엘은 통일왕국의 영화를 누렸다.

역대상에서 다윗의 죄악(우리야의 아내, 밧세바와 관련된 일)에 대한 언급이 없듯이 역대하에서도 솔로몬의 타락상(수많은 후궁과 첩, 이어지는 우상 숭배)에 대해 전혀 언급하지 않고 있다. 그의 죽음을 간단히 설명하면서 르호보암 이후 왕국의 분열에 대해서만 서술하고 있다. 열왕기와는 퍽 대조적인 내용 전개이다. 이는 열왕기가 남북 왕국의 총체적인 흐름과 함께 지나간 죄악의 역사를 회고하며 반성하는 과거에 대한 역사서라면, 역대기는 하나님의 언약의 백성과 유다의 왕권에 초점을 두고 미래에 온전히 회복될 하나님의 구원역사에 관점을 두고 기록하였기 때문이다.

왕국은 분열되었고, 유다 열왕의 통치와 바벨론에 포로로 잡혀가는 역사, 이방 왕 고레스의 성전 재건에 관한 조서로 역대기는 끝맺고 있다(BC 971-537).

역대기는 이스라엘의 과거사를 창조 시대에까지 거슬러 올라가 회고하면서 선민 이스라엘의 영광과 멸망은 하나님을 향한 신앙에 의해 결정되었음을 상기시키고, 소망과 회복의 역사가 오직 하나님 안에서 새롭게 성취될 것임을 암시하면서 마무리하고 있다. 전체적인 흐름을 살펴보면, 1-9장에는 솔로몬의 성전 건축과 그의 아름다운 통치 시절을 기록하였고 10-36장은 솔로몬 이후 왕국의 분열과 남유다 왕국의 통치, 성전 파괴와 함께 바벨론 포로로 잡혀 가는 실패의 역사와 고레스 칙령으로 이어지고 있다.

열왕기가 이스라엘 백성들을 향한 비판과 회개를 촉구하는 기록이라면, 역대기는 이스라엘 백성들을 향한 회복에 대한 소망과 위로를 주는 것이 기록 동기라 할 수 있다. 역대기는 과거의 역사를 돌아보면서 패역한 백성들의 죄악에도 이스라엘 백성을 사랑하시는 하나님의 신실하심을 증언하며, 포로에서 돌아온 백성들에게 택한 자를 지키시고 인도하셔서 새 역사에 동참하게 하시는 하나님의 은혜를 깨닫도록 기록하였다. 바벨론 포로에서 돌아온 이후 성전을 재건하며, 신앙을 개혁하는 에스라서와 느헤미야서로 내용이 연결되는 이스라엘의 역사이지만, 그 역사 위에는 하나님의 놀라운 섭리와 다스림이 있음을 알려주는 하나님의 구속의 역사서이다.

기억할 말씀

대하 36:21-23
이에 토지가 황폐하여 땅이 안식년을 누림 같이 안식하여 칠십 년을 지냈으니 여호와께서 예레미야의 입으로 하신 말씀이 이루어졌더라 바사의 고레스 왕 원년에 여호와께서 예레미야의 입으로 하신 말씀을 이루려고 여호와께서 바사의 고레스 왕의 마음을 감동시키시매 그가 온 나라에 공포도 하고 조서도 내려 이르되 바사 왕 고레스가 이같이 말하노니 하늘의 신 여호와께서 세상 만국을 내게 주셨고 나에게 명령하여 유다 예루살렘에 성전을 건축하라 하셨나니 너희 중에 그의 백성된 자는 다 올라갈지어다 너희 하나님 여호와께서 함께 하시기를 원하노라 하였더라

2. 역대하의 파노라마

주제	하나님의 축복(통일왕국)		하나님의 심판(유다의 멸망과 바벨론 포로)		
문단 구분	1:1 8:1 10:1		14:1 36:1 36:23		
	성전건축과 완공	솔로몬의 지혜와 업적	유다 열왕의 통치	바벨론 포로	포로된 유다 왕들
문체	유다 왕국의 역사 속에 펼쳐진 하나님 신앙에 대한 역사서				
장소	이스라엘		유 다		
기간	40년(BC 971-931년)		393년(BC 931-538년)		

1) 신앙에 따른 축복(1-9장)

일천 번제와 솔로몬의 기도-지혜를 구함(1장), 성전 건축 준비(2장),
솔로몬의 성전 건축을 위한 공사 시작(3장), 성전의 기구 제작(4장),
성전에 안치된 언약궤(5:1-10), 성가대의 찬양(5:11-14),
솔로몬의 성전 봉헌시(6:1-11), 솔로몬의 간구(6:12-42),
하나님의 응답하심(7:1-3), 성전 봉헌식(7:4-10), 하나님의 약속(7:11-22),

1. 대하 1:10
'주는 이제 내게 지혜와 지식을 주사 이 백성 앞에서 출입하게 하옵소서 이렇게 많은 주의 백성을 누가 능히 재판하리이까'

2. 대하 8:12-13
'솔로몬이 낭실 앞에 쌓은 여호와의 제단 위에 여호와께 번제를 드리되 모세의 명령을 따라 매일의 일과대로 안식일과 초하루와 정한 절기 곧 일년의 세 절기 무교절과 칠칠절과 초막절에 드렸더라'

솔로몬의 왕궁 건축과 치세(8:1-10), 솔로몬의 경건한 삶과 치세(8:11-18), 스바 여왕과 솔로몬(9:1-12), 솔로몬의 부와 명성(9:13-28), 솔로몬의 죽음(9:29-31).

2) 불순종으로 인한 심판(10-36장)

르호보암에 대한 백성의 탄원과 강경 대응(10:1-15), 남북 왕국의 분열(10:16-11:4), 왕국을 요새화 한 르호보암(11:5-12), 제사장과 레위인들의 남하(11:13-17), 르호보암의 가정생활(11:18-23), 애굽 왕 시삭의 유다 침공과 르호보암의 죽음(12장), 아비야의 통치(13:1-12), 유다의 승리와 아비야의 사적(13:12-22), 아사의 종교 개혁(14:1-8), 구스의 침입과 유다의 승리(14:9-15), 선지자 아사랴의 훈계(15:1-7), 아사의 2차 종교 개혁과 왕실 개혁운동(15:8-19), 아사의 불신앙(16:1-6), 선지자 하나니의 책망과 아사의 죽음(16:7-14), 여호사밧의 선정(17장), 아합과 동맹 맺는 여호사밧(18:1-3), 참 선지자 미가야의 예언(18:4-27), 연합군의 패배와 아합의 전사(18:28-34), 선지자 예후의 책망(19:1-3), 여호사밧의 개혁(19:4-11), 모압 연합군의 침공과 여호사밧의 기도(20:1-13), 하나님의 응답하심과 유다의 승리(20:14-30), 여호사밧의 치적(20:31-37), 여호람의 악정(21:1-7), 에돔의 배반(21:8-10), 엘리야의 예언(21:11-15), 여호람이 당한 징벌과 죽음(21:16-20), 아하시야의 악정과 죽음(22:1-9), 아달랴의 폭정과 요아스(22:10-12), 여호야다의 혁명과 요아스 즉위(23:1-15), 여호야다의 개혁운동-예배 회복(23:16-21), 요아스의 성전 수리(24:1-14), 요아스의 타락과 죽음(24:15-27), 아마샤의 통치(25:1-13), 아마샤의 우상 숭배와 죽음(25:14-28), 웃시야의 선정과 번영(26:1-15), 웃시야의 교만과 죽음(26:16-23), 요담의 통치(27장), 아하스의 악정(28:1-7), 선지자 오뎃의 책망(28:8-15), 아하스에 대한 하나님의 징계(28:16-27), 히스기야의 성전 청결(29:1-19), 성전 제사의 회복(29:20-36), 유월절 준비와 준수(30장), 히스기야의 종교 개혁(31장), 앗수르왕 산헤립의 침공(32:1-8),

산헤립과 앗수르 군대의 비방(32:9-19),

하나님의 구원-기도를 통한(32:20-23), 히스기야의 병과 회복(32:24-26),

히스기야의 치적과 죽음(32:27-33), 므낫세의 우상 숭배(33:1-9),

하나님의 징계와 므낫세의 회개(33:10-20), 아몬의 악정(33:21-25),

요시야의 개혁 정치-우상제거(34:1-7), 성전 수리와 율법책의 발견(34:8-21),

여선지자 훌다의 예언(34:22-28), 요시야의 말씀준수 선포(34:29-33),

요시야의 유월절 준수(35:1-19), 므깃도 전투와 요시야의 전사(35:20-27),

애굽의 포로가 된 여호아하스(36:1-4), 바벨론 포로가 된 여호야김(36:5-8),

바벨론 포로가 된 여호야긴(36:9-10),

시드기야의 통치와 유다의 멸망-예루살렘 성전 파괴(36:11-21),

고레스의 칙령(36:22-23).

3. 역대하 해석의 키워드

★통일 왕국 분열의 요인과 결과

1) 솔로몬의 배교 행위(왕상 11:11): 솔로몬이 하나님을 외면하고 시돈 사람의 여신 아스다롯과 모압의 신 그모스와 암몬 자손의 신 밀곰을 숭배하였다(33). 솔로몬이 다윗 언약(삼하 7:1-11)을 지키지 않았다.

2) 솔로몬의 죄악에 대한 하나님의 심판: 나단 선지자에 의해 심판이 예언되었다. '이 나라를 네게서 빼앗아 네 신하에게 주리라'(왕상 11:11)는 예언은 솔로몬의 아들 르호보암 시대에 성취되었다(왕상 11:29-32).

3) 하나님의 주권적 섭리(왕상 11:26-40): 이방 여인들과의 계속되는 결혼으로 그들이 섬기는 우상들이 들어 왔다. 그는 여인들과 함께 우상을 섬기고 한편으로는 하나님을 바라보는 혼합주의적인 신앙에 빠지고 말았다. 이로 인해 점점 더 하나님과 멀어지고 우상숭배가 심해지자 하나님께서 징계하심으로 통일왕국은 분열되고 말았다.

4) 솔로몬의 아들 르호보암의 죄악: 여로보암과 솔로몬 시대의 지도자들의

기억할 말씀

1. 대하 2:5
'내가 건축하고자 하는 성전은 크니 우리 하나님은 모든 신들보다 크심이라'

2. 대하 13:18
'그 때에 이스라엘 자손이 항복하고 유다 자손이 이겼으니 이는 그들이 그들의 조상들의 하나님 여호와를 의지하였음이라'

3. 대하 20:20-22
'여호사밧이 서서 이르되 유다와 예루살렘 주민들아 내 말을 들을지어다 너희는 너희 하나님 여호와를 신뢰하라 그리하면 견고히 서리라 그의 선지자들을 신뢰하라 그리하면 형통하리라 하고 …… 거룩한 예복을 입히고 군대 앞에서 행진하며 여호와를 찬송하여 이르기를 여호와께 감사하세 그의 인자하심이 영원하도다 하게 하였더니 그 노래와 찬송이 시작될 때에 여호와께서 복병을 두어 유다를 치러 온 암몬 자손과 모압과 세일 산 주민들을 치게 하시므로 그들이 패하였으니'

4. 대하 35:18-19
'선지자 사무엘 이후로 이스라엘 가운데서 유월절을 이같이 지키지 못하였고 이스라엘 모든 왕들도 요시야가 제사장들과 레위 사람들과 모인 온 유다와 이스라엘 무리와 예루살렘 주민과 함께 지킨 것처럼은 유월절을 지키지 못하였더라 요시야가 왕위에 있은 지 열여덟째 해에 이 유월절을 지켰더라'

대하 12:1-2
르호보암의 나라가 견고하고 세력이
강해지매 그가 여호와의 율법을 버리
니 온 이스라엘이 본받은지라 그들이
여호와께 범죄하였으므로 르호보암 왕
제오년에 애굽 왕 시삭이 예루살렘을
치러 올라오니

대하 12:14-15
르호보암이 악을 행하였으니 이는 그
가 여호와를 구하는 마음을 굳게 하지
아니함이었더라 르호보암의 처음부터
끝까지의 행적은 선지자 스마야와 선
견자 잇도의 족보책에 기록되지 아니
하였느냐

충고를 묵살하고 함께 자란 청년들의 의견을 좇음으로 왕국이 분열되는 조짐이 나타나기 시작했다(10:1-15). 그는 나라가 견고하자 하나님의 율법을 버리고 이스라엘 백성들도 이를 따름으로 인해 온 백성들이 하나님으로부터 멀어져 갔다(12:1-2, 14-15).

중년기에 밧세바 사건으로 죄에 빠졌지만 노년에 이르러서는 존귀한 인생을 살았던 다윗과 달리, 솔로몬은 나이 들면서 점점 더 신앙적인 타락에 빠져 들었다. 열왕기 저자는 왕국 분열의 초점을 솔로몬에게 맞추고 그의 우상 숭배에 대해 기록하였다. 역대기는 솔로몬의 지혜와 부, 명성 등을 기록하면서 우상 숭배에 대한 기록은 전혀 없고 아들 르호보암의 죄악을 부각시키고 있다. 이는 열왕기와 역대기 저자들의 관점의 차이이다. 성전을 건축한 솔로몬을 세우면서 바벨론 포로에서 돌아온 자들과 이스라엘 백성들에게 스룹바벨 성전 재건을 앞두고 모두에게 용기와 힘을 실어 주기 위해 저자는 솔로몬의 타락상을 언급하지 않았다.

★구약 성경에 나타난 초자연적인 승리의 역사들

1) 애굽을 떠난 이후 뒤를 좇는 애굽 군사들과 앞에 놓인 홍해 바다를 바라보면서 모세는 기도한다. 이때 홍해 바다가 갈라지면서 이스라엘 백성들은 마른 땅위로 건너갔고, 애굽의 군사와 병거들은 수장되고 말았다(출 14:13-31).

2) 출애굽 이후 광야에서 이스라엘 백성들과 아말렉과의 전투는 모세가 손들고 기도하면 이스라엘의 승리요, 내리면 아말렉이 승리하는 가운데 아론과 훌이 모세의 팔을 들면서 이스라엘의 승리(여호와 닛시)로 끝났다(출 17:8-16).

3) 하늘에서 우박이 내리고 태양과 달의 움직임마저 그치는 초자연적인 역사를 통해 여호수아는 아모리 족속을 이겼다. 이는 오로지 하나님의 섭리 가운데 일어난 이적의 역사였다(수 10:6-14).

4) 블레셋이 이스라엘과 싸우려고 가까이 오자 하나님께서 큰 우레를 발하여 블레셋 군사들을 어지럽게 함으로 이스라엘이 승리할 수 있었다(삼상 7:10-12).

5) 블레셋의 들에 있는 진과 모든 백성 중에 떨림이 일어났고 땅도 진동하는 큰 떨림 현상으로 요나단과 그의 부하(병기든 자)는 20명의 블레셋 군사를 죽였다(삼상 14:6-15).

6) 엘리야는 450명의 바알 선지자들과의 대결에서 여호와의 불이 임함으로 승리하였다(왕상 18:16-40).

7) 아람과의 전쟁에서 하나님의 역사로 인해 아람의 군사들은 눈이 어두워져 볼 수 없게 되고 결국 사마리아에서 붙잡히고 만다(왕하 6:8-23).

8) 여로보암과의 전쟁 중 유다 사람이 소리를 지르자, 하나님께서 여로보암과 온 이스라엘을 아비야와 유다 앞에서 패하게 했다(대하 13:13-18).

9) 여호사밧과 온 유다 백성들이 여호와 앞에 엎드려 경배하고 레위 사람들은 하나님을 찬송하자 하나님께서 복병을 두어 암몬과 모압, 세일산 족속들을 전멸시켰다(대하 20:23).

10) 사자 굴에 갇힌 다니엘은 하나님께서 천사를 보내 사자들의 입을 봉하게 함으로 사자에게 잡혀 먹히지 않았을 뿐만 아니라 신체 어느 한 부분도 다치지 않았다(단6:16-23).

이외도 수많은 구원의 사건들이 신구약 성경에 기록되었다. 이런 초자연적인 사건들을 통해 하나님의 섭리와 다스림이 역사 안에 구체적으로 일어나고 있음을 발견하게 된다. 이것이 바로 하나님의 구속의 역사와 일반 역사의 차이점이기도 하다.

★웃시야 왕의 상반된 생애(대하 26장)

아마샤의 아들 웃시야 왕은 통치 초기에는 하나님께 기도하며 정직히 행하고 목축과 농업을 일으켜 많은 소득의 증대를 가져 오는 등 나라에 번영을 가져 왔다. 성읍과 망대를 건축함으로 나라의 안보에도 힘을 다했다. 이처럼 승승장구하던 웃시야 왕은 형통의 복을 누리면서 마음이 교만해졌다. 제사장 고유의 업무인 분향을 자신이 직접 담당(사울왕, 삼상 13:8-15)함으로 죄에 빠지고 만다. 마치 자신이 제사장이 된 것처럼 함부로 행동하였다. 그 결과 왕은 나병에 걸리고 평생 동안 별궁에 갇혀 참담한 삶을 살았고, 죽은 이후에도 열왕들의 묘실에 묻히지 못했다.

　웃시야 왕 이전의 왕들 중 요아스와 아마샤도 집권 초기에는 선정하였으나 말기에 이르러 타락한 경우이다. 요아스(대하 24장)는 제사장 여호야다가 사는 날 동안에는 하나님 보시기에 정직하게 행하였다. 특히 성전 보수에 뜻을 두고 이를 위해 정한 세를 거두어 들였고, 이를 토대로 하나님의 전을 이전 모양대로 견고케 하였다. 그러나 여호야다가 죽자 여호와의 전을 버리고 아세라 목상과 우상을 섬겼다. 이에 대해 여호야다의 아들 스가랴가 충언하자 그를 죽이고 말았다. 결국 하나님께서 요아스를 징벌하시어 그는 침상에서 죽임당하고 만다.

　아마샤 왕 역시 초기에는 여호와 보시기에 정직히 행하였지만 온전한 마음으로 행치 않았다(대하 25장). 그는 아버지 요아스를 죽인 신복들은 죽였으나 모세의 율법책에 기록된 대로 자녀들은 죽이지 않았다. 아마샤는 유다 사람을 모으고 계수하여 삼십만 병력을 갖추는 등 쇠약해진 나라의 병력을 세워 나갔다(아사왕 시절 약 58만의 병력은 빈번한 전쟁으로 거의 절반으로 감소함, 대하 14:8). 하나님의 사자의 축복을 받아 전쟁에서 승리하였다. 그러나 에돔 사람을 죽이고 돌아오면서 그들의 우상을 가져다 자기 신으로 세우고 그 앞에 경배하며 분향하는 죄에 빠졌다. 결국 유다의 군사는 이스라엘 앞에서 패하고 도망하였다. 아마샤가 하나님을 버린 이후 예루살렘에서 무리가 모반하여 죽임을 당하였다.

★요아스 → 아마샤 → 웃시야의 통치 초기와 말기의 공통점

통치 초기(하나님께 순종하며 번영) 대하 26:1-15	통치 말기(교만과 하나님의 징계) 대하 26:26-23
하나님 보시기에 정직히 행했다	마음이 교만해져 악을 행하여 하나님께 범죄 (본인이 직접 향단에 분향)
하나님께 간구함으로 형통함을 누렸다	분향을 막는 제사장에게 노를 발했다
성읍과 망대를 건축하여 나라가 강성	하나님께서 나병으로 징계하심
농사를 좋아하여 대대적인 농경사업의 발전을 도모하였다.	나병으로 평생을 별궁에서 지냈고 열왕의 묘실에 묻히지 못했다.

★악한 왕 아하스, 신앙 개혁을 일으킨 아들 히스기야 왕, 다시금 우상숭배에 빠진 므낫세 왕(대하 28-33장)

아하스(20세 즉위/ 16년 치리) 28-29장	히스기야(35세 즉위/ 29년 치리) 29-32장	므낫세(12세 즉위/ 55년 치리) 33장
• 여호와 보시기에 정직히 행치 아니함.	• 다윗처럼 여호와 보시기에 정직히 행함.	
• 바알 우상 만듦.	• 제사장, 레위인들을 모아 성전을 성결케 하고 더러운 것을 성소에서 없앰.	• 여호와 보시기에 악을 행함.
• 힌놈의 골짜기에서 분향 (자녀를 불살라 몰록 신에 바침).	• 성전 안의 모든 기구들을 깨끗케 함.	• 부친이 헐어버린 산당을 세우고, 바알을 위해 단을 쌓고, 아세라 목상 만들고, 일월성신 숭배하고 섬김.
• 푸른 나무아래에서 제사	• 성전 제사를 재개하여 성전에서 섬기는 일이 순서대로 갖추어짐.	• 힌놈의 골짜기에서 분향(자녀를 불살라 몰록 신에 바침).
• 아람 왕과 이스라엘 왕의 침략으로 많은 백성들이 살육 당함.	• 유월절을 준비하고 온 백성이 유월절을 지킴.	• 점치며, 사술과 요술행위하며 신접한 자와 박수를 신임함.
• 왕은 곤고할 때 더욱 하나님께 범죄함.	레위인을 위로하며 화목	• 아로새긴 목상을 성전에 세움.
• 하나님의 전의 기구들을 태우고 성전 문을 닫고	• 제를 드리고 하나님께 감사 드림.	• 쇠사슬로 결박된 채 바벨론에 끌려가자 겸비하여 회개 기도하고 성전 안의 우상 타파함.
• 예루살렘 구석에 단을 세우고 유다 각 성읍에 산당을 세움.	• 온전한 십일조와 예물제도를 개혁.	• 하나님의 단을 세우고 화목제, 감사제 드림.
• 성소를 등지고 성소의 등불을 끄고 분향하지 않고 번제를 드리지 않음.	• 십일조의 공정한 분배.	
	• 어려움에 처할 때 하늘을 향하여 부르짖는 기도의 사람.	

★남북왕국에서 가장 오랫동안(55년) 치리한 므낫세 왕(BC 697-642)

그는 부친 히스기야의 종교 개혁이 아무런 의미가 없을 정도로 우상 숭배에 빠진 왕이었다. 12살의 나이에 왕이 되었다. 그는 여호와 보시기에 악을 행하여 이방인의 가증한 일을 본받았다. 히스기야(부친)가 헐어 버린 산당을 다시 세우고 바알을 위해 단을 쌓고 아세라 목상을 만들었다. 하늘의 일월성신(별 숭배)을 숭배하고자 단을 쌓았다. 아하스 왕이 앗수르에서 처음 받아들인 별 숭배는 므낫세의 시대에 극에 달했다. 또한 자신이 만든 아로새긴 목상을 하나님의 성전에 세웠다. 우상을 마당에 둔 것이 아니라 성전 안에도 세운 것이다. 더욱 악한 죄악은 힌놈의 골짜기에서 자신의 아들을 불 가운데로 지나게 하며 점치며 사술과 요술을 행하며 신접한 자와 박수를 숭배하는 등 악을 행하여 하나님의 진노를 초래하였다(왕하 21:1-16 참조). 더욱 심각한 문제는 므낫세 왕의 꾀임을 받아 유다와 예루살렘 거민이 악을 행하였는데, 이는 하나님께서 이스라엘 자손 앞에서 멸하신 열방보다 더 심했다는 것이다.

그러나 앗수르 왕의 군사들에게 사로 잡혀 쇠사슬로 결박당한 채 바벨론으로 끌려가는 위기의 상황에서 그는 하나님 앞에 크게 겸손하여 기도하였다. 그의 기도에 하나님께서 응답하사 다시 왕위에 복직한다. 그제서야 왕은 여호와께서 하나님이신 줄을 알았다고 한다. 비참한 포로 생활을 통해 회개의 기도를 하게 된 것이다. 이후에 므낫세 왕은 이방 신들과 여호와의 전의 우상을 제하며 여호와의 제단을 중수하고 화목제와 감사제를 그 제단 위에 드리고 유다를 명하여 이스라엘의 하나님 여호와를 섬기라고 선포한다. 고난을 통해 므낫세는 하나님을 향해 마음이 열려진 것이다. 하나님의 백성들에게 때때로 고난은 저들에게 영적인 성숙으로 인도하는 지름길의 역할을 한다(대하 33장).

★남왕조의 멸망사에 대한 역대기 36:1-21과 왕하 23:28-25:26의 내용

요시야 왕의 세 아들(여호아하스, 여호야김, 시드기야)과 손자(여호야긴: 여호야김의 아들)를 중심으로 읽어보자.

요시야 왕이 죽자 그의 아들 여호아하스가 왕위를 이어 받는다. 즉위 3달 만에 애굽 왕 느고가 포로로 잡아갔다. 느고는 여호아하스의 형 여호야김을 왕위에 앉힌 실질적인 지배자로 유대 왕국을 통치하였다. 이렇게 남유다 왕국을 향한 하나님의 심판은 시작되었다. 여호야김은 11년간 치리하였는데 하나님 보시기에 악을 행한 왕이었다. 여호야김은 3년간 바벨론을 섬기다가 배반하여 애굽의 편이 되었다. 왕은 당시의 국제 정세를 제대로 파악하지 못하여 바벨론을 등지고 애굽에게 도움을 청했다. 애굽은 갈그미스 전투에서 바벨론에게 패배당하고(BC 606), 바벨론의 느부갓네살 왕은 유다땅으로 올라 와서 여호야김을 쇠사슬로 결박하여 바벨론으로 잡아 갔다(대하 36:5-7 바벨론 1차 포로기). 선지자의 말씀처럼(왕하 24:1-4) 므낫세의 죄악으로 인해 하나님께서 바벨론으로 하여금 유다를 치도록 만드신 것이다.

　이어서 여호야김의 아들 여호야긴이 왕이 되어 치리하다가 그 역시 바벨론에 포로로 잡혀 갔다(왕하 24:8-16, 바벨론 2차 포로기). 비천한 자 외에는 모두 다 바벨론에 잡혀가고 남은 자가 별로 없었다. 바벨론 왕은 여호야긴의 삼촌이요 요시야의 아들, 시드기야를 왕으로 삼았다. 그 역시 바벨론 왕을 배반함으로 느부갓네살 왕의 군대가 예루살렘 성을 치러 올라 왔다. 바벨론 왕은 시드기야의 아들들을 죽이고 왕의 두 눈을 빼고 사슬로 결박하여 바벨론으로 끌어갔다(왕하 25:1-7). 예루살렘 성전과 왕궁, 예루살렘의 귀인들의 집들 모두가 불태워졌고 성벽은 헐리고 말았다(왕하 25:8-21, 바벨론 3차 포로기). 솔로몬이 성전을 위해 만든 모든 기구들을 다 가져갔다. 예루살렘 성전을 건축한지(BC 959) 374년 만의 일이다. 당시 사로잡혀 간 백성은 총 4600명이었다(렘 52:28-30). 그러나 예언의 말씀처럼(렘 29:10) 성전이 파괴된 지 70년이 지난 후 바벨론 포로에서 귀환하였고 스룹바벨이 중심이 되어 성전 재건을 완공하였다(스 6:15-18).

★바사 왕 고레스의 칙령(대하 36:22-23)

　고레스는 바벨론을 멸망시키고(BC 539) 메데와 바사의 왕이 되었다. 그는 왕이 된 첫 해에 칙령을 내려 유다 백성들이 예루살렘으로 귀환할 것과 하나님의 성전을 재건할 것을 명령하였다. 이러한 조치가 고레스의 신앙에서 비롯된 것은 아니다. 그는 하나님의 구원의 역사를 일으키기 위해 하나님의 도구로 사용된 것이다. 하나님께서 당신의 소유된 백성들을 고레스의 칙령을 통해 선지자들로 예언된 약속을 성취하시기 시작한 것이다. 비록 하나님을 향해 불순종하고 이방의 신들을 섬기다가 70 여년 간 포로 생활하는 징벌을 내리셨지만 고레스의 칙령은 심판 가운데서도 당신의 백성을 회복시키기 위한 메시지이다. 예루살렘으로 돌아오는 귀환 백성들에게 하나님을 향한 신앙의 회복을 북돋우며 성전을 재건하는 신앙의 개혁을 촉구하고 있다.

요시야(31년) → 여호아하스(3개월, 요시야의 아들) → 여호야김(11년, 여호아하스의 형) 바벨론 1차 포로 → 여호야긴(3개월, 여호야김의 아들) 2차 포로 → 시드기야(11년, 요시야의 아들) 3차 포로 →남유다 왕국 멸망(BC 586)

4. 더 깊은 연구와 삶의 적용

1. 이스라엘 왕국의 분열은 우리에게 어떤 교훈을 제시하는지 나누어보자.

   1) 솔로몬의 우상숭배에 대한 하나님의 징계이다(왕상 11:11).

   2) 하나님의 주권적 섭리의 결과이다(왕상 11:26-40).

   3) 다윗 가에 대한 예언의 성취이다(왕상 11:29-32).

   4) 지도자의 오만과 자만심은 결국 큰 대가를 치른다(왕상 12:6-15).

   5) 선지자의 충고를 무시할 때 악한 결과를 초래한다(왕상 11:29-39).

   6) 악한 권면을 받아 들여 큰 화를 자초한다(대하 10:8-15).

2. 요시야 왕의 개혁정치는 어떤 결과를 초래하였는가?(대하 34:1-35:19)

   8세에 왕이 되어 31년 동안 유다왕국을 치리한 요시야 왕은 여호와 보시기에 정직히 행하여 좌로나 우로나 치우치지 아니하고 그 조상 다윗의 길로 행하였다.

   1) 16세의 어린 나이에 이미 하나님께 기도하며 20세에 이르러 산당과 아세라 목상들과 아로새긴 우상, 부어 만든 우상들을 다 제거하였다(대하 34:1-7). 2) 땅과 성전을 정결하게 하려고 성전 수리사업을 펼쳐 나갔다(대하34:8-13).

   2) 제사장 힐기야가 율법책을 발견하고, 이를 전달받아 말씀을 듣자 왕은 옷을 찢으며 회개했다(대하 34:14-21).

   3) 백성들에게 말씀을 들려주면서 마음과 성품을 다하여 하나님의 계명과 법도와 율례를 지켜 기록된 언약의 말씀을 이루라고 선포하였다(대하 34:29-33).

   4) 이스라엘 백성들에게 스스로 성결케 하고 어린 양을 잡아 유월절을 준수하게 하였다(대하 35:1-19).

3. 열왕기와 역대기의 차이점은 무엇인가?(대상 1-9장, 대하 36:21-23)

  1) 열왕기가 남북 왕국을 역사의 흐름에 따라 객관적으로 다룬 반면, 역대기는 하나님의 창조 당시 아담에서 시작되고 있다(대상 1:1). 이어서 9장까지 이스라엘의 족보가 유다 왕국이 멸망하고 1차 바벨론 포로에서 돌아온 명단에 이르기까지 기록하고 있다(대상 1-9장). 비록 유다 왕국은 멸망하지만, 하나님의 언약의 백성은 결코 멸망하지 않고 있음을 시사한다. 특별히 역대기는 다윗 왕권을 계승한 유다의 왕권에 초점을 맞추어 기록하고 있다(대상 1-9장 족보).

  2) 열왕기와 사무엘서는 왕들과 선지자들을 강조하면서 선지자적인 관점에서 이스라엘의 죄악의 역사를 회고하며 반성하는 과거의 기록이라면, 역대기는 성전과 제사장을 강조하여 남왕국이 멸망하고 150년이 지난 이후에 제사장적인 관점에서 새 역사를 바라보는 미래를 지향하는 기록이다. 또한 열왕기하가 유다의 패망과 여호야긴의 지위 회복을 기록하면서 개인적인 회복의 시작을 언급하고 있음(왕하 25:27-30)에 비해, 역대기는 바벨론 포로에서 돌아오도록 바사왕 고레스의 조서가 내려지는 이스라엘 백성을 향한 구체적인 회복의 역사를 기록하고 있다(대하 36:22-23). 역대기는 바벨론 포로 귀환을 위한 조서를 선포함으로 하나님의 회복의 역사가 어떻게 인간 역사 안에서 펼쳐지고 있는지를 알려 주고 있다. 바벨론 포로가 되는 하나님의 심판 역사에 뒤이어 언약 백성으로서의 미래에 대한 소망과 회복을 강력하게 시사하는 하나님의 구원 역사가 역대기에는 등장하고 있다.

4. 사무엘상하, 열왕기상하, 역대기상하를 읽으면서 이스라엘의 왕들의 역사를 살펴보았다. 이스라엘 백성들의 간청으로 도입된 왕 제도는 남북 왕국들의 멸망으로 결국 실패하고 말았다. 사울-다윗-솔로몬, 그 이후 분열왕국(여로보암의 북이스라엘 왕국과 르호보암의 남유다 왕국)의 흥망성쇠의 역사를 읽으면서 인간 왕의 역사는 우리에게 어떤 교훈을 남겨 주는가?

BC 2090년 아브라함을 부르신 하나님께서 구원역사를 구체적으로 일으키셨다. 아브라함과 이삭과 야곱의 족장 시대와 이스라엘의 12지파로 이어지는 초기 이스라엘의 역사는 그 이후 모세를 통한 출애굽의 역사, 40년의 광야 시절, 가나안 정복과 땅 분배를 위해 수고한 여호수아, 가나안 정착 과정에서 활약했던 340년의 사사 시대를 통해 하나님의 다스림과 인도하심이 저들의 역사와 함께 하였음을 보았다.

왕정시대의 도래(초대 왕 사울, BC 1050-1010)와 다윗과 솔로몬, 그 이후의 분열왕국과 남북왕국들의 몰락은 하나님의 택한 백성들의 불순종으로 인해 내려진 하나님의 심판이었다. 이는 하나님께서 주신 언약들과 수많은 선지자들의 예언의 성취이기도 하다. 특별히 왕정시대의 역사는 처음부터 잘못된 시작이었다. 사무엘 아들들의 부정으로 이스라엘 백성들은 당시 가나안 토착민들과 이웃 나라들의 왕정제도에 마음이 기울어졌고 사무엘의 반대에도 불구하고 하나님은 왕 제도를 허락하셨다. 왕정제도는 하나님이 원하시는 제도가 아니었고 백성들이 인간적인 생각에 사로잡혀 이방 나라들로부터 도입된 제도였다. 그러나 인간 왕이 다스리는 남북 왕국들은 몰락하고 이스라엘은 나라를 잃고 민족만 남게 되었다. 성전은 불타고 수많은 인재들이 바벨론 포로로 끌려갔지만(BC 586, 포로기간 70년) 바사 왕 고레스를 통한 회복이 시작되었다(BC 538). 그 이후 스룹바벨, 에스라, 느헤미야와 같은 열정적인 신앙의 인물들이 등장하면서 새롭게 성전을 건축하며(스룹바벨), 말씀으로 돌아가는 회개의 개혁운동이 일어났으며(에스라), 유다의 총독으로 부임한 느헤미야를 통해 무너진 성벽을 재건하는 놀라운 회복의 역사가 일어났다.

왕국은 멸망으로 끝났지만 결코 하나님의 백성, 이스라엘은 멸망하지 않았다. 400 여년의 공백기 이후 이 땅에 메시야로 오신 예수 그리스도를 통해서 구약의 예언은 성취되었다(창 3:15, 미 5:2, 사 7:14, 9:6, 53:3-5, 슥 9:9). 유다 지파를 통한 하나님의 구속의 역사는 계속 이어져 간 것이다.

예수님은 3년간의 공생애 동안 복음을 전하시고 가르치며 병든 자를 고치시는 등 수많은 기적을 일으키셨다. 그러나 유대 지도자들의 질시와 불신앙으로 인해 십자가에 못 박히시고 돌아가셨다. 십자가의 죽음에 대한 죄명은 자칭 '유대인의 왕' 이라고 주장한 신성모독죄에 해당하였다. 예수님의 죄명은 히브리어, 로마와 헬라어 등 3개국 언어로 기록되었다(요 19:20). 세상과 당시 대부분의 유대인들은 예수 그리스도를 왕으로 인정하지 않은 것이다. 그러나 요한계시록은 다시 오실 재림의 예수 그리스도에 대해 땅의 임금들의 머리시요, 왕이시요, 그가 바로 경배 받으실 분이심을 선포하고 있다(계 1:5, 11:15-17, 15:4, 19:16).

5. 사무엘상하, 열왕기상하, 역대기상하에 기록된 인간 왕들의 멸망의 역사가 우리에게 교훈하는 바는 무엇입니까?

오직 예수만이 우리의 왕이시라는 신앙고백이다. 이스라엘과 유다의 불순종을 향해 하나님은 심판하시지만(왕국의 몰락), 유다 지파를 통해 구원의 역사가 이어져 갈 것임을 선지자들을 통해 미리 가르쳐 주셨고, 이 예언은 이스라엘의 역사 안에서 하나하나 이루어졌다.

하나님의 구원역사는 예수 그리스도의 오심으로 그 정점을 이루다가 예수 그리스도가 재림하는 그 날에 완성될 것이다. 이 내용을 마음에 두고 지나온 역사의 흐름을 다시 한 번 살펴보자!

에스라 · 느헤미야 · 에스더
Ezra · Nehemiah · Esther

에스라와 느헤미야는 원래 한 권의 책이었다고 한다. 중세 시대 히브리어 성경에서 따로 분리되었다고 한다. 이 두 책은 구약시대의 마지막 사건들을 기록하고 있다. 포로시대 이후부터(고레스의 조서, BC 539) 느헤미야가 활동하는 시기(BC 5세기 말)에 이르기까지 역사적인 내용을 구속사적인 관점에서 기록하고 있다.

1. 에스라를 어떻게 읽을 것인가

유다 왕국은 3차에 걸쳐 바벨론에 포로로 잡혀 가는 비참한 역사(BC 605-587)로 막을 내린다. 그러나 이방 왕 바사의 고레스는 바벨론을 멸망시키고(BC 539), 메데와 바사의 왕이 되는 첫 해(BC 538)에 칙령을 내렸다. 유다 백성들에게 예루살렘으로 귀환할 것과 예루살렘 성전을 재건할 것을 명하였다(대하 36:22-23, 스 1:1-2). 고레스 왕의 믿음이라기보다는 하나님의 구원 사역의 도구로서 하나님의 성령에 인도함을 따라 그 역할을 한 것이다!

고레스의 칙령으로 이사야와 예레미야 선지자의 예언은 역사 안에 구체적으로 성취되었다(사 44:21-28, 45:1, 렘 29:10-14). 고레스의 귀환 허락으로 이스라엘 백성들은 고국으로 돌아올 수 있게 되었다. 포로 귀환은 1차는 BC 537 스룹바벨의 인도로, 2차는 BC458 에스라의 인도로, 3차는 BC444 느헤미야의 인도로 이루어졌다.

에스라는 아론의 후손으로 제사장이자 율법학사였다(7:1-5, 10-12). 그는 자신이 먼저 금식을 선포하고 기도하면서 포로 귀환을 준비하였다(8:21-23). 본서는 2차 귀환을 인도했던 에스라가 3차 귀환할 백성들을 위해 1-2차 귀환한 백성들의 행적을 기록으로 남긴 것이다.

전반부(1-6장)는 1차 포로 귀환과 이스라엘 재건의 외형적인 기틀을 마련한 성전 재건에 대해 기록하고 있다(BC 538-515).

후반부(7-10장)는 2차 포로 귀환 이후 성전 재건의 의욕이 상실되어 영적 침체에 빠진 유대인들을 향해 에스라는 자신이 먼저 금식하며, 회개하는, 기도에 매진한다. 특별히 이방인과의 통혼 문제에 대해 에스라는 옷을 찢는 회개기도를 한다.

그가 자복할 때 많은 백성들도 심히 통곡하였고, 결국 이방인 아내들을 모두 내어 보내기로 결정하였다. 에스라의 회개와 기도는 온 백성들로 하여금 신앙의 개혁을 일으켰다. 지도자의 회개와 기도는 백성들에게 큰 신앙의 도전을 주었고 저들을 결단하게 만들었다! 역대기가 솔로몬 성전의 건축과 파괴를 줄거리로 진행된 역사서라면, 본서는 스룹바벨 성전 재건과 함께 2차 포로귀환에 이어지는 회복의 역사를 담은 이스라엘의 은혜로운 역사서이다.

2. 저자 · 기록연대 · 기록동기

저자와 기록연대: 유대 전승은 저자를 에스라로 규정하고 있다. 본서의 내용에서도 에스라가 저자임이 나타나 있다(7:28-9:15의 일인칭 화법). 기록연대는 느헤미야의 인도로 3차 포로 귀환이 시작된 이후로 본다(BC 444년).

기록동기: 2차 바벨론 포로 귀환을 주도했던 에스라가 3차 귀환하는 백성들에게 1-2차 귀환한 백성들의 행적을 기록함으로 성전 재건과 신앙의 개혁 운동을 상세하게 알려주려고 했다. 즉 이스라엘의 타락으로 인한 하나님의 심판은 바벨론 포로로 나타났지만 하나님의 사랑으로 귀환하여 새로운 공동체로 회복되는 과정(성전 재건과 신앙 개혁)을 묘사하고 있다. 이러한 기록은 오늘날의 성도들에게도 큰 도전과 의미를 부여한다. 과거의 교회사를 계승해 나가면서 지난날의 실수와 문제 속에 갇혀 있지 말고, 끊임없이 미래를 향해 개혁해 나갈 것을 우리에게 권면하고 있다.

기억할 말씀

스 9:6
나의 하나님이여 내가 부끄럽고 낯이 뜨거워서 감히 나의 하나님을 향하여 얼굴을 들지 못하오니 이는 우리 죄악이 많아 정수리에 넘치고 우리 허물이 커서 하늘에 미침이니이다

3. 에스라의 파노라마

주제	성 전 재 건			개 혁 운 동	
내용 구분	1:1	3:1	7:1	9:1	10:44
	1차 포로 귀환	성전 재건	2차 포로 귀환	신앙의 개혁	
문제	성전 건축과 이스라엘의 신앙 회복을 위한 역사서				
장소	바사 → 예루살렘				
기간	23년(BC 538-515년)		1년(BC 458-457년)		

1. 스 1:1-3

'바사 왕 고레스 원년에 여호와께서 예레미야의 입을 통하여 하신 말씀을 이루게 하시려고 바사 왕 고레스의 마음을 감동시키시매 그가 온 나라에 공포도 하고 조서도 내려 이르되 바사 왕 고레스는 말하노니 하늘의 하나님 여호와께서 세상 모든 나라를 내게 주셨고 나에게 명령하사 유다 예루살렘에 성전을 건축하라 하셨나니 이스라엘의 하나님은 참 신이시라 너희 중에 그의 백성 된 자는 다 유다 예루살렘으로 올라가서 이스라엘의 하나님 여호와의 성전을 건축하라 그는 예루살렘에 계신 하나님이시라'

2. 스 8:21-23

'그 때에 내가 아하와 강 가에서 금식을 선포하고 우리 하나님 앞에서 스스로 겸비하여 우리와 우리 어린 아이와 모든 소유를 위하여 평탄한 길을 그에게 간구하였으니 이는 우리가 전에 왕에게 아뢰기를 우리 하나님의 손은 자기를 찾는 모든 자에게 선을 베푸시고 자기를 배반하는 모든 자에게는 권능과 진노를 내리신다 하였으므로 길에서 적군을 막고 우리를 도울 보병과 마병을 왕에게 구하기를 부끄러워하였음이라 그러므로 우리가 이를 위하여 금식하며 우리 하나님께 간구하였더니 그의 응낙하심을 입었느니라'

3. 스 10:10-11

'제사장 에스라가 일어나 그들에게 이르되 너희가 범죄하여 이방 여자를 아내로 삼아 이스라엘의 죄를 더하게 하였으니 이제 너희 조상들의 하나님 앞에서 죄를 자복하고 그의 뜻대로 행하여 그 지방 사람들과 이방 여인을 끊어 버리라 하니'

1) 성전 재건(1-6장)

고레스의 칙령(1:1-4), 귀환 준비(1:5-11), 귀환자의 명단(2:1-70),
번제와 성전 기공(3:1-7, 8-13), 사마리아인들의 성전 건축 방해(4:1-5),
계속되는 방해 공작(4:6-24), 성전 건축의 재개(5:1-5),
사마리아인들의 방해(5:6-17), 재개된 성전 건축(6:1-12),
성전 완공과 봉헌(6:13-18), 유월절을 지킴(6:19-22).

2) 개혁 운동(7-10장)

에스라의 예루살렘 귀환(7:1-10), 아닥사스다 왕의 조서(7:11-26),
에스라의 찬양(7:27-28), 2차 귀환자 명단(8:1-20),
아하와 강 가의 금식 기도-귀환 전 준비 기도(8:21-23),
재정 관리자 선정(8:24-34), 귀환에 대한 감사의 제사(8:35-36),
이방인과의 통혼 문제(9:1-6), 에스라의 회개 기도(9:7-15),
온 이스라엘의 회개(10:1-5), 예루살렘 총회(10:6-15),
통혼자의 명단(10:16-44).

4. 에스라 해석의 키워드

★고레스

BC 538년 전 바벨론 제국을 정복하고 페르시아(바사) 제국을 일으킨 왕이다(BC 559-530). 그는 메대와 바사를 통일하고 바벨론을 정복하였지만, 정복한 민족들의 전통과 종교를 존중한 지혜로운 왕이었다.

그는 하나님의 감동을 받아 조서를 내려 당시 바벨론 포로로 잡혀 왔던 이스라엘 백성을 예루살렘으로 돌아가도록 길을 열어 주었고 성전 재건에도 큰 도움을 주었다(대하 36:22-23, 스 1:1-11). 이러한 그의 조치는 이미 선지자 이사야에 의해 놀랍게도 150여년 전에 예언되었다(사 44:24-28, 45:1-13).

★성전 재건의 과정(1-6장)

1) 바벨론 왕 느부갓네살에 의해 완전히 파괴당한다(대하 36:11-20).

2) 하나님께서 바사 왕 고레스의 마음을 움직여 성전 재건이 시작된다(1:1-4).

3) 고레스왕의 명령에 의해 바벨론이 빼앗아 온 모든 성전 그릇들을 다 되찾아 온다(1:5-11).

4) 유다와 베냐민 족장들과 제사장들, 레위 사람들은 하나님의 감동을 받고 예물을 즐거이 드렸다(1:5-6).

5) 하나님께 올리는 제사가 회복되고, 성전의 기초를 놓았다(3:2-13).

6) 사마리아인들의 성전 건축 방해로 중단되었다(4장).

7) 다리오 왕의 조서로 성전 건축이 다시 시작되었다(6:1-12).

8) 성전 재건이 신속이 진행되면서 완공되었다(6:13-15).

9) 성전 봉헌식을 행하였다(6:16-22).

사마리아 인들의 방해로 15년간 지연된 공사는 건축을 시작한지 20년 만에 드디어 완공하였고(BC 516), 새 성전에는 하나님의 영광이 임했다(학 2:2-9).

★아닥사스다 왕이 내린 조서(7:11-26)

1차 포로귀환이 성전 재건을 위해 이루어진 하나님의 역사라면, 2차 포로귀환은 하나님의 율법을 통한 신앙회복을 위한 역사라 할 수 있다. 율법학사요 제사장인 에스라를 통해 이루어진 2차 포로 귀환의 역사에는 바사의 아닥사스다 왕의 조서가 중요한 자리를 차지하고 있다(1차 귀환에는 고레스 왕의 조서가 공포되었다). 아닥사스다 왕은 당시 바사 제국의 식민지였던 유대 지역의 총독에게 조서를 내렸다.

1) 바벨론에 남아있던 모든 이스라엘 백성들 중 돌아가고자 하는 자는 누구든지 돌아가도록 허용하였다(13).

2) 바사의 왕과 지도자들은 에스라가 예루살렘의 상황을 살펴보고, 은금과 예물을 하나님의 전에 드릴 수 있도록 무엇이든지 도와주라고 명령을 내렸다(14-20).

3) 에스라가 구하는 모든 것을 신속히 시행하고 밀, 포도주, 기름을 주고 소금은 제한 없이 주라는 엄청난 명령을 내렸다(21-22).

4) 제사장, 레위인 등 성전에 관련된 일을 하는 모든 사람들에게는 조공과 세금을 받지 말라고 엄중하게 명령했다(24).

5) 이방 왕은 마지막으로 에스라에게 모든 백성을 재판하고 하나님과 왕의 명령을 어기는 자는 죽이거나 옥에 가두는 등 죄를 엄중하게 다스리라고 명령했다.

이 조서에서 내린 명령의 내용도 대단하지만, 왕은 하나님을 하늘의 하나님이라고 칭했다. 뿐만 아니라 성전을 위해 하나님의 명령을 행하라고 했다. 이를 제대로 하지 못하면 그 진노가 왕, 왕의 자녀들, 왕의 나라에 임한다고 했다. 한 마디로 아닥사스다 왕은 하늘의 하나님을 두려워하며 하나님의 백성들이 고국으로 돌아가 하나님을 섬길 수 있도록 배려하였다.

★성경에 나타난 회개에 대한 표현들(9:1-10:4)

1) 눈물을 흘리며 통곡하며 운다(10:1, 욜 2:12).

2) 옷을 찢고, 굵은 베옷을 입는다(9:1-3, 에 4:1, 왕하 6:30).

3) 티끌과 재를 뒤집어쓴다(에 4:1, 렘 6:26, 겔 27:30).

4) 금식하며 기도한다(왕상 21:27, 욘 3:5, 욜 2:12).

5) 재 위에 앉는다(욥 42:6, 욘 3:6).

● 느헤미야

1. 느헤미야를 어떻게 읽을 것인가

느헤미야는 유대인이었지만, 바사 왕국의 4대 왕 아닥사스다 시대에 술 맡은 관원이라는 고위층에 있던 인물이다. 대왕국의 고위 공무원인 느헤미야는 어느 날 예루살렘 성이 훼파되고 성문들이 불탄 소식을 듣고 울면서 금식하며 기도한다. 이는 학사 에스라가 귀환한지 13년이 지난 아닥사스다 왕 20년 때의 일이다.

'이제 종이 주의 종들인 이스라엘 자손을 위하여 주야로 기도하오며 우리 이스라엘 자손이 주께 범죄한 죄들을 자복하오니 주는 귀를 기울이시며 눈을 여시사 종의 기도를 들으시옵소서 나와 내 아버지의 집이 범죄하여'(1:6)

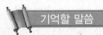
기억할 말씀

본서는 기도의 사람 느헤미야가 이스라엘 백성을 위해 눈물로 간구하면서 시작된다. 그는 고국을 생각하며 기도하는 기도의 사람이었다. 바사 왕의 배려로 예루살렘으로 돌아온 느헤미야는 12년간 유대의 총독으로 봉직하였다(BC 444–432). 총독의 임금도 받지 않고 그는 청렴결백한 삶을 살았다(느 5:14-15). 성벽을 수축할 당시 사마리아의 총독 산발랏 등의 방해가 심했지만 성벽 재건은 중단되지 않고 진행되었다. 느헤미야의 기도와 헌신으로 52일 만에 성벽 공사는 마무리되었다.

뿐만 아니라 그는 학사 에스라와 더불어 이스라엘 백성들을 하나님의 말씀 앞으로 돌아오게 하였다(느 8–9장). 이후 바사 왕국으로 돌아가 왕의 허락을 받고 예루살렘으로 다시 귀향하여 신앙의 대개혁을 일으킨다(느 13장). 그는 대제국의 최고 관리직을 내려놓고, 이스라엘 백성들의 고통에 동참하여 정치적, 신앙의 개혁을 일으켰다. 성전을 정화하며, 레위인들의 생계를 위해 십일조를 거두며, 안식일을 확립하며, 이방인과의 통혼을 금지하는 등 이스라엘 백성들의 신앙 개혁운동에 앞장 선 지도자의 역할을 감당하였다.

역대기는 유다 왕국의 멸망의 역사와 함께 바벨론 포로 시대가 마무리되는 고레스의 칙령이 반포되는 시기까지의 기록이라면, 에스라와 느헤미야는 포로 귀환 시대의 성전 건축과 성벽 재건을 중심으로 다루고 있다. 에스라가 1-2차 포로 귀환사를 기록하였고, 느헤미야는 마지막 3차 포로 귀환사(BC 444-425)를 기록하고 있다. 학사요 제사장이었던 에스라가 성전을 중심으로 역사를 기록한데 비해, 느헤미야는 바사 왕국의 고위직을 담당했던 행정가로서 정치, 외교, 신앙 모든 부분을 골고루 다루고 있다.

전반부(1-7장)는 3차 귀환 과정과 성벽 재건에 대해, 후반부(8-13장)는 언약 갱신을 통한 적극적인 신앙부흥 운동과 이어서 성벽을 봉헌하며 이방인과의 통혼을 철저하게 금지하였다.

본서는 포로 귀환시대의 이스라엘을 향한 하나님의 구원 역사의 재건을 마무리하는 신구약의 중간기로 구약의 역사 중 가장 마지막 부분에 해당한다.

기억할 말씀

느 13:26-27
옛적에 이스라엘 왕 솔로몬이 이 일로 범죄하지 아니하였느냐 그는 많은 나라 중에 비길 왕이 없이 하나님의 사랑을 입은 자라 하나님이 그를 왕으로 삼아 온 이스라엘을 다스리게 하셨으나 이방 여인이 그를 범죄하게 하였나니 너희가 이방 여인을 아내로 맞아 이 모든 큰 악을 행하여 우리 하나님께 범죄하는 것을 우리가 어찌 용납하겠느냐

2. 저자 · 기록연대 · 기록동기

저자와 기록연대: 주인공 느헤미야가 일인칭 화법으로 기록한 것으로 보아 느헤미야의 말년으로 추정된다(BC 421-400).

기록동기: 에스라서 이후의 기록으로 3차 포로 귀환을 끝내고 예루살렘을 중심으로 유대 땅에 정착한 상황 속에서 지난날을 돌아보며(성벽 재건과 신앙개혁) 후세대들에게 신앙생활의 지침이 되고자 느헤미야의 말년에 기록되었다. 특별히 에스라서가 이방 결혼을 금지하는 등 다소 소극적인 개혁이었다면, 느헤미야서는 언약 갱신(느 9-10장)을 촉구하여 보다 적극적이고 실천적인 신앙 개혁을 다루고 있다.

느헤미야의 탁월한 영적 지도력과 행정력을 바탕으로 귀환 시대 이스라엘 백성의 재건의 기틀이 완전히 마련된 과정과 결과를 기록하고 있다. 오늘의

성도들에게도 본서는 생활 속에서 구체적인 실천이 뒤따르는 영적인 성장을
촉구하고 있다.

3. 느헤미야의 파노라마

주제	성벽 재건			신앙 개혁 운동	
내용 구분	1:1 3:1		8:1	11:1	13:31
	3차 포로 귀환	성벽 수축	신앙 회복	성벽 봉헌과 신앙의 재개혁	
문체	선민 이스라엘 백성의 성결을 강조한 역사서				
장소	예루살렘				
기간	19년(BC 444-425년)				

1) 성벽 재건(1-7장)

소식(1:1-3), 느헤미야의 기도(1:4-11), 하나님의 기도 응답(2:1-10),
성벽 공사의 공로자(3장)와 방해꾼(4장), 백성들의 원망(5:1-5),
부자들을 향한 책망(5:6-13), 의로운 총독(5:14-19),
방해자들의 음모(6:1-14), 성벽 건축 완공(6:15-7:4),
1차 귀환자들의 인구 조사(7:5-73).

2) 신앙 개혁 운동(8-13장)

에스라의 율법 강독(8:1-12), 초막절 준수(8:13-18),
말씀의 힘-깨달음과 회개(9:1-3), 경배(9:4-6),
하나님의 축복을 회고(9:7-15), 회개와 언약(9:16-38),
언약에 인봉한 자들과 맹세(10:1-39), 예루살렘 정착(11:1-19),
예루살렘 성벽 봉헌(12:27-43),십일조와 성전 봉사자들(12:44-47),
이방인과의 분리 촉구(13:1-3),
느헤미야의 재개혁-안식일 확립과 통혼 금지(13:4-31).

기억할 말씀

1. 느 6:16
우리의 모든 대적과 주위에 있는 이방
족속들이 이를 듣고 다 두려워하여 크
게 낙담하였으니 그들이 우리 하나님
께서 이 역사를 이루신 것을 앎이니라

1. 느 8:8-10
'하나님의 율법책을 낭독하고 그 뜻을
해석하여 백성에게 그 낭독하는 것을
다 깨닫게 하니 백성이 율법의 말씀을
듣고 다 우는지라 …… 오늘은 너희
하나님 여호와의 성일이니 슬퍼하지
말며 울지 말라 하고 느헤미야가 또
그들에게 이르기를 너희는 가서 살진
것을 먹고 단 것을 마시되 준비하지
못한 자에게는 나누어 주라 이날은 우
리 주의 성일이니 근심하지 말라 여호
와로 인하여 기뻐하는 것이 너희의 힘
이니라 하고'

4. 느헤미야 해석의 키워드

★이방 나라 최고의 지도자였던 하나님의 사람들

  1) 요셉(애굽의 총리, 창 41:39-41)

  2) 느헤미야(아닥사스다 왕의 술 맡은 관원, 느 1:11-2:1, 유다 총독, 느 5:14-15)

  3) 에스더(아하수에로 왕의 왕후, 에 2:17)

  4) 모르드개(아하수에로 왕의 2인자, 에 10:2-3)

  5) 다니엘(느부갓네살 왕 시대에 바벨론의 총리, 2:48-49, 벨사살 왕 시대에 나라의 셋째 치리자, 5:16, 바벨론의 분봉왕 다리오 시대에 총리, 6:1-2)

★느헤미야의 성벽 재건 과정을 통해 주는 교훈들(1-6장)

  1) 예루살렘 성은 허물어지고 성문들은 불탔다는 소식을 듣고 느헤미야는 울고 슬퍼하였지만 결코 좌절하지 않았다. 그는 먼저 하나님 앞에 금식하며 기도하였다. 먼저 하나님의 긍휼을 간구하며 자신과 이스라엘의 죄를 자복하며 이스라엘의 회복을 위해 기도하였다. 절망하지 않고 회개하며 회복을 간구하였다(1:3-11).

  2) 느헤미야는 세상의 일보다 하나님의 일을 더 귀중히 여겼기에 담대하게 이방 왕께 나아갔다. 그는 이방 왕의 면전에서 하나님께 묵도하고 유다의 상황을 설명하면서 예루살렘 성의 건축에 대해 도움을 요청한다. 왕이 흔쾌히 수락하자, 그는 하나님의 선한 손이 도우셨기에 왕이 허락하였다고 하면서 결코 자신을 내세우지 않았다(2:1-10).

  3) 고국에 돌아온 지 삼일 만에 그는 구체적으로 세심하게 일을 시작한다. 그는 성벽에 대해 먼저 비밀스럽게 탐사한 이후 온 백성들에게 예루살렘 성의 건축을 호소하였고 온갖 방해 세력들(산발랏과 도비야, 게셈 등)에 개의치 않고 성벽 재건 공사를 수행해 나간다. 그는 공사 수행 과정에서 모든 사람들이 참여하도록 독려했고, 조직적으로 일을 진행해 나갔다(2:11-3:32).

4) 산발랏과 도비야, 사마리아로부터 온갖 방해 공작과 조롱, 모함 속에서 때로는 신변의 위협도 받았지만, 느헤미야는 방해 세력과 맞서서 담대하게 성벽 재건을 계속해 나갔다. 그는 하나님의 일이라는 일념으로 오직 기도로 흔들림 없이 성벽 재건을 밀어붙일 수 있었다. 결국 52일 만에 성벽이 수축되었다(4:16-6:15).

5) 느헤미야는 바사의 왕 아닥사스다에게 신임을 얻어 유대인으로 유다의 총독이 되었다. 유다 총독 12년 동안 그는 왕으로부터 어떤 봉급도 받지 않은 채, 오직 하나님을 경외함으로 자신에게 맡겨진 총독으로서의 임무를 다했다. 그는 바사의 관리일뿐만 아니라 하나님의 일꾼으로 맡겨진 일(성벽 재건)을 감당한 믿음의 사람이었다(5:14-15).

6) 성벽 재건의 역사가 끝나면서 모든 대적들과 이방 사람들마저 하나님을 두려워하며, 하나님이 이 모든 것을 이루셨음을 인정하게 되었다(6:16-19). 결국 느헤미야의 지도력은 그를 방해하고 조롱하던 세력들마저 하나님의 역사임을 인정하게 만들었다.

★예수 그리스도를 예표하는 기도의 사람 느헤미야

1) 고국의 소식을 듣고 느헤미야는 슬퍼하며 금식하며 기도하였다(느 1:4).

2) 느헤미야는 성벽을 쌓기 위해 백성들과 함께 하자고 독려했는데, 예수님은 12제자를 부르시고 복음전파 사역을 함께 하셨다(느 3:17-20, 막 3:13-19).

3) 성벽 공사가 시작되자 산발랏과 도비야가 대적하며 이를 강력하게 방해하였고, 백성들은 생활의 어려움 등으로 느헤미야를 원망하였다. 예수님을 향한 대적자들(대제사장, 바리새인, 서기관, 가룟 유다, 대부분의 유대인들)로 인하여 결국 십자가에 돌아 가셨다(느 4장, 5:1-5).

4) 느헤미야는 유다의 총독이 누릴 부를 내려놓고 백성들을 위해 기도하며, 말씀을 가르쳤다(5:14-19, 8:9). 예수님께서도 공생애 3년 동안 기도하며 복음을 선포하며 가르치셨다.

5) 도비야를 위해 성전에 그의 방을 만들었는데, 이를 다 부수고 하나님의 전의 그릇과 소제물과 유향을 다시 갖다 놓는 성전 정화 작업을 벌였다(느

13:7-9). 예수님께서도 성전 안에서 매매하는 자들 내쫓으시고 누구도 기구를 가지고 성전 안으로 다니는 것을 금하시며 성전 정화 작업을 진두 지휘하셨다(요 2:13-16, 막 11:15-17, 마 21:12).

느헤미야는 당시 바사 왕국에서 유대인으로 고위 관리였지만, 고국의 어려움에 외면하지 않고 적극적으로 도울 방안을 기도와 금식으로 준비하며 이를 구체적으로 역사 안에서 이루어 놓은(성벽 재건) 위대한 신앙인이었다.

★회복되는 이스라엘 백성(8-9장)

에스라의 율법 낭독을 들으면서 이스라엘 백성들은 변화를 받게 된다. 저들은 율법의 말씀을 듣고,

1) 손을 들고 아멘으로 응답하였다(8:6).

2) 얼굴을 땅에 대고 하나님을 경배하며 말씀을 깨닫게 되었다(8:6).

3) 율법의 말씀을 듣고 백성들은 울기도 했다(8:9).

4) 느헤미야의 권면(주의 성일이니 근심하지 말라 여호와를 기뻐하는 것이 너희의 힘이다)에 순종하여 먹고 마시며 크게 기뻐하였다(8:10-13).

5) 율법의 말씀을 알고자 하는 갈망이 있었다(8:13).

6) 율법을 보고 저들은 초막을 짓고 절기(초막절)를 지켰다(8:14-18).

7) 7일 동안 절기를 지킨 이후 규례를 따라 성회를 열었다(8:18).

8) 금식하며 굵은 베 옷을 입고 티끌을 무릅쓰며 회개했다(9:1).

9) 모든 이방 사람들과 절교하였다(9:2).

10) 자신과 조상의 죄와 허물을 자복하며 하나님께 경배하였다(9:3).

11) 하나님을 향해 신앙을 고백하였다(9:6-15).

말씀은 이처럼 이스라엘 백성들이 자신의 죄를 자복하고 신앙을 회복하는 도구의 역할을 하였다.

★율법 준수의 언약(9-10장)

이스라엘은 율법을 준수하는 언약을 세우는데 말로만 하지 않고 서명한 자들의 이름까지 기록하였다(9:38-10:39). 언약의 내용을 살펴보면,

기억할 말씀

느 8:5-12

에스라가 모든 백성 위에 서서 그들 목전에 책을 펴니 책을 펼 때에 모든 백성이 일어서니라 에스라가 위대하신 하나님 여호와를 송축하매 모든 백성이 손을 들고 아멘 아멘 하고 응답하고 몸을 굽혀 얼굴을 땅에 대고 여호와께 경배하니라 예수아와 바니와 세레뱌와 야민과 악굽과 사브대와 호디야와 마아세야와 그리다와 아사랴와 요사밧과 하난과 블라야와 레위 사람들은 백성이 제자리에 서 있는 동안 그들에게 율법을 깨닫게 하였는데 하나님의 율법책을 낭독하고 그 뜻을 해석하여 백성에게 그 낭독하는 것을 다 깨닫게 하니 백성이 율법의 말씀을 듣고 다 우는지라 총독 느헤미야와 제사장 겸 학사 에스라와 백성을 가르치는 레위 사람들이 모든 백성에게 이르기를 오늘은 너희 하나님 여호와의 성일이니 슬퍼하지 말며 울지 말라 하고 느헤미야가 또 그들에게 이르기를 너희는 가서 살진 것을 먹고 단 것을 마시되 준비하지 못한 자에게는 나누어 주라 이 날은 우리 주의 성일이니 근심하지 말라 여호와로 인하여 기뻐하는 것이 너희의 힘이니라 하고 레위 사람들도 모든 백성을 정숙하게 하여 이르기를 오늘은 성일이니 마땅히 조용하고 근심하지 말라 하니 모든 백성이 곧 가서 먹고 마시며 나누어 주고 크게 즐거워하니 이는 그들이 그 읽어 들려 준 말을 밝히 앎이라

1) 이방 족속들과의 혼인을 금했다(10:30).

2) 안식일과 안식년을 지키라(10:31).

3) 하나님의 전을 위하여 성전세(세겔)를 내어라(10:32).

4) 번제단에 사용할 나무를 제공하고 첫 열매(초태생)를 하나님께 드리라
   (10:34-35).

5) 십일조를 드려라(10:36-39).

● 에스더

에스더를 읽기 위해 참고할 연대기

바사의 고레스 왕(BC 538-521) →
다리오 왕(BC 521-486) → 아하수에
로 왕(BC 486-464) → 아닥사스다
왕(BC 464-424) → 다리오 2세(BC
424-408) → 바사의 멸망(BC 331,
헬라에 멸망)

1. 에스더를 어떻게 읽을 것인가

에스더서는 남유다 왕국이 멸망한 이후 1차 포로 귀환(BC 537)과 2차 포로 귀환(BC 458) 사이, 바사 왕국의 수산 왕궁에서 일어난 일이다. 따라서 고대 바사(페르샤)의 풍습과 법 시행 과정 등이 상세하게 기록되고 있다.

바벨론 포로로 잡혀 와 있던 유대인 모르드개와 그의 조카 딸 에스더가 시대적인 독특한 상황 속에서 아하수에로 왕의 왕비가 되는 과정이 전개되고 있다. 이어서 악인 하만과 모르드개와의 대립으로 인해 유다 백성들은 몰살당할 위기에 놓인다. 종반부에 이르러 모르드개를 죽이려던 악인 하만이 처형되고 유다 백성들은 구원받는다.

본서에는 하나님의 이름이 한 번도 언급되지 않았지만, 하나님의 섭리와 인도하심이 유다 백성을 향해 어떻게 전개되고 있는지 분명하게 알 수 있다. 특별히 유다 백성을 구원하신 하나님의 역사를 기념하는 부림절의 기원에 대해 기록하고 있다.

> '정한 기간에 이 부림일을 지키게 하였으니 이는 유다인 모르드개와 왕후 에스더가 명령한 바와 유다인이 금식하며 부르짖은 것으로 말미암아 자기와 자기 자손을 위하여 정한 바가 있음이더라'(9:31)

1-4장은 (하나님은) 에스더를 바사 왕국의 왕후로 세우시지만, 하만의 음모로 인해 살육당할 처지에 이른 유다인들은 공포에 빠지고 만다.

5-10장은 (하나님의) 섭리와 보호하심으로 하만이 죽고, 에스더와 모르드개의 승리로 유다 백성들이 구원받음으로 모든 사건은 마무리된다.

BC 930-722 북이스라엘 왕국 앗수르에 멸망

BC 612 앗수르 왕국 멸망

BC 605 갈그미스 전투/ 바벨론 1차 포로(여호야김 왕)

BC 598 바벨론 2차 포로(여호야긴 왕)

BC 586 남유다 왕국 함락 및 바벨론 3차 포로(시드기야 왕)

BC 539 바사의 바벨론 정복

BC 538 고레스의 포로 귀환 칙령

BC 537 1차 포로 귀환(스룹바벨 인도)

BC 536 성전 재건 착공과 성전 재건 완성(BC 516)

에스더서 배경시기(BC 479-473)

BC 458 2차 포로 귀환과 개혁운동 (에스라 인도)

BC 444 3차 포로 귀환과 성벽 수축 완공(느헤미야 인도)

BC 433 바사로 돌아간 느헤미야

BC 432 느헤미야의 귀국 및 개혁운동 시작

BC 343 바사의 애굽 정복

BC 331 헬라의 바사 정복

(하나님께서) 이 위기의 때를 위해 미리 에스더로 이방 대제국의 왕비가 되게 하시고 절망적인 상황 속에서 그녀는 '죽으면 죽으리이다'는 신앙 고백과 함께 금식과 기도로 무장하여 담대하게 왕 앞으로 나아간다. 모르드개와 에스더의 신앙과 구국 일념으로 본서는 펼쳐진다.

어느 날 밤 왕은 잠이 오지 않아 역대 일기를 읽게 된다. 왕은 모르드개가 자신을 암살하려는 음모를 고발함으로 위기에서 벗어났음을 알게 되었고, 이는 유다인들의 운명을 완전히 바꾸어 놓는다. 왕에게서 존귀한 자로 부름 받은 모르드개는 푸르고 흰 조복을 입고 큰 금관을 쓰고 왕 앞에 나온다. 모든 유다인들은 즐거운 잔치를 베풀고 그날을 명절로 삼으니 본토 백성 가운데 유다인 되는 자가 많았다고 했다. 하나님께서 개입하시는 구원의 역사는 대제국의 백성들이 유다인 되기를 원하는 놀라운 일이 일어나게 하였다(8:15-17).

본서는 유다인 모르드개가 바사 왕국에서 아하수에로 왕의 다음가는 위치에 앉아 유다인 뿐만 아니라 모든 종족들을 안위하는 큰 인물이 되었음을 알리면서 끝난다. 우리는 모르드개와 에스더의 삶에서 하나님의 구원 역사를 보다 생생하게 체험할 수 있다!

2. 저자 · 기록연대 · 기록동기

저자와 기록연대: 저자가 누구인지 확실히 알 만한 증거는 없으나, 역사가 요세푸스는 모르드개를 저자로 보았다. 에스라를 저자로 보는 학자들도 있는데, 이러한 주장들은 신빙성이 없다. 단지 오늘날 우리가 추측할 수 있는 것은 본서의 사건이 발생했을 당시 바사 왕국 시대에 익명의 유대인(BC 5 세기경)이라는 것이다. 기록연대는 아하수에로 왕(BC 485-464년)의 통치가 끝난 이후인 것이 확실하다. 또한 역사상 유명한 수산궁 화재(BC 435년)에 대한 언급이 없는 것으로 보아 그 이전 BC 436-435년 사이에 기록된 것으로 추정된다.

기록동기: 포로 상태에 있던 유대 백성들이 멸절의 위기를 이겨낸 이후, 모르드개는 사건의 전말을 기록하였다(9:20)고 한다. 그는 이 사건을 기념하고,

후세대에 지켜 나가도록 부림절의 기원을 설명하였다. 이를 통해 하나님의 섭리와 구원하심을 후세대에 증거하고 있다. 저자는 에스더서를 통해 하나님께서 어떻게 유대 백성들을 보호, 인도하시며, 이와 더불어 부림절의 기원을 알려 하나님의 구원을 당대뿐만 아니라 오늘의 우리 모두에게 알려 주고자 기록한 것이다.

3. 에스더의 파노라마

주제	유대인들이 처한 위기		유대인의 승리와 부림절의 기원	
내용 구분	1:1　　　　3:1	5:1	8:4	10:3
	하만의 음모	하만의 죽음	승리하는 유대인	부림일 유래
문체	부림절 기원과 극적인 상황을 묘사한 역사서			
장소	바사 제국			
기간	6년(BC 479~473년)			

1) 유대인들이 처한 위기(1-4장)

역사적인 배경과 궁중의 잔치(1:1-8), 와스디 왕후의 폐위(1:8-22), 왕후 간택과 에스더의 족보(2:1-7), 왕후가 된 에스더(2:8-18), 왕을 구한 모르드개(2:19-23), 하만의 등장과 유다인 말살 음모(3:1-15), 모르드개를 돕는 에스더(4:1-14), 에스더의 각오-죽으면 죽으리라(4:15-17),

2) 유대인의 승리와 부림절(5-10장)

에스더의 잔치(5:1-8), 하만의 음모(5:9-14), 하나님의 섭리(6:1-14), 하만의 처형(7:1-10), 유다인의 구원(8:1-17), 대적들의 멸망(9:1-16), 부림절의 제정(9:17-32), 결론(10:1-3).

기억할 말씀

1. 에 4:14
'이 때에 네가 만일 잠잠하여 말이 없으면 유다인은 다른 데로 말미암아 놓임과 구원을 얻으려니와 너와 네 아버지 집은 멸망하리라 네가 왕후의 자리를 얻은 것이 이 때를 위함이 아닌지 누가 알겠느냐 하니'

2. 에 9:22
'이 달 이 날에 유다인들이 대적에게서 벗어나서 평안함을 얻어 슬픔이 변하여 기쁨이 되고 애통이 변하여 길한 날이 되었으니 이 두 날을 지켜 잔치를 베풀고 즐기며 서로 예물을 주며 가난한 자를 구제하라 하매'

에 4:16
당신은 가서 수산에 있는 유다인을 다
모으고 나를 위하여 금식하되 밤낮 삼
일을 먹지도 말고 마시지도 마소서 나
도 나의 시녀와 더불어 이렇게 금식한
후에 규례를 어기고 왕에게 나아가리
니 죽으면 죽으리이다 하니라

4. 에스더 해석의 키워드

★아하수에로 왕

고레스(BC 539-522), 다리오(BC 522-486)에 이은 바사 왕국의 3대 왕
(BC 486-464)이었다. 당시 바사 왕국은 근동의 전 지역과 아프리카 북부 구
스(에디오피아)에 이르는 대제국을 건설하였다. 다니엘서에 등장하는 아하수
에로 왕과는 다른 인물이다. 다니엘서의 아하수에로 왕은 다리오 왕의 아버지
이다(단 9:1).

★에스더의 신앙

1) 하나님만을 의지하며 신뢰하면서 금식과 기도로 위기를 극복하는 태도(4:16)

2) 민족을 구하기 위해 자신의 목숨까지도 내어 놓는 태도(4:16)

3) 어려운 상황에서도 흔들림 없이 지혜롭게 대처하는 태도(5:8)

4) 악인의 흉계에 대해 담대하게 파헤치며 왕 앞에 나서는 용기 있는 태도(7:6)

5) 민족을 구하기 위해 자신이 누리는 평안과 안일을 내려놓는 태도(8:3-6)

★제비 뽑기와 부림일

제비를 뽑는 것은 종이에 적은 기호로 길흉이나 승패를 알리는 방법으로
이방인들도 이용하였다(에 3:7, 욘 1:7). 유대인들도 제비 뽑는 것을 하나님의
마음과 뜻하심을 알아보는 도구로 사용하였다. 출애굽 이후 기업을 분배하는
과정에서 제비를 뽑았다(민 26:55, 수 14:2). 아사셀 염소(scapegoat) 두 마리
중 하나는 번제물로 하나는 광야에 추방하는데, 이를 결정할 때에도 제비를
뽑았다(레 16:7-10). 신약에 와서는 가룟 유다 대신 제비를 뽑아 맛디아를 선
출하였다(행 1:26). 제비뽑는 것에 대한 해석을 잠언은 "제비는 사람이 뽑으나
모든 일을 작정하기는 여호와께 있느니라"(잠 16:33)고 했다. 사람이 선택하
지만 그 결정은 하나님의 손에 달려있음을 알려준다.

부림절의 어원은 하만이 바사의 영토 안에 있던 유다인들을 죽이려던 날을
정하려는 부르, 즉 '제비 뽑은 일' 에서 유래된 것이다(3:7). 유대인을 말살하

려는 하만의 계략은 오히려 그 반대의 결과가 나타났다. 하만이 제비 뽑아 작정한 날에 자신이 죽고 말았다. 하나님께서 주권적으로 개입하셔서 대적들의 위협에서 벗어나 슬픔에서 기쁨으로, 두려움에서 평안으로 구원하신 하나님을 기억하며 이를 기념하기 위해 부림절을 제정한 것이다. 출애굽 당시 유월절 규례와도 같이 영원한 규례로써 부림절을 지킬 것을 정했다. 부림절은 유대력 아달 월 14일(태양력으로는 2월 말이나 3월 초에 해당)에 지켜졌다.

5. 더 깊은 연구와 삶의 적용

1. 에스라와 느헤미야서를 읽으면서 나는 어떤 하나님을 경험하였는가?

2. 에스라와 느헤미야의 시대적인 상황과 그들은 어떤 인물이었지 알아보자.

3. 에스라가 강조한 개혁은 무엇인가?

   "2차 귀환 이후 통혼 금지와 회개기도를 일으켰다"(스 9장, 10장)."

4. 느헤미야가 강조한 개혁은 무엇인가?

   1) 3차 귀환 이후 이스라엘 백성들의 회개와 경배에 대해(느 9장)
   2) 성전 정화와 안식일 확립과 통혼을 금지(느 13장)

5. 어떻게 에스더는 '죽으면 죽으리라' 는 결단을 내릴 수 있었는가?(에 4:1-14)

   그녀의 결단은 혼자만의 생각에서 비롯된 것이 아니다. 유대인 전체가 하나됨을 나타내는 위대한 신앙의 결단이었다.
   1) 유다인 몰살의 음모 앞에 모르드개와 무수한 유다인들은 먼저 크게 애

통하며 금식하면서 회개하며 하나님의 도우심을 간구하였다.

2) 이에 덧붙여 모르드개는 에스더에게 '네가 만일 잠잠하면 유다인은 다른 방법으로 구원을 얻을 것이요 너와 네 집안은 멸망한다' 고 하나님의 구원을 설명하였다.

3) '네가 왕후의 자리를 얻은 것이 이 때를 위함이 아닌지 누가 아느냐' 고 강력하게 에스더의 결단을 구하고, 에스더는 유다인들이 다 모여 금식하며 기도할 것을 요청하며 자신과 시녀들도 금식한 후 규례를 어기고 죽기를 각오하고 왕에게 나아간다.

6. 부림일 제정은 어떤 의미를 갖는가?

   부림의 어원은 무엇인가?(에 9:20-32)

제13과
욥기·시편
Job·Psalms

1. 욥기를 어떻게 읽을 것인가

욥기는 하나님의 섭리를 알지 못하고 인간적인 지혜와 판단으로 살아가는 인생들에게 하나님의 선하심과 인간이 알지 못하는 그 분의 다스림을 보여주는 책이다. 하나님의 실존에 대한 확신과 함께 그 분의 인도하심을 깨닫게 하고자 기록되었다. 동방의 우스 땅(갈대아와 아라비아의 접경지대)에서 일어난 사건을 다룬 것으로 보아 지리적으로는 이스라엘이 아닌 것이 분명하다.

하나님은 욥이 하나님을 경외하며 악에서 떠난 자라고 사탄에게 소개하자 욥이 소유가 많아 하나님을 경외한다고 대답한다. 그의 소유물이 없어지면 하나님을 욕할 것이라고 사탄은 하나님까지 흔들어 댄다. 이로써 하나님과 사탄의 논쟁이 시작된다. 모든 소유물을 다 사탄의 수하에 두어도 결코 욥의 몸에는 손을 대지 말라는 하나님을 말씀을 듣고 사탄은 욥의 삶에 개입한다. 영문도 모른 채 일시에 자신의 소유물인 양들과 종이 불에 살려지고, 아들들은 대풍으로 다 죽고 말았다. 갑자기 그의 인생은 극심한 고난에 빠지고 만다. 이러한 상황 속에서도 믿음을 잃지 않고 하나님의 다스림을 신앙고백(1:20-22)하는 욥의 태도는 성경 전체에서 찾아보기 힘든 믿음의 소유자임이 분명하다.

하나님은 욥이 이유도 모른 채 소유물을 다 잃었지만 자신의 신앙을 지킨 자라고 칭찬한다. 그의 믿음을 보고 하나님께서는 주저함 없이 사탄의 시험에 넘겨준 것이 아니겠는가!(2:1-10)

욥기를 전후한 역사적 배경

BC 2166 아브라함 출생(창 11:26),
BC 2080 이스마엘 출생(창 16:1-16),
BC 2067 할례 언약 체결(창 17:9-14),
BC 2066 이삭 출생(창 21:1-7),
BC 2006 야곱 출생(창 25:21-26),
         • 욥의 시대로 추정 BC 2006-BC 1900.
BC 1876 이스라엘의 애굽 이주(창 46:1-7),
BC 1527 모세 출생(출 2:1-10),
BC 1487 모세의 미디안 광야 도피,
BC 1446 출애굽(출 12:37-42).

기억할 말씀

욥 1:21-22
이르되 내가 모태에서 알몸으로 나왔사온즉 또한 알몸이 그리로 돌아가올지라 주신 이도 여호와시요 거두신 이도 여호와시오니 여호와의 이름이 찬송을 받으실지니이다 하고 이 모든 일에 욥이 범죄하지 아니하고 하나님을 향하여 원망하지 아니하니라 결국 욥은 온몸에 종기가 나면서 엄청난 육신의 고통을 겪게 된다. 이러한 상황에서 세 친구들이 찾아온다. 친구들의 만남을 통해 의인 욥이 당하는 고난은 또 다른 국면에 이르게 된다. 위로와 격려로 시작된 친구들과의 만남은 결국 욥을 정죄하는 결과를 초래한다. 이러한 과정 역시 하나님의 주권에 의한 섭리임을 우리에게 알려 준다. 하나님의 절대 주권과 인간의 불완전함을 드러내면서 인간의 관점에서는 이해할 수 없는 사건도 하나님의 주권과 뜻을 이루어 가심으로 인간은 순종할 수밖에 없다는 하나님의 절대 주권을 다루고 있다. 그분의 뜻하심과 인도하심은 항상 선하시며 의로우시기에 우리가 해야 할 것은 하나님을 향한 절대 확신과 순종뿐이라는 것이다.

전체적인 흐름을 살펴보면, 1-2장은 욥에게 밀어닥친 고난에 대한 기록이요, 3-37장은 욥과 그를 찾아온 친구들과의 논쟁에 대한 기록이며, 37-42장에서는 하나님의 말씀과 욥의 회복을 다루고 있다.

욥기를 통해 사탄이 얼마나 간교한지를 알게 된다. 사탄은 하나님과 욥을 이간질하려고 온갖 방법을 다 동원하고 있다. 비록 욥이 말로 표현하기 힘든 깊은 고난을 만나지만 결국은 승리하도록 하나님께서 인도하신다. 욥의 승리는 그의 기도에서 비롯되었다. 그는 먼저 하나님 앞에서 깊이 회개하며 기도한다. 이어서 자신을 끊임없이 질타한 세 친구들을 위해 중보 기도한다. 그의 너그럽고 성숙한 신앙은 하나님으로부터 큰 축복을 받는다!

욥기를 통해 오늘의 우리는 무엇을 경험할 수 있는가? 욥기는 단순히 한 인물의 극심한 고난에 대한 기록이 아니다. 욥기는 하나님의 축복이 고난 가운데 어떻게 임하는지 우리에게 알려 주는 기록이다.

기억할 말씀

욥 42:9-10
여호와께서 자기들에게 명령하신 대로 행하니라 여호와께서 욥을 기쁘게 받으셨더라 욥이 그의 친구들을 위하여 기도할 때 여호와께서 욥의 곤경을 돌이키시고 여호와께서 욥에게 이전 소유보다 갑절이나 주신지라

2. 저자 · 기록연대 · 기록동기

저자와 기록연대: 욥기의 저자가 누구인지는 확실하지 않다. 기록연대와 기록장소도 학자들 마다 견해가 분분하다. 그러나 욥기의 배경이 고대 족장시대(아브라함 등 족장이 살았던 시대로 BC 2000년 전후)로 추정하여 저자를 모

세로, 지혜문학의 관점에서 잠언의 저자 솔로몬으로, 혹은 예레미야로 보는 다양한 견해가 있다. 그러나 어느 것 하나도 확실하지 않다. 기록연대 역시 정확하게 알 수 없지만 내용이 족장시대의 풍속을 반영하였고, 욥의 삶에 대한 기록이기에 족장시대에 기록된 것으로 추정한다.

기록동기: 인간적 판단으로 인해 하나님의 계획과 주권을 받아들이지 못하는 불신자들에게 하나님은 선하시며 인간이 이해할 수 없는 초월적인 존재임을 알려 주고자 기록하였다. 즉 본서는 하나님의 섭리와 이 섭리에 순종하는 자를 향한 축복을 인간의 생활과 역사 안에서 기록하고 있다. 인간의 경험적인 차원을 넘어서서 하나님을 경험하게 하는 기록인 것이다. 둘째로 본서는 인생의 고난, 의인이 고난 받는 연단의 과정, 결국에는 더 큰 축복을 누리는 삶(42:10-17)을 밝히면서 욥의 인내와 함께 하나님의 완전한 해결을 성도들에게 보여 주고자 기록한 것이다.

3. 욥기 파노라마

주제	욥의 고난	하나님의 섭리에 대한 인간들의 무지						욥의 회복		
내용 구분	1:1 3:1	15:1	22:1	27:1	32:1	38:1	40:6	42:7	42:17	
	사탄의 공격	변론1	변론2	변론3	욥의 독백	엘리후의 반박	하나님 말씀1	하나님 말씀2	욥의 회복	
문체	대화체 극시(dramatic poetry)									
장소	팔레스틴 남동부에 위치한 우스 땅									
기간	BC 2000년경 추정 (아브라함 등 족장이 살았던 기간)									

1) 욥의 고난(1-2장)

욥에 대한 소개(1:1-5, 8), 사탄의 개입과 공격(1:9-19),
욥의 신앙고백(1:20-22, 2:9-10), 하나님과 사탄의 대화(2:10),
욥을 찾아오는 친구들(2:11-13).

1. 욥 1:21-22

'이르되 내가 모태에서 알몸으로 나왔사온즉 또한 알몸이 그리로 돌아가올지라 주신 이도 여호와시요 취하신 이도 여호와시오니 여호와의 이름이 찬송을 받으실지니이다 하고 이 모든 일에 욥이 범죄하지 아니하고 하나님을 향하여 원망하지 아니하니라'

2. 욥 6:10

'그러할지라도 내가 오히려 위로를 받고 그칠 줄 모르는 고통 가운데서도 기뻐하는 것은 내가 거룩하신 이의 말씀을 거역하지 아니하였음이라'

3. 욥 14:14

'장정이라도 죽으면 어찌 다시 살리이까 나는 나의 모든 고난의 날 동안을 참으면서 풀려나기를 기다리겠나이다'

4. 욥 19:25-26

'내가 알기에는 나의 대속자가 살아 계시니 마침내 그가 땅 위에 서실 것이라 내 가죽이 벗김을 당한 뒤에도 내가 육체 밖에서 하나님을 보리라'

5. 욥 23:10

'그러나 내가 가는 길을 그가 아시나니 그가 나를 단련하신 후에는 내가 순금 같이 되어 나오리라'

6. 욥 37:23-24

'전능자를 우리가 찾을 수 없나니 그는 권능이 지극히 크사 정의나 무한한 공의를 굽히지 아니하심이니라 그러므로 사람들은 그를 경외하고 그는 스스로 지혜롭다 하는 모든 자를 무시하시느니라'

2) 욥과 친구들의 논쟁(3-37장)

고난에 대한 욥의 탄식(3장), 엘리바스의 1차 변론(4:1-5:27),

욥의 1차 항변(6장), 고난에 대한 욥의 호소(7장),

빌닷의 1차 변론(8장), 욥의 2차 항변(9장),

무죄한 고난에 대한 욥의 호소(10장), 소발의 1차 변론(11장),

욥의 3차 항변(12:1-13:19), 욥의 간구와 호소(13:20-14:22),

엘리바스의 2차 변론(15장), 욥의 4차 항변(16:1-17:16),

빌닷의 2차 변론(18장), 욥의 5차 항변 19장, 소발의 2차 변론(20장),

욥의 6차 항변(21장), 엘리바스의 3차 변론(22장),

욥의 7차 항변(23장), 악인의 죄와 하나님의 섭리(24장),

빌닷의 3차 변론(25장), 욥의 8차 항변(26장),

욥의 첫 번째 독백(27장), 하나님이 주시는 지혜에 대한 찬양(28장),

욥의 두 번째 독백 I-과거의 축복에 대한 회상(29장),

욥의 두 번째 독백 II-현재의 고난에 대한 호소(30장),

욥의 두 번째 독백 III-자신의 의로움을 주장(31장),

엘리후의 중재(32장), 엘리후의 1차 변론(33장), 엘리후의 2차 변론(34장),

엘리후의 3차 변론(35장), 엘리후의 4차 변론(36-37장).

3) 욥의 회복(38-42장)

하나님의 현현과 1차 메시지(38장-39장),

욥의 답변과 하나님의 책망(40:1-14),

하나님의 2차 메시지 I(40:15-24), 하나님의 2차 메시지 II(41장),

욥의 고백과 회개(42:1-6), 욥의 중보기도와 제사(42:7-9),

욥의 회복과 하나님의 축복(42:10-17).

4. 욥기 해석의 키워드

★사탄의 존재

사탄은 인격을 가진 영적 존재이다. 원래 사탄은 하나님이 창조하신 천사였다. 언제, 어떻게 천사가 타락하였는가에 대해서 성경은 전혀 언급하지 않고 있다. 에덴동산에서 뱀의 모습으로 나타난 사탄으로부터 우리는 창세기 3장 이전에 이미 사탄이 존재하고 있음을 알 수 있다(창 1:1과 1:2사이에 천사가 타락한 것으로 여겨진다).

욥기에 나타난 사탄은 땅을 두루 돌아 여기 저기 방황하다가 하나님 앞에 나타난다. 사탄은 하나님과 욥을 이간질하려고 욥을 의도적으로 큰 어려움에 빠뜨린다. 그런데 하나님은 사탄에게 욥의 소유물에 대해서는 어떤 개입도 허락하시지만, 그의 몸에는 손대지 말라고 명하셨다(1:7-12). 재산과 자녀들까지 잃은 욥이 그럼에도 하나님을 원망하지 않고 하나님의 이름을 찬송하자, 사탄은 욥의 뼈와 살을 치시면 하나님을 욕하리라고 다시금 욥을 시련으로 몰아넣었다. 하나님은 오직 그의 생명은 해하지 말라고 말씀하셨다(1:18-2:6). 욥은 결국 종기가 나고 아내까지 그를 저주하기에 이르지만, 그는 결코 입술로 범죄하지 않는 신앙의 태도를 나타낸다. 사탄의 시험이 끊임없이 욥을 괴롭게 하였지만, 하나님의 사람 욥은 이를 다 극복한다.

사탄은 자신의 목표를 달성하기 위해 끝없이 성도를 시험한다. 이러한 사탄의 존재는 하나님을 대적하는 악마를 말한다. 사탄은 수많은 별명을 갖고 있는데 귀신의 왕(마 9:34), 시험하는 자(마 4:3), 바알세불(마 12:24), 원수(마 13:39), 악한 자(마 13:19), 거짓의 아비(요 8:44), 이 세상 임금(요 12:31), 이 세상 신(고후 4:4), 벨리알(고후 6:15), 어두움의 주관자(엡 6:12), 시험하는 자(살전 3:5), 대적자(벧전 5:8), 큰 용(계 12:3), 속이는 자(계 12:9) 등으로 신약에 나타나고 있다.

특별히 우리는 예수님을 시험하는 장면을 통해 사탄의 존재에 대해 분명하게 알게 된다(마 4:1-11). 예수님께서는 말씀으로 시험을 이기시며 마지막으로 '사탄아 물러가라 '고 명령하셨다. 사탄에 대한 우리의 태도는 말씀으로 물

기억할 말씀

1. 욥 42:6-8

'그러므로 내가 스스로 거두어들이고 티끌과 재 가운데에서 회개하나이다 여호와께서 욥에게 이 말씀을 하신 후에 여호와께서 데만 사람 엘리바스에게 이르시되 내가 너와 네 두 친구에게 노하나니 이는 너희가 나를 가리켜 말한 것이 내 종 욥의 말 같이 옳지 못함이니라 …… 내 종 욥이 너희를 위하여 기도할 것인즉 내가 그를 기쁘게 받으리니 너희가 우매한 만큼 너희에게 갚지 아니하리라 이는 너희가 나를 가리켜 말한 것이 내 종 욥의 말 같이 옳지 못함이라'

리쳐야 하며 예수님처럼 ' 물러가라 '고 강력하게 명령해야 한다.

★욥이 겪은 고난의 시험과 극복

1) 많은 재물과 자녀들마저 일시에 잃었지만, 결코 그는 고난 속에서도 하나님을 원망하지 않고 하나님께 신앙을 고백하며 찬송한다(1:13-22).

2) 말로 표현할 수 없을 정도로 심한 고통의 질병을 얻지만, 그는 하나님의 말씀을 거역하지 않았음에 기뻐하였다(2:7-8, 6:10).

3) 아내의 모욕과 저주 속에서도 흔들림 없이 입술로 범죄하지 않았다 (2:9-10).

4) 친구들로부터 정죄당하면서 또 다른 고통을 겪지만 하나님의 역사를 기대하며 단련을 받고 순금같이 나올 것을 확신했다(4:7-9, 23:10).

★욥기에 나타난 부활 신앙(19:23-29)

욥은 고난 가운데서도 하나님께서 구속자를 보내신다는 확신을 가졌다. 그는 자신의 육체가 썩은 이후에라도 육체 밖에서 부활한 몸으로 하나님 만날 소망을 피력하고 있다. '**내가 알기에는 나의 대속자가 살아 계시니 마침내 그가 땅 위에 서실 것이라 내 가죽이 벗김을 당한 뒤에도 내가 육체 밖에서 하나님을 보리라**' (19;25-26) '썩은 후에' 라는 표현은 죽음 후의 신령한 육체, 즉 부활한 육체를 의미하며 이는 부활 신앙(고전 15:42-44)을 분명하게 드러내고 있다. 구약의 욥기에서부터 이미 부활 신앙이 계시되고 있음을 알 수 있다.

★욥이 누린 축복(42:2-17)

욥은 자녀들을 한꺼번에 잃는 아픔과 함께 수많은 재산마저 일시에 날리고 결국에는 고통이 극에 달하는 몹쓸 질병까지 얻게 되었다. 어느 누가 욥의 고통과 비교하겠는가 할 정도의 극심한 고난에 처했다. 게다가 친구들과 현자들이 찾아 와서 이런 저런 위로와 훈계 등으로 그의 고통은 가일층 더했다. 그럼에도 욥은 성경의 수많은 인물 중 하나님의 복을 가장 많이 누린 자이다. 욥기 42장 전체의 내용은 욥이 누린 축복에 대해 설명하고 있다.

1) 회개의 축복

욥은 하나님의 음성을 듣고 하나님의 주권적인 섭리를 깨닫게 되었다. 자신의 무지 때문에 하나님의 섭리를 알지 못해 순종하기 보다는 불평하며 자기 의를 내세우는 오만함에 대해 티끌과 재 가운데 깊이 회개하게 된다(42:2-6).

'내가 주께 대하여 귀로 듣기만 하였사오나 이제는 눈으로 주를 뵈옵나이다
그러므로 내가 스스로 거두어들이고 티끌과 재 가운데에서 회개하나이다'

2) 하나님의 인정을 받는 축복

하나님은 욥의 친구들이 정당하지 못하며 오히려 욥의 말이 정당하다고 말씀하신다. 욥은 친구들을 위해 제물을 하나님께 드리며 기도하는데, 이를 하나님께서 기쁘게 받으신다고 하셨다. 욥의 기도와 제물은 하나님이 기뻐하는 제물이요 기도였다(42:7-9).

'너희가 나를 가리켜 말한 것이 내 종 욥의 말 같이 옳지 못함이니라 그런즉 너희는 수소 일곱과 숫양 일곱을 가지고 내 종 욥에게 가서 너희를 위하여 번제를 드리라 내 종 욥이 너희를 위하여 기도할 것인즉 내가 그를 기쁘게 받으리니 너희가 우매한 만큼 너희에게 갚지 아니하리라 이는 너희가 나를 가리켜 말한 것이 내 종 욥의 말 같이 옳지 못함이니라'

3) 물질적인 풍요로움의 축복

욥이 친구들을 위해 기도하자 하나님께서는 욥의 어려운 처지를 돌아보시고 예전에 누렸던 풍요로움의 갑절에 해당되는 물질의 복을 허락하셨다(42:10).

'욥이 그의 친구들을 위하여 기도할 때 여호와께서 욥의 곤경을 돌이키시고 여호와께서 욥에게 이전 모든 소유보다 갑절이나 주신지라'

4) 관계 회복의 축복

모든 형제와 알고 지내던 지인들이 욥의 집을 방문함으로 관계가 회복되었다. 저들은 서로 함께 예전의 어려움을 슬퍼하며 또한 서로를 위로하였는데 욥은 우정 관계를 수립하였다(42:11).

'이에 그의 모든 형제와 자매와 이전에 알던 이들이 다 와서 그의 집에서 그와 함께 음식을 먹고 여호와께서 그에게 내리신 모든 재앙에 관하여 그를 위하여 슬퍼하며 위로하고 각각 케쉬타 하나씩과 금고리 하나씩을 주었더라'

5) 이전 보다 더 큰 자녀들을 향한 축복

욥은 인생의 말년에 처음 보다 더 큰 하나님의 복을 경험하게 되었다. 양 만 사천과 낙타 육천과 소 천 겨리와 암나귀 천, 그리고 아들 일곱과 딸 셋을 얻었다(처음에는 양이 칠천, 낙타가 삼천, 소 오백 겨리, 암나귀 오백, 아들은 일곱이요 딸은 셋). 전국에서 욥의 딸처럼 아리따운 여자가 없을 정도로 그의 딸들은 출중했으며, 욥은 딸들에게도 아들처럼 재산을 후히 물려 줄 정도로 물질의 복을 얻었다(42:12-15).

'여호와께서 욥의 말년에 욥에게 처음보다 더 복을 주시니 그가 양 만 사천과 낙타 육천과 소 천 겨리와 암나귀 천을 두었고 또 아들 일곱과 딸 셋을 두었으며 그가 첫째 딸은 여미마라 이름하였고 둘째 딸은 긋시아라 이름하였고 셋째 딸은 게렌합북이라 이름하였으니 모든 땅에서 욥의 딸들처럼 아리따운 여자가 없었더라 그들의 아버지가 그들에게 그들의 오라비들처럼 기업을 주었더라'

6) 장수의 복

욥은 온갖 고난의 여정을 다 겪은 후 하나님과의 만남을 통해 새롭게 삶을 시작하여 140 년을 더 살았다. 그는 생전에 아들과 손자 사 대를 보았고 나이 늙어 기한이 차서 죽었다(42:16-17).

'그 후에 욥이 백사십 년을 살며 아들과 손자 사 대를 보았고 욥이 늙어 나이가 차서 죽었더라'

● 시편

1. 시편을 어떻게 읽을 것인가

시편 기자는 '우리 하나님을 찬양하는 일이 선함이여 찬송하는 일이 아름답고 마땅하도다'(시 147:1)고 했다. 하나님을 향한 예배와 감사의 노래를 담고 있는 시편은 여러 시대에 걸쳐 다양한 저자들, 다양한 주제의 시들로 편집된 시들의 모음집이다. 또한 하나님을 향한 경배를 바탕으로 믿음의 사람들의 신앙고백서로 각종 예배와 찬송의 모범이 되었다. 시편의 내용에는 특별히 메시야 예수의 오심과 사역에 대한 예언과 이를 상징하는 독특한 내용도 담고 있다.

전체적인 내용은 총 5권(150편)으로 편집되어 있는데 특히 1-2편은 시편 전체의 서론이며, 150편은 총체적인 결론이기도 하다. 복 있는 인생을 주제로 시작된 1편에서 시편기자는 인생의 복은 하나님의 말씀을 즐거워하며 주야로 묵상하는 것임을 선포하였다. 말씀이 즐겁고 이를 묵상하는 인생은 그가 하는 일이 다 형통하지만, 그렇지 않은 사람은 바람에 나는 겨와 같은 삶을 산다고 했다. 보통 사람들이 생각하는 상식적인 복(건강과 장수의 복, 개인의 일에 대한 성취와 형통의 복, 자녀를 통한 축복 등)의 의미와는 거리가 멀다. 2편에서 하나님을 아는 지식과 지혜를 예수 그리스도에 연결하고 있다. 아들, 예수에 입 맞추는 인생이 복이 있다고 했다. 예수 그리스도를 통한 구원의 역사를 예언하며 선포한 것이다.

마지막을 장식한 시편 150편은 '호흡이 있는 자마다 여호와를 찬양할지어다 할렐루야'(150:6)라고 명령하면서 끝을 맺는다. 우리 인생이 해야 할 일은 살아 있는 동안 하나님을 찬양하는 일이라고 선포하면서 결론을 맺고 있다.

우리는 시편을 다윗의 시편이라고 종종 부른다. 그가 주로 기록했거나 편집했기 때문이다. 그러나 몇 편은 다윗 이전의 작품인데 주로 예배에 대한 찬송가였다. 이것은 다윗에 의해 확대, 보충되어 에스라에 의해서 현재의 형태로 완성된 것으로 알려져 있다. 시편을 읽으면 다윗은 위대한 정치가였을 뿐 아니라, 뛰어난 시인이요, 찬양의 대가였음을 알 수 있다. 그는 저 유명한 '활 노래'의 저자이다(삼하 1:18). 또한 하나님의 궤 앞에서 환희에 넘쳐 춤을 추는 열정적인 서정 시인이기도 하다(삼하 6:14). 그는 수금을 잘 타서 악령이 들려 고통을 받던 사울 왕을 위로하기도 했다(삼상 16:23). 노래도 잘 했다고 한다(삼하 23:1).

오늘날 우리가 읽고 있는 시편의 최종적 편집 연대를 분명히 알 수는 없다. 하지만 몇 편의 시가 바벨론 포로 이후 시대의 것을 반영하고 있는 것으로 보아서, 이는 학사 에스라에 의해 편집되었을 것으로 추정한다. 그래서 학자들은 BC 300년경 전후해서 완성된 것으로 받아들이고 있다.

시편 150편중에서 100편은 그 저자의 이름을 분명하게 밝히고 있다. 다윗 73편, 아삽 12편, 고라의 자손 10편, 솔로몬 2편, 에단과 모세가 1편씩, 작자 미상도 51편이나 된다. 이처럼 시편은 각기 다른 시대와 저자, 편집자들에 의해 저술되고 편집되었기에 기록 동기나 목적 역시 실로 다양할 수밖에 없다. 그러나 모든 시편은 저자들의 상황과 감정에 따른 신실한 신앙 고백과 하나님을 찬양한 내용이 담겨 있기에 오늘날의 모든 성도들에게도 신앙의 공감대를 불러일으킨다. 시편에 나타난 찬양과 고백들은 바로 오늘을 사는 우리의 신앙 고백이 될 수 있다.

2. 저자·기록연대·기록동기

저자와 기록연대: 시편은 몇 차례의 편집 과정을 거쳐 완성되었는데, 모세 시대부터(BC 1410년경) 여러 편집자들의 손을 거쳐 에스라와 느헤미야가 활동한 포로시대 후반기(BC 430년경)에 완성된 것으로 추정한다. 그러나 대부분은 다윗이 시편을 수집하고 편집하였으며 자신이 직접 썼을 것으로 알려지고 있다. 시대 사이사이에 여호와 하나님을 향한 신앙적인 내용의 시들과 성경 내용과 조화를 이루는 시들로서 그 배후에는 성령의 주권적 역사로 편집되

어 수록되었다.

　기록동기: 시편은 여러 시대의 여러 저자들에 의해 기록되고 편집되었기에 동기나 목적이 다양하게 나타난다. 그러나 모든 시편은 하나님을 향한 찬양과 경배를 주요 내용으로 하고 있다. 저자들의 다양한 상황과 개인적인 감정에 따른 신앙 고백과 찬양이기에 오늘의 성도들에게도 신앙의 공감대를 느끼게 하여 신앙생활에 큰 활력소를 불러일으킨다. 또한 오실 메시야 예수 그리스도의 사역에 대한 예언과 상징들을 통해 구약 믿음의 인물들의 메시야 대망 사상을 접하게 한다.

3. 시편의 파노라마

분류 구성	제 1 권 (1–41편)	제 2 권 (42–72편)	제 3 권 (73–89편)	제 4 권 (90–106편)	제 5 권 (107–150편)
편수	41편	31편	17편	17편	44편
중심 내용	축복과 타락, 구원의 찬양	이스라엘 백성	성소와 예배	광야(땅)의 삶	말씀과 찬양
편집자	다윗, 솔로몬	고라 자손	아 삽	에스라 또는 느헤미야	
편집 시기	BC 1020 970년경	BC 970–610년경		BC 430년경	
기간	약 1000년(BC 1410–430년경)				

　시편은 5권으로 편집되어 있다. 제1권: 1–41편, 제2권: 42–72편, 제3권: 83–89편, 제4권: 90–106편, 제5권 107–150편. 이렇게 시편이 5권으로 나눈 것은 모세 5경을 본보기로 해서 모세 5경 성립 이후에 유대교에 의해 편집된 것으로 성서학자들은 추측하고 있다. 제1권에서 제4권 마지막 부분에는 "주 (여호와)를 찬송할지어다 아멘"으로 끝나는 송영이 붙여져 있다(41:13, 72:13, 89:52, 106:48). 그러나 제5권 150편 마지막에는 "할렐루야"로 끝나면서 시편 전체 송영의 역할을 하고 있다.

1) 다윗의 노래: 제1집 3-41편(33편을 제외). 제2집 51-72편(66, 67, 71, 72편을 제외). 그밖에 86, 101, 103, 108-110, 122, 124, 133, 138-145편. 도합 73편.

2) 아삽의 노래: 50, 73-83편. 도합 12편.

3) 고라의 노래: 42-49, 84, 85, 87, 88편. 도합 12편.

4) 성전에 올라가는 노래: 120-134편. 도합 15편.

5) 할렐루야 노래: 104-106, 111-113, 115, 117, 135, 146, 150편. 도합11편.

이처럼 시편은 150편의 노래와 기도를 모은 시집이다. 하나님을 향한 시인의 심정이 가감 없이 솔직하게 표현된 신앙시이다. 다른 민족들도 그들의 종교시를 갖고 있지만, 이 시편만큼 내용이나 형식이 풍부하지는 못하다.

내용을 살펴보자면 적의 공격 앞에서, 기타 고난에 처하여 하나님께 기도하며, 구원을 간구하는 외침과 기도 응답에 대한 구원받은 자의 감사와 기쁨이 가득 담겨 있다. 또 하나님의 율법에 대해 경외하는 마음을 담고 있다. 하나님께서 우주만물을 지으시고 통치하심을 찬양한 시도 있고, 하나님의 통치를 소망하며 이를 찬미한 시도 있다. 자신의 죄에 대한 고백과 죄에 대한 용서를 기쁨으로 노래한 시, 예루살렘에서 감격하며 예배하는 찬양시도 있다. 그 외에도 이스라엘 백성 전체의 고난, 감사, 기쁨, 소망 등을 개인적으로 때로는 공동체가 함께 노래하는 등 실로 다양하다. 이 가운데에는 메시야의 강림과 고난, 부활, 승천, 재림을 노래한 시도 있다(40, 22, 2. 16, 50 등).

신약에서 시편은 무려 75번이나 인용되고 있는데, 특별히 예수님께서도 시편에 자신을 가리켜 기록된 것들이 모두 이루어져야 한다고 말씀하셨다(눅 24:44). 시편은 또한 내용의 주제에 따라 다섯 유형으로 분류된다.

1) 신앙 공동체의 시: 하나님의 백성 전체가 주체가 되는 시이다

★애가(비탄시): 큰 재난의 때, 전쟁에서의 패배, 흉년 등 어려운 상황에서 하나님께 겸손히 회고하는 노래들이다(44, 60, 74, 79, 80, 83, 85편).

★감사시: 공동체의 승리에 대한 감사를 노래한 시(124, 129편).

2) 개인적인 신앙 고백의 시: 대부분의 시들이 여기에 속한다

★애가(비탄시): 개인이 겪는 질병과 신앙의 박해, 억울함, 비난, 학대 등 환난의 때에 절대자 하나님을 찾는 시이다(3, 5, 6, 7, 13, 17, 22, 25, 26, 27, 28, 31, 35, 38, 39, 40, 42, 43, 51, 54, 55, 56, 57, 59, 61, 64, 68, 69, 70, 71, 86, 88, 102, 109, 120, 130, 140, 141, 142, 143편).

★감사시: 지난날 환난 중 하나님께 부르짖었던 날들을 회상하면서 하나님께 감사드리는 시이다(18, 30, 32, 34, 40, 41, 66, 92, 100, 107, 116, 118, 138편).

3) 찬양의 시: 찬양의 대상에 따라 분류된다.
- 창조주 하나님을 찬양하는 시(8, 19, 29, 104편)
- 시온을 찬양하는 시(46, 48, 76, 84, 87, 122, 137편)
- 구속의 역사를 찬양하는 시(78, 81, 105, 106, 111, 114, 135, 136편)
- 하나님의 왕국을 찬양하는 시(24, 27, 68, 93, 95, 96, 97, 98, 99편)
- 하나님의 율법을 찬양하는 시(1, 19, 119편)
- 위의 모든 내용들이 혼합되어 있는 찬양시(33, 103, 113, 115, 145-150편)

4) 왕의 시(메시야 시): 여호와 하나님의 기름부음 받았음을 찬양하는 내용인데, 그 내면의 궁극적인 의미는 메시야를 내다보는 예언적 성격을 지니고 있다(2, 8, 20, 21, 45, 72, 89, 101, 110, 132, 144편).

5) 지혜의 시: 인생에 바른 길을 제시하는 시(127, 128, 133편), 인생의 생존 문제를 다룬 시(16, 37, 49, 73편).

4. 시편 해석의 키워드

★찬양의 방법과 자세
1) 하나님께 감사함으로 찬양 드린다(100;4, 138:1).

2) 인간이 만든 온갖 악기(나팔, 비파, 수금, 소고, 현악, 퉁소, 제금 등)를 통하여 찬양을 드린다(150:3-5).

3) 춤을 추며 즐거워하며 기쁨으로 노래하며 찬양을 드린다(150:4, 149:3, 5).

4) 새 노래로, 큰 소리로 찬양을 드린다(33:3, 눅 19:37).

5) 하나님을 의지하며 찬양을 드린다(56:10).

★하나님을 찬양하는 이유

1) 주의 인자하심과 거룩하심, 위대하심으로 인해 하나님을 찬양한다(33:6, 99:3, 5, 9, 사 24:14).

2) 인간의 삶을 향한 하나님의 역사와 구원을 찬양한다(9:1-2, 사 61:3).

3) 하나님의 도와주심과 우리의 기도에 응답하심을 찬양한다(28:7, 66:20).

4) 만물을 창조하신 하나님을 찬양한다(148:5).

5) 사람이 알 수 없는 기이한 일 행하심을 찬양한다(107:8).

6) 창조주요 구원자이신 하나님을 찬양하는 것은 인간이 마땅히 할 일이다(33:1).

7) 이스라엘의 찬송 중에 거하시는 하나님(22:3)은 당신을 위해 이스라엘 백성을 지었다고 말씀하셨다. 또한 저들로 찬송을 부르게 하셨다(사 43:3). 그러므로 성도가 하나님을 찬양하는 것은 마땅히 할 일이다.

8) '호흡이 있는 자마다 여호와를 찬양할지어다'(150:6)라고 시편 기자는 권유가 아닌 명령조로 선포하고 있다. 이는 시편의 결론이기도 하다.

★하나님을 찬양하는 자세

- 악기(나팔/비파/수금/소고/현악/퉁소/소고/제금, 시 150:3-5) 연주
- 춤추며 하나님의 이름을 찬양(149:3, 150:4) • 큰 소리로 찬양(눅 19:37)
- 새 노래로 찬양(시 33:3)   • 감사함으로 찬양(시 100:4)
- 즐거움으로(시 67:4)   • 아름답게 찬양(시 66:2),
- 마음으로 찬양(고전 14:15),   • 주를 의지하며 찬양(시 56:10)
- 성도의 회중에서 찬양(시 149:1)   • 침상에서 기쁨으로 찬양(시 149:5)

★하나님께 감사드려야 할 이유와 감사의 방법(시 103, 136편을 중심으로)

하나님께 감사드려야 할 이유	하나님께 감사하는 방법
1) 모든 죄악을 사하신다	1) 감사의 제물(레 7:12-15, 대하 29:31)
2) 모든 병을 고치신다	2) 찬송을 통하여(느 12:38-42)
3) 생명을 파멸에서 구속하신다	3) 하나님을 예배함으로(시 50:14)
4) 인자와 긍휼로 관을 씌우신다	4) 의와 인자와 겸손함으로(미 6:6-8)
5) 좋은 것으로 내 소원을 만족하게 하신다	5) 예수의 이름으로 감사한다(엡 5:20)
6) 내 청춘으로 독수리같이 새롭게 하신다	6) 기도로 감사한다(빌 4:6)
7) 하나님은 선하시고 인자하심이 영원하다	7) 마음으로(골 3:16) 감사를 드린다
8) 대적과 환난에서 건지신다(시 35:10, 54:6-7)	8) 일상의 생활 속에서 감사를 나타낸다 (롬 14:6-8)
9) 하나님은 성실하시다(시 68:19, 100:4-5)	
10) 각 사람에게 은사를 주신다(고후 9:15)	
11) 사망을 이기게 하신다(고전 15:57)	
12) 육체의 필요를 채워 주신다(딤전 4:3-4)	
13) 범사에 감사하라고 말씀하셨다(살후 5:18)	
14) 기도에 응답하신다(요 11:41)	
15) 큰 능력으로 왕노릇 하신다(계 11:17)	
16) 예수께서 재림하신다.(행 1:8, 고전 16:22, 살전 4:16-17, 계 22:20)	

★시편 119편

시편 150편들 중에서 가장 긴 119편(176절)은 하나님의 말씀을 지키는 자에 대한 축복을 선포하면서 시작된다(119:1-2). 특별히 하나님의 계시로서 말씀에 대한 신앙과 자세를 바르게 재조명 해주는 지혜시이다. 본시의 전체 내용을 분석하면서 천천히 음미하며 묵상해 보자.

119편은 22단락으로 구성되어 매 단락마다 8절을 한 단위로 하여 하나님의 말씀에 대해 설명하면서 하나님을 찬양하는 시이다(히브리어 알파벳 첫 자로 시작하는 일종의 두운법 시 형태이다).

시 119:1-2
'행위가 온전하여 여호와의 율법을 따
라 행하는 자들은 복이 있음이여 여호
와의 증거들을 지키고 전심으로 여호
와를 구하는 자는 복이 있도다'

시 119:9
'청년이 무엇으로 그의 행실을 깨끗하
게 하리이까 주의 말씀만 지킬 따름이
니이다'

시 119:36-37
'내 마음을 주의 증거들에게 향하게
하시고 탐욕으로 향하지 말게 하소서
내 눈을 돌이켜 허탄한 것을 보지 말
게 하시고 주의 길에서 나를 살아나게
하소서'

시 119:92
'주의 법이 나의 즐거움이 되지 아니
하였더면 내가 내 고난 중에 멸망하였
으리이다'

시 119:142-143
'주의 의는 영원한 의요 주의 율법은
진리로소이다 환난과 우환이 내게 미
쳤으나 주의 계명은 나의 즐거움이니
이다'

시 119:165
'주의 법을 사랑하는 자에게는 큰 평
안이 있으니 그들에게 장애물이 없으
리이다'

• 1-8: 하나님의 말씀을 통한 축복을 선포한다(서론).

• 9-16: 하나님의 말씀은 삶에 기준이 되는 진리요 즐거움과 지혜를 준다.

• 17-24: 하나님의 말씀은 고난 속의 삶에 새 힘을 소생시킨다.

• 25-32: 하나님의 말씀은 소망이요, 나의 소유(재산)이다.

• 33-40: 하나님의 말씀의 뜻을 고난을 통해 깨닫는다.

• 41-48: 하나님의 말씀을 통해 담대한 삶을 살게 한다.

• 49-56: 하나님의 말씀은 우리의 삶에 소망을 갖게 한다.

• 59-64: 하나님의 말씀에 전적으로 순종하도록 기도한다.

• 65-80: 하나님의 말씀은 고난을 통해 더 큰 확신과 위안을 준다.

• 81-88: 하나님의 말씀은 구원을 베푸신다.

• 89-96: 하나님의 말씀은 영원하시다.

• 97-104: 하나님의 말씀은 지혜와 명철을 주신다.

• 105-112: 하나님의 말씀은 내 길에 빛이시다.

• 113-120: 하나님의 말씀을 우리는 마땅히 사랑하며 순종해야 한다.

• 121-128: 하나님의 말씀은 구원을 실현한다.

• 129-136: 하나님의 말씀은 신비하고 기이하다.

• 137-144: 하나님의 말씀은 의와 진리가 되신다.

• 145-152: 하나님의 말씀에 순종하는 자는 구원을 성취한다.

• 153-160: 하나님의 말씀은 의로운 판단을 하도록 인도한다.

• 161-168: 하나님의 말씀을 우리는 진정으로 경외해야 한다.

• 169-176: 하나님의 말씀이 삶에 실현되고 성취되게 하소서(결론).

5. 더 깊은 연구와 삶의 적용

1. 욥기, 시편을 읽으면서 나는 어떤 하나님을 경험하였는가?

2. 욥기의 주요 주제들에 대해서 생각해 보자.

1) 간교한 사탄의 역사: 사탄은 하나님을 경배하는 욥과 하나님의 관계를 깨뜨리고자 수단 방법을 가리지 않고 욥의 삶을 극도의 고난 속으로 밀어 넣는다. 오늘도 사탄은 두루 다니며 삼킬 자를 찾고 있다. 성도들을 유혹하고자 온갖 간교한 방법으로 불의를 행하고 있다(벧전 5:8-9).

2) 하나님의 주권과 의인의 승리: 창조주 하나님은 모든 피조물들에 대해 절대 주권을 가지신다. 인간의 상식으로 이해할 수 없는 하나님의 역사하심에 대해 인간은 하나님의 섭리와 지혜를 인정하며, 믿으며, 순종해야 한다. 선하시고 의로우신 하나님은 악인을 미워하시며, 의인은 사랑하신다. 의인이 고난을 겪는다 해도 결국 하나님은 승리하게 하신다. 이러한 확신 속에서 성도는 온갖 악의 세력에 대해 담대하게 대처하며 끝까지 견뎌 이 모든 것을 극복하기에 이른다. 이것이 바로 의인의 승리라 할 수 있다.

3) 인간의 한계: 인간은 삶에서 시간과 공간의 제한을 받으며 살고 있다. 하나님은 시간과 공간을 초월한 신적 존재이시다. 제한된 삶 속에서 살고 있는 인간은 자신의 판단(인간의 지혜)에 전적으로 신뢰할 수가 없다. 인간은 창조주 하나님을 믿고 신뢰할 밖에 없는 한계가 있는 존재이다.

4) 중보 기도: 극심한 고난 속에 처한 친구 욥을 위로하기 보다는 오히려 정죄하는 친구들을 향해 욥은 힘들게 변론하지만, 결국에는 저들을 위해 중보 기도한다. 이는 십자가에 달리신 예수 그리스도를 떠올리게 한다. 하나님의 은혜로 구원 받고 의인이 된 성도는 이렇게 중보 기도하는 자가 되어야 한다.

3. 참회의 대표적인 시라고 할 수 있는 시편 51편을 묵상하면서 나 자신의 삶에 대한 회개의 시간을 갖자.

4. 말씀에 대한 시 119편의 전체를 읽고 특별히 9-18, 67-73, 169-176절에 대해 깊이 묵상하자.

5. 1–150편의 시편 중에서 자신이 가장 은혜 받은 본문을 암송해 보자.

6. 시편의 서론(1편)과 결론(150편)은 무엇인가?

　　복 있는 인생은 주야로 하나님의 말씀을 묵상하는 자이다. 이처럼 하늘의 복을 받은 자들은 평생 저들이 살아 숨 쉬는 동안 해야 할 일이 있다. 그것은 바로 하나님을 찬양하는 것이다.

잠언 · 전도서 · 아가

Proverbs · Ecclesiastes · Song of Songs

1. 잠언을 어떻게 읽을 것인가

구약성경의 내용이 이스라엘의 역사와 이에 연결된 신앙과 예언에 대한 서술인데 비해 잠언은 훈계, 명철, 학식, 슬기 등 인생을 살아가는데 있어서 실제적인 지혜를 강조하여 다루고 있다. 이로 인해 잠언은 민족과 시대, 종교를 초월하여 비 신앙인까지도 즐겨 읽으면서 지혜를 구하는 책이기도 하다. 잠언이란 말 자체가 인생에 대한 교훈과 경계를 주는 짧은 말이란 뜻을 갖고 있다. 히브리 성경의 첫 문장 '솔로몬의 잠언'이란 표현에서 잠언이란 책 이름이 유래되었다. 잠언은 전도서와 욥기, 시편과 함께 지혜서로 불리어진다. 당시 고대근동의 지혜 문학과 달리 잠언은 하나님의 영감에 의해 기록된 인생을 향한 지침서이기도 하다. 잠언의 내용은 인간과 하나님과의 수직적 관계에 대한 교훈과, 인간과 인간의 수평적 관계에서 일상생활에 필요한 교훈을 담고 있다.

특별히 잠언은 지혜를 강조하는데, 이 지혜는 여호와 하나님을 경외함으로 얻는다고 먼저 밝히고 있다(1:7). 하나님과의 관계(하나님을 경외)를 통해 영적 지혜와 함께 모든 사람이 마땅히 지켜야 할 삶에 대한 윤리적, 도덕적인 삶의 지혜에 대한 지식을 공급하고 있다.

또한 지혜를 의인화하여 지혜의 왕이신 예수 그리스도의 성육신을 암시함으로 메시야에 관한 예언을 기록하고 있다.

신약에서 잠언의 여러 부분들이 인용되고 있다(눅 14:7-9→ **잠 25:6-7**, 마

기억할 말씀

잠 1:7
'여호와를 경외하는 것이 지식의 근본이거늘 미련한 자는 지혜와 훈계를 멸시하느니라'

잠 9:10
'여호와를 경외하는 것이 지혜의 근본이요 거룩하신 자를 아는 것이 명철이니라'

잠언 1:1-7
다윗의 아들 이스라엘 왕 솔로몬의 잠언이라 이는 지혜와 훈계를 알게 하며 명철의 말씀을 깨닫게 하며 지혜롭게, 공의롭게, 정의롭게, 정직하게 행할 일에 대하여 훈계를 받게 하며 어리석은 자를 슬기롭게 하며 젊은 자에게 지식과 근신함을 주기 위한 것이니 지혜 있는 자는 듣고 학식이 더할 것이요 명철한 자는 지략을 얻을 것이라 잠언과 비유와 지혜 있는 자의 말과 그 오묘한 말을 깨달으리라 여호와를 경외하는 것이 지식의 근본이거늘 미련한 자는 지혜와 훈계를 멸시하느니라

6:11 → 잠 30:8, 롬 3:15 → 잠 1:16, 롬 12:20 → 잠언 25:21, 히 12:5-6 → 잠 3:11-12, 약 4:6/벧전 5:5 → 잠 3:34, 벧후 2:22 → 잠 26:11)

잠언은 다른 구약의 성경들과 달리 고대의 지혜자들이 즐겨 사용했던 비유와 대조, 수수께끼, 찬양시, 예화, 격언 등 다양한 문학적 형식을 사용하였다. 오늘에 이르기까지 이스라엘 백성들과 기독신자들 뿐만 아니라 수많은 비 기독교인들에게도 널리 읽혀져 온 지혜 문학의 최대 걸작으로 꼽히고 있다.

전체적인 내용을 살펴보면,
- 서론(1:1-7) 지식의 근본인 지혜.
- 청년에 대한 교훈(1:8-9장): 지혜를 추구하는 자가 누리는 복(2:1-12), 지혜를 추구하는 삶의 유익(3장, 4:1-13, 23), 생명으로 이끄는 지혜 8장, 9:10).
- 지혜의 적용(10-22:16): 의인과 악인의 대조(10-15장), 경건한 삶에 대한 격려(16장-22:16).
- 지혜자의 잠언(22:17-29장): 지혜로운 삶(23:17-18, 24:13-14, 27:1-2, 28:5, 9, 13, 25-26, 29:17, 25-26).
- 아굴의 잠언(30장): 하나님의 지혜를 구함(30:5-9).
- 르무엘 어머니의 잠언(31장): 아들 왕을 훈계(31:1-9), 현숙한 여인의 상 (31:10-31).

잠언은 하나님을 경외하는 것이 바로 지혜임을 잠언 곳곳에서 분명하게 밝히고 있다.

2. 저자 · 기록연대 · 기록동기

저자와 기록연대: 1-29장은 솔로몬의 저작이며 30장은 야게의 아들 아굴에 의해, 31장은 르무엘 왕에 의해 쓰여졌다. 25-29장은 솔로몬이 기록한 것

이지만 히스기야 왕 시대 서기관들에 의해 편집된 것이다(25:1). 기록연대는 솔로몬의 통치 기간(BC 970-930)중 그의 생애 중반기에 쓰여졌고(BC 950), 히스기야 왕 시대(BC 728-697)에 편집되고 완성되었다(BC 950-700).

기록동기: 잠언은 신앙생활뿐만 아니라 모든 일상생활에서 지켜야 할 교훈과 지식을 전하기 위해 기록되었다. 특히 지혜를 강조하였는데, 지혜는 하나님을 경외하는 것임을 밝히면서 하나님과의 관계를 먼저 가르치고 있다. 즉 본서는 하나님과의 관계 속에서 영적 지혜를 얻게 하며, 이를 바탕으로 인간관계에서 필요한 윤리와 도덕을 일깨워 주고, 직접 적용하고 실천할 수 있도록 기록되었다. 따라서 오늘날의 성도들에게도 잠언은 삶 속에서 지혜를 구체적으로 실천할 수 있도록 교훈하고 있다.

3. 잠언의 파노라마

주제	목적		각종 교훈과 경계		인간과 피조물	현숙한 여인	
문단 구분	1:1	1:8	10:1	30:1	31:1	31:31	
	지혜	청년에 대한 교훈	솔로몬의 잠언	아굴의 잠언	르무엘의 잠언		
문체	댓구/대조/의인/열거법 등 다양한 수사법을 사용한 지혜문학						
장소	유 다						
기간	BC 950-700년경						

1) 서론(1:1-9): 지식의 근본인 지혜.

2) 청년에 대한 교훈(1:10-9장)
악인의 유혹을 피하는 지혜와 이에 대한 권고(1:10-33),
지혜를 추구하는 자가 누리는 복(2장),
지혜를 추구하는 삶의 유익(3-4장), 정절에 대한 훈계(5장),
성도의 생활에 대한 교훈(6-7장), 생명으로 이끄는 지혜(8-9장),

3) 지혜의 적용(10-22:16)

의인과 악인의 대조(10-15장),

경건한 삶에 대한 격려-하나님을 의뢰하는 삶(16-22장),

4) 지혜자의 잠언(23-28장)

탐욕에 대한 교훈(23장), 영적 전쟁과 지혜(24장),

성도의 삶에 대한 교훈(25장), 미련한 자에 대한 교훈(26장),

유익한 충고(27장), 악인의 삶을 통한 교훈(28장),

5) 공의에 대한 권면(29장)
  • 아굴의 잠언(30장) : 하나님의 지혜를 구하는 아굴(30:1-9),
                    생활 속의 잠언(30:10-33)
  • 르무엘의 잠언(31장) : 어머니의 잠언(31:1-9), 현숙한 여인(31:10-31).

4. 잠언 해석의 키워드

★잠언의 12대 주제들(성경 구절들을 찾아서 읽고 묵상하기)

1) **지혜와 우매함:** 지혜의 근본은 하나님을 경외하는 것이다. 이는 영원한 생명을 얻는 구원에 이르게 한다. 그러나 하나님이 없다고 주장하는 우매함(미련함/어리석음)은 하나님으로부터 멀어져 결국 멸망에 이르게 한다(1:7/ 3:13-14/ 4:7/ 9:10/ 12:15/ 15:14/ 16:16/ 24:9/ 28:26).

2) **지혜의 근본:** 하나님은 지혜의 근본이시고 인생의 생사화복을 주관하시는 섭리자이다. 하나님은 사람을 창조하셨고, 사람을 심판하시는 심판자이다. 그러므로 사람은 자기를 지으신 창조주 하나님을 마땅히 경배해야 한다(2:5-6/ 3:6-11/ 19:21/ 20:10/ 21:3,31/ 28:25 /29:25).

3) **선과 악:** 하나님을 알고 하나님의 말씀대로 사는 것이 선이요, 하나님을 알지 못하고 하나님의 실존을 부인하며 하나님을 미워하는 것을 악이라고 성

경은 규정하고 있다. 그러므로 선을 행하는 자(하나님을 알고 하나님께 순종하는 자)는 의인이다. 그러나 악을 행하는 자(하나님을 알지 못하고 하나님이 없다고 주장하는 자)는 악인이며, 이들은 하나님의 심판을 받아 멸망하게 된다고 경고하고 있다(10:6-7/ 11:6-11/ 12:2-3/ 13:5-6/ 14:9,11/ 20:7/ 24:15-16/ 28:1/ 29:2).

4) **생명과 죽음:** 인간이 살고 죽는 것은 창조주 하나님의 손에 달려 있다. 생명의 주관자이신 하나님 안에 거하는 자는 자신의 인생여정을 하나님의 의와 진리로 인도함을 받는다. 육적인 죽음 이후에도 하나님의 나라로 인도받는다. 그러나 하나님을 떠나 악을 행하는 자는 땅에서는 자신의 뜻과 주장대로 살아가지만, 이 땅에서 삶을 다 마치고 난 이후에는 음부로 내려간다(4:10/ 7:27/ 8:35/ 9:6,11/ 10:11/ 11:30/ 13:12, 14/ 15:4/ 16:22/ 19:23/ 21:21).

5) **언어(말)와 생활:** 지혜롭고 의로운 말(언어)은 사람을 살리기도 하지만 악한 말은 죽음과 징벌을 초래하기도 한다. 하나님을 경외하는 자는 영생을 추구하는 의인으로 자신의 입술과 혀를 잘 제어할 수 있어야 한다(10:18-21/ 12:6, 13/ 14:5, 25/ 17:4-7/ 19:5/ 20:19/ 21:6/ 28:23).

6) **가정생활:** 가정은 하나님께서 가장 먼저 허락하신 인간관계이다(부부). 부부를 통해 출생한 자녀들이 계속해서 대대로 이어져 나갈 가족관계 안에는 서로 지켜야 할 의무와 책임이 있다. 부부간의 사랑, 자녀의 부모 공경, 부모의 자녀 교육 등 어느 시대를 막론하고 가정을 위해 지켜야 할 규례가 있다(1:8/ 5:18-19/ 13:1/ 19:13/ 22:6/ 23:13-16/ 30:17).

7) **성실함과 게으름:** 성실한 자에게는 풍족함이 뒤따르고, 게으른 자에게는 궁핍함과 빈곤이 뒤따른다(6:9-11/ 12:11/ 14:23/ 20:4, 13/ 28:19).

8) **이웃 관계:** 잠언은 인간 상호 간의 관계 속에서 지켜야 할 법도를 훈계하고 있다. 이웃을 사랑하고 존귀하게 여기는 자(신실하고 의로운 말과 행동)는 결국 하나님의 보응을 받게 된다(3:29/ 14:21/ 17:9/ 25:8-10/ 26:18-19/ 27:10/ 29:5).

9) **부와 가난:** 지혜로운 자는 재물의 풍족함에 마음을 두지 않는다. 진정한 부는 영적인 충만함, 하나님으로부터 온다. 그러므로 부를 이루는 과정과 부

를 사용하는 방법이 건전해야 한다. 진정한 부는 재물의 풍족함에 있지 않다 (10:15/ 11:4/ 13:8/ 14:20/ 19:4, 7/ 22:1-2/ 23:4-5/ 28:3, 6/ 30:8-9).

10) 겸손과 교만: 하나님은 겸손한 자를 높이시고 존귀하게 여기신다. 교만은 하나님이 미워하시는 죄이다. 교만한 자는 멸망하고 만다(11:2/ 15:25/ 16:18-19/ 18:12/ 21:4, 22:4, 29:23).

11) 성공과 패망: 하나님의 말씀을 순종하는 삶이 곧 성공적인 삶이다. 패망은 말씀에 불순종함으로 일어난다. 악행하며 악독한 말을 하는 자, 재물을 의지하는 자, 말씀을 멸시하고 교만한 자, 거짓 증거와 아첨하는 자, 자신을 주장하는 자들은 멸망에 이른다(6:12-15/ 10:8-10/ 11:28/ 13:6,13/ 16:18/ 21:28/ 26:28).

12) 현숙한 여인: 부지런하여 집을 세우며, 궁핍한 자에게 도움을 펼치며, 지혜롭게 말하며, 인애로운 삶을 살며 무엇보다도 하나님을 경외하는 믿음을 가진 여인을 가리켜 잠언은 현숙한 여인으로 꼽았다.

★성경이 제시하는 지혜의 근원과 특징

지혜와 지식은 어떻게 다른가? 지식은 어떤 사물에 대한 기술적 이해력에 초점을 두고 있는데 비해, 지혜는 그 이해력을 넘어서서 한 인격이 인생을 통해 얻은 통찰력과 깨달음이라 할 수 있다.

구약성경은 지혜의 시작이요 지혜의 근본을, 하나님을 경외하는 신앙에 두었다(잠 1:7, 9:10). 하나님을 경외하는 신앙이 바로 지혜의 시작이요, 지혜의 근원이요, 근본 원리라는 것이다(beginning/ orgin/ principle).

하나님을 찾는 자는 모든 것을 깨닫는다고 했다(28:5). 신약의 야고보 사도는 지혜가 부족하면 모든 사람에게 후히 주시는 하나님께 구하라고 했다. 이처럼 지혜를 여호와 하나님께 초점을 맞추고 있다(약 1:5).

★지혜의 근원

여호와 하나님(잠 3:19, 롬 11:33)/ 성경(딤후 3:15)/ 그리스도(눅 21:15, 요 2:27)/ 성령(눅 12:12, 고전 12:8)/ 여호와를 경외함(시 111:10, 잠 1:7, 사

33:6).

★지혜의 특징

1) 하나님을 두려워하며 그 뜻에 순종한다.

2) 세상의 지혜와 본질, 목적, 대상이 구별된다(고전 3:19).

3) 현세의 삶과 내세의 삶을 함께 생각하며 살게 한다(잠 15:24).

4) 성결, 화평, 선한 열매가 가득하다(약 3:17).

5) 겸손을 수반한다(잠 3:7-8, 롬 12:16).

★삶에 대한 지혜의 역할

1) 우리를 지키고 보호하며 지혜를 높이면 우리를 높여 세워준다(4:6-9).

2) 여인으로부터의 유혹과 시험에 들지 않게 한다(2:16).

3) 하나님으로부터 영광을 기업으로 받게 한다(2:35).

4) 생명을 보존 받는다(15:24, 전 7:12).

5) 바른 길로 인도받는다(4:23, 23:19).

6) 삶의 소망이 끊어지지 않는다(24:14).

7) 하나님이 주시는 복을 누린다(3:13-18).

8) 하나님의 나라에 가까이 가게 한다(막 12:34).

★잠언 24편을 읽으면서 악인의 멸망에 대해 생각해 보자. 악인은 결국 패망하는데 시편과 잠언에서 어떻게 표현하고 있는지 살펴보자.

1) 자기 지혜(꾀)에 빠지고 만다(시 5:10).

2) 자신이 만든 함정에 빠지고 만다(시 7:15).

3) 악인은 넘어져 엎드려지고 다시는 일어서지 못한다(시 36:12).

4) 의인을 묶고 있던 악인의 줄은 끊어지고 만다(시 129:4).

5) 자신이 누리던 영화가 소멸되고 만다(시 39:11).

6) 땅의 삶에서 대가 끊긴다. 자손이 끊어진다(잠 2:22).

기억할 말씀

1. 잠 28:5
악인은 정의를 깨닫지 못하나 여호와를 찾는 자는 모든 것을 깨닫느니라

2. 약 1:5
너희 중에 누구든지 지혜가 부족하거든 모든 사람에게 후히 주시고 꾸짖지 아니하시는 하나님께 구하라 그리하면 주시리라

3. 잠 24:1-14
너는 악인의 형통함을 부러워하지 말며 그와 함께 있으려고 하지도 말지어다 그들의 마음은 강포를 품고 그들의 입술은 재앙을 말함이니라 집은 지혜로 말미암아 건축되고 명철로 말미암아 견고하게 되며 또 방들은 지식으로 말미암아 각종 귀하고 아름다운 보배로 채우게 되느니라 지혜 있는 자는 강하고 지식 있는 자는 힘을 더하나니 너는 전략으로 싸우라 승리는 지략이 많음에 있느니라 지혜는 너무 높아서 미련한 자가 미치지 못할 것이므로 그는 성문에서 입을 열지 못하느니라 악행하기를 꾀하는 자를 일컬어 사악한 자라 하느니라 미련한 자의 생각은 죄요 거만한 자는 사람에게 미움을 받느니라 네가 만일 환난 날에 낙담하면 네 힘이 미약함을 보임이니라 너는 사망으로 끌려가는 자를 건져 주며 살륙을 당하게 된 자를 구원하지 아니하려고 하지 말라 네가 말하기를 나는 그것을 알지 못하였노라 할지라도 마음을 저울질 하시는 이가 어찌 통찰하지 못하시겠으며 네 영혼을 지키시는 이가 어찌 알지 못하시겠느냐 그가 각 사람의 행위대로 보응하시리라 내 아들아 꿀을 먹으라 이것이 좋으니라 송이꿀을 먹으라 이것이 네 입에 다니라 지혜가 네 영혼에게 이와 같은 줄을 알라 이것을 얻으면 정녕히 네 장래가 있겠고 네 소망이 끊어지지 아니하리라

5. 더 깊은 연구와 삶의 적용

1. 잠언을 읽으면서 특별히 감동적인 본문을 다시 한 번 묵상해 보자.

2. 잠언 2장과 3장은 지혜를 추구하는 자가 누리는 복과 유익함에 대해 교훈
   하고 있다. 전체를 다 읽고 묵상하면서 우리가 누릴 복과 유익을 얻자.

3. 성경에 나타난 현명한 여인들을 찾아보면 저들이 가진 동일한 특징이 있
   다. 그것은 무엇이라고 생각하는가?

   • 요게벳(출 2:1-10)
   • 라합(수 2:1-21)
   • 드보라(삿 4:4-5:31)
   • 룻(룻 1:4-18)
   • 아비가일(삼상 25:14-42)
   • 에스더(에 2:16-18)
   • 수로보니게 여인(막 7:25)
   • 마리아(눅 1:26-38)
   • 브리스길라(행 18:2, 26)
   • 마리아와 마르다(눅 10:38-42)

   이 여인들은 한결같이 믿음의 사람들이었다. 믿음의 법이 없었다면 저들
   은 삶 속에서 하나님의 구원을 누릴 수가 없었다.

4. 작은 것들로 부터 얻는 지혜는 무엇인가 생각해 보자(잠 30:25-28).

   비록 몸집은 작지만 저들은 살아남기 위해 온갖 지혜를 다 동원한다.
   1) 개미(30:25, 근면함): 함께 떼를 지어 다니면서 먹을 양식을 미리 준비
      한다.

2) 사반(30:26, 자기방어): 약하지만 자신을 보호하고자 바위 사이에 집을 짓고 산다.

3) 메뚜기(30:27, 질서): 지도자가 없어도 질서 있게 떼를 지어 이동한다.

4) 도마뱀(30:28, 담대함): 뱀 중에서 비록 작지만 꾀가 있어 약삭빠르고 재빠르다.

● 전도서

1. 전도서를 어떻게 읽을 것인가

본서는 인간이 세상에서 누릴 수 있는 최고의 부귀와 영화를 누렸던 솔로몬이 자신의 인생(BC 990-930)을 회고하는 글이다. 막강한 권력과 명예를 지닌 왕의 자리에서 내려와 하나님 앞에서 연약한 자신을 돌아보면서 겸허한 마음으로 전도서는 시작된다. 1-6장은 인생의 허무를 토로하는 내용이며, 7-12장은 인생의 허무를 극복하는 해결책(12:12-13)을 제시한다.

솔로몬은 젊은 시절 왕이 되자 천 마리 희생으로 번제를 드리며(대하 1:6) 하나님께 감사와 헌신의 태도를 나타냈다. 또한 통치 초기에는 하나님께 지혜를 구하는 아름다운 신앙의 모습으로 하나님을 감동시켜 지혜와 지식뿐만 아니라 부와 재물까지 하나님으로부터 받는다(대하 1:10-12). 이렇게 지혜를 구했던 솔로몬이 수많은 이방 여인들을 받아들이고 결국에는 그들의 종교마저도 수용하면서 차츰 세상적인 쾌락과 우상 숭배에 빠져 들고 만다. 수십 년의 세월이 흘러 솔로몬은 인생의 실패와 허무를 깨닫고 하나님을 경외하고 섬기는 삶만이 인생의 허무를 극복할 수 있음을 피력하고 있다. 그는 자신의 인생 경험을 돌아보면서 참된 인생의 가치에 대한 최종적인 결론으로 창조주 하나님, 우주만물의 주권자요 심판자이신 하나님을 경외하고 그 분의 명령을 따르는 것이 인생의 마땅한 본분이라고 선포하고 있다(12:12-14).

전도서는 인생의 허무를 노래한 책이 아니라, 허무한 인생이 허무해지지 않기 위해서 어떠한 삶을 살아야 할지 그 방법을 제시하는 책이라 할 수 있다. 솔로몬은 의미 있는 인생이란, 하나님을 경외하고 그 명령을 지키는 삶이라고 가르치면서 이는 사람의 본분이라고 했다. 하나님은 우리의 모든 행위와 은밀한 일을 선악으로 심판하시는 분이라고 전도서는 결론을 내리고 있다. 이 결론은 우리에게 무엇을 선포하는가?

우리 인생은 하나님 앞에서 그 무엇도 감출 수가 없다. 하나님 앞에서 인생은 모든 것을 내어 놓고 있다. 이를 깨달아 알면 하나님을 두려워하며 하나님의 명령에 순종하며 살아가게 된다. 이로서 인생의 허무에서 벗어나 인생의 의미를 알게 된다고 솔로몬은 우리에게 선포하고 있다.

2. 저자 · 기록연대 · 기록동기

저자와 기록연대: 정확한 기록 연대는 알 수 없지만, 내용을 보면 솔로몬이 그의 생애 말년(BC 935년경) 예루살렘에서 기록한 것으로 알려지고 있다.

기록동기: 전도서는 솔로몬이 자신의 인생 경험에 대한 회고와 깨달음을 고백하며 시작된다. 통치 초기에 하나님 앞에 신실했던 솔로몬은 세상적인 쾌락과 우상을 숭배하는 불신앙의 삶을 살면서 실패와 허무를 깨닫게 된다. 오직 하나님을 경외하는 것만이 최선의 삶이라고 솔로몬은 이스라엘 백성들을 향해 교훈하고자 전도서를 기록한 것이다. 그의 교훈은 오늘 모든 성도들에게 인생의 실패와 허무를 극복하고 성공적인 삶의 비결을 제시해 준다. 전도서는 인생이 헛되고 헛되다는 허무의 내용으로 시작되지만, 하나님을 경외하는 영적 방법을 제시함으로 인생의 허무를 극복하는 지침서의 역할을 하고 있다.

3. 전도서의 파노라마

주제	인생의 헛됨을 선포		헛됨의 증거		헛됨을 극복하는 방법	
내용 구분	1:1 1:4	1:12	3:1	7:1	12:9	12:14
	헛된 인생	헛된 인생의 구체적 실례	자신의 체험	인생에 대한 자신의 사고	헛된 세상을 사는 방법	인생의 결론: 하나님 경외
문체	체험에서 얻은 진리를 교훈하는 지혜 문학서					
장소	예루살렘					
기간	BC 935년경(솔로몬의 통치 말기)					

1. 전 1:8
'모든 만물이 피곤하다는 것을 사람이 말로 다 말할 수는 없나니 눈은 보아도 족함이 없고 귀는 들어도 가득 차지 아니하도다'

2. 전 2:17
'이러므로 내가 사는 것을 미워하였노니 이는 해 아래에서 하는 일이 내게 괴로움이요 모두 다 헛되어 바람을 잡으려는 것이기 때문이로다'

3. 전 8:17
'또 내가 하나님의 모든 행사를 살펴보니 해 아래에서 행해지는 일을 사람이 능히 알아낼 수 없도다 사람이 아무리 애써 알아보려고 할지라도 능히 알지 못하나니 비록 지혜자가 아노라 할지라도 능히 알아내지 못하리로다'

4. 전 11:1
'너는 네 떡을 물 위에 던져라 여러 날 후에 도로 찾으리라'

5. 전 12:1
'너는 청년의 때에 너의 창조주를 기억하라 곧 곤고한 날이 이르기 전에, 나는 아무 낙이 없다고 할 해들이 가깝기 전에'

6. 전 12:13-14
'일의 결국을 다 들었으니 하나님을 경외하고 그의 명령들을 지킬지어다 이것이 모든 사람의 본분이니라 하나님은 모든 행위와 모든 은밀한 일을 선악 간에 심판하시리라'

1) 헛됨의 전제와 증명(1-6장)

허무한 인생(1:1-18, 2:11, 16-17, 2:24-26), 하나님의 섭리와 교훈(3:11-22), 하나님을 떠난 세상의 헛됨(4장), 공수래공수거(5:15-20), 세상 모든 것들의 허무(6:1-12).

2) 허무를 극복하는 방법과 인생의 결론(7-12장)

하나님 지혜의 가치(7:1-14), 교만과 불신을 경계하는 지혜(7:15-18), 세상 권위에 대한 자세(8:1-8), 오묘한 하나님의 섭리(8:9-17), 소망이 있는 삶(9:1-6), 적극적인 삶에 대한 권면(9:7-10), 인간 지혜의 한계(9:11-10:1), 모순과 허무(10:2-20), 선행에 대한 교훈-구제와 자선(11:1-8), 청년을 향한 교훈(11:9-12:8), 결론-인생의 허무를 극복하는 방법 제시(12:9-14).

4. 전도서 해석의 키워드

★솔로몬이 제시한 인생의 허무한 것들을 찾아보자

1) 세속적 쾌락을 추구하는 것(2:1)

2) 자신이 갖기 원하는 소유물을 사랑하고 탐하는 것(2:4-11, 5:10)

3) 삶 속에서 노력하며 수고하는 모든 것(4:4)

4) 세속적인 부의 축적(4:8)

★신앙 교육의 중요성

1) 사람의 본분을 알게 하여 평생 동안 자신이 마땅히 가야 할 길과 행할 일을 알게 한다(전 12:13, 출 18:20).

2) 하나님의 말씀을 지켜 살도록 인도한다(신 4:1, 잠 4:4).

3) 진리 안에서 살게 한다(시 86:11).

4) 자기 자신의 참 모습을 발견하고 깨닫게 한다(욥 6:24).

5) 참 지혜가 무엇인지 알게 한다(시 90:12, 딤후 3:14-15).

6) 다른 교훈이나 가르침에 유혹당하지 않는다(엡 4:14).

7) 예수 그리스도의 증인의 삶을 살게 한다(행 1:8).

8) 신앙이 성장하여 성숙한 삶을 살게 한다(엡 4:11-12, 빌 4:6-7, 히 11:6).

9) 구원의 삶을 살게 한다(골 3:15-17).

기억할 말씀

시 90:12
우리에게 우리 날 계수함을 가르치사 지혜로운 마음을 얻게 하소서

딤후 3:14-15
그러나 너는 배우고 확신한 일에 거하라 너는 네가 누구에게서 배운 것을 알며 또 어려서부터 성경을 알았나니 성경은 능히 너로 하여금 그리스도 예수 안에 있는 믿음으로 말미암아 구원에 이르는 지혜가 있게 하느니라

● 아가

1. 아가서를 어떻게 읽을 것인가

솔로몬은 그의 생애에서 많은 왕후와 첩을 거느렸음에도 오직 술람미 여인만을 사랑한다는 간절한 사랑의 노래가 바로 아가서이다. 이 사랑의 노래는 내용이나 전개 과정이 구약 성경과 사뭇 다르게 펼쳐지고 있다. 처음부터 마지막까지 남녀 간의 사랑과 성적인 기쁨을 내용으로 담고 있기에 처음 본서를 읽는 독자들은 놀라지 않을 수 없다! 그러나 연인들의 사랑의 표현을 문자 그대로 읽는데 그치지 않고 이 본문을 통해 성도를 향한 하나님의 간절한 사랑이라는 상징적인 의미로 연결하여 읽으면 그 의미를 찾을 수 있다.

본서에 나타난 신랑 솔로몬과 신부 술람미 여인의 지극한 사랑은 모든 성도와 교회를 향한 예수 그리스도의 사랑을 상징적으로 표현한 것이다. 신랑이신 예수와 신부인 성도(교회) 간의 끊을 수 없는 사랑을 노래하면서 궁극적으로 하나님과 성도와의 영적 사랑의 기쁨을 상징하고 있다.

'내 사랑하는 자는 내게 속하였고 나는 그에게 속하였도다'(2:16)

'너는 나를 도장 같이 마음에 품고 도장 같이 팔에 두라 사랑은 죽음 같이 강하고 질투는 스올 같이 잔인하며 불길 같이 일어나니 그 기세가 여호와의 불과 같으니라'(8:6)

이러한 배경 속에서 오늘날에도 유대인들의 가장 큰 명절인 유월절에 아가서가 자주 낭독되고 있다. 해마다 유월절이 오면 출애굽을 기념하며 하나님의 놀라운 사랑과 은혜를 다시금 기억하면서 유대인들은 아가서의 의미를 되새기고 있다.

2. 저자 · 기록연대 · 기록동기

저자와 기록연대: 아가(雅歌)서 전체에 솔로몬의 이름이 언급되면서 저자가 솔로몬임이 명백하다(1:1,5, 3:7,9, 8:11-12). 기록연대는 내용으로 보아 솔로몬 시대의 절정기였던 BC 965년경으로 추정된다.

기록동기: 많은 왕후와 첩을 거느린 솔로몬 왕이 오직 술람미 여인만을 간절히 사랑한 사랑의 노래이다. 아가서는 남녀 간의 참된 사랑의 모습과 함께 신부의 순결성을 나타내면서 결혼의 순결성을 교훈하고 있다. 더 나아가 인간적 차원의 사랑을 넘어 성도를 향한 하나님의 간절한 사랑을 상징적으로 묘사하여 우리를 향하신 하나님의 사랑과 기쁨을 암시하고 있다.

3. 아가의 파노라마

주제	사랑의 고백(구애와 결혼)		사랑의 갈등과 성숙	
내용 구분	1:1　　　　3:6	5:2	7:11	8:14
	사랑	결혼	사랑의 갈등	성숙한 사랑
문체	형식과 내용이 섬세한 서정시			
장소	이스라엘 특히 예루살렘 왕궁			
기간	약 1년			

1) 사랑의 시작(1-4장)

신랑 신부의 사랑의 그리움(1:2-11, 2-7절은 신부가 신랑을 그리워하며 부르는 노래, 8절은 예루살렘 여인들의 노래, 9-11절은 신랑의 노래),

신랑 신부가 함께 부르는 사랑의 노래(1:12-2:6, 후렴구 2:7, 3:5, 8:4),

신부의 사랑 고백(2:8-17), 신부의 꿈(3:1-4),

결혼을 축하하는 여인들의 노래(3:6-11), 신랑의 노래(4:1-15).

기억할 말씀

1. 아 2:16
'내 사랑하는 자는 내게 속하였고 나는 그에게 속하였도다'

2. 아 4:7
'나의 사랑 너는 어여쁘고 아무 흠이 없구나'

1. 아 8:6

'너는 나를 도장 같이 마음에 품고 도
장 같이 팔에 두라 사랑은 죽음 같이
강하고 질투는 스올 같이 잔인하며 불
길 같이 일어나니 그 기세가 여호와의
불과 같으니라'

2) 성숙한 사랑(5-8장)

신랑 신부의 노래(4:16-5:1), 사랑의 갈등(5:2-8),

사랑의 회복(7:6-8:3, 8:6-7), 신랑 신부의 마지막 노래(8:13-14).

4. 아가 해석의 키워드

★성경에 나타난 그리스도의 사랑

1) 그 사랑의 기세는 죽음보다 강하다. 죽음마저도 그 사랑을 끊어 놓을 수
없는 막강한 사랑이다(8:6, 롬 8:35).

2) 여호와의 불같이 일어나 많은 물도 이 사랑의 불을 끌 수 없다. 그 무엇
도 이 사랑의 불을 끌 수 없고 억누를 수 없는 사랑이다(8:6).

3) 이 사랑은 온 재산을 다 주고도 바꿀 수 없고 살 수 조차 없는 측량할 수
없는 사랑이다(8:7, 엡 3:19).

4) 그리스도의 사랑은 우리가 모든 일에 넉넉히 이기게 한다(롬 8:37).

5) 환난이나 곤고나 박해나 기근이나 적신이나 위험이나 칼이라 할지라도
그리스도의 사랑에서 우리를 떼어 놓을 수 없다(롬 8:35).

6) 그 사랑은 질투가 스올같이 잔혹하다(8:6). 질투하시는 하나님이시다(출
20:5).

7) 그 사랑은 허물도 덮어주며 비록 검지만 아름답다고 여긴다(4:7, 1:5).

★신랑 예수와 신부 성도에 대한 아가서의 상징

• 신랑 예수의 사랑은 신부 성도의 모든 허물을 덮어 준다(4:7).

• 신부는 신랑 앞에서 자신의 연약함과 부족함을 깨닫고 자신의 무가치함
을 고백하게 된다(1:5).

• 이러한 사랑의 관계는 인간관계에서는 완전하게 이루어 질 수 없다. 오
직 예수와 그의 신부 성도(교회)간에 이루어지는 관계이다.

5. 더 깊은 연구와 삶의 적용

1. 잠언, 전도, 아가서를 읽으면서 나는 어떤 하나님을 경험하였는가?

2. 솔로몬이 전도서를 기록한 목적은 무엇인가?

3. 아가서에는 '하나님'이란 단어가 없다. 하나님을 어떻게 본문에서 발견하는가?

   아가서는 솔로몬과 술람미 여인과의 인간적인 사랑을 노래하고 있지만, 신랑이신 예수 그리스도와 신부인 성도와의 사랑을 상징적으로 표현하고 있다. 더 나아가서 두 사람의 사랑을 통해 영적 신부의 위치에 있는 교회와 성도간의 사랑을, 영적 신랑인 하나님과 그리스도와의 완전한 하나됨을 추구하는 노래이다. 비록 하나님이란 명칭은 없지만 하나님의 사랑과 이를 바탕으로 이루어진 완전한 하나됨을 발견할 수 있다.

4. 전도서에서 솔로몬은 인생의 허무를 어떻게 해결하고 있는가?(전 12:7-14)

5. 잠언, 전도서는 지혜서로 불려진다. 이들 지혜서의 결론은 무엇인가?(잠언 1:7, 3:1-8, 4:5-13, 9:10, 16:6-9, 19:23, 31:30-31, 전도서 12:12-13)

전 12:7-14

흙은 여전히 땅으로 돌아가고 영은 그것을 주신 하나님께로 돌아가기 전에 기억하라 전도자가 이르되 헛되고 헛되도다 모든 것이 헛되도다 전도자는 지혜자이어서 여전히 백성에게 지식을 가르쳤고 또 깊이 생각하고 연구하여 잠언을 많이 지었으며 전도자는 힘써 아름다운 말들을 구하였나니 진리의 말씀들을 정직하게 기록하였느니라 지혜자들의 말씀들은 찌르는 채찍들 같고 회중의 스승들의 말씀들은 잘 박힌 못 같으니 다 한 목자가 주신 바이니라 내 아들아 또 이것들로부터 경계를 받으라 많은 책들을 짓는 것은 끝이 없고 많이 공부하는 것은 몸을 피곤하게 하느니라 일의 결국을 다 들었으니 하나님을 경외하고 그의 명령들을 지킬지어다 이것이 모든 사람의 본분이니라 하나님은 모든 행위와 모든 은밀한 일을 선악 간에 심판하시리라

잠 3:1-8

내 아들아 나의 법을 잊어버리지 말고 네 마음으로 나의 명령을 지키라 그리하면 그것이 네가 장수하여 많은 해를 누리게 하며 평강을 더하게 하리라 인자와 진리가 네게서 떠나지 말게 하고 그것을 네 목에 매며 네 마음판에 새기라 그리하면 네가 하나님과 사람 앞에서 은총과 귀중히 여김을 받으리라 너는 마음을 다하여 여호와를 신뢰하고 네 명철을 의지하지 말라 너는 범사에 그를 인정하라 그리하면 네 길을 지도하시리라 스스로 지혜롭게 여기지 말지어다 여호와를 경외하며 악을 떠날지어다 이것이 네 몸에 양약이 되어 네 골수를 윤택하게 하리라

이사야

Isaiah

1. 이사야를 어떻게 읽을 것인가

이사야는 성전에서 하나님의 소명을 받았다(사 6:1-8). 그는 60년 동안 선지자로 활동하면서 자신이 하나님으로부터 받은 말씀을 기초하여 이사야서를 기록하였다(BC 740-680). 그가 활동한 시기는 정치, 사회, 종교적으로 매우 혼란스러운 시기였다. 북이스라엘은 BC 722년 앗수르에 의해 멸망하였고, 남유다 역시 앗수르의 협박 아래 있어서 어려운 상황이었다. 이러한 시기에 이스라엘 뿐만 아니라 열방을 향해서도 하나님의 책망과 심판, 한편으로는 소망과 회복의 말씀을 담대하게 예언하였다.

북이스라엘과 아람의 르신 왕이 유다 왕국을 전복시키려는 것(7:1-12, 대하 28장)과 앗수르의 히스기야 공격(37:21-29) 등 역사적인 사건에 대한 내용과 함께 그리스도의 초림과 고난, 재림, 새 하늘과 새 땅에 관한 예언을 하였다(7:14, 9:6-7, 61:1-2, 53:1-12, 11:1, 61:2, 60:15-22, 65:17-25 참고). 특히 이사야서에는 바사 왕 고레스가 세속의 역사에 등장하기 150여년 전에 그가 하나님의 백성을 바벨론 포로에서 예루살렘으로 돌아가게 하며 성전을 재건하도록 도움을 줄 하나님의 목자라고 예언하는 내용이 담겨 있다(44:28, 45:1-3). 이방의 왕을 통해 회복의 역사를 하나님께서 일으킬 것이라는 하나님의 구원역사를 예언하고 있다.

"그레스에 대하여는 이르기를 내 목자라 그가 나의 모든 기쁨을 성취하리라 하며 예루살렘에 대하여는 이르기를 중건되리라 하며 성전에 대하여는 네 기초가 놓여지리라 하는 자니라'(44:28)

이사야의 주요 연대표

BC 740-680 이사야 활동시기
• 웃시야(52년 치리, BC 790-739)
• 요담(16년 치리, BC 751-742)
• 아하스(16년 치리, BC 742-725)
• 히스기야(29년 치리, BC 725-697)
• 므낫세(55년 치리, BC 697-642)

이사야는 아모스, 호세아, 미가와 동시대의 선지자로 60년 동안 하나님의 말씀을 증거하며, 예언하다가 므낫세 왕 시대에 톱으로 몸이 잘리는 순교를 당한다(히 11:37 참조). 이사야는 5대에 걸쳐서 유다 왕들의 시대에 활동한 선지자이다. 이사야서는 그 내용을 3부로 분류할 수 있다.

1부(1-35장): 죄악에 대한 하나님의 심판에 대한 내용으로 심판의 대상은 남유다 뿐만 아니라 당대의 모든 국가(바벨론, 앗수르, 블레셋, 모압, 수리아, 구스, 애굽, 에돔, 두로 등)에 걸쳐 예언되었다.

2부(36-39장): 당시 유다 왕국의 역사에 대한 내용으로 히스기야 왕 당시의 유다왕국의 역사적 상황, 즉 앗수르 왕 산헤립의 유다 공격의 실패 과정에서 하나님의 섭리와 히스기야의 치유 과정, 뒤이어 히스기야의 실책으로 비롯된 유다의 멸망 과정에 대해 예언하고 있다.

3부(40-66장): 유다의 회복에 대한 내용으로 하나님의 구원과 회복에 대한 예언이다. 1-2부와는 달리 하나님의 구원 역사로 말미암는 택한 백성들의 평화와 정의, 번영을 예언하였다. 특별히 메시야의 도래와 고난, 영원한 통치를 다루면서 하나님의 백성을 향한 소망과 회복의 메시지를 담고 있다.

이사야서 전반부 39장(1-39장)은 인간의 죄악과 하나님의 심판을 다루고, 후반부 27장(40-66장)은 메시야로 인한 구원과 축복에 대한 내용으로 가득 채워져 있다. 이로 인해 이사야서는 심판과 구원이라는 주제로 요약된 예언서들 중에서도 가장 중요한 메시야에 대한 예언서로 구약의 복음서로 불리운다. 이처럼 예수 그리스도를 통한 구원에 대한 예언이 어느 예언서보다도 분명하고 힘 있게 선포되고 있기에 수많은 성도들에게 가장 널리 읽혀지고 있다. 작곡가 헨델은 이사야서를 바탕으로 메시야를 작곡하였다!

이사야 53장 본문은 고난 받는 종으로 오실 예수 그리스도가 이 세상에 오셔서 고난과 죽음을 통한 대속의 사역으로 인류를 구원할 것이며, 60-66장에

서는 영원한 하나님의 나라가 도래할 것이라는 희망찬 미래에 대한 예언으로
당시 암담한 상황에 있던 이스라엘 백성들에게, 오늘도 세상에서 시련과 고난
속에서 살아가는 성도들에게 큰 위안과 소망을 안겨 준다.

2. 저자 · 기록연대 · 기록동기

저자와 기록연대: 유대의 전승에 의하면 당시의 국제, 국내 정세를 민감하
게 파악한 이사야가 하나님의 영감을 받아 기록한 책으로 알려지고 있다(1:1).
또한 신약성경에서 이사야의 기록에 대해 언급하고 있다(마 3:3, 12:17-21,
행 8:28). 기록연대는 이사야가 소명을 받던 때(BC 739)에서 므낫세의 박해로
순교 당했던 BC 680년 사이에 기록된 것으로 추정한다.

기록동기: 이사야는 우상숭배와 사회적 불의 속에서 살아가는 이스라엘 백
성들의 죄악을 적나라하게 지적하고 이를 알리기 위해 본서를 기록하였다. 또
한 당시의 타락한 열방들이 하나님의 심판을 받게 된다는 사실을 알리고, 다
윗의 후손 메시야로 말미암아 새 하늘과 새 땅이 이룩된다는 진리를 알려 주
려고 기록하였다. 오늘의 우리에게도 죄악을 심판하시는 공의의 하나님과 궁
극적으로 회복하시고 축복하실 하나님의 은혜를 보여주고 있다. 죄악된 이 세
상은 결국 멸망할 것이요, 메시야로 오실 예수 그리스도를 통해 다시금 회복
된다는 소망의 메시지를 전하고자 기록한 것이다.

3. 이사야의 파노라마

주제	죄악으로 인한 심판				유다의 역사	메시야의 회복과 영광 (위로와 소망의 메시지)		
내용 구분	1:1	13:1	28:1	36:1	40:1	49:1	58:1	66:24
	유다를 향한 심판	열방을 향한 심판	열방을 향한 하나님의 축복과 저주		히스기야 시대의 역사	이스라엘 회복에 대한 예언	오실 메시야에 대한 예언	새 하늘과 새 땅
문체	예언시				역사적 서술	예언시		
장소	유다							
기간	58년(BC 739-681)					BC 537-예수의 초림과 재림까지		

1) 죄악과 심판(1-35장)

타락한 유다(1:1-17), 회개를 촉구(1:18-31), 메시야 왕국 예언(2:1-4),
하나님의 심판(2:5-22), 유다에 임할 환난에 대한 예언과 경고(3:1-4:1),
남은 자들의 회복(4:2-6), 포도원에 대한 기대와 실망(5:1-7),
포도원의 최후(5:8-30), 이사야의 소명(6:1-13), 임마누엘의 징조(7:1-16),
앗수르의 유다 침략에 대한 예언(7:17-25), 아하스 왕을 책망(8:1-8),
하나님의 공의(8:9-15), 유다의 배역(8:16-22), 메시야 탄생의 예언(9:1-7),
이스라엘에 대한 심판 경고(9:8-10:4), 앗수르에 대한 심판(10:5-19),
남은 자의 귀환(10:20-34), 도래할 메시야 왕국(11:1-9),
돌아오는 이스라엘 백성(11:10-16), 감사와 승리의 노래(12장),
바벨론의 멸망 예언(13:1-14:2), 바벨론 멸망의 노래(14:3-23),
앗수르와 블레셋에 대한 심판(14:24-32), 모압의 멸망 예언(15:1-16:14),
다메섹의 멸망 예언(17:1-11), 앗수르의 유다 침략 예언(17:12-14),
구스에 대한 예언(18장), 애굽에 대한 예언(19:1-17),
여호와의 날에 대한 예언(19:18-25), 애굽과 구스의 수치(20장),
바벨론 멸망 예언(21:1-10), 두마와 아라비아에 대한 경고(21:11-17),
유다의 멸망 예언(22:1-14), 타락한 유다 관리에 대한 책망(22:15-25),
바벨론을 통한 두로 심판(23:1-14), 두로의 회복 예언(23:15-18),
전 우주적 심판을 예언(24장), 새 왕국의 주인이신 여호와를 찬양(25장),
새 왕국에서 성도들이 부를 찬양(26장), 이스라엘에 대한 예언(27장),
북이스라엘 멸망 예언(28:1-6), 남유다의 지도자를 향한 책망(28:7-22),
하나님의 다스리심(28:23-29), 이스라엘의 영적 암흑에 대한 심판(29:1-16),
심판을 통한 연단(29:17-24), 친 애굽 정책에 대한 책망(30:1-17),
기다리시는 하나님(30:18-26), 앗수르에 대한 심판 예언(30:27-33),
예루살렘을 지키시는 하나님(31장), 의로운 왕 메시야 예언(32:1-8),
유다의 심판과 회복 예언(32:9-20), 앗수르에 대한 심판 예언(33:1-16),
예루살렘의 회복 예언(33:17-24), 열국에 대한 심판 예언(34장),
시온의 회복과 기쁨(35장).

기억할 말씀

1. 사 1:3-9
'소는 그 임자를 알고 나귀는 그 주인의 구유를 알건마는 이스라엘은 알지 못하고 나의 백성은 깨닫지 못하는도다 …… 만군의 여호와께서 우리를 위하여 생존자를 조금 남겨 두지 아니하셨더면 우리가 소돔 같고 고모라 같았으리로다'

2. 사 11:1-9
'이새의 줄기에서 한 싹이 나며 그 뿌리에서 한 가지가 나서 결실할 것이요 그의 위에 여호와의 영 곧 지혜와 총명의 영이요 모략과 재능의 영이요 지식과 여호와를 경외하는 영이 강림하시리니 그가 여호와를 경외함으로 즐거움을 삼을 것이며 그의 눈에 보이는 대로 심판하지 아니하며 그의 귀에 들리는 대로 판단하지 아니하며 공의로 가난한 자를 심판하며 정직으로 세상의 겸손한 자를 판단할 것이며 그의 입의 막대기로 세상을 치며 그의 입술의 기운으로 악인을 죽일 것이며 공의로 그의 허리띠를 삼으며 성실로 그의 몸의 띠를 삼으리라 …… 내 거룩한 산 모든 곳에서 해 됨도 없고 상함도 없을 것이니 이는 물이 바다를 덮음 같이 여호와를 아는 지식이 세상에 충만할 것임이니라.'

1. 사 33:22

'대저 여호와는 우리 재판장이시요 여호와는 우리에게 율법을 세우신 이요 여호와는 우리의 왕이시니 그가 우리를 구원하실 것임이라'

2. 사 38:19-20

"오직 산 자 곧 산 자는 오늘 내가 하는 것과 같이 주께 감사하며 주의 신실을 아버지가 그의 자녀에게 알게 하리이다 여호와께서 나를 구원하시리니 우리가 종신토록 여호와의 전에서 수금으로 나의 노래를 노래하리로다 '

2) 역사적 상황(36-39장)

산헤립의 침입(36장), 히스기야의 신앙(37:1-7),

산헤립의 위협과 히스기야의 기도(37:8-38),

병 고침을 받은 히스기야(38장),

바벨론 침입 예언(39장).

3) 위로와 축복(40-66장)

이스라엘을 향한 구원 약속(40:1-11), 위대하신 하나님을 선포(40:12-31),

이스라엘을 도우시는 하나님(41:1-20), 허무한 우상 숭배(41:21-29),

제 1 종의 노래(42:1-9), 여호와 승리 찬양(42:10-17),

우매한 이스라엘을 심판(42:18-25), 택함 받은 이스라엘(43:1-13),

구원의 방법(43:14-21), 은혜를 저버린 이스라엘(43:22-28),

이스라엘을 향한 하나님의 축복(44:1-5), 어리석은 우상 숭배(44:6-20),

구속자이신 여호와(44:21-28), 하나님의 주권-고레스(45:1-13),

만민의 구원자 하나님(45:14-25), 우상을 멸하시는 하나님(46장),

바벨론 심판 예언(47장), 이스라엘을 책망하시는 하나님(48:1-11),

이스라엘의 구원에 대한 예언(48:12-22), 제 2 종의 노래(49:1-6),

이스라엘의 회복(49:7-26), 고난을 통한 승리(50:1-11, 4-9은 제 3 종의 노래),

의인에 대한 구원 약속(51:1-8), 선지자의 기도와 하나님 응답(51:9-16),

선지자의 위로(51:17-23), 풍성한 위로하심(52:1-12),

제 4 종의 노래(52:13-53:12)-메시야의 고난과 승리(52:13-15),

메시야의 고난과 순종(53:1-9), 대속함을 이루신 메시야(53:10-12)

이스라엘과 새 이스라엘(교회)에 임할 축복(54장), 하나님의 초청(55장),

이방인을 향한 하나님의 부르심(56:1-8), 회개를 촉구-이스라엘(56:19-57:13),

구원에 대한 약속-회개하는 자(57:14-21),

하나님 기뻐하시는 금식과 안식일-참된 순종에 대한 축복(58장),

백성들의 죄악상(59:1-14), 회개와 하나님의 구원(59:15-21),

시온의 영광(60:1-9), 시온의 회복(60:10-22), 메시야의 사명(61:1-3),

메시야 왕국의 성도(61:4-11), 새 시온의 영광(62장),

악인(죄인)에 대한 공의의 심판(63:1-6), 하나님의 은총(63:7-14),

이사야 선지자의 구원 간구(63:15-19), 예루살렘 회복에 대한 기도(64장),

패역한 이스라엘의 심판(65:1-16), 새 하늘과 새 땅(65:17-25),

거짓 예배에 대한 경고(66:1-6), 예루살렘의 회복과 기쁨(66:7-14),

여호와의 영광과 심판(66:15-24).

4. 이사야 해석의 키워드

★이사야의 소명(6:1-13)

이사야는 자신의 소명에 대한 내용을 예언서의 첫 부분에 넣지 않고 있다. 선지자로서 자신의 소명보다는 당시 유다가 처한 상황에 대한 예언(하나님의 진노)을 선포하는 것이 더 중시되었기 때문이다.

이사야는 웃시야 왕이 죽던 그 해 하나님께 나아가 기도한다. 그의 기도에 대해 하나님은 스랍 천사들을 보이시면서 이사야의 삶 속에 구체적으로 개입하신다. 본문을 살펴보면 먼저 자신이 기도하는 중에 본 환상에 대해 묘사하고 있다(1-4절). 그는 환상을 본 이후 자신의 죄를 깨닫게 된다(5-8절). 죄를 인정하자 하나님은 이사야를 향해 '누가 우리를 위하여 갈꼬' 하고 물으신다. 여기에 이사야는 '내가 여기 있나이다 나를 보내소서' 라고 답한다. 순종하는 이사야에게 하나님은 구체적으로 말씀하신다(9-13절). 환상을 경험하면서 이사야는 회개하고 여기에 하나님은 말씀을 통해 그를 선지자로 부르신다. 하나님의 부르심에 이사야는 적극적으로 순종한다(기도→ 환상→ 회개→ 하나님의 부르심→ 결단).

★스랍들(그룹들/천사들)의 역할과 기능(6:1-7)

1) 하나님 곁에 둘러서서 하나님을 보좌한다(6:1-2).

2) 하나님의 거룩하심을 선포하며 찬양한다(6:3).

사 9:1-7

'전에 고통 받던 자들에게는 흑암이
없으리로다 옛적에는 여호와께서 스불
론 땅과 납달리 땅이 멸시를 당하게
하셨더니 후에는 해변 길과 요단 저쪽
이방의 갈릴리를 영화롭게 하셨느니라
흑암에 행하던 백성이 큰 빛을 보고
사망의 그늘진 땅에 거주하던 자에게
빛이 비치도다 주께서 이 나라를 창성
하게 하시며 그 즐거움을 더하게 하셨
으므로 추수하는 즐거움과 탈취물을
나눌 때의 즐거움 같이 그들이 주 앞
에서 즐거워하오니 이는 그들이 무겁
게 멘 멍에와 그들의 어깨의 채찍과
그 압제자의 막대기를 주께서 꺾으시
되 미디안의 날과 같이 하셨음이니이
다 어지러이 싸우는 군인들의 신과 피
묻은 겉옷이 불에 섶 같이 살라지리니
이는 한 아기가 우리에게 났고 한 아
들을 우리에게 주신 바 되었는데 그의
어깨에는 정사를 메었고 그의 이름은
기묘자라, 모사라, 전능하신 하나님이
라, 영존하시는 아버지라, 평강의 왕이
라 할 것임이라 그 정사와 평강의 더
함이 무궁하며 또 다윗의 왕좌와 그의
나라에 군림하여 그 나라를 굳게 세우
고 지금 이후로 영원히 정의와 공의로
그것을 보존하실 것이라 만군의 여호
와의 열심히 이를 이루시리라'

3) 하나님께서 명령하신 일들을 인간의 삶 속에서 수행한다(6:6-7).

4) 하나님은 그룹 사이에 계신다(사 37:16).

5) 그룹들을 에덴 동산 동편에 두시고 생명나무의 길을 지키게 하셨다(창 3:24).

6) 하나님은 그룹을 타고 날아다니신다(시 18:10).

★메시야 탄생에 대한 예언(9:1-7)

1절에서 '전에 고통 받던 자들'이란, 당시 이스라엘의 변방에 위치한 지역(스불론과 납달리 지파들의 땅)에 살던 자들로 종교적으로 사회적으로 혜택을 받지 못했던 자들을 가리킨다. 그러나 하나님께서는 천대와 멸시 속에 있던 갈릴리를 영화롭게 하시사 흑암에 있던 백성들이 큰 빛(예수 그리스도)을 볼 것이라고 말씀하신다.

예수 그리스도의 탄생은 신앙과 지식의 중심지였던 예루살렘이 아니라 멸시받던 갈릴리에서 시작될 것임을 예언하고 있다. 또한 예수의 탄생과 함께 즐거움과 화평이 임할 것을 밝히고 있다(3-7절). 이 날을 미디안의 날과 같다고 했는데 어떤 날인가? 300명의 기드온 군사로 미디안의 13만5,000 군사와 싸워 12만을 살육하는 하나님의 주권적인 승리를 이룩한 바로 그 날을 가리킨다(삿 7:1-25). 오실 그 분 메시야는 아기로 오시는데 세상의 정권과 통치권을 가진 신적 권위를 가진 자로서, 십자가를 통해 하나님과 인간을 화해하게 만드시는 평강의 왕이시다.

★히스기야 왕의 생애

1) **히스기야 왕의 종교개혁**: 하나님께 드려지는 제사를 당시에는 여러 곳에서 드려졌다. 히스기야 왕은 오직 예루살렘 성전에서 드리라고 명령했다. 그는 곳곳에 흩어져 있던 산당과 제단을 제거하고 우상들을 파괴하였다(36:7).

2) **히스기야의 지혜**: 앗수르 왕 산헤립의 랍사게(군대장관에 해당하는 직위)는 하나님보다 앗수르 왕만을 믿으라고 하자, 이를 미리 감지한 히스기야 왕은 자신의 신하들에게 산헤립에게 아무 말도 대답하지 말라고 조언했다

(36:11-21).

3) **기도의 사람:** 앗수르 왕 산헤립의 침입에 히스기야는 흔들림 없이 오직 하나님을 의지하면서 기도했다. 이에 하나님의 사자가 나타나 앗수르 진중에서 수많은 군사를 격침하여 산헤립은 물러가고 말았다. 하나님의 역사를 비웃던 산헤립은 결국 아들의 칼을 맞고 죽었다(37:8-38). 또한 히스기야는 병들어 죽게 되자 전심으로 기도하였다. 하나님은 그의 생명을 15년 연장시켜 주셨다(38:1-8). 생명을 연장 받은 히스기야는 하나님께 감사하고 찬양하는 글을 남겼다(38:9-20).

4) **범죄한 히스기야:** 바벨론 왕의 사신으로부터 많은 예물과 함께 병문안을 받고 기뻐한 나머지 나라의 온갖 재물을 다 보여준다. 기도의 사람 히스기야는 하나님의 은혜를 잊고 우쭐대다가 국가의 기밀마저 노출시키고 말았다. 하나님은 이사야 선지자를 통하여 모든 소유가 바벨론으로 넘어가고 자손 중에서 바벨론 왕궁의 환관이 된다고 말씀을 주셨다. 그리고 이는 역사 안에서 구체적으로 이루어졌다. 이처럼 히스기야는 말년에 이르러 지극히 인간적인 자만에 빠졌고 선지자의 예언대로 유다 왕국은 멸망하고 말았다.

★남은 자(Remnant) 사상(사 10:20-21)

1) 노아 시대에 대홍수가 났고 홍수로 말미암아 노아의 가족과 정한 동물들이 한 쌍씩 살아남았다(창 6:5-22).

2) 소돔과 고모라가 멸망할 당시 롯과 두 딸은 그 곳을 떠났다(창 19:12-26).

3) 애굽 왕 바로는 학대를 받을수록 더욱 번성하는 이스라엘을 향해 모든 태어나는 남아들을 다 죽이도록 명령했지만 하나님을 두려워하는 산파들이 저들을 살려두었다(출 2:8-17).

4) 가나안 땅에 들어 갈 때 여호수아와 갈렙만 들어갔다(출애굽 당시 20세 이상의 남자들 중에서, 민 14:29-30).

5) 아합 왕 시대에 엘리야와 바알에게 무릎 꿇지 않은 7,000명을 하나님은 살려 주셨다(왕상 19:18).

6) 오늘을 살고 있는 신실한 믿음의 성도들은 하나님의 은혜로 택하심을 따

기억할 말씀

사 10:20-21
그 날에 이스라엘의 남은 자와 야곱 족속의 피난한 자들이 다시는 자기를 친 자를 의지하지 아니하고 이스라엘의 거룩하신 이 여호와를 진실하게 의지하리니 남은 자 곧 야곱의 남은 자가 능하신 하나님께로 돌아올 것이라

라 남은 자가 되었다(롬 11:5).

7) 마지막 종말의 날에 생명책에 기록된 자들은 심판을 받지 않고 구원을 받는다(계 20:15).

공의의 하나님의 심판은 계속되었지만 하나님은 세상을 멸하지 않으셨다. 심판 가운데 일부를 남겨 두시고(남은 자) 구속의 역사를 계속 이어 가셨다.

• 이사야 선지자는 이스라엘의 남은 자들이 자기를 친 자를 의지하지 않고 하나님을 진실하게 의지하며 돌아 올 것이라고 예언하였다(사 10:20-23).

• 예레미야 선지자는 남은 자를 하나님께서 번성하게 하시며 그들을 기르는 목자를 세울 것이라고 예언하였다(렘 3-5장). 또한 주의 백성 이스라엘의 남은 자를 하나님께서 구원하시도록 구하라고 선포했다(렘 31:7-8).

• 아모스 선지자는 하나님께서 요셉의 남은 자를 불쌍히 여기실 것이라고 예언하였다(암 5:15)

• 미가 선지자는 하나님께서 남은 자의 허물을 따지지 않고 지나가실 것 (죄를 용서하심)이라고 예언하였다(미 7:18).

• 스바냐 선지자는 남은 자가 여호와의 이름을 의탁하여 보호받을 것이며 저는 악을 행하지 아니하며 거짓을 말하지 않을 것이라고 예언하였다(습 3:12-13).

하나님께서 선지자들을 통해 주신 예언의 말씀대로 남유다는 바벨론의 침략으로 멸망하지만, 바사의 고레스 왕에 의해 포로 생활에서 예루살렘으로 돌아온다. 저들은 성전을 건축하고(스룹바벨), 성벽을 쌓으며(느헤미야), 다시금 하나님을 향한 신앙의 회복을 일으킨다(에스라). 이처럼 유다는 포로에서 돌아오는 역사에 전무후무한 회복의 역사를 경험한다. 그러나 400여 년 간의 공백기(신구약의 중간기)를 거치면서 마카비 형제 등이 일어나 독립을 위해 노력하지만 국가로 남지 못했다. 유다는 남왕국이 멸망한 이후(BC 586), 지난 2,600여 년 동안 나라(국가)는 없었지만 세계 곳곳에 유대 민족으로 살아남은 것이다. 결국 이스라엘이라는 국가는 1948년 5월 역사 속에 탄생하면서 새로운 국면을 맞이하면서 오늘에 이르렀다. 그 이후 이스라엘과 중동 국가들과의 전쟁이 발발하면서 세계는 크고 작은 분쟁에 휩싸이게 되었다. 이스라엘의 역사 안에서 남은 자 사상은 신약에 와서는 하나님의 자녀로 구원받은 모든 성도를 가리킨다. 하나님의 자녀로 구원받은 모든 사람(유대인이나 이방인이나)은 하나님의 심판으로부터 사하심을 받은 남은 자이다.

★종의 노래

이사야서에는 여호와의 종에 대한 노래가 4개 있는데, 이는 하나님의 구속 사역을 이루실 메시야 곧 예수 그리스도에 대한 노래이다. 제 1-2의 노래는 여호와의 종으로 오실 예수 그리스도와 하나님의 나라의 영광을 노래하였다. 이에 비해 3-4의 노래는 예수가 고난 받는 종으로 오셔서 인류의 구속을 위해 당하실 고난을 노래하였다.

• 제 1 종의 노래(42:1-9): 41장에서 이사야 선지자는 이스라엘 백성을 향해 해방을 선포하였다. 이어서 42장에서는 이스라엘의 해방과 함께 이방에게도 메시야 왕국의 도래를 선포하고 있다. 1절의 나의 종, 택한 사람이란 인간과 하나님 사이의 중보자이신 예수 그리스도를 가리킨다. 그는 외치지 아니하며 목소리를 높이지 아니하는 종의 모습으로 오시며(2절), 상한 갈대를 꺾지 아니하는 자로 부자나 교만한 자가 아닌 가난한 자를 위해 오실 것이다(1-4절은 종으로 오실 예수의 품성). 그는 생명을 주시며(영을 주시는), 이스라엘 백성의 언약을 성취하시며, 이방에게 빛으로 오셔서 흑암에 처한 자를 구하실 것이다(5-8절은 예수의 사역). 이렇게 예언된 모든 것이 성취될 것임을 또한 선포하고 있다(9절). 이처럼 제 1 종의 노래는 메시야로 오실 예수 그리스도에 대한 내용을 담고 있다.

• 제 2 종의 노래(49:1-6): 이스라엘에 국한되었던 종의 사명이 보다 구체적으로 세상으로 확대되고 있다. 1절의 '섬들, 먼 곳 백성들' 은 이방인에 대한 구체적인 표현이다. 또한 6절에서 '이스라엘 중에 보전된 자를 돌아오게 할 것은 매우 쉬운 일' 이라고 했는데, 이는 하나님의 궁극적인 관심은 이스라엘 뿐만 아니라 전 세계를(땅 끝까지) 구원하심에 있음을 나타낸다. 땅 끝까지 하나님의 구원이 선포되며 구원이 이루어질 것임을 선포하고 있다. 본문에서 종은 이사야 자신을 가리키고 있지만, 이사야를 통해서 메시야의 신분과 사역을

예표하고 있다. 그러므로 종은 결국 예수 그리스도를 가리킨다.

• **제 3 종의 노래(50:4-9):** '학자들의 혀'(4절)란 다른 사람을 깨우칠 수 있도록 훈련된 혀란 의미인데, 여기에서는 하나님에 의해 할 말이 주어졌음을 나타낸다. 즉 하나님께서 할 말을 주시고 들을 귀를 여시기에 결코 거역하지도 물러가지도 않을 것이요 어떤 수욕과 모욕(수염을 뽑으며 뺨을 치고 침 뱉음을 당해도) 속에도 얼굴을 가리지 않을 것이다. 나(종)를 의롭다 하시는 이가 가까이 계시기에, 주 여호와가 나를 도우시기에(8-9절), 고난 받는 종은 결코 부끄러워하지 않을 것임을 선포하고 있다.

• **제 4 종의 노래(52:13-53:12):** 메시야로 오실 예수 그리스도의 죽음을 노래하고 있다. 52장 13-15절은 온갖 모욕과 굴욕 가운데서도 하나님의 종은 형통과 존귀함을 누리게 된다. 이를 보고 열방이 놀라고 열왕은 입을 봉할 수밖에 없는 예수 그리스도의 승리의 노래이다. 53장 1-3절에서 그는 비록 흠모할 만한 모습이 아니기에 멸시당하고 만다. 그는 우리의 질고를 지고 고난 당하는데 이를 통해 우리가 평화를 누리고 나음을 입는 구속의 역사가 펼쳐진다는 것이다(4-6). 그는 우리의 죄악을 담당하기 위해 곤욕과 심문을 당하고 끌려가지만 잠잠한 양처럼 입을 열지 않았다. 하나님의 의로운 종, 예수께서 십자가의 죽음으로 많은 사람들의 죄악을 친히 담당하는 속건제물이 되신 것이다. 이를 통해 하나님의 뜻(인류를 향한 구원)이 성취되었다(7-12). 이 본문을 통해 예수 그리스도의 십자가 사건은 하나님께서 미리 계획하신 구속의 역사임을 시사하고 있다. 특별히 제 4 종의 노래는 예수의 수난(멸시함을 받음)과 전적인 순종(죽기까지 함)과 대속의 역사에 대한 노래이다.

★새 하늘과 새 땅

하나님의 새 창조가 새 하늘과 새 땅이라는 표현으로 나타나고 있다. 선지자 이사야는 메시야(예수 그리스도)가 이 땅에 오실 그 시대(신약 시대)에 새 하늘과 새 땅이 전개될 것이라고 예언하였다. 여기에서 '새'란 단어의 뜻은 지금까지 알려지지도 않고 사용된 적이 없는 그런 새로움 즉 하나님의 창조 당시(보시기에 좋았더라)로 회복됨을 의미한다. 그러므로 새 하늘과 새 땅이

기억할 말씀

사 66:22
내가 지을 새 하늘과 새 땅이 내 앞에 항상 있는 것 같이 너희 자손과 너희 이름이 항상 있으리라 여호와의 말이니라

란 하나님의 심판으로 멸망할 수밖에 없는 죄인이 하나님 앞에서 죄를 자복하고 예수를 구주로 영접함으로 말미암아, 십자가의 예수를 통해 하나님과 화목하여 하나님의 자녀가 되는 구원과 회복의 역사를 가리킨다.

이사야는 새 하늘과 새 땅에 대한 예언을 통해 하나님의 구원과 회복의 역사를 예언하고 있다. 그러나 하나님 나라의 완성으로서 새 하늘과 새 땅에 대한 의미는 요한계시록에서 사도 요한에게 임한 새 하늘과 새 땅에 대한 환상을 통해 더 구체적으로 우리에게 알려 주고 있다(계 21:1-22:5). 새 하늘과 새 땅(하나님의 나라)의 완성은 아담과 하와의 범죄로 인해 하나님의 저주가 임하고 에덴(낙원)에서 쫓겨난 인류가 사탄이 멸망당하고 악인들이 최후의 심판을 당한 후, 성도(하나님의 자녀)들은 하나님 나라의 영원한 통치와 다스림에 들어가는 것을 의미한다. 인류를 향한 하나님의 저주는 완전히 소멸되고 하나님께서 친히 성도들과 함께 계시는 그 곳은 다시는 사망이나 애통함이 없는 새 하늘과 새 땅이다.

5. 더 깊은 연구와 삶의 적용

1. 이사야서를 읽으면서 어떤 하나님을 경험하였는가?

2. 이사야가 하나님으로부터 소명 받는 내용을 읽으면서(6:1-13), 내가 받은 소명에 대해 생각하는 시간을 갖자.

3. 이사야서에 기록된 예수 그리스도의 탄생과 죽음, 부활, 승천에 대한 예언을 찾아 읽어보자(7:14-15, 9:6, 11:1-4, 42:1-4, 53:2, 8-9).

4. 이사야 35장은 누구에게 초점을 맞추고 있는가?(회복과 기쁨에 대한 예언)

5. 36-39장은 히스기야 왕에 대한 내용이다. 히스기야는 어떤 삶을 살았는가?

기억할 말씀

사 43:28
그러므로 내가 성소의 어른들을 욕되게 하며 야곱이 진멸 당하도록 내어 주며 이스라엘이 비방 거리가 되게 하리라

사 45:1-5
여호와께서 그의 기름 부음을 받은 고레스에게 이같이 말씀하시되 내가 그의 오른손을 붙들고 그 앞에 열국을 항복하게 하며 내가 왕들의 허리를 풀어 그 앞에 문들을 열고 성문들이 닫히지 못하게 하리라 내가 너보다 앞서 가서 험한 곳을 평탄하게 하며 놋문을 쳐서 부수며 쇠빗장을 꺾고 네게 흑암 중의 보화와 은밀한 곳에 숨은 재물을 주어 네 이름을 부르는 자가 나 여호와 이스라엘의 하나님인 줄을 네가 알게 하리라 내가 나의 종 야곱, 내가 택한 자 이스라엘 곧 너를 위하여 네 이름을 불러 너는 나를 알지 못하였을지라도 네게 칭호를 주었노라 나는 여호와라 나 외에 다른 이가 없나니 나 밖에 신이 없느니라 너는 나를 알지 못하였을지라도 나는 네 띠를 동일 것이요

6. 바사의 고레스에 대한 이사야의 예언은 무엇을 의미하는가?(사 43:28, 45:1-5)

이사야의 활동 시기(BC740-680)로부터 무려 150 여년 이후에 일어날 바벨론 포로에서 회복되는 예언이다. 바사 제국의 고레스 왕에 의해 바벨론 포로로 잡혀간 유다의 백성들과 지도자들은 예루살렘으로 돌아올 것임을 이사야는 예언하였다. 이 예언은 성취되었다. 고레스 왕은 하나님의 영에 감동을 받고 바벨론을 정복한 이후 바벨론에 잡혀온 유다인들을 예루살렘으로 귀환시킨다(대하 36:22-23, 스1:1-11, BC 537). 비록 고레스 왕이 하나님에 대한 신앙이 없는 이방 왕이라 할지라도 그가 바벨론을 정복한 배경에는 하나님의 구원 역사 안에 있음을 시사하고 있다.

7. 하나님께서 인간을 창조하신 목적은 무엇인가?(43:21)

1) 하나님의 피조물을 정복하고 다스리게 하시려고(창 1:26,28)
2) 하나님을 향해 찬송을 부르게 하고자, 즉 하나님의 영광을 위해
3) 하나님의 목적(뜻)대로 사용하시려고(잠 16:4)
4) 하나님으로 말미암아 즐거워하게 하려고(합 3:18)

8. 하나님의 구원 역사는 언약을 통해 먼저 약속되었고 후에 성취되었다. 구약에 나타난 하나님의 언약의 말씀을 찾아보자.

1) 아담에게 주신 언약(원시복음, 창 3:15)
2) 노아와의 언약(무지개 언약, 창 9:11-17)
3) 아브라함과의 언약(횃불 언약, 창 12:1-3, 15:12-21, 17:1-14)
4) 이삭에게 주신 언약(창 26:1-5)
5) 야곱에게 주신 말씀(창 28:10-15)
6) 모세의 소명과 약속의 말씀(출 3:1-22)

7) 다윗 언약(삼하 7:1-17)

8) 메시야 탄생 예언과 구원의 성취(사 9:1-7, 59:15-21)

9) 이방인들에게도 구원을 약속하심(사 45:21-22)

10) 새언약(렘 31:31-34)

11) 메시야 강림 예언과 인류를 향한 구원을 약속(슥 9:9-17)

제16과

예레미야 · 예레미야애가

Jeremiah · Lamentations

1. 예레미야를 어떻게 읽을 것인가

예레미야는 남북왕국 시대를 통틀어 가장 격동기라고 할 수 있는 고난의 시기에 활약한 선지자이다(BC 627–586, 40년간 사역).

요시야 왕 13년(BC 627년) 약 20세에 선지자로 부름을 받은(렘 1:3) 그는 여호야김, 여호야긴, 시드기야 왕을 거쳐 예루살렘 함락 이후까지 약 40년간 선지자로 활동하였다. 유다 왕국의 멸망을 예언하였는데, 당시의 지도자들과 백성들은 예레미야의 예언(유다가 바벨론 왕국에 멸망)에 반기를 들고 그를 반역자로 몰아붙여 결국 매국노라는 수치스러운 누명까지 쓰게 된다. 그는 왕과 당대의 지도층, 온 백성들을 향해 눈물로 호소했지만 배척당했고 박해 가운데서도 하나님께서 주신 예언의 말씀을 선포했다. 온갖 환란 속에서도 나라와 백성을 위해 하나님께 기도했던 눈물의 선지자였다(렘 9:1, 13:17).

예레미야서를 이해하기 위해서는 먼저 당시의 역사적인 상황을 알아야 한다. 북이스라엘 왕국은 앗수르에 멸망하였고(BC 722), 남유다 왕국 역시 앗수르에 조공을 바치고 그들의 명령에 따라 모든 국사를 펼치는 속국과도 같은 상황이었다. 그러나 앗수르 왕국은 무리한 영토 확장으로 인해 국력이 소진하여 결국 메대와 바벨론의 연합국에 의해 함락당하고 만다(BC 627, 요시야 왕 13년). 이때가 바로 예레미야의 사역이 시작된 해이다. 요시야 왕은 유다의 독립을 주장하면서 종교 및 정치개혁을 수행하여 그 옛날 다윗과 솔로몬 시대의 영화를 복구하려고 힘을 다했다. 그는 친 앗수르 입장에서 애굽의 느고와 전쟁을 하던 중 므깃도에서 전사하고 만다(BC 608년, 왕하 23:29-30, 대하 35:20-25)

요시야의 아들 여호아하스는 왕위 계승 후 3개월 만에 느고에 의해 애굽의 포로가 되고, 여호아하스의 동생 여호야김이 왕으로 추대된다. 그는 11년 동안 유다 왕국을 치리하지만 바벨론 왕 느부갓네살이 쇠사슬로 결박하여 바벨론으로 잡아간다(1차 포로기 BC 605). 여호야김의 아들 여호야긴이 즉위하지만 3개월 만에 바벨론에 또다시 포로로 잡혀간다(2차 포로기, BC 598). 느부갓네살 왕은 여호야긴의 숙부요, 요시야의 셋째 아들 시드기야를 왕으로 세운다. 그는 바벨론에 복종하였지만 은밀하게 친 애굽 정책을 취하였고 이로 인해 느부갓네살 왕이 대군을 이끌고 전쟁을 벌이면서 결국 유다는 바벨론에게 멸망하고 만다(BC 586 3차 포로기). 남유다 왕국은 요시야 왕의 죽음과 요시야 왕의 아들들이 애굽과 바벨론의 포로가 되는 과정을 치루면서 완전히 멸망하고 만다(렘 2:19).

1부(1장)는 선지자로 소명 받은 예레미야에 대해,

2부(2-45장)는 유다 왕국에 임할 하나님의 심판과 그 이후의 회복에 대해,

3부(46-51장)는 이방 민족에 임할 하나님의 심판과 회복에 대해 예언하며,

4부(52장)는 예레미야의 예언이 역사 안에서 구체적으로 성취되었음을 확인하는 내용을 통해 하나님께서 유다 백성들을 구원하실 것이라는 확신과 소망을 안겨 주고 있다. 특별히 52장 마지막 본문에 나타난 여호야긴 왕의 석방 소식(52:31-34)은, 비록 하나님의 심판을 받아 바벨론의 포로로 잡혀가지만 하나님의 때에 인간의 생각으로는 도저히 일어날 수 없는 놀라운 구원의 역사가 일어나고 있음을 알려 주고 있다. 포로로 잡혀간 지 37년 만에 일어난 구원의 역사를 읽으면서 세속의 역사에서는 상상조차 할 수 없는 하나님의 강권적인 역사임을 성도들은 체험하게 된다. 하나님은 심판을 통해서 징계하실 뿐만 아니라 구원하시는 긍휼과 자비의 하나님이심을 다시금 깨닫게 한다.

기억할 말씀

렘 2:19
네 악이 너를 징계하겠고 네 반역이 너를 책망할 것이라 그런즉 네 하나님 여호와를 버림과 네 속에 나를 경외함이 없는 것이 악이요 고통인 줄 알라 주 만군의 여호와의 말씀이니라

2. 저자 · 기록연대 · 기록동기

저자와 기록연대: 본서는 예레미야가 구술하여 바룩에 의해 기록되었다(36장 참고). 52장은 예레미야의 예언이 성취되었음을 확증하기 위해 바룩이 후에 첨가한 것으로 추정한다.

기록동기: 타락한 유다 왕조의 말기에 하나님의 선지자 예레미야가 당하는 핍박과 고뇌를 생생하게 묘사하면서 장차 바벨론의 포로가 되어 끌려갈 유다 백성들에게 하나님의 심판을 상기시켜주기 위해 기록되었다. 또한 포로된 유대 백성들에게 하나님의 심판으로 초래된 포로 생활을 잘 이겨 나가며 하나님의 회복의 때를 바라보며 소망 가운데 인내하며 기다리도록 기록하였다.

3. 예레미야의 파노라마

주제	소명	유다를 향한 심판과 구원					이방에 대한 예언	심판 성취
	1:1 2:1		26:1	30:1	34:1	46:1	52:1	52:34
내용 구분	종의 소명	유다에 대한 심판	선지자의 갈등	예루살렘 회복 예언	예루살렘 멸망 예언	이방 나라 심판		예루살렘 함락
문체		심판에 대한 예언을 시와 산문으로 묘사						
장소		유 다					주변 민족들	바벨론
기간		47년(BC 627-580년)						

1) 예레미야의 소명(1장)
소명 받은 예레미야(1:1-10), 두 환상 : 살구나무와 끓는 가마(11-19),

2) 유다에 대한 예언(2-45장)
범죄한 백성을 향한 책망(2:1-8), 유다의 범죄와 심판(9-37),
유다의 회개 촉구(3:1-10), 회개에 따르는 축복(3:11-4:4),
심판 경고(5-18), 임박한 심판(19-31), 불가피한 심판(5:1-19),

기억할 말씀

1. 렘 1:10
'보라 내가 오늘 너를 여러 나라와 여러 왕국 위에 세워 네가 그것들을 뽑고 파괴하며 파멸하고 넘어뜨리며 건설하고 심게 하였느니라 하시니라'

예레미야의 탄식(5:20-31), 유다 멸망 예언(6:1-15), 멸망의 교훈(16-30),

유다의 불순종-가증한 우상 숭배(7:1-8:3), 회개하지 않은 결과(8:4-12),

임박한 심판(13-22), 선지자의 탄식(9:1-8), 범죄의 종말(9-26),

우상 숭배의 실상(10:1-18), 심판에 대한 애가(19-25),

하나님의 언약(11:1-8), 언약에 대한 반역(19-17),

예레미야에 대한 음모(18-23), 예레미야의 질문과 하나님의 응답(12장),

심판에 대한 두 비유(13장), 예레미야의 기도와 하나님의 응답(13:7-15:9),

실의에 빠진 예레미야(15:10-21), 유다의 멸망과 구원에 대한 예언(16장),

심판과 예레미야의 기도(17:1-18), 안식일에 대한 교훈(19-27),

토기장이 비유(18:1-12), 심판에 대한 선포(13-18), 저주의 기도(19-23),

깨진 옹기 비유(19장), 체포된 예레미야(20:1-6), 선지자의 탄식(7-18),

시드기야 왕과 예레미야의 갈등(21장), 유다 왕에 대한 책망(22:1-9),

여호아하스의 범죄(10-12), 여호야김과 고니야(여호야긴)의 범죄(13-30),

포로 귀환 예언(23:1-8), 선지자들의 악행과 거짓 가르침(9-22),

선지자들의 거짓 봉사와 악영향(23-40), 무화과 두 광주리 비유(24장),

유다의 바벨론 포로 예언(25:1-11), 바벨론 멸망과 열방에 대한 심판(12-38),

유다 심판 선포(26:1-7), 핍박받는 선지자 예레미야(8-24),

시드기야의 실책(27:1-11), 예레미야의 권면(12-22),

거짓 선지자 하나냐(28장), 선지자의 편지-위로와 권면(29:1-23),

거짓 선지자 스마야에 대한 경고(29:24-32), 유다 회복 예언(30:1-11),

징계와 회복의 약속(12-24), 북이스라엘 회복 예언(31:1-22),

유다 회복 예언과 새 언약(31:23-40), 예레미야의 투옥(32:1-15),

예레미야의 갈등(16-25), 유다 회복 재약속-선지자의 기도와 응답(26-44),

예루살렘 회복 약속(33:1-13), 메시야에 대한 약속(33:14-26),

시드기야의 운명과 유다에 대한 예언(34장), 레갑 족속을 통한 교훈(35장),

두루마리에 기록된 예언(36:1-26), 다시 기록된 두루마리(27-32),

시드기야 왕에 대한 예언(37:1-10), 예레미야의 투옥과 출옥(11-21),

재 투옥된 예레미야(38:1-13), 시드기야와 예레미야의 만남(14-28),

기억할 말씀

1. 렘 2:13
'내 백성이 두 가지 악을 행하였나니 곧 그들이 생수의 근원되는 나를 버린 것과 스스로 웅덩이를 판 것인데 그것은 그 물을 가두지 못할 터진 웅덩이들이니라'

2. 렘 4:4
'유다인과 예루살렘 주민들아 너희는 스스로 할례를 행하여 너희 마음 가죽을 베고 나 여호와께 속하라 그리하지 아니하면 너희 악행으로 말미암아 나의 분노가 불 같이 일어나 사르리니 그것을 끌 자가 없으리라'

3. 렘 10:11, 14
'너희는 이같이 그들에게 이르기를 천지를 짓지 아니한 신들은 땅 위에서, 이 하늘 아래에서 망하리라 하라 …… 사람마다 어리석고 무식하도다 은장이마다 자기의 조각한 신상으로 말미암아 수치를 당하나니 이는 그가 부어 만든 우상은 거짓 것이요 그 속에 생기가 없음이라'

4. 렘 33:2-3
'일을 행하시는 여호와, 그것을 만들며 성취하시는 여호와, 그의 이름을 여호와라 하는 이가 이와 같이 이르시도다 너는 내게 부르짖으라 내가 네게 응답하겠고 네가 알지 못하는 크고 은밀한 일을 네게 보이리라'

5. 렘 46:28
'여호와의 말씀이니라 내 종 야곱아 내가 너와 함께 있나니 두려워하지 말라 내가 너를 흩었던 그 나라들은 다 멸할지라도 너는 사라지지 아니하리라 내가 너를 법도대로 징계할 것이요 결코 무죄한 자로 여기지 아니하리라 하시니라'

함락된 예루살렘(39:1-10), 석방된 예레미야(11-18), 예레미야와 총독 그다랴(40장), 암살된 그다랴(41:1-10), 다시 흩어진 백성들(11-18), 예레미야의 중보기도의 응답(42장), 애굽으로 끌려간 예레미야(43장), 애굽의 유대인 심판 경고(44:1-14), 백성들의 응답과 선지자의 경고(15-30), 동역자 바룩(45장).

3) 이방민족에 대한 예언(46-51장)

애굽을 향한 예언(46장), 블레셋에 대한 예언(47장), 모압의 장래 예언(48장), 암몬과 에돔의 장래 예언(49:1-22), 다메섹의 장래 예언(23-27), 게달과 하솔의 장래 예언(28-33), 엘람의 장래 예언(34-39), 바벨론 멸망과 이스라엘 회복(50:1-8), 큰 연합국에 대한 예언(9-16), 이스라엘 회복과 바벨론 멸망 비유(17-46), 바벨론 멸망 예언(51:1-40), 예레미야의 애가와 권면(41-53), 바벨론 멸망 예언(54-64).

4) 예레미야 예언의 성취(52장)

예루살렘 함락과 시드기야(52:1-11), 성전 파괴(12-23), 바벨론 포로에 대한 통계(24-30), 석방된 여호야긴(31-34).

4. 예레미야 해석의 키워드

★예레미야의 눈물(렘 9:1)

선지자 예레미야는 이스라엘 백성들의 패역함을 통탄하며 눈물을 흘리고 있다. 그는 하나님의 언약의 백성들이 이방의 헛된 우상을 섬기며 하나님의 말씀에 순종하지 않았기에 앞으로 펼쳐질 무서운 하나님의 심판을 생각하며 탄식하고 있다. 왜 이스라엘은 하나님의 말씀을 청종하지 않고 타락의 길로 빠져들게 되었는가?

1) 저들은 거짓을 고집하고 돌아오기를 거절하였다(8:5).

기억할 말씀

1. 렘 51:15-19
'여호와께서 그의 능력으로 땅을 지으셨고 그의 지혜로 세계를 세우셨고 그의 명철로 하늘들을 펴셨으며 …… 그 부어 만든 우상은 거짓이요 그 속에 생기가 없음이라 그것들은 헛된 것이요 조롱 거리이니 징벌하시는 때에 멸망할 것이나 야곱의 분깃은 그와 같지 아니하시니 그는 만물을 지으신 분이요 이스라엘은 그의 소유인 지파라 그의 이름은 만군의 여호와시니라'

2. 렘 52:31-34
'유다 왕 여호야긴이 사로잡혀 간 지 삼십칠 년 곧 바벨론의 에윌므로닥 왕의 즉위 원년 열두째 달 스물다섯째 날 그가 유다의 여호야긴 왕의 머리를 들어 주었고 감옥에서 풀어 주었더라 …… 그가 날마다 쓸 것을 바벨론의 왕에게서 받는 정량이 있었고 죽는 날까지 곧 종신토록 받았더라'

3. 렘 9:1
'어찌하면 내 머리는 물이 되고 내 눈은 눈물 근원이 될꼬 죽임을 당한 딸 내 백성을 위하여 주야로 울리로다'

2) 저들의 악을 뉘우치지 않고 각기 자기 길로 행하였다(8:6).

3) 하나님의 규례를 알지 못해 정한 시기를 몰랐다(8:7).

4) 하나님의 말씀을 외면한 체, 저들은 스스로 지혜 있다고 여기는 헛된 자만심에 빠졌다(8:8-9).

★성경에 나타난 하나님과 관련된 용어들

하나님은 당신을 누구에 의해 창조함을 받지 않은 '스스로 있는 자'(출 3:14-15)라고 표현하셨다. 구약 전체에 나타난 하나님의 이름은 엘로힘, 야훼, 아도나이 등으로 나타나는데 그 의미는 각기 독특한 뜻을 담고 있다.

'엘로힘'은 능력과 힘을 가진 강한 하나님을 표현할 때 사용되고 있다. 특별히 하나님의 절대적 주권과 능력을 나타내고 있다.

'야훼'는 스스로 계신 분으로 이스라엘 백성과 언약을 세우시며 그 언약을 성취하시는 하나님을 표현할 때 사용되고 있다.

'아도나이'는 하나님과 이스라엘 백성과의 관계 속에서 주인의 의미를 담고 사용된 단어이다.

★성도는 무엇을 자랑하는가?(렘 9:23-24)

'여호와께서 이와 같이 말씀하시되 지혜로운 자는 그의 지혜를 자랑하지말라 용사는 그의 용맹을 자랑하지 말라 부자는 그의 부함을 자랑하지 말라 자랑하는 자는 이것으로 자랑할지니 곧 명철하여 나를 아는 것과 나 여호와는 사랑과 정의와 공의를 땅에 행하는 자인 줄 깨닫는 것이라 나는 이 일을 기뻐하노라 여호와의 말씀이니라'

1) 하나님을 아는 것을 자랑하라! 내가 가진 지혜, 용맹, 부를 자랑하지 말고 하나님을 알기에, 하나님을 신뢰하는 믿음 있음을 자랑하라는 것이다(9:23-24).

2) 시편기자는 인간의 자랑하는 혀를 하나님은 끊으신다고 했다. 인간은 하나님 앞에서 자랑할 것이 없음을 분명하게 알려주고 있다(시 12:3).

3) 하나님의 이름(권세)을 자랑하라. '그의 성호를 자랑하라 여호와를 구하

★하나님의 또 다른 이름들

- 엘로힘(창 1:1): 하나님
- 야훼 엘로힘(창 2:4): 여호와 하나님
- 엘 엘리온(창 14:18-19, 22): 지극히 높으신 하나님
- 아도나이 야훼(창 15:2,8): 주 여호와
- 엘 샤다이(창 17:1): 전능하신 하나님
- 엘 올람(창 21:33): 영생하시는 하나님
- 여호와 이레(창 22:14): 준비하시는 하나님
- 엘 벧엘(창 35:7): 나타나신 하나님
- 여호와 라파(출 15:26): 치료하시는 하나님
- 여호와 닛시(출 17:15): 승리하게(깃발) 하시는 하나님
- 여호와 므카데쉬(레 20:8): 거룩하게 하시는 하나님
- 여호와 엘로헤누(신 6:4): 우리의 하나님
- 여호와 샬롬(삿 6:24): 평강의 하나님
- 여호와 솨파트(삿 11:27): 심판하시는 하나님
- 여호와 에벤에셀(삼 7:12): 도우시는 하나님
- 여호와 엘로하이(시 7:1): 내 하나님
- 엘로힘 쟈디크(시 7:9): 의로우신 하나님
- 여호와 로이(시 23:1): 목자이신 하나님
- 여호와 체바오트(사 1:9): 만군의 여호와
- 엘 카도쉬(사 5:16): 거룩하신 하나님
- 여호와 그물라(렘 51:56): 보복하시는 하나님
- 여호와 치케누(렘 23:6): 우리의 의이신 여호와
- 여호와 마케(겔 7:9): 너희를 치는 여호와
- 여호와 삼매(겔 48:35): 거기 계신 하나님

는 자마다 마음이 즐거울지로다'(대상 16:10)

4) 나의 약함을 자랑하라 그 약함으로 인해 하나님을 더 의지하게 된다(고후 12:9).

5) 하나님의 자녀된 것(영생)을 자랑하라(롬 4:16, 요 3:16).

6) 하나님의 일을 자랑하라(롬 15:17).

7) 예수 그리스도의 십자가를 자랑하라(갈 6:14).

그러므로 성도는 비록 비천한 상황에 처해도 자신은 하나님의 자녀라는 자존감을 갖고 이를 자랑할 수 있어야 한다. 반대로 아무리 세상적인 부와 권력을 누린다해도 하나님 앞에서는 자신의 부족함과 연약함을 인정하는 낮아짐을 또한 자랑할 수 있어야 한다(약 1:9-10).

★거짓 선지자 하나냐와 참 선지자 예레미야(렘 28장 참조)

〈거짓 선지자 하나냐〉그는 유다 백성들에게 바벨론 왕의 멍에를 꺾었다고 말씀을 선포한다. 바벨론 왕 느부갓네살이 이 년 안에 여호와의 성전 모든 기구를 되돌려 줄 것이며 바벨론 포로로 잡혀 간 모두는 다시 돌아올 것이라는 거짓 예언을 선포한다. 즉 두 해가 가기 전에 예루살렘이 회복될 것이라고 예언한 것이다. 그는 왕과 백성들이 듣고 싶어 하는 내용을 예언하였다. 그는 왕과 백성들이 회개하고 하나님께 돌아오게 하는 말씀을 선포하지 않고 민심과 정치에 야합하고 말았다. 유다 백성들을 멸망으로 인도한 거짓 선지자였다 (1-4절).

〈참 선지자 예레미야〉죽음을 각오하고 하나님의 말씀을 선포하였다. 하나냐의 예언처럼 유다가 멸망하지 않기를 마음으로는 원하지만, 이는 하나님의 뜻이 아니라고 예레미야는 담대하게 선포한다. 하나님께서는 선지자로 하나냐를 보내시지 않았기에 그가 전한 말씀은 거짓이라고 했다(15절). 결국 하나냐는 하나님께서 예레미야를 통해 말씀하신 대로 그 해 7월에 죽음으로 끝을 맺는다.

거짓 선지자는 하나님이 보내신 자가 아니다. 예언의 말씀도 당대의 지도층과 백성들의 마음을 사로잡으려고 자의대로 전했다. 참 선지자는 비록 시대에 역행하여 당대의 지도층과 백성들로부터 비난받고 수모를 당하지만 이에 굴하지 않고 하나님께서 전한 말씀만을 선포한다.

★하나님께서 이스라엘 백성들에게 하신 맹세

'너희가 이 말을 듣지 아니하면 내가 나를 두고 맹세하노니 이 집이 황폐하리라 여호와의 말씀이니라'(렘 22:5)

1) 하나님께 순종하는 자에게 복을 주신다(창 22:16-18).
2) 택한 백성들을 멸하지도 버리지도 않으신다(신 4:31).
3) 젖과 꿀이 흐르는 가나안 땅을 주신다(수 5:6).
4) 가나안에서의 평안한 안식을 허락하신다(수 21:44).
5) 하나님은 세우신 언약을 영원히 어기지 않으신다(삿 2:1).
6) 하나님의 백성들에게 성실과 인애를 베푸신다(미 7:20).

★예레미야서의 환상과 비유를 통한 하나님의 말씀

1) 살구나무 가지와 끓는 가마(렘 1:11-16): 하나님의 소명에 대해 확신을 갖지 못하고 망설이는 예레미야에게 하나님께서 두 가지 환상을 보여 주신다. 살구나무는 '깨어있다'는 뜻을 가진 나무이다. 특별히 이스라엘의 살구나무는 겨울에도 깨어있어서 꽃을 피우고 열매를 내기 때문에 쉬지 않고 잘 성장하는 것을 상징한다. 살구나무가 깨어서 쉬지 않고 성장하여 꽃을 피우는 것처럼 하나님의 말씀은 늘 깨어있어서 때가 되면 꽃을 피우듯이 성취된다. 계속해서 예레미야는 두 번째 환상으로 끓는 가마를 보게 된다. 이것은 불과 같은 하나님의 진노를 상징한다. 가마가 북에서부터 기울었다는 것은 하나님의 진노가 북쪽 바벨론을 통해 남쪽 유다에 임하여 바벨론에게 멸망당할 것을 상징한다. 끓었다는 말은 그 도가 극심하고 맹렬하여 도저히 심판에서 피할 수 없음을 가리킨다.

2) 베띠(렘 13:1-11): 베띠는 제사장이 허리에 착용하는데, 허리에 베띠를 띤다는 것은 구별된 하나님의 백성인 이스라엘을 의미한다. 물은 죄악이 만연한

렘 18:1-10

여호와께로부터 예레미야에게 임한 말씀에 이르시되 너는 일어나 토기장이의 집으로 내려가라 내가 거기에서 내 말을 네게 들려 주리라 하시기로 내가 토기장이의 집으로 내려가서 본즉 그가 녹로로 일을 하는데 진흙으로 만든 그릇이 토기장이의 손에서 터지매 그가 그것으로 자기 의견에 좋은 대로 다른 그릇을 만들더라 그 때에 여호와의 말씀이 내게 임하니라 이르시되 여호와의 말씀이니라 이스라엘 족속아 이 토기장이가 하는 것 같이 내가 능히 너희에게 행하지 못하겠느냐 이스라엘 족속아 진흙이 토기장이의 손에 있음 같이 너희가 내 손에 있느니라 내가 어느 민족이나 국가를 뽑거나 부수거나 멸하려 할 때에 만일 내가 말한 그 민족이 그의 악에서 돌이키면 내가 그에게 내리기로 생각하였던 재앙에 대하여 뜻을 돌이키겠고 내가 어느 민족이나 국가를 건설하거나 심으려 할 때에 만일 그들이 나 보기에 악한 것을 행하여 내 목소리를 청종하지 아니하면 내가 그에게 유익하게 하리라고 한 복에 대하여 뜻을 돌이키리라

세상을 상징하는데, 베띠를 물에 적시지 말라는 것은 세상에 물들지 않은 성결한 생활을 하라는 의미이다. 그런데 그 감추어진 베띠가 썩어서 쓸 수 없게 되었다고 했다. 이는 하나님의 백성이라고 자랑하던 이 백성이 교만하고 악해져 하나님으로부터 버림받게 될 것을 예언하고 있다.

3) 토기장이와 진흙(렘 18:1-10): 토기장이 비유는 하나님의 주권을 상징한다. 토기장이는 하나님이요, 토기는 이스라엘 백성이다. 그러므로 하나님은 창조자요, 이스라엘은 하나님이 지으신 백성임을 나타내고 있다. 하나님의 언약을 저버리고 불순종한 유다에 대해 하나님의 주권을 상징적으로 드러낸 비유이다.

4) 깨진 옹기(렘 19:1-13): 하나님께서 옹기병을 깨뜨리심 같이 이 백성과 이 성을 멸망시키실 것을 상징하고 있다. 깨진 옹기란 유다 백성을 향한 하나님의 필연적인 심판을 상징적으로 보여주고 있다. 결국 유다는 역사 안에서 하나님의 심판으로 바벨론의 포로가 되고 만다.

5) 무화과 두 광주리(렘 24:1-2): 한 광주리에는 먹을 수 없는 무화과, 다른 한 광주리에는 좋은 무화과가 담겨 있다. 먹을 수 없는 무화과 광주리는 하나님께 불순종하는 악한 백성들을, 좋은 무화과 광주리는 하나님께 순종하는 남은 자를 상징한다. 하나님의 심판을 받을 수밖에 없는 악한 백성들 속에서 하나님은 심판에서 벗어날 남은 자를 두셨다. 이 남은 자를 향해 하나님은 내 백성이라고 말씀하셨다.

6) 줄과 멍에(렘 27:1-11): 줄은 허리띠 혹은 끈을 나타내는데 결박당할 것을 상징한다. 멍에는 장대 혹은 나무 막대기로 포로가 될 것임을 상징한다. '줄과 멍에를 만들어 네 목에 걸고'(27:2)라고 했는데, 유다 왕 시드기야는 줄에 묶여 바벨론으로 끌려 갈 것임을 의미한다.

7) 토지 매입(렘 32:6-15, 24-25, 26-44): 하나님께서 예레미야에게 토지를 매입하라고 명령하시는데, 이는 유다의 회복을 의미한다. 예레미야는 멸망이 바로 눈앞에 닥친 유다에게 밭을 사라는 하나님의 명령을 이해하지 못했다. 그러나 예레미야는 이 명령에 순종한다. 이는 장차 이 땅의 매매가 이루어질 수 있는 회복의 날이 도래함을 상징하고 있다. 하나님께서 비록 바벨론의 포로가

되게 하시지만(심판), 완전히 멸망하지 않고 회복시키심을 예시한 것이다.

8) 진흙에 감춘 큰 돌들(렘 43:8-13): 하나님께서 바로(애굽)의 궁전 대문의 벽돌로 쌓은 축대에 큰 돌들을 진흙으로 감추라고 말씀하셨다. 큰 돌들이란 바벨론이 애굽을 정복하고 궁전을 지을 것(느부갓네살 왕)이라는 상징이 담긴 예언이다. 42장에서 하나님은 예레미야를 통해 애굽으로 가지 말라고 말씀하셨지만, 유다의 왕과 선지자들은 애굽을 의지하여 애굽으로 도피한다. 예레미야까지도 애굽으로 끌고 갔다. 결국 애굽도 유다도 바벨론에 다 망하고 만다.

9) 강 속에 버려진 책(렘 51:59-64): 예레미야는 바벨론으로 가는 스라야에게 하나님의 예언의 말씀이 기록된 책(바벨론에 닥칠 재난에 대해)을 다 읽은 후에 그 책에 돌을 매달아 유브라데 강에 던지라고 했다. 강 속에 버려진 책은 바벨론도 이 책처럼 버려질(멸망) 것임을 예언하였다(BC 539). 바벨론 멸망에 대한 기록을 강 속에 버리는 행동은 바벨론의 멸망을 행동으로 예언한 것임을 알 수 있다.

★예레미야의 편지(바벨론 포로로 잡혀간 지도자와 백성들에게, 29:1-20)

유다의 마지막 왕 시드기야와 수많은 예루살렘의 지도층들이 바벨론으로 잡혀가자 예레미야는 저들을 향해 비록 포로가 되었지만 하나님의 백성으로 신실한 삶을 살 것을 선포하였다(4-14절). 예루살렘에 남아 있는 자들을 향해서도 하나님의 심판에 대해 편지를 보냈다(15-20).

1) 바벨론에서 집과 텃밭을 만들고 그 열매를 먹으며 포로의 생활이 끝나는 그 날을 기다리며 안정된 삶을 살라고 권면하였다(5절).

2) 포로로 잡혀 간 자들의 아들과 딸들을 결혼하게 하여 그 곳에서 번성하게 하라. 이방인과의 결혼을 금하면서 종족의 순수성을 유지하게 하였다(6절).

3) 바벨론의 평안을 위해 힘쓰며 하나님께 포로된 이스라엘 백성들의 평안한 삶을 위해 바벨론의 평안을 위해 기도하라고 했다(7절). 바벨론에게 투항하거나 문제를 일으키지 말고 하나님의 때를 기다리며 기도하라는 의미이다.

4) 바벨론에 살면서 거짓 선지자의 헛된 예언에 미혹되지 말라. 또한 점쟁이나 개인적으로 꾼 꿈에 대해서도 믿지 말아라(8-9절).

5) 바벨론 포로 생활 70년이 되면 하나님께서 포로 생활에서 돌아오게 하며 다시 회복하게 하실 것이니 소망을 갖고 그 곳에서도 전심으로 기도하는 삶을 살아라(10-14절).

6) 유다에 남아 있는 자들에게도 하나님은 심판하신다. 먹을 수 없는 무화과(열매 없는 삶)처럼, 칼과 기근과 전염병으로 세계 여러 나라로 흩어질 것이다. 하나님의 심판이 임하여 열방의 저주와 수모의 대상이 된다. 이는 하나님께서 보낸 선지자들의 말씀에 순종하지 않기 때문이다(15-20절).

★성전 파괴(52:12-23)

바벨론 느부갓네살 왕과 그의 군대는 하나님의 성전과 왕궁을 불사르고 예루살렘 모든 집을 다 불살랐고 성벽을 헐었다. 결국 예루살렘은 바벨론에 의해 함락되고 말았다. 솔로몬 왕이 성전을 건축한 이래 성전은 이스라엘 백성들을 신앙으로 하나 되게 되는 구심적인 역할을 했다. 그러나 성전을 신앙의 수단으로 받아들이지 않고 성전 자체에 지나치게 의미를 부여하면서 저들의 신앙은 변질되어 갔다. 이러한 상황 속에서 성전 파괴는 백성에게 엄청난 충격이었다. 저들의 신앙 자체가 흔들리는 상황이 벌어진 것이다.

1) 하나님 이외의 그 어떤 것도 경배의 대상이 될 수 없다. 하나님 이외의 것은 신앙을 향한 수단일 뿐이다. 외형적인 것에 대한 지나친 집착은 우상 숭배에 해당된다(잠 1:7, 골 3:5-6, 요일 5:21).

2) 하나님을 향한 신앙이 외형적인 혹은 형식적인 것에 치중함을 하나님은 기뻐하시지 않으신다(삼상 15:22).

3) 신약에 와서 예수님은 성전보다 더 큰 이라고 했다(마 12:6). 요한계시록에서는 예수를 성전으로 표현하고 있다(계 21:22). 성전 자체이신 예수만이 신앙의 대상이요, 우리를 죄에서 구원하는 유일한 길이다.

4) 예수께서는 성전을 만민의 기도하는 집이라고 표현하였다(마 21:13).

● 예레미야애가

1. 예레미야애가를 어떻게 읽을 것인가

저자 예레미야는 자신이 직접 경험한 예루살렘의 처참한 멸망 과정을 떠올리면서 본서를 시작하고 있다. 예레미야서가 유다 왕국의 멸망을 예언한 책이라면, 애가서는 예루살렘 멸망을 회고하면서, 슬픔과 비통한 마음으로 회복을 위해 간절한 기도를 담고 있다(BC 586년경). 눈물의 선지자 예레미야는 간절히 기도하면서 당시의 상황을 후세대들에게 글로써 남겨 놓았다.

> '슬프다 이 성이여 …… 유다는 환난과 많은 고난 가운데에 사로잡혀 갔도다 그가 열국 가운데에 거주하면서 쉴 곳을 얻지 못함이여 그를 핍박하는 모든 자들이 궁지에서 그를 뒤따라 잡았도다'(애 1:1-3)

예레미야는 요시야 왕이 죽었을 때에도 애가(대하 35:25)를 지은 기록이 있다. 그는 자신의 시대에 겪었던 아픔과 고난을 이처럼 예언서를 통해 기록하였다. 본서는 하나님의 심판을 초래한 유다 백성들과 종교 지도자들의 죄악에 대해 분노하는 내용과 그들을 향해 회개를 요청하며, 예루살렘의 회복을 위해 간구하는 내용 등 총 5장의 애가로 구성되어 있다.

1장은 철저하게 멸망한 예루살렘의 상황에 대해,
2장은 이러한 파괴는 유다 백성을 향한 하나님의 심판임을 언급하며,
3장은 비탄에 빠진 백성들에게 회개하고 하나님께 돌아오라고 권면하며,
4장은 멸망 당시 예루살렘의 처참한 상황에 대한 설명이며,
5장은 지금까지의 내용을 요약하면서 예루살렘의 회복을 간구하고 있다.

애가서는 AD 70년에 로마 군대에 의해 멸망할 예루살렘을 미리 보시고 눈물 흘리셨던 예수 그리스도의 애가(마 23:37-38)를 생각나게 한다. 오늘 우리

의 삶 속에서도 예레미야 선지자처럼 시대의 아픔과 고통에 대해 하나님께 눈물로 기도하는 신앙의 인물들이 과연 얼마나 있을까? 애가서를 읽으면서 오늘 우리가 처한 세상의 타락상, 한국교회 내의 각종 부조리와 갈등 상황을 놓고 하나님의 다스림과 뜻이 펼쳐지기를 위해 기도하는 심령이 되자. 온갖 어려움 속에서도 결코 낙담하지 않고 굳건히 서서 기도하는 믿음의 사람이 되기를 또한 기도하자!(애 3:25-26).

2. 저자 · 기록연대 · 기록동기

저자와 기록연대: 예레미야서와 문체가 비슷하며, 예루살렘 함락을 목격하고 비탄에 빠져 있던 선지자 예레미야가 기록한 것임을 짐작할 수 있다. 기록연대는 바벨론에 함락된 이후(BC 586)로 여겨진다.

기록동기: 바벨론의 느부갓네살에 의해 처참하게 멸망당한 예루살렘의 광경을 목격한 유다 백성들을 향해 기록되었다. 저들이 하나님께 돌아올 것을 요구하며, 하나님의 회복에 소망을 갖게 하려고 기록하였다. 먼저 예레미야는 하나님의 무서운 심판을 상기시키면서 회개를 권했고, 택한 백성들에게는 소망이 있음을 노래하고 있다(3:21-41, 5:21). 오늘 우리 모든 성도들에게도 세상의 타락과 부조리 속에서도 실의에 빠지지 말고, 하나님 나라의 도래에 소망을 두고 이 세상에서 하나님의 말씀에 순종하도록 권면하고 있다.

3. 예레미야애가의 파노라마

주제	예루살렘멸망과 그 원인	선지지의 소망	포위된 예루살렘	구원의 호소
내용 구분	1:1　　　　　3:1	4:1	5:1	5:22
	황폐한 예루살렘	선지자의 기도	예루살렘의 비극	회복을 위한 기도
문체	함락당한 예루살렘을 바라보며 쓴 슬픔의 노래			기도의 시
장소	예루살렘			
기간	BC 586년			

1) 예루살렘의 황폐(1장)

멸망당한 예루살렘(1:1-11), 멸망당한 이유(12-15),

선지자의 탄식과 기도(16-22).

2) 하나님의 심판과 긍휼하심(2장)

하나님의 공의로운 심판(2:1-10), 선지자의 탄식과 기도(11-22).

3) 구원에 대한 간구(3장)

선지자의 고난(3:1-18), 고난 중의 소망(19-39),

이스라엘 민족을 향한 회개 권고(40-54), 하나님을 향한 호소(55-66).

4) 예루살렘의 참상(4장)

이스라엘이 당한 참상(4:1-10), 지도자들의 죄악(11-16),

회복의 길(17-22).

5) 회복을 위한 기도(5장)

회복을 위한 선지자의 기도(5:1-22).

4. 예레미야애가 해석의 키워드

★시온(1:4-6)

1) 시온은 원래 예루살렘 동쪽에 위치한 한 절벽을 지칭하는 지명이다.

2) 시온은 다윗시대에는 예루살렘 동남쪽에 위치한 다윗성을 지칭하였다
(왕상 8:1). 그러나 시간이 지나면서 예루살렘 성읍 전체와 예루살렘 거민을
가리키는 단어로 사용되었다(사 40:9, 렘 51:35). 그 후 바벨론 포로시대와 귀
환시대에 이르러서는 온 이스라엘 백성을 지칭하여 사용되었다.

3) 시온은 종말론적 의미를 담고 있다. 다윗은 하나님께서 메시야를 시온에

기억할 말씀

1. 애 3:21-26
'이것을 내가 내 마음에 담아 두었더
니 그것이 오히려 나의 소망이 되었사
옴은 여호와의 인자와 긍휼이 무궁하
시므로 우리가 진멸되지 아니함이니이
다 이것들이 아침마다 새로우니 주의
성실하심이 크시도소이다 내 심령에
이르기를 여호와는 나의 기업이시니
그러므로 내가 그를 바라리라 하도다
기다리는 자들에게나 구하는 영혼들에
게 여호와는 선하시도다 사람이 여호
와의 구원을 바라고 잠잠히 기다림이
좋도다'

2. 애 4:17
'우리가 헛되이 도움을 바라므로 우리
의 눈이 상함이여 우리를 구원하지 못
할 나라를 바라보고 바라보았도다'

보내시고 의의 통치를 할 것이라고 예언하였다(시 2:6, 110:1-7). 이사야 역시 시온의 백성들이 이스라엘의 거룩한 자가 강림할 때 기뻐 외칠 것을 선포하였다(사 12:5-6).

4) 이를 바탕으로 시온은 하나님께서 하나님의 백성을 다스릴 도성(사 33:20)이요, 궁극적으로는 살아계신 하나님의 도성, 하나님의 예루살렘을 의미한다(히 12:22).

애 3:22
여호와의 인자와 긍휼이 무궁하시므로
우리가 진멸되지 아니함이니이다

★자비와 긍휼이 무궁하신 하나님(헤세드의 하나님)

히브리어 헤세드(Hesed, 3:22)는 자비(사 54:8), 인애(신 7:9), 인자(창 19:19), 긍휼(시 109:16), 은총(삼하 10:2), 선대(삼상 15:6), 후대(삼하 16:17), 성실(왕상 3:6)의 의미를 담고 있다.

인간관계 안에서 헤세드는 관대함, 아량, 용서의 의미로 사용되는데 특별히 신뢰관계 속에 있는 자들 안에서 가능했다. 그러나 하나님과의 관계 안에서 헤세드는 죄인을 향한 무한한 하나님의 사랑을 의미한다. 상대방이 요구하기 이전에 먼저 아무런 조건 없이 주시는 하나님의 사랑을 가리킨다(요일 4:8). 하나님의 사랑이 십자가의 예수를 통해 그 절정에 달한다. 하나님의 헤세드로 인해 구원받을 수 없는 죄인이 구원 얻는 길(예수 그리스도의 십자가 보혈의 공로를 믿는 믿음, 요 1:12, 3:16)을 하나님으로부터 받은 것이다.

5. 더 깊은 연구와 삶의 적용

1. 예레미야와 예레미야애가를 읽으면서 나는 어떤 하나님을 경험하였는가? 예언서와 애가를 비교해 보자. 어떤 차이점이 있는가?

2. 이사야와 예레미야의 소명을 비교해 보자(사 6:1-13, 렘 1:1-19).
   *이사야는 웃시야 왕의 죽던 해에 환상 가운데 하나님으로부터 소명을 받는다. 그는 스랍들이 찬양하며 문지방의 터가 요동하고 집에 연기가 가

258 성경의 맥을 따라 읽으라

득한 환상 속에서 하나님을 만난다. 이 만남을 통해 이사야는 먼저 자신의 죄를 깨닫게 되었고 이어서 하나님의 부르심을 받는다. '내가 여기 있나이다. 나를 보내소서'라고 적극적인 응답을 한다. 이사야의 소명은 이처럼 먼저 하나님을 바라보며 기도하는 가운데 시작되었고(6:1-4), 자신을 돌아보며 죄를 회개하고, 하나님의 부르심에 즉각 순종하는 과정을 거쳐서 소명이 구체화되었다. 그는 므낫세 왕의 박해로 순교당할 때까지 선지자의 사명(이스라엘을 비롯한 모든 열방을 향해 죄악에 대한 하나님의 심판과 하나님의 구원을 성취할 메시야의 도래에 대한 예언)을 다했다 (BC 740-680).

＊예레미야는 유다왕국에 임할 하나님의 심판과 바벨론 포로에서 회복되는 역사를 예언한 선지자이다(BC 627-586). 예레미야는 '내가 너를 모태에 짓기 전에 너를 알았고 네가 배에서 나오기 전에 너를 성별하였고 너를 여러 나라의 선지자로 세웠노라'라는 하나님의 말씀을 통해 소명 받았다. 그러나 예레미야는 하나님의 부르심에 '슬프도소이다 나는 아이라 말할 줄을 알지 못하나이다'고 소극적인 태도를 취한다.
하나님께서 두 가지 환상(살구나무 가지와 끓는 가마)을 통해 예레미야에게 확신을 주셨다. 살구나무 가지는 다른 나무들이 겨울잠을 자는 동안 살구나무는 발화하는 것처럼 깨어있음을, 끓는 가마는 하나님의 진노하심이 마치 끓는 가마와 같다는 것을 상징적으로 나타낸다. 말씀과 환상을 통해 예레미야는 어떤 환난과 핍박 속에도 하나님의 심판과 구원을 담대하게 전하는 선지자가 되었다.

3. 하나님은 유다 백성과 어떤 방법으로 언약을 맺으셨는가?(렘 34:18-20)

송아지를 둘로 쪼개고 그 둘 사이로 지나서 언약을 세우고, 그 말을 실행하지 아니하고 언약을 범하면 모든 유다의 지도자들과 백성들이 쪼개진 송아지처럼 죽을 것을 예고하고 있다. 송아지를 둘로 쪼개는 언약의 의식은 고대의 풍속이었다(창 15:10). 약속을 파기할 경우 둘로 쪼개진 동물처럼 죽임 당함을 알려 주는 피의 언약이다.

4. 예레미야는 하나님의 말씀을 받고 시드기야 왕이 바벨론에게 항복할 것을 권고하지만 이를 듣지 않는다. 결국 어떤 결과를 초래하였는가?(렘 38-39장)

선지자 예레미야는 하나님의 심판(유다는 바벨론에게 멸망)을 시드기야 왕에게 전한다. 그러나 왕은 이를 무시하고 예레미야를 진흙 구덩이에 가두고 만다. 관리들은 계속해서 예루살렘의 멸망을 선포하는 예레미야를 죽이려 한다. 시드기야 왕은 예레미야와 비밀리 만나 하나님의 말씀을 다시금 전달받는다. 바벨론 왕의 신하들에게 항복하면 살겠고 성도 불사름을 입지 않으며 가족들도 살 수 있다는 예레미야의 예언에 왕은 귀를 기울이지 않는다. 결국 시드기야 왕 9년에 바벨론 왕 느부갓네살에 의해 성이 함락되고 시드기야 왕의 목전에서 자녀들은 죽임을 당하고 자신은 눈이 뽑힌 채 결박되어 바벨론으로 끌려간다. 그는 하나님의 말씀보다는 자신의 주위에서 막강한 영향력을 행사하던 관리들의 의견에 귀를 기울여 자신뿐만 아니라 온 유다 백성들로 하여금 비참한 멸망을 경험하게 한다. 느부갓네살 왕에게 갖은 수모를 당한 채 끌려간 시드기야에 비해 예레미야는 바벨론 왕의 명령에 의해 석방된다. 본문은 하나님의 말씀에 순종한 선지자와 불순종한 유다 왕의 삶을 통해 우리가 진정으로 의지하고 순종해야 할 대상이 누구인지를 깨닫게 한다.

기억할 말씀

렘 52:31-34
유다 왕 여호야긴이 사로잡혀 간 지 삼십칠 년 곧 바벨론의 에윌므로닥 왕의 즉위 원년 열두째 달 스물다섯째 날 그가 유다의 여호야긴 왕의 머리를 들어 주었고 감옥에서 풀어 주었더라 그에게 친절하게 말하고 그의 자리를 그와 함께 바벨론에 있는 왕들의 자리보다 높이고 그 죄수의 의복을 갈아 입혔고 그의 평생 동안 항상 왕의 앞에서 먹게 하였으며 그가 날마다 쓸 것을 바벨론의 왕에게서 받는 정량이 있었고 죽는 날까지 곧 종신토록 받았더라

5. 유다왕 여호야긴은 사로 잡혀간 지 37년 만에 바벨론의 감옥에서 풀러난다. 이 사건은 우리에게 무엇을 알려 주는가?(렘 52:31-34)

바벨론의 에윌므로닥 왕은 포로로 잡혀 온 유다 왕 여호야긴에게 큰 은혜를 베푼다. 바벨론에 끌려온 다른 왕들보다도 그 위상을 높여 주고 특별한 대우를 받으면서 그의 말년을 보냈다. 여호야긴은 18세에 유다 왕이 되어

석 달을 통치한 뒤 바벨론에 끌려갔다(왕하 24:8). 그는 바벨론에서 37년 동안 감옥에서 보냈지만 하나님의 은혜로 편안한 말년을 지낸 것이다.

이스라엘은 하나님의 심판으로 왕과 백성들이 함께 비참한 모습으로 바벨론 포로로 잡혀 갔다. 그러나 하나님의 때가 이르매 여호야긴 왕을 석방시키는 놀라운 역사를 일으키시면서 구원과 회복의 역사를 허락하셨다. 하나님의 징계는 단순한 징계로 끝나지 않고 구원과 회복이라는 은혜의 또 다른 장임을 우리에게 알려 주고 있다. 하나님은 이 사건을 통해 새롭게 이스라엘 백성을 해방시키시고, 세워 주실 것을 시사하였다. 이스라엘 백성들이 소망 가운데 하나님을 바라보며 회개와 순종의 삶을 다시금 결단하게 하셨다. 여호야긴의 석방과 회복은 하나님의 구원의 때가 왔음을 알리는 암시이다. 하나님께서 이스라엘을 회복하시려는 사건으로 하나님의 구원의 역사를 전하고 있다(왕하 25:27-30).

6. 예레미야는 예루살렘의 비극에 대해 어떤 기도를 하는가?(애 2:20-3:66)

제사장과 선지자들이 성소에서 살육당하며, 여인들이 자녀들의 죽음을 바라보며, 노인과 아기들이 길바닥에 쓰러지며, 처녀와 소년들이 칼에 죽는 비참한 상황, 바벨론에 멸망당하는 처절한 상황을 언급하면서 하나님의 긍휼과 자비하심을 간구하고 있다. 그는 결코 하나님을 원망하지 않고 처참한 멸망 가운데에서 하나님의 신실하심을 바라보며 낙담치 않고 구원을 간구하였다. 비록 자신도 말할 수 없는 고난을 겪고 있지만 소망을 잃지 않고 긍휼이 무궁하시며 성실하심이 날마다 새로워 언약의 백성들을 결코 버려두시지 않으리라고 확신한 것이다. 예레미야 선지자는 눈물로 기도하였지만 하나님을 의지하였기에 소망이 있었다. **'사람이 여호와의 구원을 바라고 잠잠히 기다림이 좋도다'** (3:26)

**기억할 말씀**

7. 예레미야애가의 결론은 무엇인가?(애 5장 참조)

예레미야 선지자는 멸망에 대해 말할 수 없는 비통함으로 애가서를 기록하였지만 마지막에 이르러 하나님께 간구하면서 현재의 고통에도 불구하고 하나님의 회복하심에 대해 확신하였다. 그의 확신은 먼저 회개에서 시작된다(16). 이 모든 결과가 우리의 범죄로 인함임을 고백하면서 하나님은 영원하시며 주의 보좌는 세세토록 이어질 것을 선포하고 있다. 선지자는 고백과 선포를 바탕으로 다시 새롭게 될 그 날을 바라보았다. 비록 하나님께서 버리셨으나 당신의 진노하심이 참으로 크시지만, 그럼에도 이스라엘을 바벨론으로부터 구원하실 것을 확신하였다. 슬픈 애가로 시작된 기록이지만 결론은 하나님 앞에 회개하면서 회복을 확신하는 소망의 기도로 끝난다.

에스겔 · 다니엘

Ezekiel · Daniel

1. 에스겔을 어떻게 읽을 것인가

　　제사장 출신의 에스겔은 2차 바벨론 포로시기에 여호와긴 왕과 함께 포로로 잡혀가(BC 597) 그발 강변 델아빕에서 거주(3:15)하였다. 그곳에 정착한지 4-5년이 지나던 어느 날 선지자로 하나님의 부르심을 받았다(2:1, BC 593). 그는 예레미야, 다니엘과 동시대에 살았던 선지자로 예루살렘 멸망 이전부터 바벨론 포로 기간 동안(BC 593-570) 사역하면서 하나님으로부터 말씀을 받았다. 사역을 내려놓은 이후, 지난날을 돌아보면서 하나님께서 주신 말씀을 기록하였다(BC 570-560).

　　예레미야가 예루살렘에서 선지자로서 역할을 했다면, 바벨론에 포로로 잡혀 온 다니엘은 정치지도자로, 에스겔은 선지자로 제각기 활약하였다. 에스겔이 바벨론 포로로 잡혀 왔을 때에 이미 다니엘은 포로 신분임에도 왕궁에서 구별된 삶을 살고 있었다(단 1장).

　　에스겔서는 환상과 비유를 내용에 담아 다니엘서와 함께 구약 계시문학의 정점을 이루고 있다. 또한 제사장적인 관점과 예언자적인 관점이 조화롭게 다루어지고 있다. 예레미야서 보다 예언의 내용이 보다 상세하게 기록되었고, 이스라엘의 회복과 영광에 대한 내용이 보다 구체적이다. 그러나 구약의 어떤 예언서보다 이해하기 어려운 환상과 비유 등의 내용으로 신약의 요한계시록처럼 난해하다.

에스겔 · 다니엘서의 주요 연대표

BC 740	이사야의 사역 시작(BC 680까지 60년간 사역)
BC 722	북이스라엘 왕국 앗수르에 멸망
BC 627	예레미야 사역 시작(BC 587까지 40년간 사역)
BC 622	요시야 왕의 종교개혁
BC 612	앗수르의 멸망
BC 605	다니엘이 바벨론 포로가 됨(1차 포로기, 여호야김)
BC 597	바벨론 2차 포로기(여호야긴)
BC 593	사역 시작(BC 570까지 23년간 사역)
BC 586	남유다 왕국 멸망(바벨론 3차 포로기, 시드기야)
BC 580	다니엘의 세 친구와 풀무불 기적
BC 562	느부갓네살 왕 죽음
BC 550	다니엘의 4짐승 이상
BC 539	바사의 바벨론 정복(벨사살 왕)
BC 538	다니엘과 사자굴(다리오 왕)
BC 537	1차 포로 귀환기(스룹바벨의 인도)
BC 536	성전 재건 시작(완공, BC 516)
BC 530	다니엘의 죽음
BC 458	2차 포로 귀환기(에스라의 인도, 에스라의 개혁운동)
BC 444	3차 포로 귀환기(느헤미야의 인도, 성벽 수축 완공)

전체적인 흐름을 살펴보면, 1–32장은 에스겔이 환상을 보고 소명을 받은 이후 유다와 유다 주변의 열방에 대한 하나님의 심판을 예언하였다. 33–48장은 이스라엘의 회복과 성전 재건, 진정한 예배의 회복, 이스라엘의 회복된 새 땅에 대해 예언하였다.

에스겔서에서는 '인자'(2:1)라는 칭호를 93회 사용하였는데, 이는 하나님께서 사역자(인자)로 에스겔을 부르시고 그를 통해 역사하신다는 사실을 보여 주고 있다. 에스겔서의 인자는 다니엘서(7:13)의 인자가 메시야를 의미하는 것과는 달리 하나님 앞에서 하나님의 부르심을 받은 나약한 인간이요 선지자임을 드러내고 있다. 또한 '나는 여호와이다'(겔 7:27)라는 표현이 49회나 언급되고 있는데, 이는 택한 백성뿐만 아니라 모든 인류를 주관하시는 하나님의 주권을 나타내고 있다. 하나님은 만유의 통치자라는 것이다.

특히 에스겔서는 회복된 이스라엘의 모습을 묘사하여 장차 임할 새 하늘과 새 땅의 영광을 미리 보게 함으로 종말에 대한 기록이다. 다니엘서와 함께 구약을 대표하는 계시문학서이다.

이스라엘의 우상 숭배와 불순종으로 하나님의 영광이 성전에서 떠나지만 10:18–22), 19년 만에 하나님의 영광은 새 성전에 다시 나타나셨다(43:2–5). 이는 새 성전 건축으로 하나님과의 관계가 회복되고, 궁극적으로는 예수 그리스도를 통해 그리스도 안에서 모든 성도들이 하나님의 성전이 되어 온전히 회복될 것을 가리킨다.

하나님의 영광이 임한 성전에서 에스겔은 흐르는 생명수의 환상을 보았다. 그는 생명수 환상을 통해 성령 강림과 함께 성령 충만함의 전 과정을 접하게 된 것이다(47:1–12). 성령 강림과 충만의 역사는 신약 사도행전에서 성취되었고(행 2장–28장 전체), 요한계시록에 와서 완성되었다(계 22:1–5).

2. 저자 · 기록연대 · 기록동기

저자와 기록연대: 저자가 1인칭으로 기술된 것은 에스겔 자신이 저자임을

시사하고 있다. 또한 제사장인 에스겔의 성향이 곳곳에 나타나 있다(성전, 제사장직, 제물 등에 대한 기록이 많다). 에스겔은 BC 593-570년까지 사역하였는데, 에스겔서를 기록한 것은 그가 죽기(BC 560) 이전 10년 내외로 추정한다(BC 570-560).

기록동기: 에스겔은 포로된 유다 백성들에게 그들이 처해 있는 고난의 상황이 자신들의 죄로 인한 것임을 깨닫게 하며, 어려움 속에서도 이스라엘을 회복시키시는 하나님을 믿으며 끝까지 소망을 갖게 하고자 기록하였다. 또한 메시야로 세상에 오셔서 택한 백성들을 구원하시고 인도하시는 예수 그리스도의 사역과 영광스러운 하나님의 나라를 예표함으로 오늘의 성도들에게 소망을 안겨 주기 위해 기록하였다.

3. 에스겔의 파노라마

주제	에스겔의 소명		죄악에 대한 하나님의 심판		회복에 대한 소망	
내용 구분	1:1　　2:1	4:1	25:1	33:1	40:1	48:33
	하나님의 영광	에스겔의 소명	심판받는 유다에 대한 예언	심판받는 열방을 향한 예언	회복되는 이스라엘에 대한 예언	새 성전에 대한 환상
문체	상징과 비유를 담은 묵시문학					
장소	유다				바벨론	
기간	BC 593-570					

1) 에스겔의 소명(1-3장)

에스겔이 본 환상-네 생물(1:1-14), 네 바퀴와 궁창의 환상(15-25), 하나님 영광의 형상(26-28), 에스겔의 소명과 하나님(2:1-3:3), 사역을 위한 준비(3:4-27).

2) 유다와 열방에 대한 예언(4-32장)

예루살렘 포위에 대한 예언(4장), 유다 민족의 멸망 예언(5장),

기억할 말씀

1. 겔 1: 1-3
'서른째 해 넷째 달 초닷새에 내가 그발 강 가 사로잡힌 자 중에 있을 때에 하늘이 열리며 하나님의 모습이 내게 보이니 여호야긴 왕이 사로잡힌 지 오년 그 달 초닷새라 갈대아 땅 그발 강 가에서 여호와의 말씀이 부시의 아들 제사장 나 에스겔에게 특별히 임하고 여호와의 권능이 내 위에 있으니라'

1. 겔 8:3-16

'주의 영이 나를 들어 천지 사이로 올리시고 하나님의 환상 가운데에 나를 이끌어 예루살렘으로 가서 안뜰로 들어가는 북향한 문에 이르시니 거기에는 질투의 우상 곧 질투를 일어나게 하는 우상의 자리가 있는 곳이라 …… 이스라엘 족속의 장로들이 각각 그 우상의 방안 어두운 가운데에서 행하는 것을 네가 보았느냐 그들이 이르기를 여호와께서 우리를 보지 아니하시며 여호와께서 이 땅을 버리셨다 하느니라 …… 여인들이 앉아 담무스를 위하여 애곡하더라 …… 여호와의 성전 문 곧 현관과 제단 사이에서 약 스물다섯 명이 여호와의 성전을 등지고 낯을 동쪽으로 향하여 동쪽 태양에게 예배하더라'

2. 겔 10:18

'여호와의 영광이 성전 문지방을 떠나서 그룹들 위에 머무르니'

3. 겔 14:14-16

'비록 노아, 다니엘, 욥, 이 세 사람이 거기에 있을지라도 그들은 자기의 공의로 자기의 생명만 건지리라 나 주 여호와의 말이니라 …… 비록 이 세 사람이 거기에 있을지라도 나의 삶을 두고 맹세하노니 그들도 자녀는 건지지 못하고 자기만 건지겠고 그 땅은 황폐하리라 주 여호와의 말씀이니라'

4. 겔 18:30-32

'주 여호와의 말씀이니라 이스라엘 족속아 내가 너희 각 사람이 행한 대로 심판할지라 너희는 돌이켜 회개하고 모든 죄에서 떠날지어다 그리한즉 그것이 너희에게 죄악의 걸림돌이 되지 아니하리라 너희는 너희가 범한 모든 죄악을 버리고 마음과 영을 새롭게 할지어다 이스라엘 족속아 너희가 어찌하여 죽고자 하느냐 주 여호와의 말씀이니라 죽을 자가 죽는 것도 내가 기뻐하지 아니하노니 너희는 스스로 돌이키고 살지니라'

유다의 우상숭배(6장), 긴박한 예루살렘 멸망(7:1-13), 심판의 결과(14-27), 우상 숭배에 대한 환상(8장), 유다에 임할 대학살(9장), 불의 심판에 대한 환상(10:1-8), 성전에서 떠난 하나님의 영광(9-22), 심판과 회복의 약속(11장), 이스라엘 멸망에 대한 상징(12:1-16), 이스라엘이 받을 재앙(17-28), 거짓 선지자에 대한 심판(13:1-16), 거짓 여선지자에 대한 심판(17-23), 거짓된 장로에 대한 저주(14:1-11), 필연적인 예루살렘 멸망(12-23), 쓸모없는 포도나무 비유(15장), 유다에 대한 하나님의 사랑(16:1-14), 유다의 간음(15-34), 간음에 대한 형벌(35-52), 유다의 회복 약속(53-63), 독수리와 포도나무 비유(17:1-21), 백향목 새 가지의 비유(22-24), 신 포도 비유(18:1-9), 심판과 구원(10-20), 회개한 자에 대한 축복(21-32), 사자와 포도나무 비유(19장), 패역한 유다의 역사 회고(20:1-32), 하나님의 심판과 자비-회복(33-49), 심판의 칼에 대한 비유(21:1-23), 시드기야와 암몬의 파멸(24-32), 예루살렘의 죄악과 형벌(22:1-22), 이스라엘의 부패상(23-31), 음란한 두 자매(23:1-21), 받은 형벌(22-49), 끓는 가마에 대한 비유(24:1-14), 에스겔 아내의 죽음과 표징(15-27), 암몬과 모압에 대한 심판(25:1-11), 에돔과 블레셋의 심판(12-17), 두로의 멸망에 대한 예언(26장), 두로의 멸망을 애도하는 노래(27장), 두로 왕에 대한 심판 예언(28:1-19), 시돈에 대한 심판과 멸망 예언(20-26), 애굽에 대한 심판 예언(29:1-16), 애굽을 침략하는 느부갓네살(17-21), 애굽과 동맹국들에 대한 심판 예언(30:1-19), 처참한 애굽의 몰락(20-26), 앗수르와 애굽의 번영 비교(31장), 애굽에 대한 애도의 노래(32장).

3) 이스라엘의 회복(33-48장)

파수꾼의 사명을 받은 에스겔(33:1-22), 본토에 남은 자에 대한 심판(21-33), 거짓 목자에 대한 경고(34:1-16), 살진 양과 파리한 양(17-31), 에돔의 멸망에 대한 경고(35장), 이스라엘 땅과 백성의 회복 예언(36장), 이스라엘의 영적 부흥(37장), 해골 골짜기의 환상(1-14),

하나 되는 비유(15-38), 곡의 침범 예언(38:1-17),

곡에 대한 승리 예언 I(18-23), 곡에 대한 승리 예언 II(39:1-16),

이스라엘의 회복(17-29), 새 성전의 환상(40:1-4),

성전 바깥뜰의 세 문(5-27), 안뜰의 세 문(28-37),

제사 기구들(38-43), 제사장들의 방(44-47), 성전 현관(48-49),

지성소와 성소(41:1-4), 골방의 구조(5-11), 성전의 크기와 내부 장식(12-26),

성전의 부속 건물(42:1-14), 성전 사방 담(15-20), 하나님의 영광(43:1-12),

번제단의 규모와 정결 의식(13-27), 추방되어야 할 이방인들(44:1-9),

레위인들이 맡은 책임(10-14), 사독 계열 제사장의 책임(15-27),

제사장들의 기업(28-31), 거룩한 구역-수종드는 자(45:1-8),

치리자에 대한 권면(9-12), 백성들이 드릴 예물(13-17),

절기의 제물에 대한 규례(18-25), 안식일과 월삭에 대한 규례(46:1-7),

성전 출입 규례(8-10), 기타 제사에 대한 규례(11-15),

왕의 기업에 대한 규례(16-18), 희생 제물 준비에 대한 규례(19-24),

성전에서 흐르는 생명수(47:1-12), 새 땅의 경계(13-23),

기업의 분배(48:1-29), 성읍의 출입문-여호와삼마(30-35).

4. 에스겔 해석의 키워드

★ 네 생물 환상의 의미(1:4-14): 사람, 사자, 소, 독수리 등 네 생물의 모양과 행위는 모든 피조물이 주권자이신 하나님께 복종해야함을 상징적으로 나타내고 있다.

★ 얼굴(1:10)은 앞(사람)→ 하나님의 지혜, 뒤(독수리)→ 하나님의 힘(능력), 좌(소)→ 하나님의 성실하심, 우(사자)→ 하나님의 주권

★ 날개(1:11)는 각기 둘씩 서로 연하였고→ 성도의 협력 둘은 몸을 가리었으며 → 하나님을 경외함

★ 사방 날개 밑의 손(1:8)은→ 봉사와 헌신의 준비

기억할 말씀

1. 겔 36:22-35
'내가 이렇게 행함은 너희를 위함이 아니요 너희가 들어간 그 여러 나라에서 더럽힌 나의 거룩한 이름을 위함이라 …… 내가 너희를 여러 나라 가운데서 인도하여 내고 여러 민족 가운데서 모아 데리고 고국 땅에 들어가서 맑은 물을 너희에게 뿌려서 너희로 정결하게 하되 곧 너희 모든 더러운 것에서와 모든 우상 숭배에서 너희를 정결하게 할 것이며 또 새 영을 너희 속에 두고 새 마음을 너희에게 주되 너희 육신에서 굳은 마음을 제거하고 부드러운 마음을 줄 것이며 또 내 영을 너희 속에 두어 너희로 내 율례를 행하게 하리니 너희가 내 규례를 지켜 행할지라 내가 너희 조상들에게 준 땅에서 너희가 거주하면서 내 백성이 되고 나는 너희 하나님이 되리라 …… 사람이 이르기를 이 땅이 황폐하더니 이제는 에덴 동산 같이 되었고 황량하고 적막하고 무너진 성읍들에 성벽과 주민이 있다 하리니'

2. 겔 37:14-28
'내가 또 내 영을 너희 속에 두어 너희가 살아나게 하고 내가 또 너희를 너희 고국 땅에 두리니 나 여호와가 이 일을 말하고 이룬 줄을 너희가 알리라 …… 내 성소가 영원토록 그들 가운데에 있으리니 내가 이스라엘을 거룩하게 하는 여호와인 줄을 열국이 알리라 하셨다 하라'

3. 겔 43:1-5
'그 후에 그가 나를 데리고 문에 이르니 곧 동쪽을 향한 문이라 이스라엘 하나님의 영광이 동쪽에서부터 오는데 하나님의 음성이 많은 물 소리 같고 땅은 그 영광으로 말미암아 빛나니 그 모양이 내가 본 환상 곧 전에 성읍을 멸하러 올 때에 보던 환상 같고 그발 강가에서 보던 환상과도 같기로 내가 곧 얼굴을 땅에 대고 엎드렸더니 여호와의 영광이 동문을 통하여 성전으로 들어가고 영이 나를 들어 데리고 안뜰에 들어가시기로 내가 보니 여호와의 영광이 성전에 가득하더라'

'그가 나를 데리고 성전 문에 이르시
니 성전의 앞면이 동쪽을 향하였는데
그 문지방 밑에서 물이 나와 동쪽으로
흐르다가 성전 오른쪽 제단 남쪽으로
흘러 내리더라 …… 물이 내가 건너지
못할 강이 된지라 그 물이 가득하여
헤엄칠 만한 물이요 사람이 능히 건너
지 못할 강이더라 …… 강 좌우 가에
는 각종 먹을 과실나무가 자라서 그
잎이 시들지 아니하며 열매가 끊이지
아니하고 달마다 새 열매를 맺으리니
그 물이 성소를 통하여 나옴이라 그
열매는 먹을 만하고 그 잎사귀는 약
재료가 되리라'

5. 겔 48:35
'그 날 후로는 그 성읍의 이름을 여호
와삼마라 하리라'

★ 다리(1:7)는 곧고→ 하나님만을 위함

★ 발바닥(1:7)은 송아지 발바닥 같고→ 순종에 길들여진 자세

★ 동작(1:12-14)은 일제히 앞으로 곧게 행하며→ 전심으로 섬김, 하나님이 지시하는 대로 따름→ 완전한 복종, 번개같이 빠름→ 빠른 순종

★ 모양(1:5, 13)은 사람의 형상이라→ 사람을 가리킴, 숯불과 횃불 모양 같은데→ 하나님의 성결하심, 광채가 있고 번개가 나며→ 하나님의 진노하심

★네 바퀴 환상의 의미(1:15-21)

네 생물을 움직이는 바퀴 형상에 관한 환상이다. 바퀴 형상은 무한한 지혜로 역사를 다스리시는 하나님의 섭리를 상징하고 있다. 이어지는 궁창의 환상(22-25)은 네 생물과 하나님 사이에 있는 궁창에 관한 환상이다. 궁창 위에서부터 하나님의 음성이 들려오자 생물들이 날개로 자신들을 가리고 있다. 하나님을 두려워하면서 들려오는 말씀을 경청함으로 순종의 자세를 나타내고 있다.

네 생물의 환상을 보고, 네 생물 위의 궁창을 본 에스겔은 궁창 위에 계신 하나님 영광의 형상(빛나는 광채)을 보았다. 이는 신약에서 성육신하여 친히 인간에게 나타나실 성자 예수님을 예표하고 있다.

색깔	구조	둘레	동작
황옥: 하나님 섭리의 깊으심	**바퀴 안에 바퀴가 있다:** 하늘에서 뜻이 이루어지듯이 이 땅에서 이루어지다	**높고 무서움:** 하나님의 사역의 위대하심 **사방에 눈이 가득함:** 하나님의 전지하심	**영이 가는대로 따라:** 천사들이 하나님의 뜻에 철저히 순종하며 일함

★에스겔의 예언적인 행위(4-5장)

1) **토판(흙벽돌) 위에 그린 그림(4:1-3):** 고대 사람들은 벽돌에 문자와 형상들을 그려 당대의 천문, 지리, 역사들을 후세에 기록으로 남겼다. 여기에서는 바벨론의 침략에 의한 예루살렘이 포위당함을 상징적으로 나타내고 있다.

2) **390일 동안 오른쪽으로 누워(4:5-6):** 남북 왕국의 분리(BC 930)에서 북이스라엘과 남유다의 멸망과 포로기간을 상징하고 있다(북왕국 멸망 BC 722, 남유다 멸망 BC 586, 바사의 고레스를 통한 1차 포로회복 BC 538-537).

3) **보리떡(부정한 떡)처럼 만들어 인분 불에 구울지니라(4:12):** 포로된 이스라엘 백성들의 극심한 기근을 상징하며 특별히 인분 불에 구웠다는 것은 부정한 떡임을 나타낸다.

4) **머리털과 수염을 깎아서 저울로 달아라(5:1):** 머리털과 수염을 깎는 행위는 애통함, 치욕, 회개의 표현 등을 나타내는데, 여기에서는 유다가 바벨론에게 당하는 치욕적인 심판을 가리킨다.

★질투의 우상(8:5)

에스겔은 첫 번째 환상(겔 1:1-14)을 본 이후 14 개월이 지난 어느 날 두 번째 환상을 본다(여호야긴 왕이 바벨론에 잡혀 간지 6년 되던 해). 환상 가운데 그는 질투의 우상을 보는데, 이는 풍요의 신으로 '하늘의 여왕'(렘 44:18)으로, '아로새긴 목상'(대하 33:7), '아세라 상'(왕상 21:17)으로 각기 표현되고 있다. 이 두 번째 환상은 8-11장까지 계속된다. 이 질투의 우상은 하나님의 성전 안 뜰에 마치 수문장처럼 서 있었다. 하나님의 성소에 우상이 세워져 있었는데 실제로 이 우상은 므낫세 왕이 세운 것이다(대하 33:7-15).

환상 속에 나타난 이 질투의 우상이 성소에 세워진 엄청난 죄악에 더하여 성전 안에서 우상을 섬기는 가증하고 악한 일을 에스겔은 환상을 통해 보게 된다. 성전 안 사면 벽에 온갖 가증한 짐승의 우상들이 그려져 있고 그 앞에 이스라엘의 70인 장로와 사반(요시야 왕의 서기관으로 왕과 함께 종교 개혁을 일으킴, 왕하 22:3-20, 대하 34:8-28)의 아들 야아사냐도 함께 서 있었다. 그들은 우상 앞에서 '여호와께서 우리를 보지 아니하시며 이 땅을 버리셨다'고 우상을 숭배하며 여인들은 담무스(다산과 풍요를 상징하는 바벨론의 농경신)를 위하여 애곡하기도 했다.

에스겔은 여호와의 전 안 뜰에서 25명(제사장들 혹은 유다 왕국의 지도자들로 추정)이 여호와의 전을 등지고 낯을 동으로 향하여 동쪽 태양에게 경배하는 모습을 보기까지 했다. 이렇게 유다가 철저하게 하나님을 섬기는 성소 안에서 이방의 우상들을 섬기는 가증한 죄악을 저질렀음(대하 33:1-9)을 환상을 통해 하나님은 다시금 말씀하고 계신다.

★거짓 선지자와 임박한 종말

'내가 하는 말이 다시는 더디지 아니하고 응하리라 반역하는 족속이여 내가 너희 생전에 말하고 이루리라 나 주 여호와의 말이니라'(12:25)고 에스겔에게 말씀하셨다. 이는 바벨론의 3차 침공으로 인한 예루살렘의 멸망(BC 586)이 곧 임박했음을 예고하는 것이다. 그러나 거짓 선지자들은 예루살렘의 멸망보다는 하나님께서 곧 회복하실 것임을 예언하면서 유다의 죄악에 대해 전혀 언급하지 않았다. 저들은 당대의 지도자나 일반 백성들을 안심시키기에 급급했다. 이에 비해 예레미야와 에스겔은 저들의 사역 기간 내내 평생 동안 유다와 이스라엘의 죄악에 대해 신랄하게 지적하면서 하나님의 심판과 함께, 심판 가운데서도 남은 자를 두시고 메시야 오심을 소망하는 메시지를 전달하면서 유다의 멸망을 담대하게 예언하였다.

당대 거짓 선지자들은 어떻게 예언하였는가?(13장을 중심으로)

1) 하나님의 음성을 듣지 않고 자기 마음에서 나는 대로, 자기 심령을 따라 예언하였다(1-3).

2) 성 무너진 곳에 올라가지도 않고 성벽을 수축하지도 않는 등 유다의 어려움이나 문제를 위해 구체적으로 해결하지 않고 방관하는 태도를 취했다. 하나님은 저들을 향해 황무지에 있는 여우같다고 말씀하셨다. 백성은 안중에 없고 자기만 살려고 하는 이기적인 사람들이라고 했다(4-5).

3) 허탄한 묵시를 보고 이를 전달했다. 또한 거짓된 삶, 거짓 것을 점치는 자라고 했다(8-9).

4) 하나님의 백성들을 유혹하여 평강이 없는 상황에서 평강하다고 거짓을 예언했으며, 담을 쌓을 곳에 오히려 회칠을 하는 자라고 하나님은 말씀하셨다. 저들은 백성들을 위해 예언하는 자가 아니라 백성들을 기만하는 예언자였

기억할 말씀

겔 13:1-6
여호와의 말씀이 내게 임하여 이르시되 인자야 너는 이스라엘의 예언하는 선지자들에게 경고하여 예언하되 자기 마음대로 예언하는 자에게 말하기를 너희는 여호와의 말씀을 들으라 주 여호와의 말씀에 본 것이 없이 자기 심령을 따라 예언하는 어리석은 선지자에게 화가 있을진저 이스라엘아 너의 선지자들은 황무지에 있는 여우 같으니라 너희 선지자들이 성 무너진 곳에 올라가지도 아니하였으며 이스라엘 족속을 위하여 여호와의 날에 전쟁에서 견디게 하려고 성벽을 수축하지도 아니하였느니라 여호와께서 말씀하셨다고 하는 자들이 허탄한 것과 거짓된 점괘를 보며 사람들에게 그 말이 확실히 이루어지기를 바라게 하거니와 그들은 여호와가 보낸 자가 아니라

다(10).

5) 두어 움큼 보리와 두어 조각 떡을 위하여 하나님을 욕되게 하며 거짓을 말하며 물질을 탐하는 선지자들이다(19).

6) 백성들의 영혼을 삼켰고 재산과 보물을 탈취하며 과부를 그 가운데 많게 하였다. 또한 율법을 범하였고, 하나님을 성물을 더럽혔으며, 거룩함과 속된 것을 구별하지 않았다(22:25-26).

7) 고관들을 위해 회를 칠하고(눈가림하고자 은폐하는 것), 허탄한 이상을 보며, 거짓 복술을 행하여 하나님이 말씀하시지 않은 것을 말씀하셨다고 거짓으로 예언하였다(22:27-28).

8) 예레미야는 거짓 선지자에 대해 하나님의 입에서 나온 것이 아니라 자기 마음에서 나온 헛된 것을 가르치는 자라고 했다(렘 23:16-17).

9) 신약에서는 예수님의 이름을 사칭하는 자(마 24:5)요, 물질만을 탐하는 자(벧후 2:15), 영광스러운 자를 비방하는 자(벧후 2:10), 어그러진 길로 가는 자(벧후 2:15-16, 유 1:10), 결국에는 멸망하는 자(벧후 2:13, 유 1:10)로 표현되고 있다.

★에스겔서에 나타난 중요한 비유와 주제들

1) 하나님의 징계(15:1-8) → 열매 맺지 못한 포도나무: 포도나무는 남유다와 북이스라엘을 가리킨다. 열매 없는 포도나무를 하나님은 태워 버려 땅은 황무지가 될 것이다. 이미 북왕국은 앗수르에 멸망하였고(BC 722) 남왕국 역시 바벨론의 2차 침입으로 인해 멸망 직전의 상황에 놓였다. 바벨론의 3차 침입으로 남유다는 결국 멸망할 것임을 비유를 통해 선포하고 있다. 이는 바로 하나님의 징계이다.

2) 하나님의 심판과 회복하심(16:1-63) → 간음하는 아내: 간음하는 아내란 바로 유다 왕국이다. 하나님은 유다를 심판하심으로 멸망에 이르게 하지만, 하나님께서 세우신 언약대로 유다와의 관계를 회복시키신다(바벨론 포로 회복). 이 회복은 예수 그리스도를 통해 온전히 성취된다(언약의 성취).

3) 하나님의 뜻과 섭리하심(17:1-21) → 독수리와 포도나무: 큰 독수리는

겔 17:22-24

주 여호와께서 이같이 말씀하시되 내가 백향목 꼭대기에서 높은 가지를 꺾어다가 심으리라 내가 그 높은 새 가지 끝에서 연한 가지를 꺾어 높고 우뚝 솟은 산에 심되 이스라엘 높은 산에 심으리니 그 가지가 무성하고 열매를 맺어서 아름다운 백향이 될 것이요 각종 새가 그 아래에 깃들이며 그 가지 그늘에 살리라 들의 모든 나무가 나 여호와는 높은 나무를 낮추고 낮은 나무를 높이며 푸른 나무를 말리고 마른 나무를 무성하게 하는 줄 알리라 나 여호와는 말하고 이루느니라 하라

겔 28:1-5

또 여호와의 말씀이 내게 임하여 이르시되 인자야 너는 두로 왕에게 이르기를 주 여호와께서 이같이 말씀하시되 네 마음이 교만하여 말하기를 나는 신이라 내가 하나님의 자리 곧 바다 가운데에 앉아 있다 하도다 네 마음이 하나님의 마음 같은 체할지라도 너는 사람이요 신이 아니거늘 네가 다니엘보다 지혜로워서 은밀한 것을 깨닫지 못할 것이 없다 하고 네 지혜와 총명으로 재물을 얻었으며 금과 은을 곳간에 저축하였으며 네 큰 지혜와 네 무역으로 재물을 더하고 그 재물로 말미암아 네 마음이 교만하였도다

느부갓네살 왕으로, 털이 많은 독수리는 애굽으로, 포도나무는 유다 왕국을 비유한 것이다. 하나님은 바벨론을 섬기라고 경고했지만 시드기야는 애굽을 택한다. 하나님의 뜻에 불순종한 시드기야는 포로로 잡혀갔고 유다 왕국은 완전히 멸망한다.

4) 메시야 오심을 약속(17:22-24) → 아름다운 백향목: 백향목은 예루살렘을, 높은 가지는 메시야를 비유한 표현이다. 높은 가지를 심어 열매를 맺고 아름다운 백향목이 되어 각종 새가 깃들인다고 했다. 이는 세계 곳곳에서 이방인들이 예수 그리스도를 통하여 하나님 나라의 백성이 될 것임을 비유한 것이다.

5) 유다 왕국의 멸망(19:1-9) → 암사자와 포도나무: 유다를 암사자로, 여호아하스와 여호야김은 사자 새끼들로 비유하였다. 유다를 포도나무에, 마지막 왕 시드기야는 건강한 가지에 비유하였는데 결국 시드기야는 유다의 멸망과 함께 포로로 잡혀 갔다.

6) 하나님의 심판(23:1-49) → 음란한 두 자매(오홀라와 오홀리바): 언니 오홀라는 사마리아(북이스라엘 왕국), 동생 오홀리바는 예루살렘(남유다 왕국)를 가리킨다. 하나님께서 패역한 두 왕국을 심판하심으로 저들은 모두 멸망한다.

★하나님 앞에서 인간을 교만하게 만드는 요인들(겔 7:20, 28:4-5, 30:6, 31:10)

경제적 번영과 정치적인 안정으로 많은 지도자들은 사치와 향락에 빠져들게 된다. 자신을 하나님의 위치로 끌어올리기도 한다. 또한 자신의 높은 지혜(철학과 학문)에 대해 혹은 건강을 자랑하면서 하나님을 외면하거나 무시하면서 교만한 삶을 살게 된다. 사탄의 유혹에 빠져 자신도 모르게 하나님의 섭리와 역사하심에 대해 냉담해지면서 세상적인 욕심에 사로잡힘을 당한다.

1) 풍부한 소유(재물)와 배부름(신 8:11-14, 겔 28:1-5)

2) 세상적인 승리와 성공(시 94:3-4, 단 4:30)

3) 막강한 권세와 힘(시 119:85, 겔 30:6))

4) 화려한 장식(겔 7:20)

5) 특출한 외모와 건강(겔 31:10)

6) 악한 마음(막 7:21-22)

7) 세상의 수많은 종류의 지식들(고전 4:6)

8) 사탄의 유혹(딤전 3:6)

★ 열방을 향한 하나님의 심판과 그 원인(25-32장)

25-32장에서 유다 주변의 열방에 대한 하나님의 심판의 원인을 살펴보자. 바벨론이 예루살렘을 포위한 BC588년 10월 이후부터 멸망당하기까지 3년의 기간 동안 선지자 에스겔은 예언의 관점을 주변 7 나라들의 심판에 대해 예언하고 있다.

1) 암몬(25:1-7): 암몬은 롯의 후예(큰 딸과의 관계, 창 19:36-37)로 몰렉 우상을 섬겼다. 저들은 바벨론에 고통당하고 있는 유다를 향해 손뼉 치며 즐거워하면서 조롱하였다.

2) 모압(25:8-11): 롯의 작은 딸과의 관계에서 얻은 아들인 모압(창 19:38)은 유다 족속을 이방인들과 동일시하였다.

3) 에돔(25:12-14): 에돔(창 25:30)은 야곱의 아들 에서의 후예들이다. 저들은 바벨론이 예루살렘을 점령하자 바벨론의 편을 들면서 하나님의 택한 백성을 괴롭혔다(렘 49:7-22).

4) 블레셋(25:15-17): 블레셋은 가나안 점령 당시부터 이스라엘을 괴롭혀 왔던 족속으로 하나님께서 저들을 심판의 대상으로 두셨다.

5) 두로(26:1, 28:19): 당시 두로는 유다와 무역에 있어서 경쟁관계였다. 유다가 바벨론에게 멸망당하자 기뻐했다. 자국의 이익에 대한 탐욕에 빠진 두로를 향해 하나님은 멸망의 심판을 가하셨다.

6) 시돈(28:20-24): 두로와 동맹국이었던 시돈 역시 경제적 불의와 우상 숭배에 빠져 하나님의 심판의 대상이 되었다.

7) 애굽(29:-32장): 총 4장에 걸쳐 애굽을 향한 하나님의 심판이 7가지 예언이 선포되고 있다(예루살렘이 포위당한지 1년이 지난 후 BC 587년 무렵). 애굽이 하나님의 심판을 받게 된 가장 큰 죄악은 애굽 왕 바로가 자신을 하나님

으로 선포한 것이다. 그는 '강은 내 것이라 내가 나를 위하여 만들었다' 고 하면서 자신을 신격화하였다(29:2-6). 애굽은 유다가 바벨론에게 멸망하기 전 애굽을 의지하며 도움을 청하지만 이를 거절하였다(29:7). 하나님의 심판의 역사는 바벨론의 느부갓네살 왕에게 애굽인들은 포로로 잡혀 갔고, 40여년 간 애굽 땅은 황폐하게 되었다.

★화평의 언약(34:23-31)

하나님과 이스라엘 백성을 목자와 양으로 비유하면서 참 목자가 되신 하나님에 대해 먼저 말씀하시고(11-16) '내가 한 목자를 그들의 위에 세워 먹이게 하리니 그는 내 종 다윗이라 그가 그들을 먹이고 그들 목자가 될지라 나 여호와는 그들의 하나님이 되고 내 종 다윗은 그들 중에 왕이 되리라' 고 하나님께서 말씀하셨다(23-24). 여기에서 한 목자, 내 종 다윗, 목자, 왕은 메시야로 오실 예수 그리스도에 대한 예언이다. 이러한 선포가 있고 이어서 '화평의 언약' 을 세우고 악한 짐승을 그 땅에서 그치게 하고 평안히 거하며 수풀에서 잘 것이라고 말씀하셨다.

이 화평의 언약은,

1) 하나님께서 일방적으로 계약의 주체로서 맺어진 것이다.

2) 이 계약의 핵심은 예수 그리스도에 맞추어져 있다.

3) 평안의 복음을 상징하고 있다(렘 23:5-6).

화평의 언약을 세우고 하나님께서는 '내 양 곧 내 초장의 양 너희는 사람이요 나는 너희 하나님이라' (34:31)고 말씀하시면서 나는 창조주 하나님이요 너희는 피조물인 사람임을 다시금 알려 주셨다.

★37장에 나타난 마른 뼈 환상의 의미

하나님은 이 환상을 통해 패역한 이스라엘에게 회복의 약속을 주셨다. 에스겔은 해골 골짜기 환상에서 이스라엘의 영적 회복을 예언한 것이다. 하나님의 은혜로 저들에게 새 영과 새 마음을 주시사 바벨론 포로에서 돌아 올 것이며, 새롭게 재건되어 분열된 두 나라가 하나 되는 이스라엘의 온전한 회복을 예언하고 있다. 이 회복은 예수 그리스도의 오심으로 시작된다. 더 나아가 역사의 종말에 예수 그리스도의 재림으로 완성된다.

• **골짜기에 가득한 뼈(1절):** 바벨론 침략에 의한 유다 백성들의 황폐한 영적 상태를 의미한다. 유다 백성들은 흩어져 있는 마른 뼈와 같이 바벨론에 포로로 잡혀와 비참한 삶을 살고 있었다.

• **말라있는 뼈(2절):** 아무런 소망 없이 죽어 있는 상태를 의미한다.

• **연결되고 결합되는 뼈(7-8절):** 하나님께서 마른 뼈들에게 생기를 불어넣자 뼈들이 소리가 나고 움직여 서로 연결되었는데, 이는 흩어진 유다 백성들이 하나님의 인도하심으로 함께 모여 회복되는 역사를 나타낸다.

• **생기가 들어간 뼈(9-10절):** 이스라엘의 회복을 나타낸다. '내 영을 너희 속에 두어'(14절) 살게 하신 하나님은 진정한 내면의 회복을 스룹바벨(성전 건축), 에스라(신앙 개혁), 느헤미야(성벽 수축)를 통해 이루셨다.

• **연합된 두 막대기(15-23절):** 북쪽 열 지파들의 머리인 에브라임과 남쪽의 유다가 결합하는 이스라엘과 유다의 통일(회복)을 선포한다. 솔로몬 이후 분리된 저들은 하나님의 손에 의해 하나가 되며(19), 다시는 두 나라가 분리되지 않고 하나의 나라로 완전히 회복될 것이다.

• **내 종 다윗이 영원히 그 왕이 되리라(24-25절):** 다윗의 후손을 통해 오실 예수 그리스도가 영원한 왕(통치자)이며, 그를 통해 하나님의 구원역사가 완성될 것임을 예언하고 있다. 이 예언의 첫 번째 의미는 먼저 바벨론 포로에서 귀환하여 회복되는 이스라엘을 나타내며, 두 번째로 예수 그리스도의 오심으로 구원이 성취되는 신약 시대, 더 나아가서 예수의 재림으로 구원이 완성되는 종말에 이르기까지 그 의미를 다 포함하고 있다.

• **화평의 언약, 영원한 언약(26-28절):** 다윗의 후손, 예수 그리스도와 세워질 이 언약은 하나님께서 이스라엘을 심판하신 후(바벨론 포로)에 포로 생활에서 돌아온 남은 자들에 의해 성취되었고 궁극적으로 예수 그리스도 안에서 완전히 성취된 화평의 언약이요 영원한 언약이다.

기억할 말씀

겔 37:24-28
내 종 다윗이 그들의 왕이 되리니 그들 모두에게 한 목자가 있을 것이라 그들이 내 규례를 준수하고 내 율례를 지켜 행하며 내가 내 종 야곱에게 준 땅 곧 그의 조상들이 거주하던 땅에 그들이 거주하되 그들과 그들의 자자손손이 영원히 거기에 거주할 것이요 내 종 다윗이 영원히 그들의 왕이 되리라 내가 그들과 화평의 언약을 세워서 영원한 언약이 되게 하고 또 그들을 견고하고 번성하게 하며 내 성소를 그 가운데에 세워서 영원히 이르게 하리니 내 처소가 그들 가운데에 있을 것이며 나는 그들의 하나님이 되고 그들은 내 백성이 되리라 내 성소가 영원토록 그들 가운데에 있으리니 내가 이스라엘을 거룩하게 하는 여호와인 줄을 열국이 알리라 하셨다 하라

겔 36:25-28

맑은 물을 너희에게 뿌려서 너희로 정결하게 하되 곧 너희 모든 더러운 것에서와 모든 우상 숭배에서 너희를 정결하게 할 것이며 또 새 영을 너희 속에 두고 새 마음을 너희에게 주되 너희 육신에서 굳은 마음을 제거하고 부드러운 마음을 줄 것이며 또 내 영을 너희 속에 두어 너희로 내 율례를 행하게 하리니 너희가 내 규례를 지켜 행할지라 내가 너희 조상들에게 준 땅에서 너희가 거주하면서 내 백성이 되고 나는 너희 하나님이 되리라

겔 39:29

내가 다시는 내 얼굴을 그들에게 가리지 아니하리니 이는 내가 내 영을 이스라엘 족속에게 쏟았음이라 주 여호와의 말씀이니라

겔 43:1-5

그 후에 그가 나를 데리고 문에 이르니 곧 동쪽을 향한 문이라 이스라엘 하나님의 영광이 동쪽에서부터 오는데 하나님의 음성이 많은 물 소리 같고 땅은 그 영광으로 말미암아 빛나니 그 모양이 내가 본 환상 곧 전에 성읍을 멸하러 올 때에 보던 환상 같고 그발 강 가에서 보던 환상과도 같기로 내가 곧 얼굴을 땅에 대고 엎드렸더니 여호와의 영광이 동문을 통하여 성전으로 들어가고 영이 나를 들어 데리고 안뜰에 들어가시기로 내가 보니 여호와의 영광이 성전에 가득하더라

★**이스라엘의 회복(39:25-29)**

1) 하나님의 백성으로 회복되었다(36:28, 37:27).

2) 죄악에서 정결하게 되었다(36:25, 29, 33).

3) 하나님의 성령을 이스라엘에게 부어주셨다(39:29).

4) 하나님께서 새 마음을 주사 육신에서 굳은 마음을 제하고 부드러운 마음을 주셨다(11:19, 36:26).

5) 새 성전(예수 그리스도)을 세워 영원히 거한다(37:26-28).

6) 하나님의 규례와 율례를 지켜 행하게 된다(37:24).

7) 풍성한 수확을 거두어 결단코 기근의 어려움을 겪지 않는다(36:29-30).

8) 황폐된 성읍이 다시 사람의 떼로 채워지면서 재건한다(36:38).

9) 자자손손 영원히 하나님이 허락하신 땅에 거한다(37:25).

★**에스겔의 환상에 나타난 성전의 모습과 그 의미(43:1-5, 44:1-2)**

하나님의 영광이 성전을 떠난 지(10:18-22, 11:23-25) 19년 만에 새 성전의 동편 문으로 다시 들어오면서 하나님의 영광이 임재하는 장면이 나타난다(43:1-2). 이는 하나님의 심판으로 멸망당한 유다와 훼파당한 예루살렘 성전의 회복을 상징한다. 하나님의 영광이 다시 임재하심을 의미한다. 하나님과 이스라엘의 관계가 온전히 회복됨을 시사한다. 성전 건축과 하나님의 임재를 통한 회복은 그리스도 안에서 막힌 담이 무너지는(엡 2:14) 것을 예표한다. 더 나아가 예수 그리스도 안에서 그리스도인들이 지어나갈 하나님의 처소를 또한 예표한다(엡 3:21-22).

그런데 성소 동향 문을 닫고 다시는 열지 못하며 아무도 들어오지 못하게 하였는데, 이는 지금까지는 제사장이나 성전 봉사자들이 출입하던 동문이 하나님의 영광이 임하였기에 누구도 들어올 수 없다는 것이다(44:1-3). 하나님께서 새 성전에서 하나님의 백성들과 항상 함께 거하신다는 의미이다. 오늘날 하나님의 성전인 성도들이 항상 성령과 함께 영원히 거할 것을 상징한다(롬 8:11).

따라서 에스겔이 환상 가운데 본 성전(44:2)은,

1) 휘장이 없었는데, 하나님과 인간의 장벽이 없어졌음을 나타낸다 (마 27:51).

2) 진설병 상이 없었는데, 예수 그리스도가 살아있는 생명의 떡으로 오실 것을 상징하고 있다(요 6:35).

3) 등잔대가 없었는데, 예수께서 세상의 빛으로 오실 것을 상징한다 (요 1:9).

4) 언약궤가 없었는데, 예수께서 성육신하시고 세상으로 오실 것을 상징한다(요 1:14, 3:16).

5) 동문이 닫힌 것은 하나님의 영광이 계속 머물고 있음을 상징한다 (겔 44:2).

 **기억할 말씀**

겔 44:1-3
그가 나를 데리고 성소의 동쪽을 향한 바깥 문에 돌아오시니 그 문이 닫혔더라 여호와께서 내게 이르시되 이 문은 닫고 다시 열지 못할지니 아무도 그리로 들어오지 못할 것은 이스라엘 하나님 나 여호와가 그리로 들어왔음이라 그러므로 닫아 둘지니라 왕은 왕인 까닭에 안 길로 이 문 현관으로 들어서 거기에 앉아서 나 여호와 앞에서 음식을 먹고 그 길로 나갈 것이니라

★성경에 나타난 생명수 강과 생명나무

	생명수 강	생명나무
에덴동산 (창세기)	강이 에덴에서 흘러 나와 …… (창 2:10-14)	여호와 하나님이 그 땅에서 보기에 아름답고 먹기에 좋은 나무가 나게 하시니 동산 가운데에는 생명나무와 선악을 알게 하는 나무도 있더라(창 2:9)
새 성전 (에스겔)	그 문지방 밑에서 물이 나와 동쪽으로 흐르다가 … 사람이 능히 건너지 못할 강이더라(겔 47:1-5)	흘러내리는 물로 그 바다의 물이 되살아나리라 … 강 좌우 가에는 각종 먹을 과실나무가 자라서 … 달마다 새 열매를 맺으리니 그 물이 성소를 통하여 나옴이라(겔 47:6-12)
새 예루살렘 (계시록)	또 그가 수정 같이 맑은 생명수의 강을 내게 보이니 하나님과 및 어린 양의 보좌로부터 나와서 길 가운데로 흐르더라(계 22:1-2)	강 좌우에 생명나무가 있어 열두 가지 열매를 맺되 달마다 그 열매를 맺고 그 나무 잎사귀들은 만국을 치료하기 위하여 있더라(계 22:2)

★성전에서 흐르는 물(생명수)의 환상(47:1-12)

에스겔 선지자는 천사의 이끌림을 받고 성전에서 흘러내리는 물을 측량하자 점점 물이 깊어져 나중에는 사람이 능히 건너지 못할 큰 물이 되는 환상을

보았다. 하나님의 복음이 점진적으로 나타나며, 하나님의 나라 백성이 헤아릴 수 없을 정도로 많아질 것을 상징적으로 말해 준다. 아담이 범죄한 후 하나님의 구속 사역은 시작되는데 이에 대한 계시는 점진적으로 역사 안에 나타났다.

1) 그 첫 번째 계시가 뱀과 여자의 후손을 향해 펼쳐진 원시복음이다(창 3:15, 21).

2) 아브라함과 이삭과 야곱에게 하나님이 주신 언약들과 출애굽 사건, 다윗과의 언약은 메시야를 통해 이루어질 구속의 계시들이다. 그 후 선지자 시대에 와서 구원의 계시는 말씀을 통하여 더욱 구체적으로 드러난다. 처녀 잉태(사 7:14)와 하나님 나라의 왕(겔 34:23), 이스라엘을 다스릴 자(미 5:2) 등으로 메시야에 대한 예언들이 나타나고 있다.

3) 원시 복음과 선지서들을 통해 언급된 메시야에 대한 예언은 예수의 오심으로 역사 안에 성취되었다(마 1:21, 요 1:1-18). 하나님의 구원이 시작되었고, 구원의 완성은 다시 오실 예수 그리스도에 의해 이루어질 것이다. 이 과정을 통해 하나님의 백성은 점점 늘어나 종말에 이르러서는 셀 수 없는 많은 무리가 된다(계 7:9).

4) 성전에서 흘러 내려 점점 깊어지는 물의 환상은 역사적인 관점에서 보면 계시는 점진적으로 펼쳐져 나아가는 하나님 나라의 확대로 나타내지만, 개인의 신앙적인 관점에서는 신앙의 성숙으로 해석할 수 있다. 하나님의 신실한 백성이 되는 것은 하루 아침에 이루어지지 않는다. 성숙이라는 단계를 거쳐 발전해 나간다. 첫 단계는 이제 막 새로 태어난 어린 아이와 같은 신앙의 수준이다. 마치 젖을 먹는 어린 아기와 같은 신앙의 단계이다(히 5:13). 즉 발목에 차는 물이란 얕은 물가에서 노는 아기와 같은 신앙의 수준이다.

5) 무릎에 물이 오르고 그 물이 허리 이상 차오르는 표현은 하나님의 은혜를 체험하였음을 의미한다. 그러나 아직도 육신의 생각에 지배당하여 영의 생각과 육신의 생각이 서로 부딪히며 힘들어 하는 청년기의 신앙이라고 할 수 있다(롬 7:23, 8:6). 비록 중생의 체험은 하였지만, 육신의 지배를 받아 신앙적인 활동보다는 육적인 활동에 관심이 많다. 그러나 신앙이 성장하면서 육신의 것을 내려놓고 영적인 세계로 나아가면서 영적 활동이 펼쳐진다. 물이 무릎에

서 허리 이상으로 차오르는 것은 삶에서 부딪히는 시험을 참고 인내하며 이웃에게 하나님을 전하는 열매를 맺는 단계이다(행 20:19).

6) 물이 머리끝까지 차올라 내가 건너지 못할 강이 되는 상황에 이르렀다. 이는 인간적인 생각이 완전히 물에 적셔져서 활동하지 못하고 온전히 하나님께 모든 것을 내어 맡긴 상태를 의미한다. 성령으로 충만한 삶을 살고 있는 단계이다. 이것이 바로 하나님의 백성이 목표로 삼는 단계이다. 이 단계는 아직도 복음을 받지 못한 자들에게 때를 얻든지 못 얻든지 삶의 목표를 오직 복음 전함에 두는 그리스도의 장성한 분량(엡 4:13-15)에 이르는 성령으로 충만한 삶(롬 13:14)을 가리킨다.

성전 문지방에서 물이 흘러 나와 성전을 적시고, 그 물이 흘러 넘쳐 사해 골짜기의 황무지를 기름지게 하며, 바닷물이 되살아난 환상을 통해 하나님의 풍성한 축복을 나타내고 있다. 이 물은 갈수록 점점 더 깊어지는데, 한 개인의 삶에 있어서 신앙적으로 더욱 성숙되어 감을 의미한다.

또한 전 인류를 향해 하나님께서 주시는 메시지는 하나님의 나라가 점점 확장되어 구원받는 백성이 많아질 것을 상징적으로 나타내고 있다. 특히 이 성전에서 흘러나오는 물이 주변의 모든 만물에게 생명을 불어 넣는 생명의 역사임을 강조하고 있다. 이 환상을 통해 에스겔은 하나님의 구속 역사의 완성을 보여 주고 더 나아가서 한 개인의 신앙 경험을 비유적으로 제시해준다.

성전은 하나님의 임재를 나타내는 처소로서 이스라엘 백성들이 하나님을 만나는 공간이었다. 이곳에서부터 생명수가 흘러 나와 진정한 생명의 회복이 일어난 것이다. 성전에서 발원하여 동쪽으로 흘러내려 팔레스타인의 저지대 아라바로 내려가서 사해에 이른 물은 바다를 되살렸다. 생명체가 살 수 없는 사해에도 생명수가 흘러가 모든 생물이 살게 되었다.

예수님은 자신이 곧 성전이라고 선포하였다. 이는 신약에 와서 예수 그리스도가 생명수로서 죽을 수밖에 없는 자들에게 영생을 줄 것임을 예표적으로 보여 준다. 하나님으로부터 공급되는 풍성한 은혜와 축복을 상징하는 물은 만물을 되살려 하나님의 구원 역사가 전 우주 만물을 향해 실현될 것을 예고하고 있다. 성소에서 흐르는 물은 사도 요한이 환상 가운데 본 생명수의 강에 대

엡 4:13-15

우리가 다 하나님의 아들을 믿는 것과 아는 일에 하나가 되어 온전한 사람을 이루어 그리스도의 장성한 분량이 충만한 데까지 이르리니 이는 우리가 이제부터 어린 아이가 되지 아니하여 사람의 속임수와 간사한 유혹에 빠져 온갖 교훈의 풍조에 밀려 요동하지 않게 하려 함이라 오직 사랑 안에서 참된 것을 하여 범사에 그에게까지 자랄지라 그는 머리니 곧 그리스도라

한 환상과 연결지을 수 있다(계 22:1) 또한 이 물(생명수)은 그리스도의 복음을 상징하며, 하나님의 구원의 역사가 온 인류를 향해 생명을 얻게 하되 더 풍성히 얻게 할 것임을 나타내고 있다(요 10:10). 성전에서 흘러넘치는 물(생명수)은 신약시대에 이르러 예수 그리스도의 복음으로 성도들의 삶이 더 풍성해질 것을 상징하면서 열방을 향한 하나님 나라의 확장을 선포하고 있다.

★새 땅의 경계와 분배(47:13-48:35)

47장 초반부(1-12)에서는 성전에서부터 물이 흘러 나와 강을 이루고 마침내 바다를 이루어 만물을 되살아나게 하는 은혜의 생명수에 관한 내용을 기록하고 있다. 이어서 새 땅의 경계(13-23)에 대해 하나님께서 말씀하신다. 이 본문은 이스라엘의 구원이 완성되어 12 지파에게 분배할 땅에 관한 내용이다.

1) 약속의 땅으로 모세 시대의 젖과 꿀이 흐르는 약속의 땅(출 3:8, 민 34:1-12)의 경계와는 약간 다르다. 구원받을 새 백성들이 거주할 땅이기 때문에 그 경계도 달라질 것을 의미한다. 신약에서는 낙원(눅 23:43)으로 표현하고 있다.

2) 새 땅은 제비를 뽑는 방식으로 분배되었다. 제비뽑는 방식은 인간의 뜻이 개입되지 않고 오직 주권이 하나님께 있음을 나타내고 있다. 즉 하나님의 뜻에 따라 각 지파의 분깃을 나눈다는 것이다(대상 29:11).

3) 새 땅은 이스라엘 백성뿐만 아니라 이방인들에게도 분깃이 나누어진다고 언급하고 있다. 아브라함의 혈통적인 후손들뿐만 아니라 모든 열방이 복음을 공유할 것임을 나타냄으로 구원이 모든 만민에게 열려 있음을 암시하고 있다(행 1:8, 롬 1:16).

에스겔의 마지막 48장에 이르러서는 북부의 땅 분배(1-7)와 중심부의 땅 분배(8-22), 남부의 땅 분배(48:23-35)에 대해 설명하고 있다. 땅 분배에 대한 예언은 역사적인 현장의 의미 보다는 하나님의 계시로서 장차 메시야 왕국에서 각기 분배받은 기업을 누리며 영원토록 거하게 됨을 상징적으로 나타내고 있다.

★성읍의 출입구와 여호와삼마(48:30-35)

성읍은 각 지파들이 모여 예배드릴 수 있는 장소로 동서남북에 각각 세 개의 문이 있어 그 출입구가 모두 열두 개로 되어 있었다. 각 문에는 열두 지파의 이름이 각각 새겨져 있다. 이 성읍의 이름은 '**여호와삼마**' 인데, 이를 번역하면 '여호와께서 거기 계신다.' 라는 뜻을 갖고 있다. 이스라엘의 범죄로 인해 하나님의 영광이 떠났다가(10:18) 다시 임하사(44:2), 새 땅에서 하나님은 이스라엘 모든 지파와 함께 하신다. 모든 하나님의 백성들과 동거, 동행하신다는 것이다(계 21:3).

'여호와께서 거기에 계시다' 란 뜻의 '여호와삼마' 라는 표현으로 에스겔서는 마무리되는데, 이는 에스겔 선지자의 전 사역을 함축적으로 나타낸다. 에스겔 선지자가 환상 중에 목격한 여호와의 영광의 떠나심과 다시 돌아오심은 궁극적으로 하나님께서 새 성전에 거하시면서 다시는 당신의 백성을 떠나지 않으시겠다는 약속이 성취되어 '여호와삼마' 로 종결된 것이다.

에스겔은 이스라엘의 불순종으로 인해 하나님의 영광이 떠난 것을 보았고, 또한 하나님의 영광이 영원히 이스라엘 백성들과 함께 하심도 또한 환상을 통해 보게 된 것이다. 에스겔서는 '그날 후로는 그 성읍의 이름을 여호와삼마라 하리라' (48:35)는 하나님의 영광이 영원히 하나님의 백성 가운데 거하심을 나타내고 있다. 이 약속의 말씀은 예수 그리스도의 성육신으로 역사 안에서 성취되었다. '그날 후로 성읍의 이름을 여호와삼마' 라 함은 예수 그리스도를 나의 주로 고백한 오늘의 모든 성도들을 향해서 하나님이 바로 여기 계시는 은혜와 복을 누릴 것을 선포한 것이다. 신구약 성경의 마지막 본문인 '주 예수의 은혜가 모든 자들에게 있을지어다 아멘' (계 22:21)과 일맥상통하고 있다.

5. 더 깊은 연구와 삶의 적용

1. 에스겔서를 읽으면서 어떤 하나님을 경험하였는가?

2. 에스겔서의 인자, 다니엘서의 인자, 복음서에서의 인자의 의미를 알아보자.

- 에스겔서의 인자(2:1): 하나님께서 선지자 에스겔를 지칭하여 인자로 부르셨다.
- 다니엘서 인자(단 7:13): 메시야로 오실 예수 그리스도를 가리킨다.
- 복음서에서의 인자(마 8:20, 막 3:28, 눅 6:22, 요 1:51): 예수께서 자신을 지칭하여 인자로 표현하셨다.
- 최후 영광스런 인자(행 7:55-56, 계 1:13)

3. 하나님께서 에스겔에게 주신 파수꾼의 사명은 무엇인가?(겔 33:1-9)

에스겔은 예루살렘 멸망 이전부터 바벨론의 포로 기간(BC 593-570) 동안에 사역하였다. 이스라엘은 바벨론에 멸망당하고 수많은 명문가의 자녀들은 포로로 잡혀갔다. 절망에 빠진 이스라엘 백성들을 회복과 소망의 메시지로 인도할 사명이 에스겔에게 부여되었다. 1-24장에서 이스라엘이 죄로 인해 하나님의 심판받을 것과 25-32장에서 주변의 열방들도 심판받을 것, 33-48장에서는 이스라엘이 회복될 것을 에스겔은 예언하였다. 이스라엘의 회복에 대한 예언을 하기 전에 하나님께서 자신에게 부여한 파수꾼의 사명을 먼저 밝히고 있다.

1) 하나님의 심판에 대해 백성들에게 나팔을 불어 경고하라(33:3)고 말씀하셨다.
2) 파수꾼이 심판에 대해 나팔을 불지 않고 백성에게 경고하지 않으면 그 죄를 하나님께서 파수꾼의 손에서 찾으신다고 하셨다(33:6).
3) 하나님의 말씀을 듣고 하나님을 대신하여 경고하라. 파수꾼이란 하나님의 대언자이기에(33:7) 담대하게 두려워하지 말고 경고의 말씀을 선포해야 한다.
4) 악인에게 경고하였음에도 그가 돌이키지 않으면 그는 자기 죄악으로 죽지만, 파수꾼은 생명을 보전한다(33:9)고 말씀하셨다.

4. 에스겔이 본 환상 중에서 대표적인 내용은 37장의 마른 뼈 환상이다. 이 환상을 통해 우리가 깨달아야 할 것은 무엇인가?

5. '성전에서 흐르는 물'은 무엇을 상징하는가?(47:1-5)

● 다니엘

1. 다니엘을 어떻게 읽을 것인가

애굽과의 갈그미스 전쟁에서 승리하면서(BC 605), 근동지역에서 주도권을 잡게 된 바벨론은 친 애굽 정책을 펼쳤던 유다를 공격하였다. 바벨론의 침입으로 유다 왕국은 많은 재물을 빼앗겼고, 젊은 인재들은 포로로 끌려갔다(1차 바벨론 포로 BC 605). 왕족이었던 다니엘과 그의 친구들은 포로로 잡혀가 바벨론의 학문뿐만 아니라 이방 종교와 문화를 접하게 되지만, 포로 다니엘은 1장에서부터 남다른 인물임을 알 수 있다(1:8).

'다니엘은 뜻을 정하여 왕의 음식과 그가 마시는 포도주로 자기를 더럽
히지 아니하리라 하고 자기를 더럽히지 아니하도록 환관장에게 구하니'

그의 평생은 이처럼 구별된 특별한 삶의 연속이었다. 그는 신앙뿐만 아니라 인격적으로도 허물을 찾을 수 없는 신실한 믿음의 사람이었다(단 6:4). 하나님은 그에게 수많은 환상을 보게 하시고 이를 해석하는 능력을 부어 주셨다. 바벨론의 느부갓네살 왕, 벨사살 왕, 메대의 다리오 왕, 바사의 고레스 왕에 이르기까지 그는 새로운 왕이 즉위하고, 왕조가 바뀌어도 계속해서 왕국의 지도자로 그 역량을 발휘하였다.

1부는(1장) 다니엘과 세 친구들이 바벨론에서 교육받는 과정과 그들의 헌신적인 신앙의 삶, 그리고 이에 대한 하나님의 개입하심이 상세하게 기술되고,

2부는(2-7장) 바벨론 왕 느부갓네살의 금신상 환상과 다니엘이 본 환상을,

3부는(8-12장) 바사와 헬라 왕국들에게 박해받게 될 이스라엘 백성들의 참담한 상황과 '인자'를 통한 하나님의 구원을 묘사하고 있다. 1부와 3부는 이스라엘 백성들을 향해 히브리어로, 2부는 이방인들을 향해 하나님의 역사를

보여 주고자 아람어로 기록되어 있다.

본서에서 특별히 우리에게 관심을 끌게 하는 내용은 다니엘서에 나타난 모든 환상들이 느부갓네살 왕 시대부터 역사상 그대로 실현되었다는 것이다. 세상의 역사를 주관하시는 하나님의 섭리를 보여줌으로 이방나라들로부터 고난당하고 있는 유다 백성들을 격려하며 하나님 나라에 대한 소망을 갖도록 기록되었다는 것을 알 수 있다(BC 605-537).

에스겔서의 예언이 이스라엘의 종교적인 신앙 회복에 그 초점을 맞춘 것에 비해, 다니엘서는 이스라엘의 정치적 회복을 보다 더 강조하고 있다. 또한 본서에는 다니엘의 환상을 통해 예수 그리스도의 초림과 재림에 대해 설명하고 있다. 이 환상은 예수의 재림, 최후 심판과 하나님 나라의 도래를 상징하고 있다(7:13-14).

다니엘서의 마지막 결론 부분에 이르러 종말의 때에 대한 내용이 펼쳐지고 있다. 역사 종말의 그 날을 누구도 알 수 없지만, 이 날을 인내하며 기다리라는 것이다. 하나님의 주권적 섭리와 역사를 깨닫고 오늘도 신실하게 하나님의 자녀답게 살아가며, 많은 사람을 하나님 앞으로 인도함으로서 별처럼 영원히 빛나는 삶을 살 것을 당부하고 있다(12:1-4).

2. 저자 · 기록연대 · 기록동기

저자와 기록연대: 7장 2절부터 다니엘 본인이 저자임을 나타내고 있다. 12장 4절에도 저자가 다니엘임이 확실히 드러나 있다. 예수께서도 본서를 다니엘의 저작이라고 말씀하셨다(마 24:15). 다니엘은 BC 605년(1:1) 바벨론 포로가 되었고(1차 포로), BC 603년에 중요한 관직에 오르게 된다(2:1). 다니엘서에 나타난 마지막 환상은 BC 536년 '고레스 왕 3년'(10:1)에 주어졌다. 이 시기는 1차 포로 귀환이 이루어져 예루살렘에서는 성전 재건이 착공되고 있었다(스 3:8-13). 다니엘이 활동한 기간은 약 67년에 달한다(BC 603-536). 이러한 정황으로 보아 기록연대는 다니엘이 사망하기 얼마 전으로(BC 530년)

단 7:13-14
'내가 또 밤 환상 중에 보니 인자 같은 이가 하늘 구름을 타고 와서 옛적부터 항상 계신 이에게 나아가 그 앞으로 인도되매 그에게 권세와 영광과 나라를 주고 모든 백성과 나라들과 다른 언어를 말하는 모든 자들이 그를 섬기게 하였으니 그의 권세는 소멸되지 아니하는 영원한 권세요 그의 나라는 멸망하지 아니할 것이니라'

단 12:3
'지혜 있는 자는 궁창의 빛과 같이 빛날 것이요 많은 사람을 옳은 데로 돌아오게 한 자는 별과 같이 영원토록 빛나리라'

알려지고 있다.

기록동기: 역사를 주관하시는 하나님의 경륜을 보여줌으로 이방제국의 통치하에서 고난당하는 이스라엘 백성들을 격려하며 하나님 나라에 대한 참 소망을 주고자 했다. 특별히 다양한 환상과 상징으로 택한 자들을 향한 하나님의 인도하심과 보호하심을 기록하고 있다. 이스라엘 백성들의 범죄로 인해 징계하시는 하나님께서(바벨론 포로가 되게 하심) 저들의 회개와 충성을 통해 시련 가운데에서 궁극적인 승리를 안겨 주실 것임을 보여준다. 오늘을 살아가는 성도들에게 세상의 박해에 타협하거나 굴복하지 않는 불굴의 신앙을 고수해야 함을 교훈하고 있다.

3. 다니엘의 파노라마

주제	다니엘의 신앙		다니엘의 꿈 해석				다니엘의 환상		
내용 구분	1:1	2:1	5:1	6:1	7:1	8:1	9:1	10:1	12:13
	포로가 된 다니엘	왕의 꿈	벨사살의 환상	다리오의 조서	네 짐승	숫양과 숫염소	칠십 이레	이스라엘의 미래	
문체	역사적 서술과 상징적 예언이 담긴 종말론적 묵시문학								
장소	바 벨 론					바사	바벨론	바 사	
기간	1차 포로기 – 고레스3년 71년(BC 605–536)								

[1] 포로들의 신앙(1장)

시대적 배경(1:1-7): 여호야김은 애굽 왕에 의해 세워진 왕으로 BC 609-598년까지 11년 간 유다를 다스렸다. 그가 위에 있은 지 3년 째 되던 해에 바벨론 느부갓네살 왕이 예루살렘을 침공해 온 역사를 기록하고 있다.

다니엘의 신앙과 인격(1:8-21).

[2] 꿈을 해석하는 다니엘(2-7장)

다니엘은 포로의 신분이었지만 하나님의 섭리 가운데 왕과 당시 바벨론의 고위층들에게 이미 지혜와 총명이 뛰어난 자로 인정을 받았다(1:15-20). 또한 꿈 사건을 통해 다니엘은 역사의 중심에 등장하고, 하나님의 주권적인 계획에 의하여 역사가 진행되고 있음을 발견하게 된다.

★2장

느부갓네살의 첫 번째 꿈(2:1-16), 다니엘의 기도와 찬송(2:17-30),

다니엘의 꿈 해석(2:31-45), 존귀하게 된 다니엘(2:46-49).

• 2:4(아람 방언): 바벨론과 갈대아인들이 사용한 언어로 2장 4절부터 7장까지 아람어로 기록됨.

• 2:11(육체와 함께 살지 아니하는 신들): 육체의 몸을 입은 인간과 다른 신들, 즉 초자연적인 어떤 신을 지칭한다. 당대의 술객들과 술사들은 자신의 인간적 한계를 인정하고 있다.

• 2:20-22, 28(하나님): 다니엘은 하나님을 찬송하면서 하나님의 주권과 전지전능하심을 설명한다. 28절에서는 '오직 하나님'이시라는 표현을 통해 땅 위의 누구도 하나님의 은밀하신 구속사와 사랑을 알 수도 없고 행할 수도 없음을 밝히고 있다

• 2:28(후일에): 메시야 시대를 가리킨다.

• 2:31(큰 신상): 이 신상은 살아 있는 사람처럼 왕 앞에 서 있었다. 이 신상은 여러 나라를 상징하도록 설계되어 열방을 지배하고 유다에 영향을 끼칠 지상의 여러 왕국을 의미한다. 네 왕국이 단 하나의 신상으로 만들어진 것은 저들 모두가 유다를 대적함을 뜻한다. 큰 신상이 상징하는 의미를 살펴보면, 정금(우상의 머리)-바벨론 제국(BC 605-539), 은(가슴과 팔들)-바사 제국(BC 539-333), 놋(배와 넓적다리)-알렉산더의 헬라 제국(BC 303-63), 철과 진흙(종아리와 발)-로마제국(BC 63-AD 476)과 여러 나라들(AD 476-현재).

• 2:31(크고 광채가 매우 찬란하며 그 모양이 심히 두려우니): 큰 신상에서 나오는 광채란 세상 열강이 누리게 될 영화가 화려하며 힘이 강해 온 사람들이 다 두려워할 정도로 막강한 부와 힘을 상징하고 있다.

• 2:34, 45(손대지 아니한 돌): 다니엘은 거대한 신상을 부서뜨린 뜨인 돌

1. 단 1:8-9
'다니엘은 뜻을 정하여 왕의 음식과 그가 마시는 포도주로 자기를 더럽히지 아니하리라 하고 자기를 더럽히지 아니하도록 환관장에게 구하니 하나님이 다니엘로 하여금 환관장에게 은혜와 긍휼을 얻게 하신지라'

1. 단 2:20
'다니엘이 말하여 이르되 영원부터 영원까지 하나님의 이름을 찬송할 것은 지혜와 능력이 그에게 있음이로다'

2. 단 2:28
'오직 은밀한 것을 나타내실 이는 하늘에 계신 하나님이시라'

3. 단 2:44
'왕이 대답하여 다니엘에게 이르되 너희 하나님은 참으로 모든 신들의 신이시요 모든 왕의 주재시로다 네가 능히 이 은밀한 것을 나타내었으니 네 하나님은 또 은밀한 것을 나타내시는 이시로다'

에 대해 해석하는데, 이 돌은 하나님이 세우시는 하나님 나라의 권세를 상징한다. 하나님 나라는 세상 나라와는 달리 그 권세가 영원하여 그 국권이 다른 나라에게로 돌아가지 않는다고 다니엘은 증거한다. 이 돌은 예수 그리스도의 왕국을 상징하며, 사람의 손으로 세워지지 않는 오직 만군의 여호와에 의해 세워질 것이다. 사람들은 이 돌을 버렸지만 결국 이 돌은 모퉁이의 머릿돌이 되었다(시 118:22-23, 눅 20:17-18, 행 4:11, 벧전 2:4-8 참조).

• 2:38(금 머리): 바벨론 제국의 왕 느부갓네살을 상징하고 있다.

• 2:44(한 나라): 메시야를 통해 이루어질 하나님의 나라로 영원한 나라이다.

2장에서 하나님의 능력을 통하여 얻은 꿈 해석은 역사를 주관하시는 하나님에 대한 확실한 증거를 보여 준다. 비록 느부갓네살 왕이 능력 있는 왕으로 성공했지만, 하나님의 뜻을 이해하지 못했고 결국 멸망의 길을 걷게 된다. 인간의 지혜와 힘으로는 하나님의 계시를 이해할 수 없음을 시사하고 있다. 느부갓네살 왕의 꿈과 이에 대한 해석을 통해 다니엘과 세 친구들을 바벨론의 지도자로 부상시키는 하나님의 섭리와 계획하심을 알 수 있다. 더 나아가 다가 올 미래의 역사를 예언하고 해석하면서 세상의 모든 역사가 성육신하신 예수 그리스도를 통하여 새 하늘과 새 땅으로 이어지게 됨을 예언한다.

★3장
금 신상을 만드는 느부갓네살(3:1-7), 신앙의 위기(3:8-18),
하나님의 보호하심(3:19-27), 참 신앙의 영광된 승리(3:28-30).

• 3:1(신상): 신상이 세워진 연대는 정확하게 알려져 있지 않다. 느부갓네살 왕이 금 신상을 세운 것은 자신의 세력 확장과 정복을 기념하고 금으로 비유되었던 꿈을 실현해 보려 했던 것 같다(2:38 참조). 신상은 높이가 60 규빗(27.4m) 너비가 6 규빗(2.74m)으로 크기가 상당했고, 금 신상의 머리는 바로 느부갓네살 왕을 상징함으로 그의 교만이 극에 달했음을 알 수 있다.

• 3:18(그렇게 하지 아니하실지라도): 사드락과 메삭과 아벳느고는 느부갓네살 왕에게 말하기를 만일 자신들을 풀무불 속에 던질지라도 하나님께서 자신들을 능히 구해 내실 것이며, 자신들을 불 속에서 구원하시지 않더라도 금

신상 앞에 절하지 않겠다고 담대하게 말한다. 그들은 죽음을 당하는 것도 하나님의 뜻이면 받아들이겠다는 것이다. 눈에 보이는 하나님의 구원이 임하지 않는다 해도 자신들의 신앙을 고수하겠다는 세 사람의 신앙고백이 담겨 있다. 자신들의 죽음마저도 하나님을 섬기는 신앙으로 받아들이면서 영원한 하나님의 나라에 대한 구원을 믿었다(딤후 4:8). 하나님의 다스림과 인도하심이 나의 생각과 다르다 할지라도 이를 수용하는 것이 신앙이다.

•3:25(신들의 아들): 신적인 존재로 당시 유대인들은 신들의 아들을 하나님의 천사로 보았다. 그러나 초대 기독교는 예수 그리스도로 해석했다.

3장을 통해 어떠한 환난도 하나님을 의지하는 자들을 이기지 못한다는 놀라운 은혜를 경험하게 한다. 창조주요 역사의 주관자이신 하나님의 능력이 그들과 함께하시기 때문이다. 성도들에게는 언제나 환난의 순간이 기다리고 있다. 하나님에 대한 신뢰와 쉬지 않는 기도를 통해 환난을 이겨내는 지혜가 필요하다. 느부갓네살 왕이 하나님을 찬양했듯이 성도들의 선한 영향력으로 많은 이웃에게 복음이 확산되는 아름다운 일이 펼쳐져야 할 것이다.

★4장

느부갓네살 왕의 조서(4:1-3), 두 번째 꿈(4:4-18),

두 번째 꿈을 해석한 다니엘(4:19-27), 꿈의 성취(4:28-33),

느부갓네살의 찬양(4:34-37).

•4:3(영원한 나라): 영원히 멸망하지 않는 하나님의 나라, 메시야 왕국을 의미한다.

•4:8(거룩한 신들의 영): 느부갓네살 왕은 다신론적인 신관에서 다니엘이 섬기는 하나님을 초자연적인 신들 중에서 지혜를 소유한 신으로 여겼다.

•4:10(땅의 중앙에 한 나무): 땅의 중앙은 당시 세계의 열강이었던 바벨론 제국을 뜻하며, 한 나무는 느부갓네살 왕을 가리킨다.

•4:13(한 순찰자): 하나님이 보내신 사자로 이 순찰자는 감독자를 뜻한다. 한 순찰자, 한 거룩한 자가 하늘에서 내려와 결국 느부갓네살 왕에 대한 하나님의 심판이 임할 것임을 나타낸다(4:14 참조).

기억할 말씀

1. 단 3:17-18
'왕이여 우리가 섬기는 하나님이 계시다면 우리를 맹렬히 타는 풀무불 가운데에서 능히 건져내시겠고 왕의 손에서도 건져내시리이다 그렇게 하지 아니하실지라도 왕이여 우리가 왕의 신들을 섬기지도 아니하고 왕이 세우신 금 신상에게 절하지도 아니할 줄을 아옵소서'

1. 단 4:26-27

'하나님이 다스리시는 줄을 왕이 깨달은 후에야 왕의 나라가 견고하리이다 그런즉 왕이여 내가 아뢰는 것을 받으시고 공의를 행함으로 죄를 사하고 가난한 자를 긍휼히 여김으로 죄악을 사하소서 그리하시면 왕의 평안함이 혹시 장구하리이다 하니라'

2. 단 4:37

'그러므로 지금 나 느부갓네살은 하늘의 왕을 찬양하며 칭송하며 경배하노니 그의 일이 다 진실하고 그의 행하심이 의로우시므로 교만하게 행하는 자를 그가 능히 낮추심이라'

• 4:15(뿌리의 그루터기): 고목이 잘려지고 남은 밑동을 말한다. 하나님의 심판 이후 새롭게 살아난 생명력을 상징하면서 예수 그리스도를 예표하는 말이다(사 6:13).

• 4:16(짐승의 마음): 짐승처럼 생각한다는 뜻으로 이는 인간으로서의 존엄성을 박탈당한 저주를 의미한다.

• 4:17(지극히 천한 자): 느부갓네살 왕은 재위 기간(BC 605-562) 중 정신병을 앓은 것으로 알려졌다. 이 시기에 바벨론을 통치한 대리자를 가리키는 자이다.

• 4:19(마음이 번민하여): 다니엘은 하나님께서 느부갓네살 왕에 대한 심판, 즉 왕에 대한 저주를 예언해야 하는 것에 난감했다.

• 4:25(소처럼 풀을 먹으며): 이는 일종의 정신병자로 자신을 어떤 동물과 동일시하여 그 동물처럼 행동하는 것을 말한다.

• 4:27(공의를 행함으로 죄를 사하고): 다니엘은 왕을 향해 공의를 행하고 가난한 자를 구제하라는 등 회개를 요청하고 있다.

• 4:34(하늘을 우러러 보았더니): 7년간의 정신병을 앓은 왕은 하나님의 정해진 기간이 끝나자 겸손하게 하나님께 기도하며, 감사하며 하나님을 찬양하였다. 짐승의 상태에서 그는 사람의 상태로 돌아왔다.

4장에서 하늘에 닿을 듯한 큰 나무가 한 거룩한 자에 의해 무참히 잘려 나가는 광경은 그 시사하는 바가 크다. 그루터기만 남겨지고 잘려진 나무는 인간의 교만이 하나님의 능력에 의해 철저히 심판받는다는 사실을 교훈하고 있다. 하나님 앞에서 인간은 보잘 것 없는 존재에 불과하다. 느부갓네살 왕이 잠시 신앙의 모습으로 살았지만, 결국 하나님께 징계 받는다. 이를 기억하면서 성도는 하나님의 주권을 자신의 삶 속에서 날마다 고백할 수 있어야 한다. 또한 본장의 내용을 통해 인간의 주권은 하나님의 뜻에 합당할 때에 큰 능력과 힘을 발휘할 수 있음을 알게 된다.

★5장

1-4장은 바벨론의 느부갓네살 왕의 통치하에서 일어난 일이었고, 그의 사

후 25년이 지나고 손자 벨사살 왕이 베푼 잔치에서 5장은 시작된다. 지난 25년 동안 바벨론은 정치적으로 극심한 혼란기였다. 벨사살 왕은 아버지 나보니두스와 함께 나라를 다스렸는데(BC 556-539), 그의 무절제한 방종으로 인해 바벨론은 결국 멸망에 이른다.

　　벨사살 왕의 방종(5:1-9), 다니엘의 해석(5:10-28),

　　바벨론의 셋째 치리자 다니엘(5:29), 벨사살 왕의 죽음(5:30).

　　•5:2(부친 느부갓네살): 이는 2-4장에 등장하는 느부갓네살 왕이 아니다. 벨사살 왕의 아버지 나보니두스가 느부갓네살 왕의 계보를 이어간 자임을 나타낸다.

　　•5:7, 16, 29(셋째 치리자): 왕과 부왕 나보니두스 다음으로 바벨론의 총리를 말한다.

　　•5:13(유다 자손 중의 다니엘): 다니엘이 포로로 잡혀 왔을 때(BC 605), 10대 후반 혹은 20대 초반으로 보면 이 시기(BC 539)에 그의 나이는 80세를 넘겼다. 아마 당시 다니엘은 왕에게 거의 잊혀져가고 있었다(공직에서 물러났을 것으로 추정된다).

　　•5:25(메네 메네 데겔 우바르신): '메네'는 세어 보고 마감하다는 의미이다. '데겔'은 히브리어 세겔로 헤아리다란 뜻으로 최후 심판을 의미한다. '베레스'는 나누다 혹은 깨뜨리다는 뜻이다. 그러므로 이 말은 하나님께서 바벨론의 죄악을 살펴보시고 죄에 대한 징계로 나라를 메대와 바사에게 나누어 주신다는 것이다. 즉 바벨론의 멸망을 의미한다.

　　•5:30(죽임을 당하였고): 역사가들의 기록에 의하면 바사의 군대가 바벨론 성에 진입했을 때, 벨사살 왕과 부친은 만취 상태에 있었다고 한다.

　　•5:31(다리오): 고레스가 바벨론을 정복하고 메대를 병합하여 바사 제국을 세우고 난 뒤(BC 539), 다리오를 바벨론의 분봉왕으로 임명했다(BC 538-537).

　　5장 후반부에 다니엘이 해석한 글자의 내용은 하룻밤도 지나기 전에 신속하게 역사 속에 성취되었다(단 2:32). 거대한 부와 힘의 제국 바벨론은 이처럼 급작스럽게 멸망한다(BC 539). 하나님의 심판 앞에서는 어떤 세상의 권력도 무력할 수밖에 없다. 하나님의 결정 사항은 한 치의 오차도 없이 역사 속에 그대로 성취된 것이다. 다시금 역사의 주인은 하나님이심을 명백하게 드러내고 있다. 그러므로 성도는 오직 하나님 앞에 겸손하며, 하나님만을 의지하여 하나님의 능력을 부여받아 삶 속에서 실현해 나가야 할 것이다.

★6장

1-5장까지는 바벨론 제국 안에서 일어난 역사의 현장이라면, 6장은 바벨론이 멸망하고 바사 제국의 다스림을 받을 때에 일어난 일이다. 이러한 변화 속에도 다니엘은 여전히 존귀한 위치에서 많은 영향력을 행사하였다. 벨사살 왕이 바벨론의 셋째 치리자로 다니엘을 세웠는데(5:29), 메대의 다리오 왕도 다니엘을 메대의 총리 셋 중 하나로 삼았다(6:2). 그러나 다니엘에 대한 참소로 인해 그는 사자굴에 갇히고 만다.

다니엘에 대한 살해 모의(6:1-9), 기도의 사람 다니엘(6:10-15),
사자굴에서 하나님의 보호하심을 경험하는 다니엘(6:16-28).

• 6:5(하나님의 율법): 다니엘에게는 다른 모든 것으로 흠을 찾을 수 없고 오직 하나님을 섬기는 율법으로만 모함 거리를 만들 수 있다는 것이다. 이방 나라는 국가적으로 우상을 숭배하였기에 다니엘의 하나님을 향한 신앙에 대해 고소한다는 계략이었다. 그들은 왕에게 나아가 삼십 일 동안에 왕 이외의 다른 신에게 경배하는 자는 사자굴에 던져 넣자는 법령을 세우고 이를 공포할 것을 제안하였다. 다니엘의 신앙을 문제 삼고자 한 것이었다.

• 6:10(예루살렘으로 향한): 예루살렘 성전 쪽을 향하여 기도하던 습관은 솔로몬 성전 건립(BC 959) 이후부터 시작된 것으로 추정된다.

• 6:10(세 번씩 기도하며): 이스라엘 백성들은 하루에 세 번씩 기도했는데 (시 55:17 참조), 아침과 저녁에는 제사가 동반되었고 정오에는 기도만 한 것으로 추정된다.

다리오 왕은 바벨론의 마지막 왕이었던 벨사살을 죽이고 즉위한 왕이었다. 그는 하나님의 능력을 경험하지 못한 자였다. 하나님을 두려워하지 않는 신하들의 의견과 자신의 생각을 의지하는 자였다. 다니엘을 시기하는 그의 신하들은 다니엘에게서 특별한 고소 거리를 찾지 못하자 다니엘의 신앙을 시험하는 계략을 꾸민다. 왕 외에 다른 신에게 경배하지 못하도록 하는 법령을 공포함으로 다니엘의 신앙적인 삶에 제동을 걸었다. 그러나 다니엘은 순교를 각오하고 하나님께 기도드리는 일을 멈추지 않았다. 하나님을 의지하는 신앙은 어떤 환경에서도 변함이 없었다.

★7장

7장의 사건(벨사살 원년 BC 550)은 6장의 사자굴 사건보다 역사적으로 약 11년 전으로 추정된다. 다니엘은 60대 후반의 나이에 자신이 경험한 환상을 회고하면서 기록하고 있다. 네 짐승들의 환상을 통해 역사의 참 주관자는 하나님이심을 소개하고 있다. 꿈속에서 받은 환상과 그 해석은 앞으로 일어날 세계 역사의 변화에 관한 예언적 성격을 지니고 있다.

네 짐승에 대한 환상(7:1-8), 하나님과 그리스도에 대한 환상(7:9-28).

•7:2(하늘의 네 바람, 큰 바다): 사방에서 불어오는 바람으로 온 열방에서 일어날 소요와 전쟁을 상징한다. 또한 큰 바다는 이 세상 나라들을 상징하는 말이다.

•7:3(큰 짐승): 고대의 관습에서 짐승들은 왕들이나 제국들을 상징했다.

•7:4(사자): 사자(동물의 왕)는 바벨론을 상징하며, 독수리(새들의 왕)의 날개는 바벨론을 대표하는 느부갓네살 왕을 상징한다. 날개가 뽑혔다는 것은 느부갓네살이 왕좌에서 쫓겨나 7년 후에 회복되는 사건을 가리킨다. 사람의 마음을 받았다는 것은 느부갓네살 왕이 재임 당시 정신질병으로 인해 잠시 왕위를 잃었던 일을 말한다.

•7:5(곰): 메대와 바사 제국을 상징한다. 몸 한편을 들었다는 것은 바사가 더 큰 세력으로 두 제국이 바사 제국으로 단일화됨을 나타낸다. 세 갈빗대란 바사가 정복한 바벨론, 애굽, 수리아를 가리킨다.

•7:6(표범): 이는 헬라를 가리키는데, 특히 새의 날개란 알렉산더 대왕(BC 336-323)이 신속하게 이룬 세계 정복을 나타낸다.

•7:7(넷째 짐승): 모든 나라를 쳐부수고 멸망시키는 막강한 로마를 가리킨

1. 단 6:26-27
'내가 이제 조서를 내리노라 내 나라 관할 아래에 있는 사람들은 다 다니엘의 하나님 앞에서 떨며 두려워할지니 그는 살아 계시는 하나님이시요 영원히 변하지 않으실 이시며 그의 나라는 멸망하지 아니할 것이요 그의 권세는 무궁할 것이며 그는 구원도 하시며 건져내기도 하시며 하늘에서든지 땅에서든지 이적과 기사를 행하시는 이로서 다니엘을 구원하여 사자의 입에서 벗어나게 하셨음이라 하였더라'

1. 단 7:13-14

'내가 또 밤 환상 중에 보니 인자 같은 이가 하늘 구름을 타고 와서 옛적부터 항상 계신 이에게 나아가 그 앞으로 인도되매 그에게 권세와 영광과 나라를 주고 모든 백성과 나라들과 다른 언어를 말하는 모든 자들이 그를 섬기게 하였으니 그의 권세는 소멸되지 아니하는 영원한 권세요 그의 나라는 멸망하지 아니할 것이니라'

2. 단 7:18

'지극히 높으신 이의 성도들이 나라를 얻으리니 그 누림이 영원하고 영원하고 영원하리라'

3. 단 7:22

'옛적부터 항상 계신 이가 와서 지극히 높으신 이의 성도들을 위하여 원한을 풀어 주셨고 때가 이르매 성도들이 나라를 얻었더라'

4. 단 7:25-27

'그가 장차 지극히 높으신 이를 말로 대적하며 또 지극히 높으신 이의 성도를 괴롭게 할 것이며 그가 또 때와 법을 고치고자 할 것이며 성도들은 그의 손에 붙인 바 되어 한 때와 두 때와 반 때를 지내리라 그러나 심판이 시작되면 그는 권세를 빼앗기고 완전히 멸망할 것이요 나라와 권세와 온 천하 나라들의 위세가 지극히 높으신 이의 거룩한 백성에게 붙인 바 되리니 그의 나라는 영원한 나라이라 모든 권세 있는 자들이 다 그를 섬기며 복종하리라'

다. 열 뿔은 로마 제국 이후 역사에 출현하는 세상의 나라들을 가리킨다.

• 7:8(뿔): 뿔은 적그리스도를 상징한다.

• 7:10(책들): 사람의 모든 행위가 기록된 책으로 하나님께서 심판을 내리시는 근거가 된다.

• 7:13(인자 같은 이): 세상을 구원하실 메시야, 예수 그리스도를 상징한다. 그는 성육신(초림) 하시고, 재림 하시며, 그를 따르는 모든 성도들은 최후의 승리를 얻을 것이다. 이때에 하나님의 나라는 완성된다(7:13-14).

• 7:16(곁에 모셔 선 자): 다니엘이 본 네 짐승과 하늘나라의 환상에 대한 해석은 곁에 모셔 선 자, 즉 천사가 한 것이다(7:18-28). 천사는 하나님 곁에서 섬기며 봉사하는 수종자들이다.

• 7:22(성도들이 나라를 얻었더라): 잠시 사탄의 세력이 승리하는 것 같지만(7:21), 그리스도의 재림과 최후 심판에 의해 적그리스도는 멸망당하고 하나님의 나라가 완성되며 성도들은 영원히 그리스도와 함께 왕노릇하게 될 것이다(계 20:4 참조).

• 7:25(말로 대적하며): 적그리스도의 출현을 가리킨다(살후 2:4, 계 13:5 참조). 때는 종교적 절기를, 법은 하나님의 법을, 한 때와 두 때와 반 때란 종말론적 미래에 성도들이 겪게 될 환난의 시기를 의미한다. 그러나 적그리스도의 활동 기간은 예정되어 있고, 그 기간이 지나면 하나님의 심판이 시작된다. 적그리스도는 모든 권세를 빼앗기고 결국 멸망하고 만다. 성도들은 승리하신 그리스도와 더불어 영원히 왕노릇하며 최상의 만족을 누리게 될 것이다.

아무리 강한 나라라 할지라도 하나님의 정한 시기가 이르면 심판을 면할 수가 없다. 역사의 종말에 하나님께서 보내시는 인자를 통해 열방은 심판을 받게 되고, 인자는 열방의 섬김을 받게 될 것이다. 세상 모든 나라는 하나님의 주권적인 섭리를 거스를 수 없다. 하나님의 때가 이르면 세상 왕들의 악한 행위는 중단되며, 성도들이 당하는 고난도 하나님의 위로를 통해 치유함을 받고 회복된다(하나님 나라의 완성).

[3] 다니엘의 환상(8-12장)

★8장

7장은 네 짐승에 관한 환상이었다. 8장은 네 짐승의 환상 중 세 번째 표범에 대한 환상(7:6)을 보다 확대한 것이다. 7장의 환상이 있은 지 2년 후(벨사살 3년, BC 548)에 수양(메대와 바사제국)과 숫염소(헬라 제국)의 환상이 나타난다. 실제로 숫염소의 환상이 역사에 실현된 것은 200 여년이 지난 이후이다(알렉산더 대왕 BC 336-323).

숫양과 숫염소에 대한 이상(8:1-8), 작은 뿔에 대한 이상(8:8-14),

이상에 대한 해석(8:15-27).

• 8:3(두 뿔 가진 숫양): 메대와 바사의 왕들을 가리킨다(8:20 참조).

• 8:5(숫염소와 현저한 뿔): 숫염소는 헬라 제국을, 현저한 뿔이란 헬라 제국을 일으킨 알렉산더 대왕(BC 336-323)을 가리킨다.

• 8:8(현저한 뿔 넷): 헬라 제국은 알렉산더 대왕이 죽은 이후 네 지역으로 분열된다. 안티파테르와 카산더는 마게도냐와 헬라지역, 셀류쿠스는 시리아와 바벨론 지역, 프톨레미는 애굽과 팔레스틴, 리지마쿠스는 소아시아 지역을 각각 분할 점령한 역사를 상징한다.

• 8:9(작은 뿔): 알렉산더 사후 분열된 네 제국 중에서 바벨론과 시리아의 지역을 차지한 셀류쿠스 왕조의 여덟 번째 왕인 안티오쿠스 에피파네스 4세(BC 175-163)를 가리킨다. 그는 예루살렘을 침공하여 신실한 하나님의 백성들을 죽이고 핍박했다. 하나님의 이름을 비방하며, 성전 모독과 성전 제사의 폐지 등 에피파네스는 유대교를 구체적으로 박해했다.

• 8:10(하늘 군대): 성도들의 공동체로 하나님의 군대를 말하는데 이들은 하나님의 택함 받은 이스라엘 백성들을 가리킨다.

• 8:11(군대의 주재와 매일 드리는 제사): 군대의 주재란 하나님을 가리키며, 매일 드리는 제사란 성전에서 드려지는 모든 제사를 의미한다. 안티오쿠스 에피파네스는 자신이 정복한 나라의 백성들을 헬라화 시키고자 종교와 법률 등을 통일시켰다. 그는 성전에 제우스 제단을 세우고 안식일과 할례를 폐

지했으며, 이를 어기는 자는 사형에 처했다고 한다.

- 8:14(이천삼백 주야): 안티오쿠스가 재임한 6년 4개월의 기간으로 그는 재임 동안 유대인들을 가혹하게 박해했다. 더 넓은 의미에서는 예수의 재림 이전에 성도들이 겪게 될 박해를 상징하기도 한다.
- 8:16(사람의 목소리): 하나님께서 가브리엘 천사에게 인간의 말로 말씀하신 것으로 여겨진다.
- 8:17(정한 때 끝): 이는 안티오쿠스의 통치가 끝나면서 유대교에 대한 박해가 끝나는 시기를 가리킨다(BC 175-163). 그러나 궁극적으로는 사탄의 세력을 멸하고 하나님의 나라가 세워지는 때를 상징한다. 즉 메시야의 등장으로 영원한 하나님의 나라가 세워진다는 것이다.
- 8:21(첫째 왕): 헬라 제국의 알렉산더 대왕을 가리킨다.
- 8:23(한 왕): 안티오쿠스 에피파네스.
- 8:25(평화로운 때…깨지리라): 평화로운 때란 부지 중 혹은 갑작스러운 때를 의미하며, 깨지리라는 유대인들을 박해했던 에피파네스의 최후를 가리키는데 그는 죽기 전에 정신질환을 앓았다고 한다. 그에 대한 하나님의 심판을 의미한다.

다니엘이 본 환상은 이 세상의 역사에서 앞으로 일어날 일들로 인간의 역사가 갖는 한계를 실감하게 한다. 즉 메대와 바사는 바벨론을 멸망시키고, 왕성한 정복 사역으로 더욱 강대해진다. 이후 서편에서 일어나는 헬라 제국의 강력한 전쟁 수행 능력으로 인해 바사를 비롯한 중근동의 광대한 지역은 정복당한다. 그러나 알렉산더 대왕이 갑자기 죽고 난 후 헬라 제국은 네 나라로 분할된다. 다니엘이 본 환상은 특별히 셀류쿠스 왕조를 계승한 안티오쿠스 왕조에 주목하고 있다. 이 왕조가 유대교와 성전을 모독했고, 유대교를 핍박했기 때문에 하나님을 대적하는 적그리스도의 전형으로도 나타난다. 이 세상의 종말에는 사악한 인간들이 그들의 교만과 능력을 극단적으로 사용하여 하나님과 그의 백성들을 대적할 것이다. 그러나 하나님의 심판으로 저들은 멸망하고 만다. 많은 나라와 왕들이 자신들의 능력을 통해 영원한 제국을 꿈꾸지만 하나님의 심판을 이긴 나라는 없다.

★9장

본장의 역사적 배경은 6장의 사자굴 사건이 있었던 그 무렵이다. 다니엘은 70년 동안 유다 백성들이 바벨론에서 포로 생활할 것이라는 예레미야의 예언을 확인한다(렘 25:11-12, 29:10). 이를 바탕으로 다니엘은 이스라엘의 회개와 회복을 위해 하나님께 간구한다. 이 기도응답으로 일흔 이레에 관한 환상을 경험하게 된다.

예레미야의 예언(9:1-2), 다니엘의 민족을 위한 중보기도(9:3-19),

일흔 이레의 환상(9:20-27).

• 9:2(책): 예레미야의 예언이 기록된 책을 가리킨다(렘 25:11-12, 29:10). 다니엘이 예레미야의 예언을 깨달은 것은 BC 538년으로, BC 605년에 바벨론의 느부갓네살에게 유다 백성이 포로로 잡혀 간 지 만 67년이 되는 해이다. 그는 예레미야의 예언을 통해 예루살렘의 황폐함이 70 년만에 그치고, 하나님께서 회복시켜 주실 것임을 깨닫게 되었다.

• 9:2(황폐함이 칠십 년만에 그치리라): 바벨론 포로로 잡혀가던 해(BC 605)부터 바사의 고레스왕이 조서를 내려 예루살렘으로 귀환한 때(BC 538)까지의 기간을 가리킨다.

• 9:3(금식, 베옷, 재): 베옷은 상복으로 큰 슬픔을 상징하며, 재를 덮어쓰는 것도 슬픔을 나타내는 당시의 풍습이었다. 다니엘은 자신의 죄가 없음에도 불구하고 금식하며 재를 뒤집어쓰고 자기 민족 이스라엘을 위해 통회하며 기도했다. 이스라엘의 죄는 주의 법도와 규례에 불순종한 것과 선지자들의 예언에 귀를 기울이지 않은 것이었다. 이는 이스라엘에 대한 하나님의 진노와 심판의 원인이 되었고, 유다는 결국 바벨론의 침략으로 포로가 되고 말았다. 다니엘은 자신이 처한 역사적인 상황을 분명히 알고 하나님께 기도했다. 그는 현재 겪고 있는 뼈아픈 현실이 민족의 죄로 인한 하나님의 당연한 심판이었음을 고백하고, 하나님의 영광을 온 세계에 나타내기 위해 선민 이스라엘의 구원이 이루어지기를 기도한다.

• 9:24(일흔 이레): 이레는 7을 나타내는 히브리어이다. 그러므로 일흔이 7이라는 것은 490년을 가리킨다. 그러나 숫자적인 의미라기보다는 70년에 완

전수 7을 곱하여 완전한 성전의 건립, 즉 메시야의 도래와 종말에 있을 하나님의 심판에 대한 상징어로 그 당시부터 그리스도 재림까지의 전체를 일흔 이레란 기간으로 표현했다. 그 기간 동안에 일어날 포로 귀환, 성전 재건, 그리스도의 성육신, 적그리스도의 출현, 대 환란, 그리스도의 재림 등 모든 역사의 사건을 일흔 이레로 예언하고 있다.

• 9:25(일곱 이레, 기름 부음을 받은 자, 예순두 이레): 일곱 이레란 성전 재건을 허락한 고레스 왕의 칙령이 내린 때(BC 538, 스 1:1)부터 스룹바벨 성전이 재건되고(BC 516, 스 6:15) 느헤미야에 의해 예루살렘 성벽이 수축된 때(BC 444, 느 6:15)까지를 말한다. 기름부음을 받은 자란 예수 그리스도를 상징한다. 예순두 이레란 제 2 성전인 스룹바벨 성전이 건축된 때(BC 444)부터 예수의 초림(BC 3-4)의 기간을 말한다.

• 9:25(곤란한 동안): 유대 백성들이 바벨론 포로 귀환(BC 537) 이후 성전을 재건하면서 겪게 될 이방인들의 핍박과 방해를 의미한다. 이는 종말의 때에 성도들이 당할 환난과 핍박의 기간을 상징하기도 한다.

• 9:26(성읍과 성소를 무너뜨리려니와): 로마의 티토 장군(후에 로마 황제가 됨)에 의해 예루살렘 성전이 파괴되는 것을 가리킨다(AD 70).

• 9:27(한 이레, 언약, 이레의 절반에): 한 이레는 예수 그리스도의 재림 직전에 있을 7년 대 환난 기간을 말한다. 언약은 적그리스도와 교회가 7년 대 환난 중 3년 반 동안은 서로 언약을 맺고 종교의 자유를 허락하지만, 7년 대환난 중 나머지 3년 반 동안은 적그리스도의 핍박이 본격적으로 전개되는 것을 의미한다.

• 9:27(제사와 예물을 금지할 것이며): 제사와 예물이 금지된다는 것은 예수 그리스도의 구원 사역을 통해 구약의 제사 제도가 폐지될 것을 암시한다.

9장을 통해 세상의 종말은 반드시 실현된다는 사실을 보여 주고 있다. 예수 그리스도의 초림을 통해서 이미 시작되었고, 예수의 재림을 통해 완성될 하나님의 나라는 인간뿐만 아니라 하나님이 창조하신 모든 피조물들도 소망한다. 하나님의 말씀을 통해 드러난 세상의 역사는 하나님의 주권에 의해 지금까지 실현되어 왔으며, 종말도 결국 실현될 것이다. 그러므로 성도들은 이 세상에서 믿음을 지키기 위해 고난을 당하지만, 종말에 우리에게 주어질 구원의 영광을 바라보며 자신의 신앙을 담대히 지켜야 한다.

★10장

9장의 일흔 이레 환상이 있은 지 2년 이후(BC 536, 바사왕 고레스 3년)로 이 시기는 고레스의 칙령에 의해(BC 538) 이미 1차 포로 귀환이 이루어졌다. 환상을 보기 전 다니엘은 이스라엘 백성들의 죄와 그들이 당하는 민족적인 환난과 고통을 생각하면서, 세 이레 동안 슬퍼하며 금식한다. 금식 후 환상을 보게 되는데 다니엘은 환상의 장엄함에 압도되어 죽은 자처럼 깊이 잠들었다. 천사의 위로와 격려로 다시 힘을 얻은 다니엘에게 하나님은 바사 제국이 헬라 제국에 의해 침략당할 것임을 말씀하셨다(15-21절). 이 모든 일은 진리의 글에 기록된 것으로 하나님의 주권에 의해 이루어질 것임을 분명하게 보여 주고 있다.

다니엘이 본 환상(10: 1-9), 하나님의 위로하심(10:10-21).

• 10:1(한 일, 큰 전쟁): 한 일이란 하나님의 말씀이 임한 것을 의미한다. 큰 전쟁은 앞으로 일어날 에피파네스(BC 175-164)에 의한 박해를 나타낸다.

• 10:2(세 이레): 상징적인 의미가 아니라 문자 그대로 3주간 즉 21일을 말한다.

• 10:5(한 사람, 세마포 옷, 우바스 순금 띠): 한 사람은 예수 그리스도를 가리키며, 세마포 옷은 제사장이 입던 옷으로 순결을 상징했다. 우바스 순금 띠는 정금으로 만든 당시 고관들의 띠로 장차 오실 예수 그리스도의 모습을 나타내고 있다. 즉 그의 몸은 황옥 같고 그 얼굴은 번갯빛 같고 그 눈은 횃불 같으며 그 팔과 발은 빛난 놋과 같고 그 말소리는 무리의 소리와 같았다. 존귀하고 위엄 있는 모습은 그리스도의 존귀와 영광을 잘 보여 준다.

• 10:10, 18(어루만지기로): 하나님의 현현 앞에서 다니엘은 두려움으로 기절하는데 하나님께서 다니엘을 친히 위로하시고 격려하시며 힘을 주었음을 나타내고 있다

• 10:13(바사 왕국의 군주): 바사 제국을 통치하던 지도자들이 섬겼던 바사의 신을 의미한다. 더 나아가 오늘날 교회와 성도들을 핍박하는 사탄을 상징

하기도 한다.

- 10:13(미가엘): 하나님의 군대 장관으로 정의와 진리를 위해 사탄의 세력과 싸우는 천사장이다(유 1:9). 미가엘은 가브리엘(8:16, 9:21)과 더불어 하나님의 일곱 천사 중 하나로 하나님을 도운다(10:21). 가브리엘이 계시의 천사라면, 미가엘은 사탄과의 투쟁에 있어서 하나님의 세력을 대표하는 천사이다(12:1 참조).

- 10:21(진리의 글): 미래에 일어날 일들을 기록한 하나님의 책(심판의 책).

환상을 보기 전에 취한 다니엘의 행동(슬퍼하며 금식)은 우리에게 시사하는 바가 매우 크다. 하나님은 아무에게나 당신의 뜻을 보여 주시지 않으신다. 자신의 개인적인 문제를 내려놓고 이스라엘 민족을 향한 다니엘의 마음을 보신 하나님께서 다니엘에게 환상을 보이심으로 응답하셨다. 환상을 통해 역사를 섭리하시고 주관하시는 분은 오직 하나님이심을 나타내고 있다.

★11장(다니엘의 환상: 적그리스도에 대한 예언)

10장 마지막 부분에 언급된 진리의 글에 관한 기록들이 11-12장에서 상세하게 다루어지고 있다. 특히 본장에서는 바사 제국의 멸망과 그 뒤를 이은 헬라 제국의 분열에 관한 예언이 나타난다. 또한 이스라엘을 중심으로 남부에 위치하고 있는 애굽과 북부에 위치하고 있는 시리아 간의 전쟁과 이에 따른 여러 사건들에 관한 예언이 기록되어 있다.

바사와 헬라에 대한 예언(11:1-4), 알렉산더 이후의 역사에 대한 예언(11:5-20), 안티오쿠스 에피파네스에 대한 예언(11:21-27), 에피파네스의 박해에 대한 예언(11:28-39), 박해자 에피파네스의 죽음 예언(11:40-45).

- 11:2(세 왕, 넷째): 세 왕은 고레스의 뒤를 이는 캄비세스(BC 530-522), 스메르디스(BC 522-521), 다리오 히스타스피스(BC 521-486)를 가리킨다. 넷 째는 크세르크세스(BC 486-465)로 그는 에스더서의 아하수에로 왕(80만 대군을 거느린 부요한 왕)으로 알려져 있다.

- 11:3(한 능력 있는 왕): 알렉산더 대왕(BC 336-323)을 가리킨다.

- 11:5(남방의 왕들): 알렉산더 대왕 사후 애굽과 팔레스틴 지역을 분할 통

치한 프톨레미 1세(BC 323-285)를 가리킨다.

- 11:9(북방 왕): 셀류쿠스 2세(BC 246-226)를 말한다. 그는 애굽을 침략했지만 참패했다.

- 11:10(그의 아들들): 셀류쿠스 3세(BC 226-223)와 안티오쿠스 3세(BC 223-187)를 가리킨다.

- 11:14(포악한 자, 환상을 이루려 할 것): 포악한 자란 유대인들이 애굽을 배반하고 헬라의 안티오쿠스 3세와 언약을 맺어 애굽을 정복하려 했음을 의미하며, 환상을 이루려 할 것은 애굽으로부터의 해방을 뜻한다.

- 11:15(북방 왕): 안티오쿠스 3세로 그는 유대를 정복하였다(BC 197).

- 11:17(여자의 딸): 안티오쿠스 3세의 딸로 애굽의 프톨레미 5세와 결혼한 클레오파트라를 말한다(BC 194). 그녀는 남편과 결탁하여 로마와 동맹을 맺는다.

- 11:19(자기 땅 산성들로): 로마에 패한 안티오쿠스 3세는 무거운 공물세를 지불하고자 신전을 약탈했다는 뜻이다.

- 11:20(그 왕위를 이을 자): 안티오쿠스 3세를 이은 셀류쿠스 4세(BC 185-175)를 가리킨다.

- 11:21(한 비천한 사람): 형 셀류쿠스 4세를 이어 왕이 된 안티오쿠스 에피파네스 4세(BC 175-164)로, 그는 유대인을 박해했다.

- 11:22(넘치는 물 같은 군대): 애굽 군대의 패망을 가리킨다.

- 11:28(거룩한 언약을 거스르며): 거룩한 언약은 하나님이 이스라엘의 하나님이 되시고 이스라엘은 그의 백성이 된다는 모세의 시내산 언약을 의미하는데, 이를 거스른다는 것은 안티오쿠스 에피파네스가 유대교의 제도를 파괴하며 박해한 것을 말한다(BC 175-164). 그는 헬라화 정책에 반대하는 유대교를 초토화시키고자 성전 모독과 약탈 등을 일삼는다. 이로 인한 유대인들의 궐기로 결국 마카비 혁명이 일어난다(BC 166).

- 11:38(강한 신): 제우스 신을 말한다.

- 11:40(마지막 때): 안티오쿠스 치세 말기를 가리키지만, 메시야 재림 이전의 적그리스도의 시대를 상징한다.

• 11:43(리비아 사람과 구스 사람): 애굽의 남쪽과 북쪽에 인접한 나라들을 말한다.

• 11:45(그의 종말): 안티오쿠스 에피파네스는 생의 마지막에 예언대로 아무도 도와줄 수 없는 병으로 죽음을 맞이한다. 그의 권력, 부, 군사력도 아무런 소용이 없었다. 악인의 형통함은 잠시 뿐, 하나님의 공의의 심판은 어느 누구도 피할 수 없다.

적그리스도에 대한 예언으로 북방 왕, 남방 왕, 비천한 사람 등이 등장하는데 이 모두가 종말론적인 언어이다. 이스라엘의 주변 나라들은 하나님의 섭리에 의해 흥망성쇠를 거듭하면서 하나님을 대적하며, 유대 민족을 핍박하는 적그리스도의 모습으로 예언되고 있다. 안티오쿠스 에피파네스 4세는 특별히 유대 민족을 박해하였고, 주변의 여러 나라와 거짓으로 동맹을 체결하고 그후 침략을 감행하는 사악한 왕이었다. 이는 종말의 때에 나타날 적그리스도의 횡포를 암시하고 있다. 적그리스도는 하나님의 능력을 빙자하여 자신의 뜻을 펼치며 자신을 구원자로 선포한다. 그러나 하나님의 나라가 임할 때에 하나님의 심판을 견디지 못하고 영원히 멸망한다.

★12장

다니엘서의 마지막 장으로 본서에서 나타난 온갖 환상에 대한 내용을 총망라하면서 이에 대한 결론을 내린다. 그리스도의 재림 직전에 있을 대 환난과 그 환난에서 승리한 의인들에 대해 예언하면서 마침내 이 땅에 도래할 영원한 하나님 나라의 영광스러운 승리의 모습을 보여 주고 있다.

마지막 때에 대한 예언(12:1-4), 다니엘서의 결론(12:5-13, 계 21:1 참조).

• 12:6(세마포 옷을 입은 자): 세마포 옷은 존귀한 신분이나 영광을 상징하는데 여기에서 세마포 옷을 입은 자란 사망 권세 이기시고 부활 승리 예수 그리스도, 혹은 재림의 날 심판주로 임하시는 그리스도를 암시한다.

• 12:7(한 때 두 때 반 때, 권세가 다 깨지기까지): 한 때 두 때 반 때란 환난의 기간을 가리킨다(7:25). 권세가 다 깨지기까지란 적그리스도가 성도의 권세를 깨뜨리고 세상 권세를 잡을 때를 나타낸다.

• 12:11(천이백구십 일): 역사적으로는 안티오쿠스 에피파네스의 박해기간 (BC 175-164)을 가리키며, 상징적으로는 7년 대 환난 후 3년 반의 기간으로 적그리스도가 성도들을 삼키려고 날뛰는 때를 말한다.

• 12:12(천삼백삼십오 일, 이르는 그 사람): 천삼백삼십오 일이란 환난이 끝나고 새 하늘과 새 땅, 즉 하나님의 나라가 도래하는 때를 상징한다(계 21:1). 이르는 그 사람은 극심한 박해 속에서도 하나님을 바라며 구원을 소망하는 참된 신앙인들을 가리킨다.

12장은 종말에 관한 가르침이다. 하나님은 종말의 시기에 관한 다니엘의 질문에 대해 '한 때 두 때 반 때' 라는 말로 정확한 시기에 대한 언급을 피하고 있다. 바벨론에 이어서 바사의 지배를 받던 다니엘은 민족의 구원에 모든 희망을 걸고 있었기 때문에 분명한 시기를 알고 싶었을 것이다. 그러나 하나님은 다니엘이 요구하는 대답을 유보하셨다. 하나님은 마지막 때를 기다리라고 말씀하셨다. 그 날이 올 때까지 하나님의 주권적인 섭리를 깨닫고 성도의 본분을 다하여 믿음을 지키라고 하나님은 말씀하신다.

다니엘서에 나타난 환상들은 결국 무엇을 의미하는가? 종말의 시기가 아니라 종말을 준비하는 성도들이 어떤 삶을 살아야 하느냐에 초점을 맞추고 있다. 종말을 기다리는 성도는 그 날을 맞이하기 위해 오늘의 삶 속에서 하나님의 말씀을 따라가며, 이 세상에서 빛과 소금의 역할을 다해야 할 것이다. 그러므로 종말을 향한 성도의 태도는 소망은 하늘에 두지만, 현재의 삶에서 하나님의 섭리와 뜻하심을 깨닫고 그 날이 오기까지 인내하며 하나님의 자녀답게 (전 12:13-14) 최선을 다해야 한다.

4. 다니엘 해석의 키워드

★다니엘서에 등장하는 이방 왕들

느부갓네살 왕(BC 605-562): 두 번의 환상(금 신상, 한 나무와 한 거룩한

기억할 말씀

1. 단 12:1-3
'그 때에 네 민족을 호위하는 큰 군주 미가엘이 일어날 것이요 또 환난이 있으리니 이는 개국 이래로 그 때까지 없던 환난일 것이며 그 때에 네 백성 중 책에 기록된 모든 자가 구원을 받을 것이라 땅의 티끌 가운데서 자는 자 중에서 많은 사람이 깨어나 영생을 받는 자도 있겠고 수치를 당하여서 영원히 부끄러움을 당할 자도 있을 것이며 지혜 있는 자는 궁창의 빛과 같이 빛날 것이요 많은 사람을 옳은 데로 돌아오게 한 자는 별과 같이 영원토록 빛나리라'

자)을 경험한 왕으로 갈그미스 전투에서 애굽을 격파하고(BC 605, 대하 35:20, 렘 46:2) 지배권을 넓혀 나갔다. 그는 예루살렘을 침입하였고(1차 바벨론 포로: 다니엘과 세 친구들은 포로로 잡혀 갔다), 이후 2차 3차 침입하여 하나님의 성전과 성을 불사르고 헐어버렸다. 모든 성전의 귀한 기명을 가져갔고, 수많은 유다 백성들을 잡아 갔다(대하 36장 참조).

벨사살 왕: 무절제한 방종으로 하나님의 심판을 받는다(바벨론의 마지막 왕).

다리오 왕(메대 사람): 고레스가 바벨론을 정복하고 메대를 병합하여 메대 바사 제국을 세운 후 다리오를 바벨론의 분봉왕으로 임명했다(BC 538-536).

고레스 왕: 바사제국을 설립하였고 메대를 연합하여 메대 바사 왕국을 세웠다. 그는 즉위하자 유다 백성을 고국으로 돌아가도록 조서를 발표하였다(대하 36:22-23, 스 1:1).

★느부갓네살의 꿈과 신상

바벨론의 느부갓네살 왕은 2장에서 누구도 이해할 수 없는 꿈(큰 신상)을 꾸고 이로 인해 다니엘은 역사의 중심부에 들어서게 된다. 바벨론의 어떤 술사들도 이 꿈을 해석할 수 없었다. 왕이 본 큰 신상은 살아있는 사람처럼 왕 앞에 서 있었다. 이 신상은 현재와 미래의 열국을 상징하였는데 신상의 머리는 바벨론, 가슴과 팔은 메대와 바사, 배와 넓적다리는 헬라, 종아리는 로마를 나타내는데 이들은 모두 당대 세계를 지배하던 나라들이다. 역사의 흐름 속에서 모든 최고의 강국들은 멸망하고 만다. 이 나라들은 결국 뜨인 돌이신 예수 그리스도의 재림(종말)으로 완전히 정복되고 말 것이다. 모든 역사는 예수의 재림에 의해 완성되며 이때에 하나님의 나라가 도래할 것이다.

꿈을 해몽한 다니엘에게 왕은 '너의 하나님은 모든 신의 신이요 모든 왕의 주재'라고 하면서 하나님의 존재를 인정한다. 하나님께 영광을 돌렸던 왕은 시간이 지나면서 3장에 와서 자신을 신격화하는 금 신상을 만든다. 이 신상에 절하지 않은 다니엘의 세 친구들을 풀무불에 죽이려고 하지만 불 가운데 한 사람을 본 왕은 신들의 아들이라고 하면서 '사드락과 메삭과 아벳느고의 하나님을 찬송할지어다'고 신앙고백 한다.

4장에 와서 다시금 왕은 꿈을 꾼다. 번민하는 왕에게 다니엘은 꿈을 해석해 준다. 큰 나무를 보는데 이 나무는 견고하고 창대한 왕의 권세를 가리키며, 한 순찰자가 그 나무를 베고 멸하는데 들짐승과 더불어 일곱 때를 지낸다는 것은 왕이 사람으로부터 쫓겨나서 들짐승과 함께 소처럼 풀을 먹으며(정신질환), 즉 동물처럼 지낼 것임을 나타낸다. 이러한 꿈은 다 성취되었고 왕은 기한이 차매 다시금 회복된다.

그는 어려운 시련을 겪으면서 하늘의 왕을 찬양하며 하나님은 진실하고 행함이 의롭다고 신앙고백하기에 이른다. 느부갓네살 왕은 첫 번째 꿈을 통해 하나님의 실존을 경험하고 인정하였지만 세월이 지나면서 다시금 자신의 권력과 명예로 교만해지고 만다. 두 번째 꿈을 꾸고 정신병에서 회복된 이후 하나님이 역사의 주관자이심을 고백하게 된다. 느부갓네살 왕은 두 번에 걸친 꿈과 고난의 시절을 경험하면서 하나님만이 신적 존재임을 깨닫게 되었다.

기억할 말씀

단 2:27-28
다니엘이 왕 앞에 대답하여 이르되 왕이 물으신 바 은밀한 것은 지혜자나 술객이나 박수나 점쟁이가 능히 왕께 보일 수 없으되 오직 은밀한 것을 나타내실 이는 하늘에 계신 하나님이시라 그가 느부갓네살 왕에게 후일에 될 일을 알게 하셨나이다 왕의 꿈 곧 왕이 침상에서 머리 속으로 받은 환상은 이러하니이다

★다니엘의 환상과 느부갓네살의 꿈

느부갓네살의 꿈	다니엘의 환상	나라
2:32 금신상의 머리	7:4 사자 같고 독수리의 날개	바벨론
2:32 은으로 된 가슴과 팔	7:5 곰	메대와 바사
2:32 놋으로 된 배와 넓적다리	7:6 표범 같고 날개 넷	헬라
2:33 철과 진흙으로 된 종아리	7:7 철로 된 이와 열뿔 가진 짐승	로마
2:44 손대지 아니한 돌	7:13-14 인자 같은 이	예수그리스도

5. 더 깊은 연구와 삶의 적용

1. 다니엘서를 읽으면서 어떤 하나님을 경험하였는가?

2. 바벨론 왕조가 몰락하고 새 왕조가 일어났을 때에도 여전히 다니엘은 최고의 위치에서 영향력을 행사하였다. 이는 무엇을 의미하는가?(6:22-28 참조)

영원히 지속되는 왕조는 역사상 없었다. 이는 인간 왕은 영원히 세계를 다스릴 수 없음을 시사한다. 바벨론은 바사에게 멸망하고 이스라엘은 바사 왕국의 도움으로 포로에서 돌아온다. 옛 왕조는 사라지고 새 왕조가 일어났다. 그러나 다니엘은 바벨론 왕국에서 지도자의 역할을 다했지만 이어지는 바사 왕국에서도 지도자의 기량을 발휘하였다. 하나님의 섭리 가운데 그는 포로로 잡혀간 왕국에서나 새 왕국에서나 왕의 신임을 받는 지도자였다. 하나님께서 다니엘의 삶 속에 계속해서 역사하시고 개입하셔서 지혜를 부어 주셨기에 이 모든 일이 가능했다.

3. 다니엘이 예레미야서를 읽으면서 깨달은 것은 무엇인가?(9:2)

예루살렘의 황무함이 70년 만에 끝날 것임을 알게 되었다. 즉 바벨론 포로 생활이 BC 605년부터 고레스 왕의 귀환 조치로 예루살렘으로 귀환한 때(BC 538)까지의 기간이다.

4. 바사 왕국의 군주가 21일 동안 나를 막았다는 것은 무엇을 의미하는가?(10:13)

기도를 막는 악한 영, 사탄의 역사로 기도 응답이 지연되었다는 의미이다. 오늘도 사탄은 성도의 기도 응답을 지체시키려고 영적 전쟁을 펼치고 있다.

5. 다니엘서의 결론은 무엇인가?(12:5-13)

1) 다니엘은 종말의 때가 언제 임할지 궁금했지만, 종말의 시기는 하나님 이외에는 이 날을 알 수 없음을 이미 깨달아 알고 있었다(마24:36) 다니엘은 인류 역사에 대한 예언을 통해 역사의 주권자이신 하나님의 인도하심과 뜻을 깨달아 세상 끝 날까지 소망 가운데 하나님의 말씀에 순종하라고 교훈하고 있다.

2) 성도는 마지막 때를 인내하며 기다려야 한다. 그 날이 이르기까지(일천 삼백삼십오 일) 기다리는 자는 복되다고 하였다(13) 성도는 삶 속에서 연단을 받아 스스로 정결하게 하며 지혜 있는 자가 되어 하나님의 주권적인 섭리와 뜻을 알고 그 날을 기다려야 할 것이다. 환란의 날이 끝나고 하나님의 나라(새 하늘과 새 땅)가 도래하는 그 날에 대해 사도 요한은 계시록을 통해 말해주고 있다. (계 21:1)

3) 다니엘은 많은 사람을 옳은 데로 돌아오게 하는(하나님 앞으로 인도하는) 지혜 있는 자가 되라고 당부한다. 저들은 별과 같이 영원토록 빛나는 하나님의 축복을 누릴 것이라고 예언하고 있다(12:3)

제18과 호세아 · 요엘
Hosea · Joel

1. 호세아를 어떻게 읽을 것인가

　　호세아는 북이스라엘 왕국 여로보암 2세 시대(BC 793–753)에 활동한 선
지자였다. 당시 북이스라엘은 솔로몬 시대 이후 정치적, 경제적으로 가장 번
성한 시대를 누렸다. 물질적인 풍요함은 누렸지만 영적으로는 지극히 부패한
암흑기였다. 우상 숭배와 함께 윤리와 도덕이 무너진 북왕국을 향해 호세아는
이스라엘의 영적 간음을 지적하면서 단호하게 회개를 촉구하였다.

　　　　　'오라 우리가 여호와께로 돌아가자 여호와께서 우리를 찢으셨으나
　　　　　도로 낫게 하실 것이요 우리를 치셨으나 싸매어 주실 것임이라'(6:1)

　　특별히 자신의 개인적인 삶과 이스라엘의 타락을 비유하면서 하나님의 심
판과 회복에 대한 말씀을 전했다. 호세아는 자신의 음란한 처 고멜과의 관계
를 하나님과 이스라엘의 관계로 비교하여 이스라엘의 우상 숭배로 인한 타락
상을 전하면서 회개를 호소하였다. 하나님의 무서운 심판과 함께 하나님의 사
랑이 결국 회복의 역사를 일으킨다는 놀라운 예언으로 호세아서는 마무리되
고 있다. 본서의 주제는 바로 하나님의 사랑이다.

　　• 1–3장은 여호와의 신부로서 이스라엘이 저지른 범죄를 호세아의 음란한
아내 고멜의 행동과 비교하면서 묘사하고 있다. 고멜을 용서하는 자신의 삶을

돌아보면서 이보다 더 큰 하나님의 사랑으로 이스라엘이 회복된다는 내용이다.

• 4-14장은 호세아가 이스라엘의 영적 음란을 규탄하며, 회개를 호소한다. 하나님의 심판은 이스라엘의 죄악에 합당한 결과라고 하나님의 공의를 강조하였다(14:4-16).

우상숭배로 영적 음란에 빠져든 이스라엘을 향한 하나님의 심판으로 결국 북이스라엘 왕국은 앗수르에 멸망한다(BC 722). 남유다 왕국 역시 멸망했지만 바벨론 포로에서 예루살렘으로 귀환함으로 호세아의 예언은 성취되었다. 그의 예언은 예수의 초림으로 시작하여 예수께서 재림하실 그 때에 완전히 이루어질 것이다(14:4-8).

2. 저자 · 기록연대 · 기록동기

저자와 기록연대: 저자는 호세아임이 분명하게 드러나 있다(1:1). 기록연대는 북 이스라엘 왕국의 멸망(BC 722)에 대한 구체적인 언급이 없는 것으로 보아 그 이전에 기록된 것으로 본다. 저자는 본서에서 유다의 네 왕과 이스라엘의 한 왕을 열거했다.

기록동기: 북왕조 말기에 우상 숭배로 타락한 이스라엘 백성들에게 하나님의 심판이 반드시 임하며, 저들이 회개함으로 하나님께서 회복시키신다는 사실을 알려주고자 기록하였다. 즉 하나님의 심판과 구원의 두 축을 예언함으로서 패역한 이스라엘 백성을 향한 하나님의 신실하신 사랑을 동시대뿐만 아니라 오늘날의 우리 모든 성도들에게 알려주고 있다. 호세아서에는 하나님의 용서와 사랑이 **'이스라엘아 네 하나님 여호와께로 돌아오라'**(14:1)는 간곡한 표현으로 나타나 있다. 하나님께서는 오늘도 죄인들의 회개를 기다리시는 노하기를 더디하시는 사랑의 하나님이심을 깨닫게 한다.

1. 호 1:6-7

'내가 다시는 이스라엘 족속을 긍휼히 여겨서 용서하지 않을 것임이니라 그러나 내가 유다 족속을 긍휼히 여겨 그들의 하나님 여호와로 구원하겠고 활과 칼이나 전쟁이나 말과 마병으로 구원하지 아니하리라 하시니라'

2. 호 6:1-3

'오라 우리가 여호와께로 돌아가자 여호와께서 우리를 찢으셨으나 도로 낫게 하실 것이요 우리를 치셨으나 싸매어 주실 것임이라 여호와께서 이틀 후에 우리를 살리시며 셋째 날에 우리를 일으키시리니 우리가 그의 앞에서 살리라 그러므로 우리가 여호와를 알자 힘써 여호와를 알자 그의 나타나심은 새벽 빛 같이 어김없나니 비와 같이, 땅을 적시는 늦은 비와 같이 우리에게 임하시리라 하니라'

3. 호 6:6-7

'나는 인애를 원하고 제사를 원하지 아니하며 번제보다 하나님을 아는 것을 원하노라 그들은 아담처럼 언약을 어기고 거기에서 나를 반역하였느니라'

4. 호 13:9

'이스라엘아 네가 패망하였나니 이는 너를 도와주는 나를 대적함이니라'

3. 호세아의 파노라마

주제	패역한 이스라엘 백성을 향한 하나님의 사랑						
내용 구분	1:1	2:2	3:2	4:1	9:1	11:1	14:9
	호세아의 결혼	방탕한 고멜	고멜의 회복	이스라엘의 타락	하나님의 심판	이스라엘의 회복	
문체	개인적인 이야기			민족적인 예언			
장소	이스라엘						
기간	BC 746-724년경						

1) 호세아와 고멜의 결혼 관계(1-3장)

호세아 선지자의 소명과 결혼(1:1-9),

이스라엘의 회복에 대한 예고(1:10-2:1),

이스라엘의 불순종과 하나님의 징계(2:2-13),

하나님의 축복(이스라엘의 회복)에 대한 예언(2:14-23),

고멜을 용서하는 호세아(3장).

2) 호세아의 예언(4-14장)

이스라엘의 죄악상-제사장과 백성들(4장),

심판과 회복에 대한 예언(5:1-6:3), 이스라엘의 죄악상(6:4-7:7),

돌이키지 않는 이스라엘(7:8-16), 이스라엘의 멸망을 선포(8장),

이스라엘에 임할 형벌의 내용(9장), 이스라엘을 향한 회개 촉구(10장),

사랑의 권고(11장), 이스라엘의 멸망 예언(13장),

이스라엘의 회복 예언(14장).

4. 호세아 해석의 키워드

★하나님의 용서하심의 의미(2:14-23)

우리의 죄악에도 불구하고 용서하심으로 하나님의 사랑이 구체적으로 나타난다. 하나님의 사랑은 긍휼과 인자와 노하기를 더디하시며 사유하시기를 즐겨하시는 하나님의 성품이다. 그러나 진정한 용서는 하나님께 자신의 허물을 자백하고 죄를 아뢰며 회개할 때 이루어진다.

1) 하나님의 긍휼로 인해 하나님의 백성이 될 수 있다(호 2:23).

2) 하나님은 인자를 천대까지 베푸시며 악과 과실과 죄를 용서하시나 벌을 받을 자를 결코 면죄하지 않고 아버지의 악행을 자손 삼사 대까지 보응하신다(출 34:7).

3) 노하기를 더디하시는 하나님은 결코 버리지 아니하신다(민 14:18, 느 9:18).

4) 허물을 자복하고 죄를 아뢰며 회개하는 자를 하나님은 용서하신다(시 32:5).

5) 하나님은 진노를 여러 번 돌이키신다(시 78:38).

6) 하나님은 선하사 사죄하기를 즐거워하신다(시 86:5, 요 8:3-12).

7) 다시는 죄를 기억하지 않으신다(렘 31:34, 히 10:17-18).

8) 모든 불의에서 깨끗하게 하신다(요일 1:9).

9) 하나님께서는 죄과를 멀리 옮기신다(시 103:12).

★불순종에 대한 대가(9:17)

이스라엘에 임할 하나님의 심판은 수확의 감소(9:1-2)로 나타난다. 헛된 우상을 섬긴 결과였다. 저들은 이방인(앗수르)의 노예가 될 것을 말씀하셨다(3). 영적 지도자와 선지자들이 사라져 하나님의 은혜가 멀어지는 결과가 초래되었다(7-9). 자손마저 감소되며 열국 가운데 유리하는 자가 될 것이라는 하나님의 무서운 심판을 호세아는 경고하였다(10-16).

호세아가 전한 말씀은 역사에 그대로 성취되었다. 북왕국은 앗수르에 멸망한 이후 나라를 잃고 사마리아 땅에는 앗수르가 정복한 이방인들이 들어오면서 민족의 혈통마저 무너지고 말았다. 그 이방인들과 북이스라엘 사람들과의 결혼으로 사마리아인이 태어났다. 결국 북왕국은 역사에서 사라지고 이스라엘의 열지파마저 흩어져 이스라엘은 나라도 민족도 잃고 유리방황하게 된 것이다.

기억할 말씀

호 9:17
'그들이 듣지 아니하므로 내 하나님이 그들을 버리시리니 그들이 여러 나라 가운데에 떠도는 자가 되리라'

★두 마음의 신앙생활과 두 가지 죄(10:2-10)

이스라엘의 왕과 백성들은 풍성한 수확의 열매가 많을수록 우상을 섬기는 제단을 많이 세웠고 주상을 아름답게 장식하는 죄악을 저질렀다. 풍성한 결실을 온전히 하나님께 드리지 않고 바알 신을 섬겼다. 일부는 하나님께 드리고, 많은 부분을 바알 신을 위해 바쳤기에 이를 가리켜 '그들이 두 마음을 품었으니' 라고 표현하고 있다. 하나님과 바알 신을 동시에 섬기는 마음 혹은 신앙의 확실한 결단을 내리지 못하고 머뭇거리는 신앙을 두 마음의 신앙이라고 호세아 선지자는 강력하게 비판하였다. 이에 덧붙여 선지자는 이스라엘을 향한 하나님의 철저한 심판을 선포하고 있다.

특별히 두 가지 죄에 대해 저희를 치신다고 하셨다. 두 가지 죄란 이스라엘이 하나님을 떠나 벧엘과 단에 금송아지를 만들어 섬긴 죄(5)와 다윗의 왕조를 배반하고 또 다른 왕(사마리아 왕, 7절 참조)을 세운 죄이다. 북이스라엘 왕국의 죄악에 대해 하나님은 심판의 칼을 드셨고 결국 앗수르에 멸망당하고 만다(BC 722).

기억할 말씀

호 14:2-4
너는 말씀을 가지고 여호와께로 돌아와서 아뢰기를 모든 불의를 제거하시고 선한 바를 받으소서 우리가 수송아지를 대신하여 입술의 열매를 주께 드리리이다 우리가 앗수르의 구원을 의지하지 아니하며 말을 타지 아니하며 다시는 우리의 손으로 만든 것을 향하여 너희는 우리의 신이라 하지 아니하오리니 이는 고아가 주로 말미암아 긍휼을 얻음이니이다 할지니라 내가 그들의 반역을 고치고 기쁘게 그들을 사랑하리니 나의 진노가 그에게서 떠났음이니라

★심판 중에도 이스라엘의 회복을 원하시는 하나님(12:1-14, 14:1-9)

하나님은 선지자를 통해 회개를 촉구하시면서 이스라엘의 회개로 말미암아 긍휼함을 입어 하나님의 진노가 떠나가고 이스라엘에 축복이 임할 것을 예언하였다.

1) 하나님께로 돌아와서 인애와 공의를 지키며 항상 너의 하나님을 바라보라(12:6, 14:1).

2) 말씀을 가지고 여호와께로 돌아오라(14:2).

3) 수송아지 제물 대신 입술로 하나님을 찬양하라(14:2).

4) 앗수르의 구원(인간적인 능력)을 구하지 않고, 우리 손으로 만든 것(우상)을 신으로 섬기지 말라(14:3).

● 요엘

요엘 주요사건 연대표

BC 835-796 요엘 선지자 활동시기
BC 835　　　요시야 왕 즉위
BC 793　　　요나 선지자 활동
　　　　　　　(왕하 14:25)

1. 요엘을 어떻게 읽을 것인가

요엘 선지자의 구체적인 활동 시기에 대해 성경은 언급하지 않고 있다. 대략 유다 왕 요아스의 시대에 온 이스라엘을 향해 회개를 촉구한 선지자로 알려져 있다.

그의 예언대로 하나님의 심판이 유다에 임했다. 메뚜기 재앙과 가뭄으로 인해 땅은 황폐해졌고, 초목들은 메말라 쓰러져 갔다. 하나님의 재앙으로 인해 백성들에게 회개를 촉구하면서 요엘은 여호와의 날이 가까이 왔음을 선포하고 있다. 요엘은 메뚜기 재앙으로 인한 황폐함을 통해 여호와의 날에 임할 무서운 하나님의 심판을 미리 보여주고 있다. 우상을 숭배하며 하나님께 불순종한 백성들에게 '여호와의 날'은 두렵고 무서운 심판의 날이다. 그러나 회개하는 백성들에게는 하나님의 영원한 복을 누리는 소망의 날임을 알려 주고 있다.

이 예언은 BC 722년 북이스라엘의 멸망과 이어서 BC 586년 유다의 바벨론 포로 시대를 가리킨다. 더 나아가 예수 그리스도의 오심과 재림까지 이어지고 있다. 요엘의 예언은 하나님의 심판과 함께 다가 올 구원에 대한 위로로 끝을 맺고 있다. 요엘서는 여호와의 날에 임할 심판과 회복이라는 주제 아래 성령강림에 대해 예언하고 있다. 사도행전이 신약의 성령행전이라면 요엘은 구약의 성령행전이다.

오순절 마가의 다락방에서 사도 베드로는 성령의 충만함을 입어 갈릴리 어부에서 말씀 선포자로 새로운 삶의 장을 열게 된다. 영적으로 무장된 베드로는 당시 오순절을 지키려고 예루살렘에 모여든 수많은 유대인들에게 성령 강림의 말씀을 전하였다(행 2:16-21). 성령강림의 역사는 초대 교회 시대에 성취된 이래(행 2장) 오늘날에 이르기까지 모든 믿음의 성도들의 삶 속에 임하고 있다.

'유다는 영원히 있겠고 예루살렘은 대대로 있으리라'(욜 3:20)

기억할 말씀

행 2:16-21
이는 곧 선지자 요엘을 통하여 말씀하신 것이니 일렀으되 하나님이 말씀하시기를 말세에 내가 내 영을 모든 육체에 부어 주리니 너희의 자녀들은 예언할 것이요 너희의 젊은이들은 환상을 보고 너희의 늙은이들은 꿈을 꾸리라 그 때에 내가 내 영을 내 남종과 여종들에게 부어 주리니 그들이 예언할 것이요 또 내가 위로 하늘에서는 기사를 아래로 땅에서는 징조를 베풀리니 곧 피와 불과 연기로다 주의 크고 영화로운 날이 이르기 전에 해가 변하여 어두워지고 달이 변하여 피가 되리라 누구든지 주의 이름을 부르는 자는 구원을 받으리라 하였느니라

2. 저자 · 기록연대 · 기록동기

저자와 기록연대: 요엘이 저자이다. 그는 선지자로 활동(BC 835-796)하면서, 유다 왕 요아스 시대에 본서를 기록했다(BC 835).

기록동기: 메뚜기 재앙으로 인해 유다 땅은 황폐해졌고, 심한 가뭄으로 사태는 더욱 심각해졌다. 이러한 비극적인 상황 속에서 선지자 요엘을 통해 하나님의 심판이 시작되었음을 알려 주고 있다. 요엘은 메뚜기 침입을 하나님의 심판으로 해석하면서 백성들에게 회개하라고 강력하게 요청하였다. 그는 이스라엘 백성들의 죄와 불신앙으로 인해 심판의 날, 즉 여호와의 날이 왔음을 선포하였다. 회개를 통한 회복과 함께 성령 강림을 예언하고자 본서를 기록하였다.

3. 요엘의 파노라마

주제	재앙의 경고와 회개 촉구		하나님의 날의 심판과 회복	
문단 구분	1:1　　　　　1:13	2:1	2:28	3:21
	메뚜기 재앙	가뭄의 재앙	임박한 하나님의 날	회복과 약속과 심판
문체	심판과 회복을 주제로 쓴 예언서			
장소	남왕국 유다			
기간	BC 835년경			

1) 재앙과 경고(1장)
메뚜기 재앙(1-12), 제사장들에게 주는 경고(13-20).

2) 여호와의 날(2-3장)
회개 촉구(2:12-17), 성령 강림(2:28-32), 유다 회복(3:16-21).

4. 요엘 해석의 키워드

 기억할 말씀

★여호와의 날(욜 1:2-2:30)

이스라엘이 하나님의 심판을 받아 멸망하는 날(BC 722 북왕국의 멸망과 BC 586 남유다 왕국의 멸망))이다. 그러나 바벨론 포로에서 돌아오는 회복의 날이기도 하다(BC 444). 여호와의 날은 심판 가운데 멸망과 함께 회복이라는 양면성을 지니고 있다. 궁극적으로 여호와의 날은 역사의 종말, 즉 세상 끝날을 의미한다. 예수께서 재림하시는 종말의 날이 바로 여호와의 날이다. 하나님께서 악인에게는 심판을, 의인(믿는 자)에게는 구원과 회복을 주실 것이다(요 12:48, 롬 2:5, 계 6:17). 여호와의 날은 하나님의 심판에 의한 멸망의 날이요, 멸망 속에서 다시금 하나님의 구원 역사가 일어나는 회복과 구원의 날이요, 종말에 이르러 예수께서 재림하시는 그 날이기도 하다.

여호와의 날에 임할 심판: 땅의 황폐(1:10-12)/ 물질적인 결핍(1:16)/ 기쁨의 상실(1:12)/ 가축들의 굶주림(1:18)/ 시내가 마름(1:20)/ 두려움(2:1)/ 어둡고 캄캄함(2:2)/ 불로 사름(2:3).

여호와의 날에 임할 축복: 땅의 회복(2:21-23)/ 기쁨의 회복.

★성령 강림의 약속(2:28-32)

하나님의 심판 날에 대한 경고와 회개를 촉구하면서 요엘은 성령 강림에 대해 예언하였다(2:28-32). 예수께서는 이 땅을 떠나 승천하신 후에 제자들에게 성령께서 오셔서 인도해 주실 것이라고 약속하셨다(요 14:16-24).

오순절 날 마가의 다락방에 모인 자들은 성령의 놀라운 역사를 경험하는데, 사람들은 저들이 새 술에 취하였다고 했다(행 2:1-13). 사도 베드로는 이날 유대인들과 모든 예루살렘에 모여든 사람들에게 요엘서를 인용하면서 성령 강림을 설교하고 있다. 요엘의 예언이 성취된 것이다(행 2:14-38). 오늘날에도 하나님 앞에 돌아오는 모든 사람들에게 성령이 임한다. 누구든지 회개하고 예수 그리스도의 이름으로 세례 받고 죄사함을 얻으면 성령을 선물로 받는다.

1. 욜 1:12
'포도나무가 시들었고 무화과나무가 말랐으며 석류나무와 대추나무와 사과나무와 밭의 모든 나무가 다 시들었으니 이러므로 사람의 즐거움이 말랐도다'

2. 욜 2:13
'너희는 옷을 찢지 말고 마음을 찢고 너희 하나님 여호와께로 돌아올지어다 그는 은혜로우시며 자비로우시며 노하기를 더디하시며 인애가 크시사 뜻을 돌이켜 재앙을 내리지 아니하시나니'

3. 욜 2:28-32
'그 후에 내가 내 영을 만민에게 부어 주리니 너희 자녀들이 장래 일을 말할 것이며 너희 늙은이는 꿈을 꾸며 너희 젊은이는 이상을 볼 것이며 그때에 내가 또 내 영을 남종과 여종에게 부어 줄 것이며 …… 누구든지 여호와의 이름을 부르는 자는 구원을 얻으리니 ……'

★영광스러운 이스라엘의 회복(3:16-21)

하나님께서 유다를 심판하시지만(바벨론에 멸망당하고 포로로 잡혀감) 회복(포로에서 돌아옴)될 것이다. 그러나 애굽과 에돔은 황무지가 되고 만다. 이에 비해 유다의 모든 시내는 물이 흘러넘치는 축복을 예언하고 있다. 뿐만 아니라 여호와의 전에서 샘이 흘러 나와 싯딤 골짜기에 이른다. 싯딤 골짜기는 메마른 땅을 가리키는데, 하나님의 성전에서 흘러넘치는 성령이 메마른 땅에까지 이르는 놀라운 성령의 역사가 펼쳐질 것이다. 유다와 예루살렘에는 영원한 하나님의 축복이 임하지만 애굽과 에돔에는 최악의 저주가 임한다. 이는 예수 그리스도의 재림시 일어날 종말의 사건을 상징적으로 나타내고 있다. '유다는 영원히 있겠고 예루살렘은 대대로 있으리라' (3:20)

5. 더 깊은 연구와 삶의 적용

1. 호세아와 요엘을 읽으면서 나는 어떤 하나님을 경험하였는가?

2. 아내 고멜의 음란한 행동을 끝까지 인내하며 사랑한 것은 무엇을 의미하는가?

하나님께서 이스라엘의 불순종에 대해 끝까지 인내하는 모습을 역사 안에서 나타내셨다. 이는 바로 하나님의 사랑을 상징하고 있다.

3. 하나님의 말씀을 무시하는 자들의 삶은 어떤가?(호 4:6-10)

1) 삶 속에 말씀이 없으면 멸망하고 만다. 하나님께서 저들을 버리신다(4:6).
2) 세상의 삶에서 번성할수록 저들은 하나님께 범죄한다(4:7).
3) 먹어도 먹어도 배부르지 않는다. 만족함을 누리지 못하는 삶이다(4:10).

4. 하나님의 심판과 축복에 대해 요엘은 어떻게 설명하고 있는가?(욜 1–2장)

하나님의 심판에 의해 땅은 황폐해지고, 물질이 결핍하여 어려움을 겪으며, 기쁨을 상실하며, 가축까지 굶주리며, 시내는 마르고, 떨며 두려워하며(어둡고 캄캄한 날), 불이 저들을 사르는 위기와 시련을 겪게 된다. 이에 비해 하나님께서 허락하신 축복은 땅이 회복되며, 물질적으로도 필요한 만큼 회복되며, 기쁨을 누린다. 동물까지도 먹이시는 은혜를 부어 주신다. 이렇게 회복을 허락하신 하나님은 성령 강림을 약속하신다. 성령님이 오시면 저들이 꿈과 이상을 경험하며, 구원을 얻는다.

5. 하나님의 성령을 누구에게 부어 주시겠다고 약속하였는가?(요엘 2:28–32)

특정한 때에, 특정한 사람에게만 임했던(민 24:2, 대상 12:18) 하나님의 영(성령)을 남녀노소를 막론하고 만민에게 부어 주신다고 약속했다. 성령 받은 자들은 장래 일을 말하며(예언), 꿈을 꾸며, 이상을 볼 것이다. 누구든지 여호와의 이름을 부르는 자는 구원받고 성령의 인도함을 받게 된다.

아모스·오바댜·요나
Amos·Obadiah·Jonah

1. 아모스를 어떻게 읽을 것인가

아모스는 선지자로 부름을 받았을 때 목자요 뽕나무 재배자로 알려지고 있다(1:1, 7:14). 남유다 드고아 태생으로 북이스라엘을 위해 활동하였다.

그가 사역하던 당시는 북이스라엘이 가장 번성했던 여로보암 2세 시대였다. 정치적으로 솔로몬 시대에 비길 만큼 큰 영토를 확보하였다. 경제적으로도 활발한 무역과 통행세 등을 거두어 나라는 부강했으며, 특권층은 겨울궁과 여름궁 등의 별장 생활을 즐길 만큼 사치스러운 삶을 누렸다. 물질적인 풍요는 누렸지만 영적으로는 심히 타락하였다. 우상을 숭배하고 윤리 도덕이 문란한 가운데 간음과 살인, 강도 등 온갖 죄악이 만연했다. 특히 지도층들은 백성들을 착취하는 등 방종한 삶이 극에 달했다.

아모스는 하나님의 소명을 받아 남유다 출신이었지만 북이스라엘의 영적, 도덕적, 사회적 죄악상을 철저하게 고발하며 멸망을 예언했다. 하나님께 돌아오기를 강한 어조로 권고하였다. 아모스의 주제는 바로 하나님의 공의이다. 심판하시는 하나님이다. 그러나 하나님의 심판은 궁극적으로 이스라엘을 향한 사랑의 채찍이기도 하다. 아모스는 삶 속에서 공의와 사랑을 실현하는 신앙의 내용을 중시하는 하나님이심을 강조하고 있다(5:4–14).

'여호와께서 이스라엘 족속에게 이와 같이 말씀하시기를 너희는 나를 찾

으라 그리하면 살리라……너희는 살려면 선을 구하고 악을 구하지 말지
어다 만군의 하나님 여호와께서 너희의 말과 같이 너희와 함께 하시리라'

전체적인 내용을 살펴보면,

1:1-2:16은 하나님의 심판에 대한 예언을,

3:1-6:14에는 회개를 촉구하는 하나님의 말씀을 거부하고 계속해서 죄를 저지름으로 필연적인 심판을 초래하는 이스라엘의 죄악상을 본다.

7:1-9:10은 심판에 대한 다섯 가지 환상.

9:11-15은 심판 이후에 이루어질 회복에 대한 다섯 가지 약속을 담고 있다.

북왕국의 멸망으로 역사는 끝나지 않는다. 심판 가운데서도 하나님은 이스라엘의 회복을 다시금 약속하신다(9:14-15).

아모스 선지자는 오늘을 사는 성도들에게도 공의의 하나님은 반드시 심판하시는 하나님이시지만 결국 하나님의 사랑을 나타내시는 구원의 하나님이심을 교훈하고 있다.

2. 저자 · 기록연대 · 기록동기

저자와 기록연대: 저자가 아모스임이 분명하다(1:1). 그는 특별한 훈련이나 교육을 받지 못했지만 하나님의 인도하심에 순종함으로 영적 통찰력과 역사 의식을 갖고 여로보암 2세와 웃시야의 통치 시기 사이에 기록한 것으로 학자들은 추정한다(BC 760-755).

기록동기: 이스라엘은 정치적인 안정과 경제적인 풍요 속에서 영적으로 타락하였다. 우상 숭배 뿐만 아니라, 간음과 살인, 강도 등 윤리 도덕적으로 온갖 죄악이 난무한 가운데서도 자신들에게는 결코 재앙이 임하지 않을 것이라는 자만심이 가득했다. 아모스는 하나님의 임박한 심판을 경고하면서 메시야를 통한 구원을 예언하였다. 하나님의 공의는 심판하시지만, 하나님의 사랑은 이스라엘을 향한 구원의 역사를 다시금 준비하고 계심을 알려준다.

기억할 말씀

암 9:14-15
'내가 내 백성 이스라엘이 사로잡힌 것을 돌이키리니 그들이 황폐한 성읍을 건축하여 거주하며 포도원들을 가꾸고 그 포도주를 마시며 과원들을 만들고 그 열매를 먹으리라 내가 그들을 그들의 땅에 심으리니 그들이 내가 준 땅에서 다시 뽑히지 아니하리라 이는 네 하나님 여호와의 말씀이니라'

1. 암 2:4

'여호와께서 이와 같이 말씀하시되 유 다의 서너 가지 죄로 말미암아 내가 그 벌을 돌이키지 아니하리니 이는 그 들이 여호와의 율법을 멸시하며 그 율 례를 지키지 아니하고 그의 조상들이 따라가던 거짓 것에 미혹되었음이라'

2. 암 3:2

'내가 땅의 모든 족속 가운데 너희만 을 알았나니 그러므로 내가 너희 모 든 죄악을 너희에게 보응하리라 하셨 나니'

3. 암 5:4

'너희는 나를 찾으라 그리하면 살리라'

4. 암 8:11

'주 여호와의 말씀이니라 보라 날이 이를지라 내가 기근을 땅에 보내리니 양식이 없어 주림이 아니며 물이 없어 갈함이 아니요 여호와의 말씀을 듣지 못한 기갈이라'

5. 암 9:14-15

'내가 내 백성 이스라엘이 사로잡힌 것을 돌이키리니 그들이 황폐한 성읍 을 건축하여 거주하며 포도원들을 가 꾸고 그 포도주를 마시며 과원들을 만 들고 그 열매를 먹으리라 내가 그들을 그들의 땅에 심으리니 그들이 내가 준 땅에서 다시 뽑히지 아니하리라 네 하 나님 여호와의 말씀이니라'

3. 아모스의 파노라마

주제	심판(열방/유다)		심판에 대한 말씀	환상을 통한 심판예언	메시야 도래
내용 구분	1:1	3:1	7:1	9:7	9:15
	심판에 대한 예언	이스라엘의 죄악상		심판에 대한 묘사	회복의 약속
문체	심판에 대한 예언서				
장소	유다와 이스라엘				
기간	BC 760-755년경				

1) 심판에 대한 예언(1-2장)

이방을 향한 심판 예언(1:3-2:3), 유다와 이스라엘을 향한 심판 예언(2:4-16).

2) 이스라엘의 죄악상(3-6장)

심판의 타당성(3:1-15), 이스라엘의 죄악상(4:1-13),

이스라엘을 향한 애가(5:1-3), 심판을 피하는 길(5:4-15)

이스라엘 지도층의 타락과 멸망(6:1-14).

3) 환상과 심판(7:1-9:6)

메뚜기, 불, 다림줄에 대한 환상(7:1-9), 거짓 선지자(7:10-17),

여름 과일의 환상(8:1-3), 여호와의 날의 심판(8:11-14),

성전 문지방 환상-하나님의 심판(9:1-4).

4) 회복의 약속(9:7-15): 이스라엘의 회복에 대한 하나님의 약속

4. 아모스 해석의 키워드

★나실인(2:11)

세속적 삶을 떠나 성별되어 하나님께 헌신된 자들이 나실인이다. 그 대표적인 인물로 사사 시대의 삼손을 들 수 있다. 나실인은 머리에 삭도를 대지 않고 포도주나 독주를 금하며 부정한 것을 먹지 않았다(삿 13:4-5, 16:17, 삼상 1:11, 민 6:1-21). 아모스는 이스라엘 백성들이 나실 사람에게 포도주를 마시게 한 죄악을 지적하였다(2:12).

평생을 혹은 일정 기간 동안 나실 사람으로 헌신할 때 서약 제도가 있었다. 이 기간 동안 포도주와 독주를 금하고, 머리카락을 자르지 않으며, 죽은 시체를 만지지 못한다(민 6:5-8). 헌신의 기간이 끝날 때 번제물로 1년 된 숫양을, 속죄 제물로 1년 된 암양을, 그리고 화목제물로 숫양을 하나님께 드려야 했다(민 6:13-14). 여기에 소제, 전제, 무교병 등을 준비하여 자신의 헌신 기간이 종료되었음을 공식적으로 선포한다. 모든 제사의 절차를 마치고 제사장과 함께 식사할 때 비로소 포도주를 마실 수 있다(민 6:15-20). 성경에 나타난 인물 중에서 삼손(삿 13:5), 사무엘(삼상 1:11), 세례요한(눅 1:15) 등이 나실 사람들이다.

★아모스가 본 환상들의 의미

공의의 하나님은 이스라엘의 죄악으로 인해 심판하실 것을 다양한 환상들로 아모스 선지자에게 미리 보여 주셨다. 선지자는 자신이 직접 본 환상들을 통해 북왕국의 멸망을 확인하였다. 세상의 다림줄로는 문제될 것이 없다 해도 공의의 하나님은 하나님께 불순종한 이스라엘을 심판하실 것이다.

1) 메뚜기 환상(7:1-3): 첫 번째 나타난 이 환상은 풀을 벤 후 풀이 다시 돋기 시작할 때에 하나님께서 메뚜기로 인한 재앙을 내리신다. 이스라엘을 침략하는 열방의 군대, 앗수르의 공격을 예고하는 환상이다.

2) 불의 환상(7:4-6): 외세의 침략으로 폐허가 될 이스라엘을 상징한다. 불로 심판 받은 소돔과 고모라의 모습처럼 북왕국이 피폐해 질 것임을 예고하고 있다. 그러나 선지자 아모스의 중보기도로 하나님의 뜻을 돌이키신다(7:2-3, 5-6).

3) 다림줄 환상(7:7-9): 하나님께서 다림줄을 들고 계시는데 하나님의 공의

로운 심판을 상징한다. 이스라엘은 하나님의 다림줄에 의해 결국 멸망할 것임을 상징하고 있다. 아모스는 더 이상 중보 기도하지 않는다. 이 세 번째 환상을 통해 하나님은 북이스라엘 왕국이 앗수르 제국에 멸망당할 것임을 확실하게 나타내셨다(BC 722, 왕하 15:19-16:9).

4) 여름 과일의 환상(8:1-3): 죄악이 극에 달한 이스라엘은 비록 현재에는 번영의 나날들이지만 공의와 정의가 실현되지 않기에 여름 과일이 당시에는 풍성함을 누리지만 금세 썩기 때문에 오래 계속되지 못한다. 이러한 여름 과일처럼 이스라엘은 한 때 부흥하였지만 하나님의 심판으로 인해 멸망하고 만다.

5) 문설주가 부서지는 환상(9:1-6): 성전의 문설주가 부서지는 환상은 이스라엘의 범죄로 말미암아 하나님께서 심판의 칼을 드셔서 결국 북이스라엘 왕국이 멸망할 것을 예고한다. 문설주가 부서지는 것은 이스라엘의 멸망이 얼마나 처참할 것인지를 예고한다.

★하나님의 다림줄(7:7-9)

다림줄은 건축물을 든든히 세우기 위해 사용되는 추로 줄이나 끈으로 건물의 수직을 바로 잡아준다. 때로는 건축물을 헐기 위해서 사용되기도 한다. '주께서 손에 다림줄을 잡고 서셨더니 …… 내가 다림줄을 내 백성 이스라엘 가운데 두고 다시는 용서하지 아니하리니'(7:7-8)라는 다림줄 환상을 통해 공의의 하나님께서 불순종한 이스라엘을 심판하실 것이라고 밝히고 있다.

심판은 오직 하나님만이 하신다는 것을 또한 보여주고 있다. 이사야 선지자도 하나님의 심판 때에 정의를 측량줄로 삼고 공의를 저울추로 삼을 것이라고 예언했다(사 28:17). 하나님의 다림줄이란 하나님의 공의의 심판을 가리킨다. 이 심판으로 북이스라엘 왕국이 앗수르 제국에 멸망당한다(BC 722).

★에돔의 남은 자(9:12)

에돔은 에서의 후손을 가리킨다(창 25:30). 역사적으로 에서와 야곱은 화해했지만(창 33장), 후손들은 서로 적대감이 쌓여갔다. 출애굽 당시 이스라엘 백성들이 에돔 땅을 지나가지 못하도록 막았다. 이후 갈등관계가 계속되다가 에돔은 바벨론의 속국이 되었다. 비록 저들이 이스라엘과 원수 관계이지만 하나님은 에돔 족속에게도 다른 이방 나라처럼 하나님의 구원이 임할 것이라고 선포하셨다. 저들이 바로 에돔의 남은 자이다.

기억할 말씀

암 7:7-9
또 내게 보이신 것이 이러하니라 다림줄을 가지고 쌓은 담 곁에 주께서 손에 다림줄을 잡고 서셨더니 여호와께서 내게 이르시되 아모스야 네가 무엇을 보느냐 내가 대답하되 다림줄이니이다 주께서 이르시되 내가 다림줄을 내 백성 이스라엘 가운데 두고 다시는 용서하지 아니하리니 이삭의 산당들이 황폐되며 이스라엘의 성소들이 파괴될 것이라 내가 일어나 칼로 여로보암의 집을 치리라 하시니라

● 오바댜

1. 오바댜를 어떻게 읽을 것인가

짧은 예언서 오바댜(1장)는 하나님의 심판으로 에돔 족속이 멸망할 것과 바벨론에 멸망당한 남유다의 회복을 예언하고 있다. 전반부(1:1-18)에는 에돔의 멸망에 대해 그 원인과 결과에 대해 기록하였고, 후반부(1:19-21)에는 이방의 포로된 하나님의 백성들이 돌아오게 될 것과 옛 땅을 회복하는 구원을 예언하고 있다. 본서는 하나님의 백성들을 괴롭히는 에돔의 죄악에 대해 기록하면서 하나님의 백성을 대적하는 무리들을 하나님께서 무섭게 심판하신다는 메시지와 함께 이스라엘의 회복을 예언하고 있다(1:21).

2. 저자 · 기록연대 · 기록동기

저자와 기록연대: 오바댜가 저자이다(1:1). 그는 남왕국에 살던 잘 알려지지 않은 선지자이다. 10-14절에 의하면 BC 586년 바벨론의 느부갓네살 왕이 예루살렘을 침공했을 때, 에돔은 예루살렘의 멸망을 기뻐했으며 이스라엘 군대를 사로잡고 재산까지 약탈했다. 이것이 에돔 족속의 멸망 원인이다. 이를 바탕으로 기록연대를 BC 586년 이후로 학자들은 추정하고 있다.

기록동기: 바벨론 군대가 예루살렘을 파괴하고 유다 백성을 사로잡아 갔는데, 에돔 족속(에서의 후예)은 오히려 이를 기뻐하며 예루살렘을 파괴하는 일에 참여하는 등 잔악한 태도를 취한다. 이러한 에돔을 하나님께서 심판하실 것과 유대 땅의 회복을 예언하기 위해 기록되었다. 오늘의 성도들에게 오바댜서는 하나님을 대적하는 악한 세력들을 하나님께서 반드시 멸하시며, 하나님의 백성은 결국 회복되고 하나님의 나라가 도래할 것임을 확신하게 한다.

3. 오바댜의 파노라마

주제	대적에 대한 심판 (에돔의 멸망)			이스라엘의 회복	
내용 구분	1절　　　　　10절	15절	17절	21절	
	심판에 대한 예고	심판하시는 이유	하나님의 심판	이스라엘의 구원	
문체	시적 운율의 예언서				
장소	에돔과 이스라엘				
기간	BC 586년경				

옵 1:4

'네가 독수리처럼 높이 오르며 별 사이에 깃들일지라도 내가 거기에서 너를 끌어내리리라 여호와의 말씀이니라'

1) 에돔의 멸망 예언(1:1-16)

심판 예언(1:2-4), 에돔이 멸망하는 이유(1:10-14).

2) 이스라엘의 회복 예언(1:17-21)

4. 오바댜 해석의 키워드

★하나님의 에돔을 향한 심판

하나님께서 에돔을 심판하신 것은 당시 난공불락의 바위 요새를 갖추고 교만하며 에돔의 형제에 대한 잔혹한 태도 때문이다(1:3-4). 에돔은 에서의 후손들이다. 야곱의 후손인 이스라엘과 형제 나라였다. 그러나 에돔은 바벨론의 느부갓네살 왕이 예루살렘을 침공했을 때에 이스라엘의 군대를 사로잡고 재산까지 약탈했다(11-14). 바벨론의 계속되는 침략에도 에돔은 멀리서 바라보며 자신의 평안함에 빠져 있었다. 이스라엘의 고난을 오히려 기뻐하며 자신의 이익만을 챙기는 태도를 취한 것이다. 공의의 하나님은 에돔을 향한 심판을 단행하기로 작정하셨고 결국 에돔은 멸망한다. 저들은 역사에서 사라졌다.

● 요나

1. 요나를 어떻게 읽을 것인가

구약 성경의 내용은 이스라엘 백성을 향한 하나님의 사랑과 약속에 관한 말씀이다. 그러나 요나서는 이방 나라와 그 백성들을 구원하시기를 원하는 하나님의 사랑에 대해 기록하고 있다. 하나님의 구원 계획은 당시 세계 최강의 제국 앗수르 왕국의 수도 니느웨의 회개에 초점이 맞추어져 있다. 하나님의 구원에는 이방 나라도 포함되고 있음을 분명하게 가르쳐 준다. 하나님 앞에서 나의 죄를 고백하고 회개하며, 하나님의 말씀에 순종하는 모든 사람들에게 하나님의 구원이 성취되고 있음을 확실하게 보여 주고 있다.

본서의 주인공으로 등장하는 '요나' 라는 인물은 누구인가?

요나뿐만 아니라 이스라엘 백성들은 자신들만이 하나님께서 택한 백성이라는 우월감과 특권의식으로 가득하다. 그는 하나님의 구원에 대해 배타적인 이스라엘 백성들의 한 단면을 보여주고 있다. 니느웨를 향한 하나님의 관심과 사랑을 표명하면서 하나님은 온 인류를 향해 사랑을 부어 주시며 저들이 구원 받기를 원하시는 분이심을 분명히 밝히고 있다. 이스라엘의 배타적인 선민사상을 요나를 통해 하나님은 힐책하신 것이다.

1:1-2:10에서는 니느웨에 말씀을 전하라는 하나님의 명령에 불순종하여 바다에 던져지는 요나와 하나님의 도움으로 회개하고 살아나는 요나의 모습이 대조적으로 기록되고 있다. 3:1-4:11은 니느웨에 말씀을 전하는 요나의 심판 선포에 순종하여 회개하는 니느웨, 모든 사람들의 생명을 귀히 여기시며 구원하시기를 원하시는 하나님의 뜻을 요나가 깨닫도록 인도하시는 하나님에 대해 기록하고 있다. 이스라엘 백성을 끊임없이 괴롭히던 앗수르를 향한 하나님의 사랑을 전하고 있다. 하나님의 사랑과 긍휼은 모든 인류에게 펼쳐져 있음을 분명하게 알려주고 있다(4:10-11).

기억할 말씀

욘 4:10-11
'여호와께서 이르시되 네가 수고도 아니하였고 재배도 아니하였고 하룻밤에 났다가 하룻밤에 말라 버린 이 박넝쿨을 아꼈거든 하물며 이 큰 성읍 니느웨에는 좌우를 분변하지 못하는 자가 십이만여 명이요 가축도 많이 있나니 내가 어찌 아끼지 아니하겠느냐 하시니라'

2. 저자 · 기록연대 · 기록동기

저자와 기록연대: 저자인 요나는 북왕국 여로보암 2세(BC 782-753) 때에 활약한 선지자이다(왕하 14:25). 기록연대는 본서에 나타난 니느웨의 회개 사건(앗수르왕국 아슈르단 3세의 통치 기간 중, BC 782-753)을 통해 BC 760년 전후로 추측한다.

기록동기: 하나님은 이스라엘뿐만 아니라 온 세계 만민의 하나님으로 전 인류를 향한 하나님의 보편적인 사랑을 보여주기 위해 기록되었다. 특히 요나가 하나님께 불순종함으로 바다에 던져지고 물고기 뱃속에서 3일 만에 살아난 것은 예수 그리스도가 3일 만에 부활하시고 복음을 온 세상에 전파한 것을 예시적으로 보여준 것이다. 요나서는 이방을 향한 하나님의 사랑을 증거하면서 한편으로는 예수 그리스도의 죽음과 부활을 예언적으로 증거하기 위해 기록된 책이라고 할 수 있다(마 12:38-40 참조).

3. 요나의 파노라마

주제	이방 선교에 대한 명령(하나님의 자비)			이방의 회개와 구원(하나님의 사랑)		
내용 구분	1:1 1:4 2:1 3:1			4:1 4:4 4:11		
	불순종 하는 요나	하나님의 심판 (요나에 대한)	요나의 구원과 회개	순종하는 요나 회개하는 니느웨	불평하는 요나	요나의 깨달음
문체	역사적 사실을 바탕으로 기록한 예언서					
장소	다시스 도상의 바다		니느웨			
기간	BC 760 년경					

1) 이방 선교(1-2장)

요나의 불순종(1:1-3), 하나님의 심판(1:14-17), 요나의 회개와 기도(2:1-10).

2) 이방의 회개와 구원(3-4장)

이방의 회개(3:5-10), 요나의 불평(4:1-5),
박넝쿨의 교훈-이방을 향한 하나님의 사랑과 구원(4:6-11).

1. 욘 2:8-9
'거짓되고 헛된 것을 숭상하는 모든 자는 자기에게 베푸신 은혜를 버렸으나 나는 감사하는 목소리로 주께 제사를 드리며 나의 서원을 주께 갚겠나이다 구원은 여호와께 속하였나이다 하나라'

2. 욘 3:10
'하나님이 그들이 행한 것 곧 그 악한 길에서 돌이켜 떠난 것을 보시고 하나님이 뜻을 돌이키사 그들에게 내리리라고 말씀하신 재앙을 내리지 아니하시니라'

3. 딤전 2:4
하나님은 모든 사람이 구원을 받으며 진리를 아는 데에 이르기를 원하시느니라

4. 요나 해석의 키워드

★물고기 뱃속에 들어간 요나(1:17-2:10 3:10)

요나는 물고기 뱃속에서 삼일 삼야를 지냈다. 그는 이를 가리켜 스올(악인이 죽어서 형벌 받는 곳)의 뱃속이라고 표현하였다. 죽음과 같은 암흑을 경험한 것이다. 물고기 뱃속에서 요나는 하나님께 회개하며 기도하자 하나님은 물고기에게 요나를 육지에 토하도록 명령하셨다. 회개를 통한 요나의 기도는 회복과 함께 새로운 결단(니느웨 성에 가서 회개를 외쳤다)을 일으켰다. 물고기가 요나를 토하여 다시 육지에 나온 이 사건은 신약에서 예수 그리스도가 무덤에서 삼일 만에 부활하신 것을 상징한다. 요나를 물고기 뱃속에서 구원하신 하나님은 예수 그리스도를 통하여 죄인을 구원하신다.

★박넝쿨의 교훈(4:5-11)

하나님은 요나에게 이방의 큰 성읍 니느웨로 가서 회개를 선포하라고 말씀하셨다. 그러나 요나는 순종하지 않고 숨어 버린다. 하나님이 예비하신 물고기 뱃속에서 회개하고 그는 니느웨로 가서 하나님의 말씀을 전한다. 니느웨 백성들과 왕의 회개를 통해 하나님은 심판을 유보하셔서 재앙을 내리지 않으셨다. 이에 요나는 심히 불평하면서 자신이 죽는 것이 낫겠다는 엉뚱한 기도를 한다.

요나의 반응에 대해 하나님은 박넝쿨을 준비하신다. 그늘을 만드는 박넝쿨로 인해 요나는 기뻐한다. 그러자 하나님은 벌레를 투입하여 그 이튿날 새벽에 박넝쿨을 갉아먹어 시들게 만들었다. 뜨거운 동풍을 준비한 하나님은 요나를 혼미하게 만드셨다. 요나는 또 다시 죽기를 구한다. 이에 하나님께서는 하룻만에 시든 박넝쿨을 이렇게 귀히 여겼는데, 이 큰 성읍 니느웨 십이만여 명의 백성들과 가축을 어찌 아끼지 않겠느냐고 말씀하신다.

하나님은 박넝쿨을 통해 전 인류를 향한 하나님의 사랑과 구원을 나타내셨다. 하나님은 택한 백성, 이스라엘뿐만 아니라 모든 사람이 구원에 이르기를 원하신다(딤전 2:4). 요나의 편협하고 배타적인 개인주의 신앙에 대해 하나님은 꾸짖고 계신다.

5. 더 깊은 연구와 삶의 적용

1. 아모스·오바댜·요나를 읽으면서 나는 어떤 하나님을 경험하였는가?

2. 이스라엘의 지도층들은 아모스가 말씀을 선포할 당시 어떤 상태에 있었는가?(암 3:15, 4:1)

3. 아모스가 제시한 임박한 하나님의 심판을 피할 수 있는 방법은?(암 5:4-15)

   1) '너희는 나를 찾으라 그리하며 살리라' 는 말씀을 주셨다. 벧엘을 찾지 말며, 길갈로 들어가지 말며 브엘세바로도 나아가지 말라고 하셨다. 벧엘은 야곱이 하나님을 만나려고 찾아가 기도하며 서원했던 곳(하나님의 집)이지만 여로보암 1세 이후 우상 제단을 쌓아 우상종교의 중심지가 되어 벧아웬(우상의 집)이라고 불렀다. 우상 숭배에 마음을 두지 말고 오직 하나님을 찾을 때 하나님의 심판을 피할 수 있다(5:4-6).

   2) '너희는 살려면 선을 구하고 악을 구하지 말지어다' '너희는 악을 미워하고 선을 사랑하며 성문에서 공의를 세울지어다'. 공의와 정의가 땅에 떨어진 사회에 하나님의 공의를 세워 가난한 자, 정직한 자, 의인을 학대하거나 미워하지 말고, 싫어하지 말고, 저들을 억울하게 하지 말라고 말씀하셨다. 그리하면 하나님께서 긍휼을 베푸실 것이다(5:7-15).

4. 하나님의 심판을 초래한 근본적인 두 가지 원인은?(암 8:4-10, 11-14)

   이스라엘은 하나님의 공의가 하수같이 흐르지 못하고 정치, 경제, 사회적인 부패와 죄악으로 하나님의 심판을 초래했다. 경제적으로 도움을 필요로 하며, 비천하고 억눌린 가난한 자를 오히려 망하게 했다. 하나님께 제사 드리기 보다는 탐심으로 저울을 속이며, 은으로 사람을 사는 행위 등 부도덕한 삶으로 가득했다(4-10). 다른 한편으로 하나님의 말씀을 듣지 못하는 영적 기근의 삶이 계속되었다. 말씀 없는 저들의 삶 속에서 사마리아의 송아지 우상과 아세라 목상으로 맹세하는 큰 죄악을 저질렀다(11-14). 그 결과 하나님의 공의의 심판을 피할 수 없게 되었다.

5. 오바댜가 예언한 이스라엘의 회복에 대해 찾아보자(17-21).

하나님의 심판이 에돔에 임할 때에 이스라엘은 시온산으로 피하여 평안을 누릴 것이다. 북이스라엘과 남유다 왕국(야곱 족속, 요셉 족속)은 연합하며, 잃어버린 영토를 되찾게 될 것이다(17-18). 또한 흩어져 있던 백성들이 예루살렘으로 귀환한다. 그 이스라엘의 회복에 대한 예언은 궁극적으로 예수께서 재림하실 때에 사탄의 세력을 완전히 멸망시키고 하나님의 백성들을 시온으로 불러 모으실 것을 의미한다.

미가·나훔·하박국·스바냐

Micah·Nahum·Habakkuk·Zephaniah

1. 미가를 어떻게 읽을 것인가

미가는 호세아, 아모스, 이사야와 동시대 선지자이다. 그가 활동하던 시대는 역사적으로 북이스라엘이 앗수르 제국의 위협을 받아 멸망 직전이었다. 남유다 역시 앗수르의 위협 아래에서 어려움을 겪었다. 그는 영적으로 타락이 극에 달한 아하스 왕 시대를 거쳐 히스기야 왕 시대까지 활약한 선지자이다.

그는 주로 남유다의 문제를 다루었지만 북이스라엘에 대해서도 죄악을 책망하며 멸망을 경고하였다. 미가는 이스라엘과 유다의 죄악상을 지적하면서 하나님의 공의에 따른 심판과 함께 하나님의 계속적인 사랑으로 다시금 회복될 것을 동시에 예언하고 있다. 이 회복은 바로 메시야의 탄생에 대한 예언으로, 그 분은 베들레헴에서 탄생할 것이라는 장소까지 구체적으로 언급하고 있다. 메시야의 고난도 예언하였다. 그는 자기 백성을 죄와 사망의 권세에서 건지실 구원자, 예수 그리스도를 예표한다. 미가는 하나님이 불의를 미워하시고 가난한 자의 편에서 공의를 실현하신다고 말한다. 완전한 지혜는 하나님을 경외하는 것이라고 교훈하면서 이스라엘 백성들을 향해 경고하였다(6:8-9).

> '여호와께서 네게 구하시는 것은 오직 정의를 행하며 인자를 사랑하며 겸손하게 네 하나님과 함께 행하는 것이 아니냐 …… 지혜는 주의 이름을 경외함이니라'

남북 왕조의 멸망과 그 이후의 역사

BC 793	북왕국 여로보암 2세 등극 (왕하 14:16, 23) 요나 선지자의 활동 (왕하 14:25)
BC 760	아모스 선지자의 활동(요나의 니느웨 사역 시기로 추정)
BC 751	남왕국 요담의 등극(미가의 사역 시기(BC 751-700)로 추정)
BC 746	호세아 선지자의 활동
BC 740	이사야 사역 시작
BC 733	앗수르의 1차 침공 (왕하 15:29)
BC 732	앗수르의 2차 침공 (왕하 16:9)
BC 724	앗수르의 3차 침공 (왕하 17:3-5)
BC 722	북왕국의 멸망(왕하 17:6)
BC 640	요시야 왕의 등극(왕하 21:26)
BC 630	스바냐 선지자의 활동
BC 627	예레미야 선지자의 활동
BC 612	앗수르의 멸망
BC 609	요시야 왕의 전사/ 여호아하스 왕의 등극
BC 608	하박국 선지자의 활동/ 여호야김 왕의 등극
BC 605	애굽 멸망/ 바벨론 1차 침입 (다니엘 등 바벨론 1차 포로)

메시야의 오심으로 구원의 날이 임할 것이라는 소망의 메시지를 전하고 있다. 비록 하나님의 심판이 임박해 오지만 심판 이후에는 메시야를 통한 구원을 약속하고 있다. 하나님의 공의의 심판과 함께 메시야에 대한 예언을 담아 내용면에서 이사야서의 축소판과도 같다.

내용은 크게 세 부분으로 구분되는데,

1:1-3:12에는 남유다와 북이스라엘 전체를 향한 하나님의 심판 원인과 경고,

4:1-5:15은 메시야 왕국의 도래에 대한 예언을,

6:1-7:20은 회개를 촉구하면서 구원의 소망을 제시하고 있다. 미가서의 예언은 메시야로 오실 예수 그리스도에 그 초점이 맞추어져 있다.

'베들레헴 에브라다야 너는 유다 족속 중에 작을지라도 이스라엘을 다스릴 자가 네게서 내게로 나올 것이라 그의 근본은 상고에, 영원에 있느니라'(5:2)

2. 저자 · 기록연대 · 기록동기

저자와 기록연대: 저자는 미가임이 확실하다(1:1 참조). 기록연대는 북이스라엘 멸망 이전(BC 722년, 북왕국 멸망), 유다 왕 히스기야 시대(B.C 715-686)로 추측한다. 미가가 예언 활동한 시기는 B.C 735-700년 경으로 추정된다.

기록동기: 메시야 왕국에 대한 예언을 위해 기록되었다. 마지막 날(구약 시대의 끝)에 이르러서 칼을 쳐서 보습을 만들고 창을 쳐서 낫을 만들 것이며(미 4:1-4)란 표현을 통해 메시야 오시는 마지막 날에는 더 이상 무기가 아니라 보습이나 낫 같은 농기가 필요한 평화의 나라가 도래할 것임을 예언하였다. 또한 당시 지배 계층들의 죄악에 대한 하나님의 심판과 형식적인 신앙생활에 대한 하나님의 혐오감(6:7), 사회정의의 실현(6:8), 용서하시는 하나님(7:18), 언약에 신실하신 하나님(7:20)을 보여 주고자 기록하였다. 더욱 부패해지는 이스라엘을 향해 영적인 회복과 함께 사회적인 윤리와 도덕의 회복 등을 강조함으로 선민 이스라엘 백성들에게 하나님의 공의를 실현하도록 도전하고 있다. 장차 오실 메시야가 이 땅에 참 평화와 정의를 실현하는 소망을 제시한다,

3. 미가의 파노라마

주제	심판 경고		메시야를 통한 구원을 예언				회개에 대한 촉구와 용서	
내용 구분	1:1 2:1	4:1	4:6	5:2	6:1		7:7	7:20
	심판 예언	심판의 원인과 경고	메시야 왕국 도래	구원과 회복 약속	메시야 탄생 예언	하나님의 변론과 미가의 답변	구원 약속	
문체	하나님의 심판과 회복에 대한 예언서							
장소	유다와 이스라엘							
기간	BC 700년경							

1) 심판에 대한 예언(1-3장)

심판에 대한 경고(1:1-16), 심판의 원인과 회복을 예언(2:1-13),
지도자들을 향한 하나님의 심판(3:1-12).

2) 메시야에 대한 예언(4-5장)

메시야 왕국의 도래(4:1-5), 메시야 왕국 백성들(4:6-5:1),
메시야에 대한 예언-탄생/고난/구원(5:2-9), 심판의 메시야(5:10-15).

3) 회개에 대한 용서(6-7장)

변론하시는 하나님(6:1-16), 심판의 참상에 대한 애가(7:1-6),
심판 이후의 구원 약속(7:7-20).

4. 미가 해석의 키워드

★이스라엘의 지도층을 향한 심판 예언(미 2:1-11)

1) 참 선지자를 배척하고 거짓 선지자의 예언을 좇았기 때문이다(6, 11).

2) 지배층과 권력자들이 가난한 자와 힘없는 자들의 소유물을 빼앗고 학대
하였다(1-2, 8-9). 이스라엘 지도층들이 하나님과의 바른 관계를 유지하지

기억할 말씀

1. 미 3:8
'오직 나는 여호와의 영으로 말미암아 능력과 정의와 용기로 충만해져서 야곱의 허물과 이스라엘의 죄를 그들에게 보이리라'

2. 미 4:5
'만민이 각각 자기의 신의 이름을 의지하여 행하되 오직 우리는 우리 하나님 여호와의 이름을 의지하여 영원히 행하리로다'

3. 미 5:4
'그가 여호와의 능력과 그의 하나님 여호와의 이름의 위엄을 의지하고 서서 목축하니 그들이 거주할 것이라 이제 그가 창대하여 땅 끝까지 미치리라'

4. 미 6:9
'여호와께서 성읍을 향하여 외쳐 부르시나니 지혜는 주의 이름을 경외함이니라 너희는 매가 예비되었나니 그것을 정하신 이가 누구인지 들을지니라'

5. 미 7:18-20
'주와 같은 신이 어디 있으리이까 주께서는 죄악과 그 기업에 남은 자의 허물을 사유하시며 인애를 기뻐하시므로 진노를 오래 품지 아니하시나이다 다시 우리를 불쌍히 여기셔서 우리의 죄악을 발로 밟으시고 우리의 모든 죄를 깊은 바다에 던지시리이다 주께서 옛적에 우리 조상들에게 맹세하신 대로 야곱에게 성실을 베푸시며 아브라함에게 인애를 더하시리이다'

미 5:2-9

베들레헴 에브라다야 너는 유다 족속 중에 작을지라도 이스라엘을 다스릴 자가 네게서 내게로 나올 것이라 그의 근본은 상고에, 영원에 있느니라 그러므로 여인이 해산하기까지 그들을 붙여 두시겠고 그 후에는 그의 형제 가운데에 남은 자가 이스라엘 자손에게로 돌아오리니 그가 여호와의 능력과 그의 하나님 여호와의 이름의 위엄을 의지하고 서서 목축하니 그들이 거주할 것이라 이제 그가 창대하여 땅 끝까지 미치리라 이 사람은 평강이 될 것이라 앗수르 사람이 우리 땅에 들어와서 우리 궁들을 밟을 때에는 우리가 일곱 목자와 여덟 군왕을 일으켜 그를 치리니 그들이 칼로 앗수르 땅을 황폐하게 하며 니므롯 땅 어귀를 황폐하게 하리라 앗수르 사람이 우리 땅에 들어와서 우리 지경을 밟을 때에는 그가 우리를 그에게서 건져내리라 야곱의 남은 자는 많은 백성 가운데 있으리니 그들은 여호와께로부터 내리는 이슬 같고 풀 위에 내리는 단비 같아서 사람을 기다리지 아니하며 인생을 기다리지 아니할 것이며 야곱의 남은 자는 여러 나라 가운데와 많은 백성 가운데에 있으리니 그들은 수풀의 짐승들 중의 사자 같고 양 떼 중의 젊은 사자 같아서 만일 그가 지나간즉 밟고 찢으리니 능히 구원할 자가 없을 것이라 네 손이 네 대적들 위에 들려서 네 모든 원수를 진멸하기를 바라노라

못했기 때문에 이웃 관계에서도 타락하고 말았다.

★메시야 오심과 구원에 대한 예언(5:2-9)

이스라엘을 다스릴 자, 메시야는 유다 족속 베들레헴에서 태어나실 분임을 구체적으로 예언하고 있다. 여자의 몸에서 태어나신다. 하나님의 능력과 위엄으로 자신의 양떼를 먹이고 돌보실 것이다. 그 분의 돌보심을 받는 자는 안전하게 살 것이요, 그를 통한 구원의 역사는 땅 끝까지 이르러 펼쳐질 것이다. 메시야의 오심으로 인류는 하나님과의 관계에서 평강을 누릴 수 있는 기회를 얻게 된다. 메시야의 인도함을 받는 자는 구원받을 것이다(마 1:23).

● 나훔

1. 나훔을 어떻게 읽을 것인가

나훔서는 요나서와 함께 이방나라 니느웨(앗수르의 수도)에 대한 예언을 기록한다. 약 150여 년 전 선지자 요나는 니느웨 사람들(앗수르)의 회개를 촉구하였고, 순종한 그들은 하나님의 심판을 면했다(욘 3:5-90, BC 760년 전후). 앗수르 왕국에 대한 하나님의 긍휼하심은 계속 이어지지 못했다. 또다시 거짓과 포악, 탈취 등 악인의 패역한 삶으로 되돌아갔다. 죄에 빠진 니느웨에 대한 하나님의 심판을 나훔서는 예고하고 있다. 요나서가 앗수르에 임한 하나님의 사랑과 구원에 대한 기록이라면, 나훔서는 하나님의 공의와 멸망에 대한 말씀이다. 앗수르에 억압당했던 이스라엘 백성들에게 앗수르의 멸망은 소망이었다. 앗수르가 바벨론에 BC 612년 멸망함으로 역사 안에서 구체적으로 성취되었다. 하나님께 불순종하고 교만한 자는 어느 누구도 하나님의 심판에서 예외가 될 수 없음을 나훔서는 우리에게 분명하게 알려 준다. 본서는 선지자의 개인 체험이나 역사적인 내용을 담지 않고 오직 하나님이 주신 예언에 대한 내용으로 일관하고 있다.

전체적인 내용은,

1장은 패역한 니느웨에 대한 멸망 선포를,

2장은 멸망의 참혹한 모습을,

3장은 니느웨가 멸망할 수밖에 없는 이유를 언급하고 있다.

죄악된 삶을 사는 자에게는 결국 심판이 임하므로 하나님의 말씀과 뜻하심에 순종해야함을 선포하였다.

> '앗수르 왕이여 네 목자가 자고 네 귀족은 누워 쉬며 네 백성은 산들에 흩어지나 그들을 모을 사람이 없도다'(3:18)

2. 저자 · 기록연대 · 기록동기

저자와 기록연대: 엘고스 사람 나훔이 저자이다(1:1) BC 664-612년 사이에 활동했다. 기록연대는 BC 612년 바벨론과 메대 연합군이 니느웨를 함락시켰고, 3장 8-10절에서 BC 664년 앗수르의 테베 정복 사건을 언급한 것으로 보아 BC 664-612년의 기록으로 추정된다.

기록동기: 사악한 앗수르 왕국의 철저한 파멸을 선포함으로 하나님의 공의를 나타낸다. 이방 나라들에 억압받던 이스라엘 백성들에게는 이로써 니느웨의 심판과 멸망을 교훈으로 삼아 어떤 어려움 속에서도 끝까지 담대하게 하나님을 바라보도록 희망을 준다.

3. 나훔의 파노라마

주제	하나님의 주권		하나님의 심판	
내용 구분	1:1	2:1	3:1	3:19
	니느웨에 대한 심판 예언	니느웨의 멸망	니느웨의 죄악과 피하지 못할 멸망	
문체	명료한 문체의 예언서			
장소	유대 땅과 앗수르 수도 니느웨			
기간	BC 664-612년경			

1) 니느웨의 멸망 선포(1장): 1:1-15

2) 멸망의 참혹한 모습(2장): 2:1-13

3) 피하지 못할 심판(3장): 니느웨의 죄악상(3:1-11),
　　　　　　　　　　　피하지 못할 심판(3:12-19).

4. 나훔 해석의 키워드

★아름다운 소식(나 1:15)

유대 백성을 괴롭히던 앗수르와 바벨론이 하나님의 심판으로 멸망한다는
소식이다(BC 612 앗수르 멸망, BC 539 바벨론 멸망). 궁극적인 의미에서 예
수 그리스도의 구원사역을 예표한다(롬 10:15). 하나님의 백성들을 사망에서
생명으로 구원하는 이것이 바로 아름다운 소식이다.

● 하박국

1. 하박국을 어떻게 읽을 것인가

하박국서는 구약의 다른 예언서와 달리 믿음에 대해 강조하여 신약적인 특색을 나타내고 있다. **'의인은 그의 믿음으로 말미암아 살리라'**(합 2:4).

글의 문체 역시 다른 예언서와 달리 1-2장은 대화체인 질의응답 형식으로, 3장은 하나님께 드리는 찬양으로 구성된 독특한 형식의 예언서이다. 하박국 선지자는 남유다 왕국의 말기 요시야 왕(BC 640-609) 시대의 인물이다. 그는 레위 지파 출신으로 제사장 혹은 성전에서 찬양 대원으로 활약한 것으로 추정한다(3:19 참조). 선지자는 하나님께 두 가지 질문을 던지고 있다. 하나님의 답변을 통해 그 질문은 자연스럽게 해결되고 있다.

첫 번째 질문은 '왜 하나님은 의로운 자들이 고난을 받고, 사악한 자들이 번영하도록 내버려 두는가' 의 문제이다. 두 번째 질문은 '유다 백성들이 하나님께 죄악을 저질렀다 해도 갈대아인들 보다는 의로운데, 왜 사악한 갈대아인들을 징계의 도구로 사용하시어 심판하시고 다스리는가이다. 하박국이 비록 이러한 질문은 던지지만, 그는 불순종하거나 하나님을 비방하는 태도를 취하지 않았다. 그는 하나님의 인도하심을 기다리고 기대한다. 하나님의 답변은 악인이 형통한 삶을 누리는 것처럼 보이지만 결국 의로운 심판을 면치 못할 것이며, 하나님의 다스림에 순응하는 의인은 믿음으로 말미암아 산다는 결론이다.

이 선포는 사도 바울에 의해 로마서에서 그대로 인용되고 있다(롬 1:17). 율법이나 인간의 선행, 재물, 혹은 지식이나 노력으로 의인이 되는 것이 아니라 하나님을 향한 신앙고백으로 의인이 됨을 선포하고 있다.

1-2장은 하박국의 질문과 하나님의 답변이다.

3장은 하나님의 답변을 듣고 하박국이 기도하며 찬양하는 내용이다.

하나님의 대답에 반응하여 어떤 어려움 속에서도 하나님은 나의 구원이요, 힘이라는 신앙고백과 함께 기쁨으로 찬양한다!

> '비록 무화과나무가 무성하지 못하며 포도나무에 열매가 없으며 감람나무에 소출이 없으며 밭에 먹을 것이 없으며 우리에 양이 없으며 외양간에 소가 없을지라도 나는 여호와로 말미암아 즐거워하며 나의 구원의 하나님으로 말미암아 기뻐하리로다 주 여호와는 나의 힘이시라 나의 발을 사슴과 같게 하사 나를 나의 높은 곳으로 다니게 하시리로다'(3:17-19)

2. 저자 · 기록연대 · 기록동기

저자와 기록연대: 하박국 자신이 저자임을 분명히 밝히고 있다(1:1, 3:1). 정확한 기록연대는 알 수 없지만 요시야 왕 말기(BC 640-609), 니느웨가 함락된 이후(BC 612)에서 1차 바벨론 포로 시기(BC 605) 사이에 기록된 것으로 추정한다(1장 6절 갈대아인으로 남유다 징계 예언).

기록동기: 공의의 하나님은 형통한 삶을 누리고 있는 악인에 대해서 궁극적으로 심판을 내리신다. 비록 현재의 삶속에서 의인이 비록 고통과 억압을 당한다 할지라도 결국 의인을 구원하시고 악인을 심판하실 것이다 유다의 신실한 의인에게 '의인은 그의 믿음으로 말미암아 살리라'(2:4)는 진리를 말한다. 하나님을 의지하는 의인을 향해 고난 속에서도 믿음을 잘 지키라고 권면하고 있다.

3. 하박국의 파노라마

주제	하박국의 질문과 하나님의 응답, 해결책으로 찬양의 신앙고백					
문단 구분	1:1 질문 I	1:5 응답 I	1:12 질문 II	2:2 응답 II	3:1 하박국의 찬양과 기도	3:17
문체	대화체의 찬양시와 예언시					
장소	유대땅					
기간	BC 612-605년경					

1. 합 2:3-4

'이 묵시는 정한 때가 있나니 그 종말이 속히 이르겠고 결코 거짓되지 아니하리라 비록 더딜지라도 기다리라 지체되지 않고 정녕 응하리라 보라 그의 마음은 교만하며 그 속에서 정직하지 못하나 의인은 그의 믿음으로 말미암아 살리라'

2. 합 2:14-20

'이는 물이 바다를 덮음 같이 여호와의 영광을 인정하는 것이 세상에 가득함이니라 …… 새긴 우상은 그 새겨 만든 자에게 무엇이 유익하겠느냐 부어 만든 우상은 거짓 스승이라 만든 자가 이 말하지 못하는 우상을 의지하니 무엇이 유익하겠느냐 …… 그것이 교훈을 베풀겠느냐 보라 이는 금과 은으로 입힌 것인즉 그 속에는 생기가 도무지 없느니라 오직 여호와는 그 성전에 계시니 온 땅은 그 앞에서 잠잠할지니라 하시니라'

3. 합 3:17-19

'비록 무화과나무가 무성하지 못하며 포도나무에 열매가 없으며 감람나무에 소출이 없으며 밭에 먹을 것이 없으며 우리에 양이 없으며 외양간에 소가 없을지라도 나는 여호와로 말미암아 즐거워하며 나의 구원의 하나님으로 말미암아 기뻐하리로다 주 여호와는 나의 힘이시라 나의 발을 사슴과 같게 하사 나를 나의 높은 곳에 다니게 하시리로다'

1) 하박국의 질문과 하나님의 답변(1-2장)

첫 번째 질문과 답변(1:2-11), 두 번째 질문(1:12-17),

하박국의 기다림과 하나님의 답변(2:1-20).

2) 하박국의 찬양과 기도(3장)

4. 하박국 해석의 키워드

★하박국의 질문과 하나님의 답변

하박국은 의인의 고난에 대해 불만을 토로하면서 하나님의 응답과 인도하심을 기다린다. (합 2:1-20). 하박국은 의심과 불평을 하기 보다는 하나님의 뜻을 기다리는 신앙인의 자세를 고수한다. 하나님은 유다를 심판하시기 위해 악인(갈대아)을 잠시 사용하실 뿐 악인은 결국 멸망한다고 답변하신다. 이어서 의인의 승리를 선포하신다. "의인은 그의 믿음으로 말미암아 살리라"(합 2:4)

하나님은 성도들에게 악인이 세상에서 잠시 누리는 영화로운 삶에 대해 흔들리지 말고 하나님의 의로우신 능력과 다스림을 기대하면서 최후 의의 면류관을 바라보라고 말씀하신다.

★하박국의 찬양이 주는 교훈(3:16-19)

1) 모든 것이 하나님의 뜻대로 이루어질 것을 확신하며 진노(하나님의 심판) 중에도 이스라엘에게 긍휼을 베푸시라고 간구한다. 하박국의 기도는 심판 가운데서도 하나님의 긍휼과 자비를 간구하도록 인도한다(1-2).

2) 장차 임할 심판 가운데서 예수 그리스도의 강림과 구원 역사를 일으키실 하나님을 찬양한다. 오늘 우리는 장차 임할 예수 그리스도의 재림과 구원의 완성으로 하나님을 찬양해야 할 것이다.

3) 자신의 삶이 비록 번성하거나 형통하지 못할지라도 구원의 하나님을 즐거워하며 기뻐한다. 일상의 삶에서 형통의 복을 누리지 못한다 해도 하나님의 자녀 되게 하신 은혜를 기억하면서 찬양함이 마땅하다.

● 스바냐

1. 스바냐를 어떻게 읽을 것인가

스바냐는 므낫세, 아몬, 요시야 왕 등의 시대에 활약한 선지자이다. 그는 히스기야 왕의 4대 손으로 왕족 출신이었다. 왕족의 신분으로 요시야 왕 시대에 예레미야와 함께 개혁운동에 많은 영향을 끼쳤을 것이다. 당시 유다는 사회 각계각층이 심히 부패했고, 신앙적으로도 우상숭배에 빠져 그 타락상이 극에 달했다(1:14).

유다뿐만 아니라 온 세상에 임할 하나님의 심판은 어느 누구도 피해 갈 수 없다. 심판이 임하기 전에 긍휼과 자비를 베푸시는 하나님께 회개할 것을 강한 어조로 권고한다(2:3).

> '여호와의 규례를 지키는 세상의 모든 겸손한 자들아 너희는 여호와를 찾
> 으며 공의와 겸손을 구하라 너희가 혹시 여호와의 분노의 날에 숨김을 얻
> 으리라'

스바냐는 유다 백성뿐만 아니라 열방을 향한 하나님의 심판도 예언하였다. 여호와의 날에 있을 심판은 유대인이나 이방인이나 구별 없이 임하는데 악인에게는 심판의 날이요, 의인에게는 구원의 날이라는 것이다. 특히 여호와의 날에 회개하고 믿음을 지킨 '남은 자'들이 누릴 축복과 영광을 기쁨으로 노래하면서 이스라엘의 회복을 예언하고 있다(3:17~20).

전반부 1:1~3:8에서는 하나님의 심판을,

후반부 3:9~20에서는 하나님의 구원에 대해 기록하고 있다(3:20).

스바냐의 예언이 선포된 이후 요시야 왕은 큰 영향을 받고 신앙 개혁을 일으킬 수 있었다.

기억할 말씀

습 1:14
'여호와의 큰 날이 가깝도다 가깝고도 빠르도다 여호와의 날의 소리로다 용사가 거기서 심히 슬피 우는도다'

습 3:20
'내가 그 때에 너희를 이끌고 그 때에 너희를 모을지라 내가 너희 목전에서 너희의 사로잡힘을 돌이킬 때에 너희에게 천하 만민 가운데서 명성과 칭찬을 얻게 하리라 여호와의 말이니라'

2. 저자 · 기록연대 · 기록동기

저자와 기록연대: 스바냐가 저자이다(1:1). 기록연대는 요시야의 종교 개혁(BC 622) 이전의 상황이 3장 1-7절에 나타나 있는 것으로 미루어 보아 BC 630년 전후로 본다. 스바냐 2장 13절에서 니느웨의 멸망(BC 612 바벨론에게)이 아직 이루어지지 않고 있기에 그 이전에 기록된 것이 분명하다.

기록동기: 스바냐는 유다 왕국의 왕 므낫세(BC 697-642), 아몬(BC 642-640), 요시야(BC 640-609) 3대에 걸쳐 살았던 선지자로 여호와의 날을 선포한다. 유다의 범죄에 대한 심판과 회개에 대한 구원과 회복을 예언하였다. 하나님께서 이루실 구원의 은혜를 기뻐하라고 권면하고 있다(3:17 참조).

3. 스바냐의 파노라마

주제	하나님의 날에 임할 심판				하나님의 날에 임할 구원	
문단 구분	1:1　　　1:4	2:4	3:1	3:9	3:14	3:20
	온 땅을 향한 심판	유다를 향한 심판	열방을 향한 심판	예루살렘을 향한 심판	남은 자의 구원	회복을 약속
문체	간결하고 사실적인 문체의 예언서					
장소	유다와 열방					
기간	BC 630년경					

1) 하나님의 심판(1:1-3:8)
우주 전체를 향한 심판과 유다의 심판(1:2-13), 여호와의 날에 임할 심판(1:14-18), 회개를 권면(2:1-3), 열방을 향한 심판(2:8-11), 예루살렘에 임할 심판 예언(3:1-8).

2) 하나님의 구원(3:9-20)
심판 날에 이루어질 구원(3:9-13), 이스라엘의 회복 예언(3:14-20).

4. 스바냐 해석의 키워드

★여호와의 날(습 1:7, 14-18, 2:1-3)

하나님 심판의 날을 의미한다. 공의로우신 심판을 피할 자는 아무도 없다. 유다의 범죄로 인해 이 날은 분노와 환난, 고통, 황폐의 날이요 흑암의 날이다. 이 날은 멸망의 날이다. 세상의 은, 금으로 하나님의 심판을 벗어날 자는 없다. 그 날은 오직 하나님만이 결정하실 수 있다. 이 예언은 바벨론에 의한 유다의 멸망(BC 586)으로 역사 안에서 성취되었다.

여호와의 날에 회개하는 자와 하나님의 규례를 지키는 세상의 모든 겸손한 자들은 구원을 얻는다(2:3). 임박한 여호와의 날에 심판만 있는 것이 아니라 구원도 동시에 일어날 것이다.

★이스라엘의 회복(3:12-20)

회개를 촉구하면서 선지자는 이스라엘의 회복을 예언하였다. 곤고하고 가난한 백성들이 남겨져 하나님의 이름을 의탁하여 보호를 받는다는 예언은 이스라엘의 회복을 상징한다. 여호와의 날에 이스라엘을 바벨론 포로에서 돌아오게 하시고 회복하실 것이다. 이는 전능자(하나님)가 심판(바벨론 포로) 가운데서 저들을 구원하신다는 예언이다.

궁극적으로는 예수 그리스도가 이 땅에 재림하실 때, 하나님의 백성들은 온전히 회복될 것이기에 이스라엘의 회복을 기뻐하며 즐거워하라고 선포했다.

5. 더 깊은 연구와 삶의 적용

1. 미가·나훔·하박국·스바냐에서 나는 어떤 하나님을 경험하였는가?

2. 미가 5장에서 메시야에 대해 어떻게 예언하고 있는가?(미 5:1-15)

미 5:2-4
베들레헴 에브라다야 너는 유다 족속 중에 작을지라도 이스라엘을 다스릴 자가 네게서 내게로 나올 것이라 그의 근본은 상고에, 영원에 있느니라 그러므로 여인이 해산하기까지 그들을 붙여 두시겠고 그 후에는 그의 형제 가운데 남은 자가 이스라엘 자손에게로 돌아오리니 그가 여호와의 능력과 그의 하나님 여호와의 이름의 위엄을 의지하고 서서 목축하니 그들이 거주할 것이라 이제 그가 창대하여 땅 끝까지 미치리라

나 1:2-8
여호와는 질투하시며 보복하시는 하나님이시니라 여호와는 보복하시며 진노하시되 자기를 거스르는 자에게 여호와는 보복하시며 자기를 대적하는 자에게 진노를 품으시며 여호와는 노하기를 더디하시며 권능이 크시며 벌 받을 자를 결코 내버려두지 아니하시느니라 여호와의 길은 회오리바람과 광풍에 있고 구름은 그의 발의 티끌로다 그는 바다를 꾸짖어 그것을 말리시며 모든 강을 말리시나니 바산과 갈멜이 쇠하며 레바논의 꽃이 시드는도다 그로 말미암아 산들이 진동하며 작은 산들이 녹고 그 앞에서는 땅 곧 세계와 그 가운데에 있는 모든 것들이 솟아오르는도다 누가 능히 그의 분노 앞에 서며 누가 능히 그의 진노를 감당하랴 그의 진노가 불처럼 쏟아지니 그로 말미암아 바위들이 깨지는도다 여호와는 선하시며 환난 날에 산성이시라 그는 자기에게 피하는 자들을 아시느니라 그가 범람하는 물로 그 곳을 진멸하시고 자기 대적들을 흑암으로 쫓아내시리라

메시야가 베들레헴에서 태어날 것이라고 구체적인 장소까지 언급하고 있다. 여자의 몸을 통하여 오실 것이며, 땅 끝까지 그의 힘과 능력이 임하여 목자가 되사 저들을 돌보시고 인도하실 것이다(5:2-3). 오실 메시야는 하나님과 인간과의 관계를 화평하게 하시는 평강의 왕이시다(5:5). 자기 백성을 죄와 사망의 권세에서 건져 주시는 구원의 왕 예수 그리스도를 예표한다.

3. 나훔서에 나타난 하나님은 어떤 분이신가? 나의 삶에 하나님은 어떤 모습으로 오셨는지 묵상해 보자(나 1:2-8).

투기하심, 보복하심(1:2), 노하기를 더디하심(1:3), 권능이 크심(1:4-5), 거룩하심(1:6), 선하심(1:7), 전지하심(1:7-8).

4. 멸망한 니느웨(앗수르의 수도)의 죄악상과 그 결과는 무엇인가(나 3:1-7).

니느웨가 멸망한 것은(바벨론과 메대 연합군에 의해 완전히 패망) 저들의 죄악 때문이다. 궤휼, 강포, 수탈, 살육 등 죄악이 가득한 앗수르(3:1)는 BC 722년 북 이스라엘 왕국을 멸망시키고 예루살렘을 거의 점령하다시피 하여 유다 백성들을 괴롭히기 시작했다(BC 701). 비록 100여년 전 요나 시대에 하나님 앞에서 니느웨의 백성들이 회개하였지만(욘 3:5-10, BC 610), 시간이 흐르면서 공의의 하나님을 외면하고 타락의 길에 접어들었다. 결국 죄악으로 인해 저들은 살육을 당하였고(3-4), 온갖 치부가 세상에 널리 알려지고 말았다(5-7).

5. 스바냐 3장 9-20절의 말씀은 어떤 의미를 나타내는가?

스바냐 선지자는 1장 1절-3장 8절에서 유다를 향한 하나님의 심판을 선포하였다. 이어서 이스라엘의 회복(3:9-13)과 이로 인한 기쁨(3:14-20)을 노래하고 있다. 바벨론 포로 귀환 1차(BC 537), 2차(BC 458), 3차(BC 444)를 통한 회복을 의미한다. 궁극적으로는 예수 그리스도가 재림할 때에 온전히 회복될 하나님 백성의 기쁨을 의미한다. 여호와께서 이루실 구원의 은혜를 인하여 기뻐하라고 권면한 것이다(14-17).

'너의 하나님 여호와가 너의 가운데에 계시니 그는 구원을 베푸실 전능자이시라 그가 너로 말미암아 기쁨을 이기지 못하시며 너를 잠잠히 사랑하시며 너로 말미암아 즐거이 부르며 기뻐하시리라 하리라'(3:17)

학개·스가랴·말라기

Haggai·Zechariah·Malachi

1. 학개를 어떻게 읽을 것인가

당대 세계의 대강국이었던 바사(페르시아)국의 고레스 왕(BC 538–530)은 바벨론 포로였던 유대 백성들을 예루살렘으로 돌아가도록 칙령을 내렸다. 뿐만 아니라 성전 재건을 위해 은과 금, 기타 물건과 짐승으로 도와주었고, 성전 건축을 위해 즐거이 예물을 드리라고 명령했다(스 1:1–4, BC 538). 이방의 왕이 이러한 명령을 내린 것은 구속사의 관점이 아니면 도무지 이해하기 어렵다. 이미 이사야 선지자(BC 740–680년 사역)를 통해 150여 년 전에 예언된 이 놀라운 내용을 읽으면서 하나님의 구속의 은혜를 우리는 새삼 깨달을 수 있다(사 44:26–28, 45:1–4).

스룹바벨의 인도 하에 1차 포로 귀환한 유대인들은 BC 536년 기쁨으로 성전건축을 시작한다. 그러나 사마리아인들의 방해 공작과 함께 황폐한 토지, 흉작 등으로 건축을 시작한지 2년 만에 난관에 봉착하였다. 바벨론에서 더 많은 포로들이 돌아올 때까지 기다릴 것인가를 고민하다가 성전 건축을 일시 중단하였다(BC 534). 선지자 학개는 성전 재건을 신속히 재개할 것을 호소하고 있다. 학개와 스가랴를 통해 성전 완공을 독려하도록 하나님께서 사명을 부여하신 것이다. 한편 바사의 다리오 왕은 고레스의 칙령을 확인하고 유다 총독과 장로들에게 하나님의 전을 건축하도록 조서를 내리면서 이를 신속하게 행하라고 명령한다(스 6:1–12). 중단된 지 14년이 흐른 후(BC 520년), 다시 성전 재건이 시작되었다. 4년 후 성전은 완공된다(BC 516).

성전은 하나님의 임재를 상징하는데, 새로 지어질 성전에 하나님의 영광이 임할 것이라고 말씀하셨다. 유다 총독 스룹바벨과 대제사장 여호수아와 백성들에게 학개 선지자는 성전 건축을 선포하였다. 이를 위해 하나님께서 스룹바벨을 세웠음을 알렸다.

'너희는 산에 올라가서 나무를 가져다가 성전을 건축하라 그리하면 내가 그것으로 말미암아 기뻐하고 또 영광을 얻으리라 여호와가 말하였느니라'(1:8)

'이 성전의 나중 영광이 이전 영광보다 크리라 만군의 여호와의 말이니라 내가 이곳에 평강을 주리라 만군의 여호와의 말이니라'(2:9)

학개서는 성전 건축이 중단된 상황 속에서 낙심한 이스라엘 백성들에게,

1장에서는 속히 성전을 재건하도록 촉구하였고(1:1-15),

2장에서는 새 성전에 임할 하나님의 영광(2:1-9)과 하나님의 축복에 대한 약속(2:10-23)의 말씀을 선포한다. 미래에 완성될 메시야 왕국의 영광을 예고하고 있다.

2. 저자 · 기록연대 · 기록동기

저자와 기록연대: 선지자 학개(1:1, 3, 12-13, 2:1, 10 등)가 저자이다. 그는 유다 총독 스룹바벨의 인도 하에 바벨론 포로에서 돌아온 첫 예언자였다(B.C 537년) 낙심한 백성들을 향해 기록하였다(B.C 520년 경)

기록동기: 방해자들의 공작으로 성전 건축은 중단되고 14년이란 세월이 지나갔다. 선지자 학개는 의기소침해 있던 유다 백성들을 격려하고 용기를 북돋우어 하나님의 성전 재건을 완성하도록 매우 강한 어조로 권면한다.

BC 537 제 1 차 포로 귀환(스룹바벨)
BC 536 성전 재건 착공과 2년 후 중단
BC 520 학개, 스가랴 선지자들의 활동
BC 516 성전 재건 완공
BC 473 부림절 제정
BC 458 제 2 차 포로 귀환(에스라)
BC 444 제 3 차 포로 귀환(느헤미야)
        과 예루살렘 성벽 낙성식
BC 430 선지자 말라기의 사역
BC 5-4 세례 요한 출생
BC 4-3 예수의 탄생

3. 학개의 파노라마

주제	하나님의 영광		하나님의 축복	
문단 구분	1:1　　　　　　2:1	2:10	2:20	2:23
	유다백성을 책망	유다백성을 격려	현세적 축복	미래에 대한 축복
문체	성전 재건을 촉구하는 예언서			
장소	예 루 살 렘			
기간	BC 520년경 전후			

1) 성전 건축 촉구(1장)

성전 재건에 대한 권면(1:1-11), 성전 건축 재개(1:12-15).

2) 새 성전의 영광과 순종에 대한 축복(2장)

새 성전에 임할 하나님 영광(2:1-10), 성전 재건을 통한 축복(2:11-19), 구원의 축복에 대한 약속(2:20-23).

4. 학개 해석의 키워드

★다리오 왕(1:1)

다리오 왕(BC 522-485)은 바사 제국의 네 번째 통치자였다. 그는 고레스(BC 559-530)의 정책을 수용하여 종교의 자유를 허락하였다. 고레스보다 더 많은 영토를 확장하였고, 학개와 스가랴 선지자 시대에 성전 건축을 위해 조서를 내렸고 재정적으로도 지원하는 등 하나님의 일꾼으로 사용된 이방의 왕이었다. 그는 자신과 아들들을 위해 하나님께 향기로운 예물을 드려 기도해 달라고 부탁도 한다(스 6:1-12). 사마리아 인들의 방해 공작으로 중단된 성전 건축은 다리오 왕의 적극적인 후원으로 가능해졌는데, 이는 성전 건축이 하나님의 인도하심과 섭리에 의해 이루어졌음을 알게 한다.

★만국의 보배(2:7)

하나님의 택함을 받은 이방인 성도를 나타낸다. 그러나 장차 오실 메시야, 예수 그리스도를 상징하기도 한다(벧전 2:4-8).

★성전 재건을 통한 축복(2:6-19)

선지자 학개는 유다 총독 스룹바벨과 대제사장 여호수아, 이스라엘 백성들을 향해 성전을 재건하라고 명령하였다. 학개 선지자는, 재건할 성전은 이전 성전(솔로몬 성전) 보다 더 영광이 크며, 새 성전(스룹바벨 성전)에 하나님께서 평강을 주신다고 말씀을 주었다. 이 말씀을 바탕으로 학개는 성전 재건을 통한 축복을 다시금 선포하였다. 성전을 건축하지 않을 때에는 폭풍과 깜부기 재앙과 우박으로 인해 포도나무, 감람나무, 무화과나무 등 모든 나무가 결실이 없었는데 이제 성전 재건 이후에는 하나님께서 복(풍성한 결실)을 주신다고 하였다.

● 스가랴

1. 스가랴를 어떻게 읽을 것인가

스가랴서도 학개서처럼 성전 재건을 촉구한다. 스가랴는 선지자 학개, 총독 스룹바벨, 대제사장 여호수아와 동시대의 인물이지만 그들보다 젊은 세대의 선지자이다(BC 520-470년 활동). 그는 바벨론에서 태어나 1차 포로 귀환 시기에 돌아왔다. 이스라엘 백성들은 포로생활에서 해방되어 예루살렘으로 돌아오자 성전을 재건하려 했다. 그러나 사마리아와 주변 나라들의 방해 공작으로 성전 재건은 중단되었다. 지도자들과 백성들은 하나님의 때가 아니라고 받아들이면서 결국 영적으로 나태해졌다. 스가랴는 과거 이스라엘의 역사 속에서 조상들의 죄악과 하나님의 심판을 회상하며 하나님께 돌아오기를 강력하게 촉구하고 있다(1:2-6).

본서에는 상징적인 여덟 가지 환상들을 통해 하나님의 인도하심을 표현하였다. 이 환상들은 메시야에 대한 예언과 연결되면서 중단된 성전 건축을 촉구하였고, 더 나아가서 영광스러운 미래(예수 그리스도의 초림과 재림)를 담고 있다.

스가랴는 세 그룹을 대상으로,

1) 유다 총독 스룹바벨(4:6-9),

2) 대제사장 여호수아(3:1-10,6:9-15),

3) 바벨론 포로에서 유다로 귀환한 백성들(7:4-7)에게 하나님의 말씀을 전했는데, 특별히 본서가 강조한 것은 무려 20여 회 이상 성전 재건을 바탕으로 메시야의 오심을 예언하고 있다.

1-6장에서는 여덟 가지의 환상을 기록하였는데 이는 메시야 왕국을 상징한다.

7-8장은 금식에 대한 스가랴의 질문에 대해 하나님의 답변과 함께 네 가지 메시지를 통해 이스라엘 백성들이 지켜야 할 하나님의 명령을 전하고 있다.

9-14장에는 메시야의 오심과 통치, 예루살렘의 회개와 메시야의 재림에 대해 구체적으로 예언하고 있다.

특별히 다른 선지서에 비해 영광의 미래에 대해 보다 상세하게 예언하고 있다(8-14장). 메시야의 오심과 통치, 메시야의 수난과 예루살렘의 회개와 구원, 이어지는 메시야의 재림과 열방의 멸망에 대해 예언한다 인류 고난의 역사는 메시야 왕국의 완성으로 끝난다(14:8-11).

2. 저자 · 기록연대 · 기록동기

저자와 기록연대: 저자는 스가랴이다(1:1, 7, 5:1). 그는 제사장 가문 출신으로 포로시대, 바벨론에서 출생하였다. BC 537년, 1차 포로 귀환 때 스룹바벨과 대제사장 여호수아의 인도 아래 예루살렘으로 돌아왔고 학개와 함께 활동한 선지자이다. 기록연대는 성전 재건이후 그의 사역 말기(BC 480-470년경)로 추정한다.

기록동기: 바벨론 포로생활에서 귀환한 백성들은 성전 재건 공사를 시작하지만 사마리아와 주변국의 방해로 인해 중단되었다. 이는 하나님께서 함께 하시지않기 때문이라 생각하고 영적으로 점점 나태해졌다. 스가랴는 이스라엘 백성들의 영적 무관심과 불신앙을 깨우친다. 단순히 성전 건축의 완성만을 촉구한 것이 아니라, 성전 재건이 영광스러운 메시야 왕국의 도래를 상징하는 것임을 백성들에게 교훈하고 있다. 선지자 스가랴는 장차 오실 예수 그리스도를 알려줌으로 포로 귀환민들에게 궁극적인 소망과 회복을 제시하고 있다.

기억할 말씀

슥 14:8-11
'그 날에 생수가 예루살렘에서 솟아나서 절반은 동해로, 절반은 서해로 흐를 것이라 여름에도 겨울에도 그러하리라 여호와께서 천하의 왕이 되시리니 그 날에는 여호와께서 홀로 한 분이실 것이요 그의 이름이 홀로 하나이실 것이라 …… 사람이 그 가운데에 살며 다시는 저주가 있지 아니하리니 예루살렘이 평안히 서리로다'

1. 슥 2:10
'여호와의 말씀에 시온의 딸아 노래하고 기뻐하라 이는 내가 와서 네 가운데에 머물 것임이라'

2. 슥 4:6
'만군의 여호와께서 말씀하시되 이는 힘으로 되지 아니하며 능력으로 되지 아니하고 오직 나의 영으로 되느니라'

3. 슥 8:15
'이제 내가 다시 예루살렘과 유다 족속에게 은혜를 베풀기로 뜻하였나니 너희는 두려워하지 말지니라'

4. 슥 9:9
'시온의 딸아 크게 기뻐할지어다 예루살렘의 딸아 즐거이 부를지어다 보라 네 왕이 네게 임하시나니 그는 공의로우시며 구원을 베푸시며 겸손하여서 나귀를 타시나니 나귀의 작은 것 곧 나귀 새끼니라'

5. 슥 14:7-9
'여호와께서 아시는 한 날이 있으리니 낮도 아니요 밤도 아니라 어두워 갈 때에 빛이 있으리로다 그 날에 생수가 예루살렘에서 솟아나서 절반은 동해로, 절반은 서해로 흐를 것이라 여름에도 겨울에도 그러하리라 여호와께서 천하의 왕이 되시리니 그 날에는 여호와께서 홀로 한 분이실 것이요 그의 이름이 홀로 하나이실 것이라'

3. 스가랴의 파노라마

주제	성전 재건을 촉구하며 오실 메시야에 대한 준비						
내용 구분	1:1	6:9	7:1	8:1	9:1	12:1	14:21
	회개와 8환상들	여호수아 대관식 환상	금식에 대해	이스라엘의 회복	메시야 오심과 배척	메시야 오심과 통치	
문체	상징과 환상의 내용이 담긴 예언서						
장소	예 루 살 렘						
기간	성전 재건 도중 BC 520-518년경				성전 재건 후 BC 480-470년경		

1) 메시야 왕국에 대한 환상(1-6장)

회개를 촉구(1:1-6), 여덟 가지의 환상(1:7-6:15).

2) 참된 신앙과 축복(7-8장)

참된 금식과 형식적인 금식(7:1-14), 새 날에 대한 축복을 약속(8:1-23).

3) 메시야 도래에 대한 예언(9-14장)

메시야 강림 예언(9:9-17), 메시야 통치 예언(10:1-7),
메시야 왕국에 대한 축복의 예언(10:8-12),
메시야 수난 예언(11:1-17), 예루살렘의 승리 예언(12:1-9),
예루살렘의 회개(12:10-14), 예루살렘의 회개와 구원 예언(13:1-9),
메시야의 재림 예언(14:1-11), 열방에 대한 심판 예언(14:12-15),
메시야 도래에 관한 소망-찬양받으실 하나님(14:16-21).

4. 스가랴 해석의 키워드

★여덟 가지 환상들(1:7-6:15)

당시 이스라엘 백성들은 신앙적으로 나태하고 실의에 빠져 있었다. 회개를 촉구하고자 하나님은 스가랴 선지자를 통해 8가지 환상을 보여 주신다. 다양한 환상들을 통해 소망과 용기를 부어 주셨다. 이 환상들은 무엇을 나타내는가?

1) **붉은 말을 탄 사람(1:7-17)**: 화석류 나무 사이에 붉은 말을 탄 사람이 나타나 성전이 재건되며 하나님께서 예루살렘에 평안을 주실 것을 전한다(16-17). 이 말씀을 통해 이스라엘 백성들은 힘을 얻고 4년 후에 결국 성전을 재건한 것을 예견하고 있다(BC 516, 스 6:15). 또한 이 환상은 재림의 날에 붉은 말을 타고 심판자로 오실 그리스도와 함께 완성될 하나님 나라를 예표한다(계 6:4). 이 환상은 성전이 재건될 것이며 하나님과 이스라엘 백성과의 관계가 회복될 것임을 나타내고 있다.

2) **네 뿔과 네 대장장이(1:18-21)**: 네 뿔은 역사적으로 유다를 괴롭히던 대적들 바벨론, 바사, 헬라, 로마를 가리킨다. 또는 역사적으로 북쪽의 앗수르와 바벨론, 남쪽의 애굽, 서북쪽의 블레셋을 나타낸다. 하나님께서 대적들에 맞서서 유다를 보호할 네 대장장이들을 보내주실 것이며 대적들은 결국 멸망하게 된다. 하나님의 도우심으로 사단의 세력을 누르고 종말에는 승리할 것을 보여준다. 두 번째 환상은 이스라엘을 억압하는 대적들을 향한 하나님의 심판이시다.

3) **측량하는 자(2:1-13)**: 한 사람(예수 그리스도)이 하나님의 나라를 확장시키려고 측량줄을 잡고 이 땅에 오신다는 이 환상은 유다를 위해 하나님께서 적극적으로 개입하셔서 싸워 주신다는 의미이다. 두 번째 환상에서 용기와 격려를 받게 한 후에 예루살렘의 번영과 회복을 재확인시켜 준다. 측량하는 자는 황폐해진 예루살렘을 회복시키고 확장시키기 위해 이 땅에 오실 예수 그리스도를 의미한다(1). 동시에 이스라엘을 범하는 자들에게 하나님께서 징계하실 것이다. 여호와의 날이 임할 때에 하나님의 백성들에게는 기쁨과 승리를 안겨주는 구원의 날임을 나타내고 있다(10-12).

4) **대제사장 여호수아의 깨끗한 옷(3:1-10)**: 지금까지 환상들은 유다 백성 전체를 향한 환상이었고, 네 번째 환상은 대제사장 여호수아에 대한 것이다. 여호수아는 하나님의 심판대 앞에서 죄사함을 받고 존귀와 영광의 정결한 관을 받는다(5). 대제사장의 지위가 회복되며 성전 재건이 다시금 시작될 것임을

기억할 말씀

숙 2:10-13

여호와의 말씀에 시온의 딸아 노래하고 기뻐하라 이는 내가 와서 네 가운데에 머물 것임이라 그 날에 많은 나라가 여호와께 속하여 내 백성이 될 것이요 나는 네 가운데에 머물리라 네가 만군의 여호와께서 나를 네게 보내신 줄 알리라 여호와께서 장차 유다를 거룩한 땅에서 자기 소유를 삼으시고 다시 예루살렘을 택하시리니 모든 육체가 여호와 앞에서 잠잠할 것은 여호와께서 그의 거룩한 처소에서 일어나심이니라 하라 하더라

시사한다. 또한 메시야 왕국에서 영적 제사장들인 성도들이 누릴 영광과 축복을 예표하고 있다.

5) 두 감람나무 사이의 순금 등대(4:1-14): 이 환상은 지도자 스룹바벨에게 성전 재건의 용기를 불러 일으켜 주고 있다. 순금 등대는 성전을 상징하는데 스룹바벨 성전이 솔로몬의 성전에 비해 규모면에서 초라하지만 그럼에도 하나님께서 친히 영광중에 임하실 것을 약속하였다(학 2:7). 이 성전은 신약에서 예수 그리스도의 교회를 예표한다. 이렇게 5 환상들은 성전 재건에 관련된 환상들이다

6) 날아가는 두루마리(5:1-4): 환상에 나타난 두루마리는 하나님의 율법책을 상징하는데, 특히 '날아가는' 이란 표현은 하나님의 심판이 급박하게 임할 것을 의미한다.

7) 에바(광주리)속의 두 여인(5:5-11): 두 여인은 여호와의 사자를 상징한다. 이 환상을 통해 당시 만연했던 부도덕한 행위(도둑질, 거짓 맹세 등)에 대해 하나님께서 신속하게 율법책을 기준하여 심판하시겠다는 것이다. 특히 여인을 에바(범죄의 양을 재는 기준) 속에 던져 넣고, 에바를 옮기는 것은 약 600년 이후 유대인의 반란으로(AD 66) 결국 예루살렘이 로마에 함락되고(AD 70), 그 이후 이스라엘이 온 세계에 흩어지게 될 사건을 예언한 것이다.

8) 네 병거(6:1-8): 네 병거는 하나님의 심판과 저주를 집행하는 천사들을 상징하며 홍마, 흑마, 백마, 어룽지고 건장한 말들은 하나님의 심판의 도구들을 나타낸다. 홍마는 전쟁과 피흘림을, 흑마는 곤고와 슬픔을, 백마는 승리와 번영을, 땅에 두루 다니는 건장한 말은 심판을 상징한다. 이 네 병거를 통해 열방을 향한 하나님의 심판이 완결되는데, 이는 하나님 나라의 완성을 의미한다.

여호수아의 대관식(6:9-15): 이 환상은 지금까지 여덟 가지 환상들의 결론에 해당한다. 하나님께서 여호수아에게 면류관 씌울 것을 명령하심은 장차 메시야가 오실 것을 시사한다. 장차 오실 메시야는 왕이시고 제사장이심을 상징적으로 표현한 것이다. 또한 '싹이라 이름하는 사람'(12)도 메시야를 상징한다. 그를 통해 하나님의 성전(신약에서 교회)이 완성될 것임을 나타내고 있다.

★ '모퉁잇돌' '말뚝' '싸우는 활' '권세 잡은 자' (10:4-12)

악한 세력과 싸워 이기는 메시야이신 오실 예수 그리스도를 비유적으로 표현한 것이다. 그 분은 우상들과 거짓 선지자들을 멸하고 이스라엘 백성들에게 궁극적으로 승리를 안겨 주실 것이다. 또한 흩어진 이스라엘을 모으시고 번성하게 하실 통치자이시다.

★ 스가랴서가 오늘 우리에게 주는 메시지

신앙적으로 스가랴서는 우리에게 큰 의미를 준다. 성전 재건을 촉구하면서 오실 메시야에 대해 선포함으로 영광스러운 미래(메시야의 오심과 재림)를 바라보게 한다. 이는 이스라엘 백성뿐만 아니라 오늘의 성도들에게도 신앙의 큰 도전을 안겨 준다.

1) 이스라엘 백성들아 하나님께 돌아오라!(1:3, 9:12)

2) 우상에게 마음을 뺏기고 섬긴 옛 조상들을 본받지 말라!(1:4)

3) 다시금 하나님께서 이스라엘 백성을 찾고 계심을 알리라!(1:17)

4) 하나님께서 임하실 것을 기뻐하며 노래하라!(2:10)

5) 혈기 있는 인생들은 하나님 앞에서 잠잠하라!(2:13)

6) 하나님께서 보내신 선지자들의 말씀을 경청하라!(3:8)

7) 하나님의 역사와 말씀을 알리기 위해 온 땅을 두루 다녀라!(6:7)

8) 진실하고 화평한 재판을 행하라!(7:9/ 8:15)

9) 서로 인애와 긍휼을 베푸는 삶을 살라!(7:9-10)

10) 두려워 말고 손을 견고히 하여 하나님의 축복을 누려라!(8:12-15)

11) 이웃 간에 서로 해하기를 도모하지 말고 거짓 맹세하지 말라!(8:17)

12) 여호와 하나님을 찾고 은혜를 구하라!(8:21-22)

13) 하나님께 너희의 필요를 구하라!(10:1)

14) 예루살렘을 치러 오는 이방 나라들을 그 날(메시야의 재림의 날)에 하나님께서 멸하기를 힘쓰리라!(12:9)

15) 그 날(재림의 날)에 죄와 더러움을 씻는 샘이 다윗의 족속과 예루살렘 거민을 위하여 열리리라!(13:1)

기억할 말씀

슥 10:4-12

모퉁잇돌이 그에게서, 말뚝이 그에게서, 싸우는 활이 그에게서, 권세 잡은 자가 다 일제히 그에게서 나와서 싸울 때에 용사 같이 거리의 진흙 중에 원수를 밟을 것이라 여호와가 그들과 함께 한즉 그들이 싸워 말 탄 자들을 부끄럽게 하리라 내가 유다 족속을 견고하게 하며 요셉 족속을 구원할지라 내가 그들을 긍휼히 여김으로 그들이 돌아오게 하리니 그들은 내가 내버린 일이 없었음 같이 되리라 나는 그들의 하나님 여호와라 내가 그들에게 들으리라 에브라임이 용사 같아서 포도주를 마심 같이 마음이 즐거울 것이요 그들의 자손은 보고 기뻐하며 여호와로 말미암아 마음에 즐거워하리라 내가 그들을 향하여 휘파람을 불어 그들을 모을 것은 내가 그들을 구속하였음이라 그들이 전에 번성하던 것 같이 번성하리라 내가 그들을 여러 백성들 가운데 흩으려니와 그들이 먼 곳에서 나를 기억하고 그들이 살아서 그들의 자녀들과 함께 돌아올지라 내가 그들을 애굽 땅에서 돌아오게 하며 그들을 앗수르에서부터 모으며 길르앗 땅과 레바논으로 그들을 이끌어 가리니 그들이 거할 곳이 부족하리라 내가 그들이 고난의 바다를 지나갈 때에 바다 물결을 치리니 나일의 깊은 곳이 다 마르겠고 앗수르의 교만이 낮아지겠고 애굽의 규가 없어지리라 내가 그들로 나 여호와를 의지하여 견고하게 하리니 그들이 내 이름으로 행하리라 나 여호와의 말이니라

16) 온 땅에서 삼분의 이는 멸망하고 삼분의 일은 거기 남으리니 내가 그 삼분의 일을 불 가운데에 던져 은 같이 연단하며 금 같이 시험할 것이라 그들이 내 이름을 부르리니 내가 들을 것이며 나는 말하기를 이는 내 백성이라 할 것이요 그들은 말하기를 여호와는 내 하나님이시라 하리라!(13:8-9)

17) 그 날(재림의 날)에 생수가 예루살렘에서 솟아나서 절반은 동해로, 절반은 서해로 흐를 것이라 여름에도 겨울에도 그러하리라!(14:8)

18) 여호와 하나님이 천하의 왕이 되시리라!(14:9)

19) 사람이 그 가운데에 살며 다시는 저주가 있지 아니하리니 예루살렘이 평안히 서리로다!(14:11)

20) 땅에 있는 족속들 중에 그 왕 만군의 여호와께 경배하러 예루살렘에 올라오지 아니하는 자들에게는 비를 내리지 아니하실 것인즉, 재앙을 내리리라!(14:17-18)

정금같이 귀한 소수의 남은 자들은 하나님의 연단을 통해 진정한 하나님의 백성이 되며, 메시야의 오심으로 이스라엘의 모든 고난의 역사는 끝난다. 모든 거룩한 자(하나님의 백성)는 주와 함께 있을 것이다(14:5). 더 나아가 그리스도의 재림의 날에 하나님은 저들의 왕이 되신다(14:9), 하나님의 자녀들이 이 땅에서 비록 천대와 멸시의 대상이 될지라도 하늘나라에서 생명의 면류관이 예비 되어 있기에(계 2:10), 이 땅의 삶 속에서 소망 가운데 충성하며 담대히 살 수 있다.

스가랴 선지자는 소망의 메시지를 통해 이스라엘 백성들에게 하나님께 돌아와 성전을 재건하며 오실 메시야를 기대하며 준비하도록 영적 불을 일으켰다.

● 말라기

1. 말라기를 어떻게 읽을 것인가

바벨론 포로에서 돌아온 지(1차 포로회복 BC 537) 많은 세월이 지나갔다. 이스라엘 백성들은 1차 포로 귀환을 통해 스룹바벨을 중심으로 성전을 재건하고(BC 516), 에스라의 인도함으로 2차 바벨론 포로 회복이 이루어지면서 하나님 말씀으로 돌아가는 신앙 개혁운동이 일어났다(BC 458). 그 이후 3차 회복기에는 느헤미야를 통해 예루살렘 성벽을 수축하였다(BC 444). 성벽을 수축하고 바사 왕국으로 돌아간 느헤미야는 BC 432년 완전히 귀국하여 백성들에게 신앙의 개혁을 외친다.

스룹바벨 성전이 완공된 지 80여년의 세월이 흐르면서 이스라엘 백성들은 다시금 영적으로 나태해지기 시작했다. 그들은 선지자 학개와 스가랴가 예언한 영광의 하나님의 나라가 현실 가운데 도래하지 않자 신앙에 회의를 갖고, 하나님을 의심하며 절망에 빠져 또 다시 죄에 물들기 시작했다. 이러한 상황 속에서 BC 450-400년에 활동한 선지자가 바로 말라기이다. 그는 본서를 통해 이스라엘 백성들에게 형식적인 신앙과 도덕적 타락에 대한 하나님의 심판을 경고하면서 회개를 촉구하였다. 이에 덧붙여 메시야의 도래를 선포하였다. 특별히 제사장들을 향해 말라기 선지자는 강하게 질책하고 있다(2:7-9). 그는 경건한 신앙의 회복을 강한 어조로 권면하였다.

1:1-5에서는 선민 이스라엘을 향한 하나님의 사랑을 회고하였다.

1:6-3:15에서는 온전치 못한 예배와 도덕적 타락에 대한 하나님의 심판을 경고하면서 회개하면 하나님께서 은혜를 베푸실 것을 역설하였다.

3:16-4:6에서는 임박한 메시야의 도래에 대해 선포하고 있다.

말라기서 역시 다른 선지서들처럼 하나님의 심판과 회복을 동시에 선포하고 있다. 본서의 마지막 부분은 구약 성경을 종결하는 부분으로 중요한 내용이 담겨 있다. 메시야의 오심을 예비하는 선지자 엘리야(세례 요한)의 출현을 예언하면서 하나님의 구원이 임할 것임을 선포하며 구약 전체를 마감하고 있다.

> '너희는 내가 호렙에서 온 이스라엘을 위하여 내 종 모세에게 명령한 법
> 곧 율례와 법도를 기억하라 보라 여호와의 크고 두려운 날이 이르기 전에
> 내가 선지자 엘리야를 너희에게 보내리니 그가 아버지의 마음을 자녀에
> 게로 돌이키게 하고 자녀들의 마음을 그들의 아버지에게로 돌이키게 하
> 리라 돌이키지 아니하면 두렵건대 내가 와서 저주로 그 땅을 칠까 하노라
> 하시니라'(4:4-6)

2. 저자 · 기록연대 · 기록동기

저자와 기록연대: 선지자 말라기가 저자이다(1:1). 유대의 전승에 의하면 말라기는 당시 거룩한 문서들을 수집하고 보관하던 회당의 회원이었다고 한다. 기록연대는 느헤미야서와 거의 동시대로 추정하고 있다(BC 450-400년경). 말라기는 바벨론 포로에서 귀환해 돌아 온 유대 백성들을 포함하여 모든 유다 백성들을 대상으로 메시지를 전하고 있지만, 특정한 부분에서는 제사장들을 대상으로 전하고 있다(1:6, 2:1).

기록동기: 이스라엘 백성들이 고대하는 하나님 나라의 도래가 늦어지자 신앙이 흔들리거나 그나마 신앙을 유지하고 있던 무리들마저 형식적인 예배에 머물러 있었다. 백성들은 영적으로 무기력한 상태에 빠지고 말았다. 남왕국과 북왕국 시대처럼 저들이 우상을 숭배하거나 자녀를 이방신에게 제물로 바치는 패역한 범죄를 저지르지는 않았지만, 하나님을 향한 진정한 경배와 헌신이 뒤따르는 신앙으로 회복되지 못했고 도덕적으로도 타락한 상태였다. 이 때 말라기는 이스라엘 백성들이 그토록 기다리던 메시야가 곧 오셔서 자녀들의 마음을 아버지에게 돌아가게 할 것이라고 선포하였다. 순종하는 자들을 향한 하

나님의 축복과 구원(의로운 해, 치료하는 광선, 4:2)에 대해 교훈하였다. 특히 제사장들을 향해 회개를 선포하면서 영적으로 도덕적으로 큰 각성을 일으키고자 본서를 기록하였다.

3. 말라기의 파노라마

주제	선민의 특권	타락한 이스라엘을 책망		이스라엘을 향한 심판과 구원			
내용 구분	1:1 1:6	2:10	3:16	4:1	4:4		4:6
	하나님의 사랑	범죄한 제사장	범죄한 백성	최후 심판	여호와의 날	선지 엘리야	
문체	말라기가 설교하는 예언서						
장소	예 루 살 렘						
기간	BC 460-430년경						

1) 선민 이스라엘의 특권과 하나님의 책망(1-3:15)

이스라엘을 향한 하나님의 사랑(1:1-5), 제사장들의 죄악과 저주(1:6-2:9),
백성들의 죄악(2:10-17), 주의 길을 예비(3:1-6),
온전한 십일조와 하나님께 돌아가는 방법(3:7-12).

2) 심판과 구원(이스라엘을 향한 약속 3:13-4:6)

의인과 악인의 분별(3:13-18), 여호와의 날에 임할 심판(4:1-3),
심판 전에 오실 엘리야(4:4-6).

4. 말라기 해석의 키워드

★하나님의 사랑(1:1-5)

'여호와께서 이르시되 내가 너희를 사랑하였노라'(1:2)고 말씀하셨다. 일찍이 하

기억할 말씀

1. 말 1:11
'만군의 여호와가 이르노라 해 뜨는 곳에서부터 해 지는 곳까지의 이방 민족 중에서 내 이름이 크게 될 것이라 각처에서 내 이름을 위하여 분향하며 깨끗한 제물을 드리리니 이는 내 이름이 이방 민족 중에서 크게 될 것임이니라'

2. 말 3:1
'만군의 여호와가 이르노라 보라 내가 내 사자를 보내리니 그가 내 앞에서 길을 준비할 것이요 또 너희가 구하는 바 주가 갑자기 그의 성전에 임하시리니 곧 너희가 사모하는 바 언약의 사자가 임하실 것이라'

1. 말 3:16-18
'여호와를 경외하는 자와 그 이름을 존중히 여기는 자를 위하여 여호와 앞에 있는 기념책에 기록하셨느니라 만군의 여호와가 이르노라 나는 내가 정한 날에 그들을 나의 특별한 소유로 삼을 것이요 또 사람이 자기를 섬기는 아들을 아낌 같이 내가 그들을 아끼리니 그 때에 너희가 돌아와서 의인과 악인을 분별하고 하나님을 섬기는 자와 섬기지 아니하는 자를 분별하리라'

2. 말 4:2-6
'내 이름을 경외하는 너희에게는 공의로운 해가 떠올라서 치료하는 광선을 비추리니 너희가 나가서 외양간에서 나온 송아지 같이 뛰리라 …… 너희는 내가 호렙에서 온 이스라엘을 위하여 내 종 모세에게 명령한 법 곧 율례와 법도를 기억하라 보라 여호와의 크고 두려운 날이 이르기 전에 내가 선지자 엘리야를 너희에게 보내리니 그가 아버지의 마음을 자녀에게로 돌이키게 하고 자녀들의 마음을 그들의 아버지에게로 돌이키게 하리라 돌이키지 아니하면 두렵건대 내가 와서 저주로 그 땅을 칠까 하노라 하시니라'

나님께서 이스라엘 백성을 사랑하시어 저들을 애굽왕 바로의 손에서 구원하셨다(신 7:8). 그 이후에도 하나님의 사랑은 이스라엘의 역사를 통해 끊임없이 이어져 왔다. 그럼에도 이 백성은 '주께서 어떻게 우리를 사랑하셨나이까' 하는 질문을 던지고 있다.

에서가 형이지만 하나님께서 야곱을 사랑하시고 그의 12 자녀들을 이스라엘의 12 지파로 삼았다. 저들은 하나님의 사랑을 역사 안에서 경험하고 누려왔지만(바벨론 포로에서 회복되는 역사), 이를 잊고 우상숭배와 부도덕한 삶으로 빠져 들었다. 이로 인해 저들을 향한 하나님의 진노가 임하게 될 것이다. 저들은 하나님의 사랑이 오히려 이스라엘 지경 밖에서 크다고 불평하기에 이른다. 이스라엘은 하나님의 놀라운 은혜와 사랑을 알지 못한다. 그럼에도 불구하고 하나님의 사랑은 계속 이어져 예수 그리스도를 통해 그 사랑은 이스라엘 백성을 넘어서서 전 인류를 향한 구원의 역사를 이루었다.

★하나님이 미워하시는 것(2:10-17)

1) 하나님은 이혼하는 것을 미워하신다. 하나님께서 짝 지우심은 경건한 자손을 얻고자 함이었는데, 이스라엘 백성은 부부 사이에서 하나님의 법을 어기고 이혼함으로 하나님과 사람에게 범죄하였다. 어려서 취한 아내를 버리고 재혼함으로 음행하는 죄를 범했다. 결혼은 남자가 부모를 떠나 그 아내와 연합하여 둘이 한 몸을 이루는 하나님의 섭리 가운데 이루어지는 귀한 약속이다(창 2:24). 예수께서도 하나님이 짝 지워 주신 것을 사람이 나눌 수 없다고 했고(마 19:6), 음행한 연고 이외에는 이혼을 금하면서 이를 지키지 않는 행위를 간음이라고 했다(마 5:32, 19:9). 그러나 당시에는 음행한 연고가 아닌 개인적인 이유로 아내를 내보내는 일이 유대 사회에서 있었다. 남편의 마음에 들지 않는다고 일방적으로 이혼을 감행한 것이다. 음행한 연고 이외의 이혼은 하나님 앞에서 맺은 약속을 깨는 것이요, 가장 가까운 이웃인 배우자와의 사랑을 깨는 이웃사랑의 법을 어기는 것이다. 이처럼 당시 이스라엘의 남편들은 육체의 정욕을 좇아 하나님의 법을 파기하고 말았다. 하나님은 인간적인 이해관계 속에서 이혼함을 미워하신다고 했다.

2) 하나님은 옷으로 학대를 가리우는 자를 미워하신다. 옷으로 가리우는 행위는 남몰래 행동한다는 뜻을 갖고 있으며, 특별히 거짓으로 속이거나 약탈하는 행위를 말한다. 당시 이스라엘 백성들은 우상 숭배하는 죄, 간음의 죄 뿐만 아니라 과부와 고아를 돌보라는 이웃 사랑의 법에서 벗어나 개인의 유익을 위해 온갖 궤사를 일삼았다. 저들은 이웃 관계에서 윤리와 도덕적으로 하나님의 법에서 멀리 떨어져 있는 부도덕한 삶을 살았다. 하나님은 이웃을 돌보지 않고 자신의 이익만을 추구하는 삶을 죄악으로 여기시고 이를 미워하신다.

★십일조와 하나님의 축복(3:1-12)

자신의 모든 수입에서 10의 1을 하나님께 드리는 것이 십일조이다(대하 31:5-12). 십일조는 모든 것이 하나님의 소유임을 인정하는 믿음과 함께 물질을 누릴 수 있도록 허락하신 하나님께 감사하는 구체적인 행동의 표현이다. 특별히 구약에서는 기업 분배에서 제외된 레위인들의 생계(신 14:23-27)와 함께 나그네와 고아, 과부들을 돌보는 구제 사업에 사용되었다(신 14:28-29, 26:12-15). 또한 성전 건축 이후에는 성전의 유지 보수를 위해서 사용되기도 했다(스 1:4).

1) 아브라함이 멜기세덱에게 처음으로 바쳤다(창 14:18-20).
2) 야곱이 하나님께 십일조 바치기로 서원하였다(창 28:20-22).
3) 하나님께서는 구체적인 법조항으로 이스라엘 백성들에게 십일조를 명령하셨다(레 27:30-33).
4) 하나님께서 십일조 드림으로 인해 기뻐하신다(신 12:6-7).
5) 십일조는 성도의 의무이다(말 3:8-10, 마 23:23).
6) 성도는 모든 것의 십일조를 바쳐야 한다(레 27:30-33).
7) 십일조는 신앙의 표현이다(신 16:16-17).
8) 십일조를 온전히 드린 자들에게 하나님은 큰 축복을 약속하셨다. 손으로 하는 범사에 복을 주신다(신 14:29). 쌓을 곳이 없을 정도의 풍성한 복을 주신다(말 3:10). 메뚜기를 금하여 토지소산을 멸하지 않고 풍성한 결실을 주신다(말 3:11). 땅(기업)이 아름다워지므로 열방들이 복되다고 인정

기억할 말씀

말 3:8-12

사람이 어찌 하나님의 것을 도둑질하겠느냐 그러나 너희는 나의 것을 도둑질하고도 말하기를 우리가 어떻게 주의 것을 도둑질하였나이까 하는도다 이는 곧 십일조와 봉헌물이라 너희 곧 온 나라가 나의 것을 도둑질하였으므로 너희가 저주를 받았느니라 만군의 여호와가 이르노라 너희의 온전한 십일조를 창고에 들여 나의 집에 양식이 있게 하고 그것으로 나를 시험하여 내가 하늘 문을 열고 너희에게 복을 쌓을 곳이 없도록 붓지 아니하나 보라 만군의 여호와가 이르노라 내가 너희를 위하여 메뚜기를 금하여 너희 토지소산을 먹어 없애지 못하게 하며 너희 밭의 포도나무 열매가 기한 전에 떨어지지 않게 하리니 너희 땅이 아름다워지므로 모든 이방인들이 너희를 복되다 하리라 만군의 여호와의 말이니라

하는 복을 누린다(말 3:12).

★최후 심판에 대한 선포(3:13-4:6)

타락한 이스라엘 백성들은 교만한 자, 악을 행하는 자, 하나님을 시험하는 자가 복되며 창성하며 화를 면한다고 하면서 이방백성들 보다 더 악한 길로 가고 있었다. 말라기는 이렇게 패역한 이스라엘 백성들에게 진정한 회개를 촉구하면서 하나님의 심판에 대해 선포하고 있다.

1) 여호와를 경외하는 자와 그 이름을 존중히 생각하는 자를 위해 여호와 앞에 있는 기념책에 기록하셨다(3:16).

2) 하나님을 섬기는 자들은 하나님께서 정한 날(심판의 날)에 저들을 하나님의 특별한 소유로 삼으시며 아끼실 것을 약속하셨다(3:17).

3) 교만한 자와 악을 행하는 자는 다 지푸라기 같을 것이며, 용광로 불 같은 날(심판의 날)에 그 뿌리와 가지가 남김없이 살라질 것이다(4:1).

4) 하나님의 이름을 경외하는 자에게는 공의로운 해가 떠올라 치료하는 광선을 비추시어 외양간에서 나온 송아지 같이 뛸 것이다(4:2). 여기에서 공의로운 해란 흑암의 권세에 놓인 인류에게 빛으로 오셔서 저들을 구원하실 예수 그리스도를 상징한다. 또한 치료하는 광선이란 하나님의 구원을 가리킨다.

5) 악인은 밟힘을 당해 심판의 날에 발바닥 밑에 재와 같이 될 것이다(4:3).

6) 심판의 날이 이르기 전에 모세에게 명령한 율례와 법도를 기억하라(4:4).

7) 하나님께서 심판의 날이 오기 전에 선지자 엘리야를 보내실 것이다(4:5). 엘리야는 세례 요한을 가리키는데 엘리야로 표현한 것은 예수 그리스도의 오심을 예비하는 세례 요한의 사역이 회개를 촉구하던 엘리야의 사역과 비슷하기 때문이다.

8) 심판의 날이 임하기 전에 아버지의 마음을 자녀에게로 돌이키게 하고, 자녀들의 마음을 그들의 아버지에게로 돌이키게 하리라(4:6). 이는 엘리야(세례 요한)를 통해 이스라엘에게 회개의 역사를 일으킬 것이며, 이를 통해 하나님과의 관계가 신뢰와 사랑으로 회복될 것임을 상징하고 있다.

★ '공의로운 해' '치료하는 광선' (4:2)

    '공의로운 해'는 흑암의 세력을 물리치는 태양과 같은 존재로 죄인을 구원하시는 예수 그리스도를 상징한다. 신약 시대에 이르러 예수 그리스도가 이 땅에 오셔서 인류를 죄에서 구원하시고 의인이 되게 하는 구원의 역사가 올 것임을 예언한 것이다. '치료하는 광선'이란 구원의 은혜를 의미한다. 빛이신 예수께서 비추시는 빛을 경험한 자는 치유함(구원)을 누린다. 예수 그리스도를 통한 구원의 역사를 보다 구체적으로 예언하면서 구약 성경은 마무리된다. 이는 구약 성경의 결론(메시야 도래)이요, 신약 성경(예수의 오심)의 시작이다.

5. 더 깊은 연구와 삶의 적용

1. 학개·스가랴·말라기서를 읽으면서 나는 어떤 하나님을 경험하였는가?

2. 성전 재건을 통한 축복을 학개는 어떻게 기록하고 있는가?(학2:6-19)

3. 스가랴에 나타난 메시야에 대한 예언을 찾아보자.

    1) 예수의 초림에 대한 예언(슥 3;8, 9:9-10, 11:11-13, 12:10, 13:1, 6)
    2) 예수의 재림에 대한 예언(슥 6:12, 14:1-21)

4. 스가랴서 전체에 나타난 메시지는 무엇인가?

- 하나님께 돌아오라(1:3, 9:12).   • 조상들을 본받지 말라(1:4).
- 예루살렘의 회복을 외쳐서 이르라(1:17).
- 하나님이 거하심을 노래하고 기뻐하라(2:10)
- 하나님 앞에서 잠잠하라(2:13).   • 하나님의 말씀을 들으라(3:8).
- 땅에 두루 다니라(6:7).   • 진실을 말하라(7:9).

말 2:14-15

너희는 이르기를 어찌 됨이니이까 하는도다 이는 너와 네가 어려서 맞이한 아내 사이에 여호와께서 증인이 되시기 때문이라 그는 네 짝이요 너와 서약한 아내로되 네가 그에게 거짓을 행하였도다 그에게는 영이 충만하였으나 오직 하나를 만들지 아니하셨느냐 어찌하여 하나만 만드셨느냐 이는 경건한 자손을 얻고자 하심이라 그러므로 네 심령을 삼가 지켜 어려서 맞이한 아내에게 거짓을 행하지 말지니라

• 인애와 긍휼을 베풀라(7:9).　　　　　• 하나님께 구하라(10:1).

5. 말라기서를 통해 하나님의 백성들에게 무엇을 책망하셨는가?

• 하나님의 사랑을 의심한 유다 백성들(1:2-5)
• 신실하지 못한 제사장들(1:6-7)
• 신실하지 못한 백성들(2:10)
• 약속하신 정의와 구원에 대한 신뢰가 부족한 유다 백성들(2:17)
• 십일조와 예물을 도둑질한 유다 백성들(3:8-12)
• 하나님의 약속을 의심하고 다른 사람들을 낙심시킨 유다 백성들(3:13)

6. 결혼제도를 통해 하나님께서 목적하신 바는 무엇인가?(2:15)

결혼을 통해 경건한 자손을 얻고자 하셨다. 즉 하나님의 자손(창 6:2)을 생산하여 이 땅에서 번성하고 다스리도록 하셨다. 더 나아가서 믿음의 사람들을 통해 하나님의 나라를 확장시키시기를 원하셨다.

7. 온전한 십일조에 대해 하나님께서 약속하신 것은 무엇인가?(3;10-12)

1) 메뚜기를 금하였다. 이는 온갖 병충해로부터 보호함으로 토지의 소산에 어려움 없이 수확할 수 있음을 의미한다.
2) 포도나무의 과실이 기한 전에 떨어지지 않는다는 것은 날이 차서 온전히 결실을 맺은 열매를 가리킨다.
3) 땅이 아름다워지는 복이란 풍성한 결실을 약속하는 기름진 땅을 공급해 주실 것을 약속하고 있다.

하나님께 온전한 십일조를 드리는 자들이 누리는 복에 대해 온 열방들도 복되다고 인정하기에 이른다.

묵상이 주는 보너스

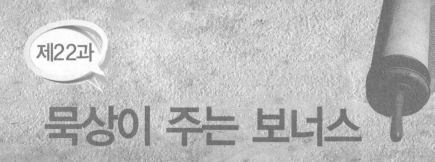

제22과

묵상이 주는 보너스

1. 성도의 삶(민수기에 나타난 광야 40년간 역사를 통해서)

1. 그리스도인은 이 땅의 삶을 살 동안 나그네의 삶을 산다(벧전 2:11).

   나그네 생활을 통해 연단 받는다(신 8:2-3).

2. 하나님은 나그네 된 그리스도인을 말씀으로 인도하신다(출 13:21-22).

   이 세상에서 말씀으로 산다(신 8:3, 벧전 2:2).

3. 하나님은 그리스도인의 삶 가운데 임재 하시어 함께 하신다(출 25:22).

4. 그리스도인에게 생명의 떡과 생명수를 공급하신다(요 6:33-51, 고전 10:4).

5. 그리스도인에게는 분명한 인생의 목적지(하나님의 나라)가 있다(딤후 4:18).

6. 그리스도인은 마지막 날에 영원한 안식을 얻을 것이다(계 21:4).

2. 성경은 가정에 대해 어떻게 설명하고 있는가?

1. 가정은 하나님이 세우신 최초의 제도이다(창 2:22-25).

2. 가정은 사회를 구성하는 기본 단위이다(수 13:15-31).

3. 가정은 사랑의 보금자리요, 생명을 출산한다(창 1:22, 에 1:20-22).

4. 가정은 자녀를 양육하며, 신앙으로 교육하는 터전이다(신 4:9, 6:6-9).

5. 가정은 기쁨과 안식을 주는 처소요, 노년에 이르러서는 더욱 그러하다(시 128:3, 딤전 5:8).

3. 성도와 시간(렘 33:20)

'여호와께서 이와 같이 말씀하시니라 너희가 능히 낮에 대한 나의 언약과 밤에 대한
나의 언약을 깨뜨려 주야로 그 때를 잃게 할 수 있을진대'(33:20)

1. 시간은 하나님께서 주관하신다(렘 33:20).
2. 하루의 시작과 마지막의 시간을 찬양으로 하나님께 드려라(시 113:3).
3. 천하의 모든 것은 하나님께서 정하신 시간과 목적이 있다(전 3:1).
4. 시간은 태초에서 시작하여 종말을 향해 직선으로 나아간다(히 1:1-2, 10).
5. 인생에게 주어진 시간은 짧고 허무하다(시 89:47).
6. 성도에게 주어진 인생의 목표는 영원한 하나님 나라에 있다(히 11:10, 13-16).
7. 육체의 때(살아 숨 쉬고 있을 때)를 하나님의 뜻하심에 따르라(벧전 4:2).
8. 인생에 주어진 시간을 두려움을 갖고 지내라(벧전 1:17).
9. 충성되고 지혜롭게 시간을 낭비하지 말라(마 24:25).
10. 주어진 시간을 복음 전파에 힘쓰라(딤후 4:2).

4. 남은 자(미 2:12, 5:7-8)

하나님의 심판은 전멸을 의미하지 않는다. 항상 남은 자가 있다. 하나님은 남은 자를 통해 구원
의 역사를 계속 이루어 나가신다. 모든 이스라엘 백성들이 다 남은 자는 아니다. 남은 자는 하나님
의 은혜로 구원받은 사람들을 가리킨다(사 10:22). 역사적으로 북이스라엘과 남유다는 앗수르와
바벨론에 각각 멸망당했다(BC 722, BC 586). 그러나 그 중에서 하나님을 믿는 소수의 백성들은 남
겨져 있었다.(암 9:9, 습 2:3).
신구약 전체를 통해 남은 자에 대한 의미는 시대에 따라 달리 해석된다.
-노아 홍수 때 남은 자는 노아와 그의 가족들 여덟 명이었다(창 6:8-22).
-소돔과 고모라 심판 때에 롯과 그의 두 딸은 구원받았다(창 19:12-26).
-모세 출생 당시 애굽의 모든 남아들은 죽임을 당하고 모세만 살아남는다(출 2:1-10).

－이스라엘 백성들이 40년 광야 생활을 마치고 가나안으로 들어 갈 때 여호수아와 갈렙 만이 들어갔다(출애굽 당시 20세 이상의 사람들은 모두 광야에서 죽고 말았다(민 14:29-30).

－신약 시대 이후 모든 신실한 성도들은 남은 자이다(롬 11:5).

－예수께서 재림하실 그 날(종말)에는 생명책에 기록된 자들이 바로 남은 자이다(계 20:15).

5. 하나님이 응답하시지 않는 기도(시18:40-41)

1. 선을 미워하고 악을 기뻐하는 자의 기도(미 3:1-4).
2. 의심하며 구하는 기도(약 1:6-7).
3. 욕심으로 구하는 기도(약 4:3).
4. 회개하지 않는 죄인의 말을 듣지 않으신다(요 9:31).
5. 외식하는 자의 기도(마 6:5).
6. 중언부언 하는 기도(마 6:7).
7. 하나님의 말씀을 듣지 아니하는 기도(잠 28:9).

6. 하나님 공의(나훔서를 중심으로 1:1-8)

1. 질투하시는 하나님이시다(1:2). 하나님 이외의 어떤 신도 인정하시 않으신다.
   유일하신 하나님이시다.
2. 보복하시며 진노하시는 하나님이시다(1:2). 죄와 불의에 대해 반드시 심판하신다.
3. 노하기를 더디하신다(1:3). 긍휼을 베푸사 오래 참으신다.
4. 권능이 크시다(1:3). 우주만물을 권능으로 다스리신다.
5. 선하신 하나님이시다(1:7). 하나님은 환난 날에 우리를 보호하시는 산성이시며 당신께 피하는
   자들을 알고 계신다.

   하나님의 공의에 대한 속성을 언급하면서 앗수르 심판의 당위성을 설명하고 있다. 그들의 죄악으로 인해(거짓, 포악, 탈취, 마술 등 3:1, 4) 공의의 하나님으로부터 심판을 받았다.

7. 회개에 대한 촉구(습 2:3)

스바냐 선지자는 임박한 여호와의 날에 심판과 동시에 구원도 선포하고 있다. 이방인도 하나님 앞에 자신의 죄악을 고백하고 돌이키면 심판받지 않고 구원을 누린다는 것이다(2:3).

회개란 무엇인가?

1. 여호와 하나님을 찾는 것이다(2:3).
2. 공의와 겸손을 구하는 삶이다(2:3).
3. 죄를 고백하고 죄악된 길을 버리는 것이다(요일 1:9, 잠 28:13).
4. 죄로 인해 근심하는 것이다(고후 7:10).
5. 하나님의 사랑을 깨달아 아는 것이다(호 6:1-3).

8. 성전

성전은 이 땅에 역사하시는 하나님의 임재를 상징한다. 성전 자체가 하나님은 아니지만 성전은 하나님을 상징하는 공간적 장소로서 이스라엘 백성들에게 신앙의 확신을 심어 주었다.

이스라엘의 역사에서 첫 번째 성전은 모세가 시내 산에서 하나님의 말씀에 의지하여 완성한 성막이다. 모세를 통하여 하나님은 이스라엘의 하나님이시요, 이스라엘은 하나님의 백성이라는 언약을 맺은 징표로 십계명을 주시고 하나님을 예배하는 제사법(레위기)과 성막을 짓도록 명령하셨다. 이동식 성전인 성막의 시대가 시작된 것이다. 완성된 성막 위에 하나님의 영광이 임하였다(출 40:34-38).

두 번째 성전은 솔로몬 성전이다. 이제 성막 시대는 끝나고 성전 시대가 시작된 것이다. 다윗이 성전 건축을 준비하고 기도하였다. 그러나 하나님은 솔로몬으로 성전을 세우게 하셨다. 솔로몬 성전에 하나님의 영광이 임했다(왕상 9:1-9).

세 번째 성전은 이른바 스룹바벨의 성전이다(학 2:1-9). 바사 왕 고레스는 유다 백성들이 바벨론 포로에서 돌아와 성전을 건축하도록 조서까지 내렸다. 오랜 준비와 노력으로 완공된 스룹바벨의 성전은 솔로몬의 성전과는 비교될 수 없는 초라한 수준이었지만 하나님의 은혜로 완성되었다.

스룹바벨 성전이 솔로몬 성전과 비교하여 초라하다는 것은 건물의 외형적인 측면보다는 지성소에 법궤가 없었다는 의미이다. 또한 이 성전의 나중 영광이 이전 영광보다 크리라(학개 2:2-9)는 미래의 메시야(그리스도)의 지상성전 임재의 영광으로 보아야 할 것이다.

에스겔의 환상에 나타난 성전(겔 40-48장)은 실제로 건립된 성전은 아니고 포로 귀환을 통한 이스라엘의 회복을 상징하며 궁극적으로 메시야의 도래로 완성될 하나님의 나라를 의미한다. 이처럼 구약에서는 네 개의 성전을 언급하고 있다. 하나님이 함께하심(임재)의 의미를 지닌 성전은 예수 그리스도의 모형이요, 그림자요, 예표이다. 신약에 이르러 이 성전은 교회라는 표현을 통해 그리스도의 몸이요, 그리스도는 교회의 머리로 표현되었다. 교회에 출입하는 모든 성도들, 즉 예수 그리스도를 구주로 고백하고 믿는 성도들은 교회를 통하여 그리스도와 연합하고 있음을 알 수 있다. 고린도서에서는 하나님의 성전이 믿는 자 안에 거하신다고 했다(고전 3:16-17, 6:19-20).

9. 우상과 우상숭배

우상은 사람의 손으로 만든 생명 없는 거짓 스승이다(합 2:18). 각종 형상의 우상 숭배는, 창조주요 전 우주의 통치자이신 하나님을 믿지 않는 불신앙이다. 그들은 하나님이 없다고 할 뿐만 아니라 인간 교주를 섬기며, 혹은 인간의 지식(과학, 철학)이 주는 힘과 능력, 혹은 재산이나 명예, 권력을 의지하며 이를 인생의 목표로 삼는다.

우상 숭배는 하나님 보다 다른 어떤 존재(사상이나 물질)를 더 사랑하는 행위(신 5:7)로 인간에게 아무런 유익도 주지 못한다(렘 44:15, 18, 19). 부패한 인간이 만든 것(롬 1:21-23)으로 하나님의 이름을 더럽힌다(레 18:21, 20:2-4). 우상을 숭배하게 되면 하나님에게서 자연스럽게 멀어진다(렘 19:4-7).음행하는 자, 더러운 자, 탐하는 자도 우상 숭배자이다. 저들은 하나님 나라에서 기업을 얻지 못한다(엡 5:5). 표면적인 우상을 섬기는 것뿐만 아니라 하나님보다 더 관심을 갖고 중시하는 것 모두가 우상 숭배이다(골 3:5). 바울사도는 피조물에게 하나님의 권위를 부여하여 이를 앞세우고 따르는 것을 우상 숭배라고 규정했다(롬 1:25).

10. 호세아서에 나타난 하나님의 사랑

　이스라엘을 사랑하신 하나님은 출애굽의 역사를 통해 '나는 네 하나님 여호와라 나 밖에 네가 다른 신을 알지 말 것이라 나 외에는 구원자가 없느니라' (13:4)고 선포하셨다. 그러나 이스라엘은 우상을 숭배함으로 영적인 간음을 범하게 된다. 선지자 호세아의 음란한 아내 고멜을 이에 비유하고 있다. 저들은 또한 형식적인 예배와 사회 전반에 걸쳐 윤리와 도덕이 땅에 떨어진 부도덕한 삶을 살았다(6:4-7:7). 타락한 이스라엘을 공의의 하나님은 심판이라는 징계의 매를 드시고 저들이 회개하고 돌아오기를 기다리신다(5:15). 하나님의 징계는 저들이 회개하고 돌아옴으로 회복되고 구원을 이루는데 그 목적이 있다. 이것이 바로 이스라엘을 향한 하나님의 사랑이다. 호세아서에서 하나님은 이스라엘을 '내 아들' 로 표현하였다(11:1).

　아버지의 사랑을 거부한 이스라엘을 징계하시지만 자기 백성에 대한 사랑을 '나의 긍휼이 온전히 불붙듯 하도다' (11:8)고 하시면서 당신의 사랑을 적극적으로 나타내고 있다. 하나님은 이스라엘이 패역을 고쳤을 때 즐거이 저들을 사랑하며, 저들에게서 하나님의 진노를 떠나게 하셨다. 하나님은 지금도 우리의 회개를 기다리시며 심판을 유보하시는 사랑의 하나님이시다. 그러나 하나님은 징계를 통해서라도 회개하여 회복하게 하시는 하나님이시다. 하나님의 사랑에 대해 성경 곳곳에서 어떻게 설명하고 있는지 살펴보자.

　　1. 하나님의 사랑은 무궁하시다(렘 31:3).

　　2. 한계가 없다. 끝까지 사랑하신다(요 13:1).

　　3. 죄인을 구원하기 위해 아들을 십자가에서 죽게까지 하셨다(마 1:21, 27:50-51).

　　4. 변함이 없으신 사랑이다(아 8:7).

　　5. 하나님의 사랑은 인류를 향해 구원을 베푸신다(요 3:16).

　　6. 하나님의 사랑은 우리를 영생에 이르도록 인도한다(유 21).

　　7. 징계(심판)를 통해 다시 회복하게 하시는 사랑이다.(호 5:2-4, 15, 6:1-3).

11. 하나님의 말씀을 버린 자들

　'내 백성이 지식이 없으므로 망하는도다 네가 지식을 버렸으니 나도 너를 버려 내 제사장이 되지

못하게 할 것이요 네가 네 하나님의 율법을 잊었으니 나도 네 자녀들을 잊어버리리라'(호 4:6)

이 본문에서 지식이란 하나님을 아는 지식을 뜻한다. 호세아 시대에 북왕국의 종교 지도자들은 (예언자와 제사장) 하나님에 대한 지식이 없어 하나님의 법을 잊고 교만과 물질에 대한 욕심으로 가득했다. 하나님의 말씀을 경시하고 잊은 자들에게 하나님은 어떻게 역사하시는가?

1. 하나님의 말씀을 버리고 잊은 자는 하나님으로부터 버림을 받게 된다(4:6).
2. 하나님의 저주를 받거나(신 27:26), 재앙을 당하기도 한다(계 22:18).
3. 말씀을 버리는 자는 멸망당한다(사 5:24).
4. 마귀가 역사하여 저들로 구원받지 못하게 한다(눅 8:12).
5. 예수께서 재림하실 그 날 영광스러운 재림에 참여할 수 없다(막 8:38).
6. 마지막 날(재림) 하나님의 심판을 받는다(요 12:48).

12. 다니엘의 신앙과 인격이 주는 교훈(6:4,10, 9:2, 7-20)

1. **타협하지 않는 용감한 신앙:** 다니엘은 뜻을 정하여 왕의 진미와 포도주를 먹지 않음으로 자신을 더럽히지 않았다. 당시 이방의 풍속은 그들이 섬기는 신들에게 제물로 바친 후에 이를 먹었는데, 이스라엘은 이방신들의 제물이 된 음식을 먹는 것을 우상 숭배로 여겼다. 다니엘은 신앙을 지키고자 왕의 명령도 따르지 않았다(단 1:8).
2. **상대방의 입장을 배려하는 신앙:** 자신의 신앙 때문에 비록 왕이 허락한 음식과 포도주를 먹지 않지만 이를 실행하게 하는 감독자들이 혹시 왕으로 부터 어떤 위험을 당할지 몰라 그들을 배려하는 태도를 취한다. 먼저 열흘 동안 왕의 진미를 먹지 않은 자와 먹은 자를 비교하도록 시험의 기간을 주고 이 결과를 놓고 감독자들이 안심할 수 있도록 하였다(단 1:9-16).
3. **겸손한 태도로 일관하는 신앙:** 바벨론 박사들을 멸하지 말고 자신을 왕의 앞으로 인도하라고 다니엘은 요청한다. 왕 앞에 불려간 다니엘은 먼저 자신의 지혜가 다른 사람보다 나은 것이 아니라고 말한다. 오직 은밀한 것을 나타내는 하나님께서 그 해석을 알려 주심으로 왕께 전하였다고 하나님의 섭리와 역사를 알려 준다(단 2:24-30).
4. **기도하는 신앙:** 위기의 상황에서 다니엘은 인간적인 해결책을 구하지 않고, 하루 세 번씩 예루살

렘을 향하여 기도하며 하나님께 감사하였다(6:10). 다니엘은 예레미야의 기록을 통해 70년 후에 예루살렘이 회복될 것을 알고 이 예언의 성취를 위해 금식하며 베옷을 입고 재를 무릅쓰고 하나님께 간구한다(9:1-19). 그는 자신을 위해서 기도할 뿐만 아니라 이스라엘 민족의 회복을 위해 금식하며 기도하는 중보기도자의 삶을 살았다.

5. **허물없는 신앙:** 다니엘은 당시 바벨론의 총리들과 관리들이 고소할 틈을 얻지 못할 정도로 아무런 허물이 없는 충성된 삶을 살았다. 저들은 하나님의 율법에 의거해 문제를 찾지 못하면 그 어떤 것도 고소할 수 없는 자로 다니엘을 정직한 사람으로 인정했다.

13. 하나님의 징계(애 3장)

죄에 대해 공의의 하나님은 심판하신다. 이 심판은 하나님의 백성과 이방인에 대해 서로 다른 양상을 나타낸다. 하나님의 백성을 향한 심판은 저들의죄를 지적하고 고쳐주는 징계라면, 이방인에 대해서는 징벌의 의미를 담고 있다. 이스라엘을 향한 하나님의 징계는 어떤 의미를 갖고 있는가?

1. 하나님의 징계는 택한 백성을 향한 마지막 수단이 아니다. 이스라엘을 영원히 버리지 않으시고 자비로 긍휼을 베푸신다(애 3:31-33).
2. 징계를 받는 자는 이를 경히 여기지 말아야 한다(히 12:5).
3. 징계는 우리의 유익을 위해 이루어지며 결국 하나님의 거룩하심에 참여하도록 인도한다(히 12:10).
4. 징계는 일시적이고 연단한 이후 의와 평강의 열매를 맺게 한다(히 12:11).
5. 징계는 회개의 열매를 맺게 한다(신 4:30).
6. 징계는 하나님 사랑의 표현이다(히 12:12-13).

이스라엘에 대한 하나님의 심판은 구원과 회복을 위한 징계임을 우리는 이스라엘의 역사 속에서 알게 된다. 하나님의 징계를 받을 때 우리는 결코 낙심하거나, 분을 내거나, 경히 여기지 말아야 한다(히 12:5). 이는 성도가 하나님의 역사를 이해하지 못하는 어리석은 태도이다(욥 36:18). 징계는 우리가 하나님의 진정한 영적 자녀임을 드러내는 하나님 사랑의 증거이다. 하나님의 징계를 통해 성도는 자신의 삶을 돌아보며 성숙한 신앙의 삶을 살게 되는 유익을 얻게 된다.

14. 헛된 제물과 하나님이 원하시는 예배(사 1:10-17)

1. 하나님은 기름진 제물보다 우리의 순종을 원하신다(삼상 15:22).
2. 헛된 제물을 하나님은 가증하게 여기신다. 그러므로 성회(예배)와 함께 악을 행하는 것을 하나님은 거부하신다(사 1:13).
3. 제사(예배)드리는 것보다 하나님은 의와 공평을 삶 속에서 행함을 기뻐 하신다. 사랑을 바탕으로 이룬 의와 공평이 따르지 않는 삶은 형식적인 예배이기 때문이다(잠 21:3). 하나님은 인애를 원하고 제사를 원하지 않으시며 번제보다 하나님을 아는 것을 원하신다고 말씀하셨다.(호 6:6). 하나님을 사랑하는 마음과 하나님을 아는 지식으로 이웃 사랑을 실천하라고 말씀하신다.
4. 제물보다 하나님은 공의를 행하며 인자를 사랑하며 겸손히 하나님과 함께 행하는 삶을 원하신다(미 6:6-8).
5. 하나님은 우매한 자의 제사보다는 하나님께 가까이 나와 말씀 듣는 것을 원하신다(전 5:1).
6. 예수께서는 죄인을 위해 이 땅에 오셔서 '내가 긍휼을 원하고 제사를 원하지 아니하노라 하신 뜻이 무엇인지 배우라 나는 의인을 부르러 온 것이 아니요 죄인을 부르러 왔노라' (마 9:13)고 말씀하셨다. 또한 마가복음에서는 '또 마음을 다하고 지혜를 다하고 힘을 다하여 하나님을 사랑하는 것과 또 이웃을 자기 자신과 같이 사랑하는 것이 전체로 드리는 모든 번제물과 기타 제물보다 나으니이다' 고 대답한 서기관에게 '네가 하나님의 나라에서 멀지 않도다' 고 칭찬하셨다(막 12:28-34 참조).
   긍휼과 사랑이 없는 삶을 사는 자가 드리는 제사와 예물을 하나님은 기뻐하시지 않으신다.

15. 인간관계 안에서 지혜를 발휘하는 비결 (잠 25장)

1. 교만하지 말라(25:6-7, 29:23).
2. 다툼을 피하라(25:8, 29:22).
3. 남의 비밀을 누설하지 말라(25:9).
4. 경우에 합당한 말만 하라(25:11).
5. 슬기로운 자의 책망을 청종하라(25:12).

6. 매사에 성실히 임하라(25:13).

7. 오래 잘 참아라(15:1/ 25:15).

8. 위선과 과장된 언행을 피하라(25:14).

9. 이웃 간에 지나친 출입을 삼가라(25:17).

10. 이웃에게 거짓 증거하지 말라(25:18).

11. 마음 상한 자를 위로하라(25:20).

12. 원수에게라도 자비를 베풀라(25:21, 22).

13. 자기의 마음을 제어하라(25:28).

16. 잠언과 그 외 성경 본문들은 왜 금주를 명령하는가?

1. 거만해지고, 때로는 술로 인해 이성을 잃고 떠들어댄다(20:1, 23:20-21).

2. 술은 시간, 정력, 돈을 낭비하게 만든다(21:17, 23:20, 합 2:5).

3. 술을 마시면 정의를 잃어버린다(31:4-5, 사 5:22-23).

4. 술로 인해 판단력이 흐려진다(23:30-35, 사 28:7).

5. 다른 사람들로 하여금 범죄 하게 만든다(합 2:15-16).

6. 항상 깨어있으라는 말씀에 불순종하게 한다(호 4:11, 마 24:48-51).

7. 술 취함으로 인해 성도로서 품위를 잃게 한다(행 9:21-22).

8. 술 취함은 사람들을 방탕함으로 인도하여 하나님 나라에 들어 갈 수 없게 만든다(고전 6:9-10, 갈 5:19-21).

9. 믿음이 약한 형제를 시험에 빠뜨린다(롬 14:1, 15).

10) 술에 취함으로 성령의 전인 몸을 해치게 만든다(고전 6:15, 19).

17. 하나님의 말씀을 연구함으로 성도가 누리는 축복(시 119편)

1. 주의 말씀을 묵상함으로 범죄하지 않는다(11, 105).

2. 말씀은 인생에 지혜를 준다(99-100).

3. 삶에서 즐거움과 힘을 준다(24, 103).

4. 선과 악을 분별하게 한다(36-37, 75).

5. 선한 길로 인도한다(101, 105).

18. 두 종류의 인간(악인과 의인 시편 1:1-6)

복있는 사람과 그렇지 않은 사람을 악인(죄인)과 의인으로 구별지우면서 시편은 시작된다. 악인은 인격이 부도덕하며 남을 해치는 자요 하나님의 뜻을 거역하며 이를 업신여기는 자를 가리킨다. 저들을 시편은 어리석은 자라고 했다(시 14:1). 이러한 악인의 삶에 대해 시편기자는 멸망이라고 선포한다.

1. 악인은 하나님을 두려워 하지 않으며, 오히려 하나님을 배반하며 멸시하기까지 한다(시 36:1, 10:13). 저들은 마음의 욕심을 자랑하며 탐욕하는 자로 모든 사상에는 하나님이 없다고 한다(시 10:3-4).

2. 어리석은 자(악인)는 하나님이 없다고 주장한다. 저들의 삶은 부패하고 소행이 가증하여 선을 행하지 않는다(시 14:1).

3. 악인은 침상에서 조차 죄악을 꾀하며, 악을 싫어 하지 않고, 허사를 좋아하며, 허망한 것을 좇는다(시 36:4, 4:2).

4. 악인은 바람에 나는 겨와 같은 인생을 산다. 저들은 의인의 회중에 들어 가지 못하며, 하나님의 심판을 받아 결국 망한다(시 1:5-6).

5. 의인은 복있는 사람인데 저들은 악인의 꾀를 좇지 않고, 죄인의 자리(오만한 자의 자리)에 서지 않으며 하나님의 법을 즐거워하여 그 법을 주야로 묵상하는 삶을 산다. 하나님은 저들의 길을 인정하시고 그 행사를 형통하게 하신다(시 1:1-6).

19. 성경은 자살을 금한다(욥 14:14)

1. 인간은 하나님의 형상대로 지으심을 받았기에 생명이 하나님께 달려 있다(창 1:26-27, 9:5-6).
2. 십계명에서 살인하지 말라고 말씀하셨다(출 20:13, 신5:16, 롬 13:9).
3. 인간은 하나님의 섭리와 다스림에 순종해야 한다(욥 14:14-15).
4. 인간의 생명은 천하 보다 귀하다(마 16:25-26).
5. 우리의 몸은 성령의 전이다(고전 6:19).

그러므로 내 스스로 내 생명을 끊을 수는 없다. 생명을 주신 자도 다스리는 자도 하나님이시다.

20. 성경에 나타난 사탄의 역사와 방법(스 4:1-5)

1. 사탄은 하나님의 역사를 의심하게 만든다(창 3:1, 고후 11:3).
2. 사탄은 자기를 주장하며 내세움으로 하나님 앞에서 교만하게 한다(대상 21:1-2).
3. 욥의 삶에 엄청난 고난을 준다(욥 1:12, 2:7).
4. 말씀을 깨닫지 못하도록 마음에 뿌린 것을 빼앗아 간다(마 13:19).
5. 하나님의 일을 생각하지 않고 사람의 일을 생각하게 한다(마 16:23).
6. 사도 베드로에게 사탄은 믿음이 떨어지도록 자극하고 유혹한다(눅 22:31-32).
7. 가룟 유다가 악을 행하도록 사탄은 그의 마음에 침입한다(요 13:2,27).
8. 믿음없는 자의 마음을 사탄은 혼미케 하여 그리스도의 영광의 복음을 비취지 못하게 막는다(고후 4:4).
9. 사탄도 능력과 표적을 행하는데 이는 거짓된 기적이다. 사탄은 저들의 역사를 사람들로 믿게 만든다(살후 2:9).
10. 사탄은 사람들로 올무에 빠지게 만든다(딤전 3:7).
11. 사탄은 세상의 가치관을 내세우면서 교회를 흔들고 박해한다(계 2:10, 12-14).
12. 사탄은 예수님을 시험할 때에 말씀을 왜곡하여 사용하였다(마 4:5-6).

21. 하나님 기뻐하시는 선한 기도(응답받는 기도)

1. 솔로몬은 하나님의 마음에 합한 기도를 드렸다. 하나님께서 무엇을 구하느냐고 환상 가운데 물었을 때 백성을 재판할 수 있는 지혜로운 마음을 달라고 기도했다. 그는 왕으로서 백성을 잘 다스릴 수 있도록 지혜를 구했다. 하나님께서 이를 흡족히 여기시고 지혜 뿐만 아니라 부와 장수의 복도 허락하셨다(왕상 3:5-14).

2. 솔로몬은 성전을 봉헌하면서 언약에 신실하신 하나님을 향해 찬양하며 기도하고 있다. 하나님을 향한 찬양의 기도는 하늘 보좌를 움직인다(왕상 8:22-24).

3. 히스기야 왕은 병들어 죽게 되었을 때에 얼굴을 벽으로 향하고 간절히 기도하였다. 그는 자신의 선한 행실을 하나님께서 기억하시기를 기도하면서 통곡하였다. 특별히 얼굴을 벽으로 향하고 기도하는 것은 세상적인 모든 것을 내려 놓고 오직 하나님만을 전적으로 의지하겠다는 결단이기도 하다(왕하20:1-3).

4. 한나는 아들을 낳기 위해 서원까지 하면서 끈질기게 오랫 동안 기도하였다(삼상1:9-10,17, 눅 18:1-8).

5. 나의 뜻이 아닌 하나님의 뜻을 구하는 기도이다(요일5:14). 예수님도 십자가 죽음을 앞두고 겟세마네에서 하나님의 뜻을 구했다.

6. 믿음의 기도(의인의 기도)는 병든 자를 구원한다(약5:16). 혹시 죄를 범하였을지라도 용서함을 받게 된다.

22. 자녀 교육의 문제점

＊엘리 제사장과 자녀 교육(삼상 2:12-36, 3:12-18)

1. 그의 아들들 홉니와 비느하스는 제사장의 신분을 유지하고 있었다.(1:3) 제사장으로 저들이 행한 행동은 당시의 시대 상황의 한 부분을 보여 준다. 제사장의 사환이 큰 솥에 고기를 삶아서 갈고리에 걸려 나오는 것은 제사장의 몫으로 취했고, 제사드리기 전에 제사장에게 드릴 고기를 먼저 취했고, 이를 듣지 않으면 억지로 빼앗았다. 저들은 여호와께 드릴 제사 보다는 자신이 취할 물질로 마음이 가득했다. 성경은 저들을 가리켜 불량자라고 표현하고 있다(2:1-17).

2. 저들은 하나님의 하나님 되심을 깨닫지 못했기에 도덕적으로 문제를 일으켰다. 회막문에서 수종드는 여인과 동침하는 성적인 죄악을 저질렀다(2:22). 이러한 아들들의 죄악에 대해 엘리 제사장은 아들들을 훈계하고 치리하는 아버지로서, 영적 지도자인 제사장으로서 엄중하게 다스리지 못했다. 이를 방관하는 태도를 취했다. 그의 자녀 교육에 대해 하나님의 사람이 나타나 '네 아들들을 나 보다 더 중히 여겨 내 백성 이스라엘의 드리는 가장 좋은 것으로 스스로 살찌게 하느냐'고 책망하였다(2:29).

3. 그럼에도 엘리는 하나님 앞에서 회개하지 않았다. 엘리 제사장의 문제는 이 참담한 상황 속에서도 문제 해결을 위한 아무런 시도와 노력도 하지 않았다. 그는 참회의 기도도 하지 않고 엄청난 하나님의 심판을 무덤덤하게 수용하고 있다.

> '이는 그가 자기의 아들들이 저주를 자청하되 금하지 아니하였음이니라 그러므로 내가 엘리의 집에 대하여 맹세하기를 엘리 집의 죄악은 제물로나 예물로나 영원히 속죄함을 받지 못하리라 하였노라 하셨더라'(3:14)

결과적으로 엘리와 두 자녀는 비참한 죽음을 당하였고 그 가문은 대대로 하나님의 저주를 받았다. 엘리의 집의 죄악은 제물이나 예물로나 영원히 속죄함을 받지 못했다. 이 얼마나 참담한 가정인가!! 엘리 가문의 저주는 두 아들의 불순종과 범죄로 야기되었지만 아버지의 무분별한 자녀 교육과 죄에 대한 회개함이 없는 불신앙이 하나님의 무서운 심판을 초래하였다.

*선지자 사무엘의 자녀 교육(삼상 8:1-9):

사사시대가 막을 내리고 왕정시대가 전개되는 계기가 된 사건은 사무엘과 그의 아들들에 의해서 비롯되었다.

1. 사무엘은 나이가 들자 아들들을 이스라엘의 사사로 삼았다. 사무엘의 삶에서 일생 일대의 대실수를 한 것이다. 원래 사사는 가나안 정복 이후 여호수아가 죽은 이후부터 사울의 왕정 시대 이전 까지 이스라엘을 치리하던 정치, 군사, 신앙의 지도자로 하나님께서 이스라엘을 침략하는 자들의 손에서 건져내시려고 이스라엘 백성들을 위해 세우신 구원자이다(삿 2:16,3:9). 340년간의 사사시대를 통해 13명의 사사가 하나님의 부르심을 받았다. 마지막 사사였던 사무엘은 하나님의 부름심이 아닌 자신의 뜻에 따라 두 아들을 사사로 세운 것이다. 하나님의 특별한 부르

심과 인도하심에 의해 사사로 세워진 지난 역사를 망각하고 사무엘은 자신의 두 아들 요엘과 아비야를 사사로 삼은 것이다(8:1-2). 사사시대 당시에는 한 시대에 두 사람을 사사로 세운 적이 없었다. 아버지 사무엘의 부름으로 사사가 된 두 아들들은 부친의 뒤를 잇지 않고 자신의 이익만을 따라 뇌물을 취하고 판결을 굽게 하면서 사사로서의 기본 마저 결여된 인물들이였다.

2. 두 아들을 사사로 세우고, 이들의 죄악으로 인해 이스라엘의 장로들은 '당신은 늙고 아들들은 아버지의 행위를 따르지 아니하니 열방처럼 우리에게 왕을 세워 다스리게 하소서' 라고 요청한다.(8:4-5) 이를 하나님께서 인정하시면서 사사시대는 막을 내리고 왕정시대가 도래하였다. 사무엘은 늙어 가면서 예전의 선지자 모습에서 벗어나 있었다. 이처럼 인간적인 생각으로 인해 왕정이 시작된 것이다. 사무엘 선지자는 하나님의 사람으로 이스라엘의 역사에 획을 긋는 지도자였지만 아들들의 교육에는 실패한 삶을 살았다.

엘리 제사장과 사무엘 선지자를 통해 오늘을 사는 우리는 어떻게 자녀를 교육해야 할까? 그리스도인의 가정이라면 먼저 가족 개개인의 신앙 고백과 함께 이에 뒤따르는 신앙의 열매가 수반되어야 할 것이다. 이를 위해 믿음의 부모들은 자녀들에게 신앙의 전수자가 되어야 한다. 부모의 신앙이 자녀들에게 본이 되고 도전이 될 수 있도록 기도의 삶, 하나님 중심의 삶을 보여 주어야 한다.

자녀가 문제를 일으킬 때에 끝까지 기도의 끈을 놓지 않고 기도하며 신앙적인 격려와 함께 엄중한 다스림이 필요하다. 또한 자녀 교육에서 아버지의 부족함과 자녀들을 온전히 교훈하지 못했음을 하나님 앞에서 회개해야 한다. 엘리와 사무엘은 자녀들의 문제를 놓고 회개하며 기도하지 않았다. 두 아버지들의 삶은 오늘 우리에게 자녀 교육에 대해 뼈아픈 교훈을 제시하고 있다.

- 자녀들을 세울 때 부모가 앞장 서지 않고 하나님께서 세우시도록 기도하라!!
- 문제가 발생할 때 부모가 먼저 회개하며 기도하라!!

23. 믿음으로 강한 자를 이긴 하나님의 사람들:

- 아브라함이 318명으로 사해 연합군과의 전쟁에서 이긴다(창14:14-16).
- 여호수아가 백성들과 함께 여리고성을 돌면서 기도로 점령한다(수 6장).
- 기드온의 300 용사는 나팔과 빈 항아리로 미디안 족속을 물리친다(삿7:15-23).
- 삼손은 하나님이 주신 힘으로 나귀턱뼈로도 블레셋 사람들을 쳐죽인다(삿15:14-20).

- 다윗이 물매 돌을 던져 블레셋의 장수 골리앗을 죽인다(삼상17:45-51).
- 엘리야가 갈멜 산상에서 바알 선지자 450인과 대결하여 이긴다(왕상18:20-40).
- 다니엘(포로로 잡혀온 상황)에게 느부갓네살 왕이 엎드려 절한다(단 2:46-49).

이들은 모두 자신의 힘으로는 결코 이길 수 없는 상대방과 대결에서 하나님의 인도하심으로 물리쳤다.

24. 구약시대 성령의 역사하심(삼상 16:14)

구약시대에 나타난 성령의 역사는 일시적인 임재로(삼상 10:10, 삿 3:9-10. 시 51:11)나타났다. 하나님의 일방적인 선택하심으로 왕 혹은 선지자와 같은 특별한 인물들에게 임재했다(단 4:8). 이에 비해 신약시대의 성령의 임재와 역사하심은 모든 성도들에게(고전 12:3) 일어났다. 성령은 영원토록 함께 하신다(요 14:16). 이러한 성령의 사역을 신구약 전체를 통해 살펴 보면:
- 창조사역에 성부, 성자, 성령이 함께 하셨다(창 1:2).
- 제사장 직분을 맡은 아론에게 지혜를 주심(출 28:3).
- 부정함을 깨끗하게 하신다(사 4:4).
- 권능(능력)을 부어 주심으로 땅끝까지 복음을 증거하게 한다(행 1:8).
- 진리를 깨달아 알게 하신다(요 8:32).
- 성도의 기도를 도우신다(롬 8:26).
- 새로운 생명을 부여하신다(롬 8:2).
- 거듭나게 하신다(요 3:6)
- 예수 그리스도를 영화롭게 하신다(요 16:14)
- 성령으로 인을 치신다(엡 1:13).
- 예수를 증거하게 하신다(요 15:27).
- 예수믿는 성도 각 사람에게 성령의 은사를 주신다(고전 12:8-11).
- 신앙의 열매를 맺게 하신다(갈 5:22-23).

25. 쉐마 신앙(이스라엘 백성들의 신앙 교육 신 6:4-9)

'쉐마'는 '이스라엘아 들으라'는 하나님의 신앙교육이다. 이스라엘 백성들은 자손 대대로 하나님의 말씀에 순종하며 따르도록 자녀들을 신앙으로 교육하였다.

1. 하나님은 오직 한 분 이시라는 유일신관을 자녀들에게 가르쳤다(신6:4). 이는 여호와 하나님만이 신적인 존재시요 하나님 만을 섬기고 경배해야 한다.

2. 전인격적으로 하나님을 사랑하라(신 6:5)는 교육은 마음을 다하고 성품을 다하고 힘을 다하여 네 하나님을 사랑하라는 것이다.

3. 먼저 나 자신이 전인격적으로 하나님을 사랑하고 자녀들에게 하나님에 대한 신앙교육를 부지런히 가르치라.

26. 신구약 성경에 나타난 수많은 축복의 장면들

1. 아론과 모세는 이스라엘 백성들을 축복한다(레 9:22-23, 민 6:22-27, 신 33:1-29).

2. 솔로몬은 이스라엘 백성들을 축복한다(왕상 8:54-61).

3. 이스라엘 백성은 솔로몬을 축복한다(왕상 8:66).

4. 예수께서는 주님 앞에 모여든 어린 아이들을 축복하셨다(막 10:16).

5. 예수께서 제자들을 축복하신다(눅 24:50-51).

6. 베드로, 요한, 바울 등 사도들은 성도들을 축복하였다(벧전 5:14, 계 22:21, 고전 16:23-24, 고후 13:13).

부록

구약시대의 구분 및 주요사건 연대표

시대 구분	관련 성경	주요 사건	주요 배경과 세속사
창조시대 (시작–2165 BC)	창 1–11장	• 천지창조 범죄와 타락 • 노아홍수 • 바벨탑사건(민족의 분류와 확산)	• 그레데의 초기문화(약 BC 3400) • 수메르(메소포타미아) 도시국가 • 애굽의 상형문자
족장시대 (2165–1804 BC)	창 12–50장 욥기	• 아브라함의 가나안 이주 • 야곱 집안의 애굽 이주 • 욥의 고난	
출애굽시대 (1804–1382 BC)	출애굽기, 레위기 민수기, 신명기	• 애굽에서 노예생활(430) • 출애굽과 성막건축 • 율법(십계명)	• 함무라비 법전(BC 1700년) • 애굽 왕조 람세스 2세(BC 1300)
사사시대 (1382–1050 BC)	여호수아, 사사기, 룻기 삼상 1–7장	• 가나안정복 및 땅분배 • 열두사사의 등장 • 이스라엘 백성의 시련과 고난 • 사무엘의 사역 • 백성들의 왕정요구	• 가나안 7족속 • 트로이 전쟁 (약 BC 1190 전후)
통일 왕국시대 (1050–931 BC)	삼상 8–31장, 삼하, 왕상 1–11장 대상, 대하 1–9장, 시편, 잠언, 전도, 아가	• 사울왕의 실패 • 다윗왕의 영토 확장과 예루살렘 천도 및 법궤운반 • 솔로몬의 성전건축과 번영 • 왕국의 부흥과 전성기	
분열 왕국시대 (931–722 BC 북왕국) (586 BC 남왕국)	왕상 12–22장 왕하, 대하 10–36장 예레미야, 호세아, 요엘, 아모스, 미가, 아모스, 오바댜, 요나, 나훔, 하박국	• 선민 이스라엘의 타락 • 선지자들의 사역	• 앗수르와 바벨론 • 앗수르에 함락 당함(북왕국) • 바벨론에 함락 당함(남왕국)
포로시대 (586–538 BC)	에스겔 다니엘	• 성전파괴 • 다니엘과 세 친구 • 환상과 예언	• 바벨론의 멸망 (BC539년)
귀환시대 (538–400 BC)	에스라, 느헤미야. 에스더, 학개, 스가랴, 말라기	• 성전과 성벽 재건 • 에스라의 종교개혁	• 바사의 부흥

■ 이스라엘 역사에 영향을 미친 당시의 제국들

앗수르제국
(BC 900-612) → 바벨론제국
(BC 626-539) → 바사제국
(BC 539-330) → 헬라제국
(BC 330-63) → 로마제국
(BC 63-AD 476)

■ 400여 년간의 공백기 중간사 시대 (신구약 사이)

• **바사시대** (BC 404-330)	이스라엘 지역 : 알렉산더 대왕에게 함락
• **헬라시대 :** 　– 알렉산더(BC 336-323) 　– 프톨레미왕조(BC 301-201) 　– 셀류크스왕조(BC 198-167)	: 알렉산더 사후 4장군이 제국을 분할통치 : BC 201년 셀류크스 왕조의 안티오쿠스 III 　팔레스타인 점령 : 안티오쿠스 IV의 성전 모독 및 약탈
• **독립 유다시대 :** 　– 마카비 혁명(BC 166-143) 　– 하스몬왕조(BC 142-63)	: 마카비 가문이 주도한 헬라파 반대 혁명 성공 　성전 재복원(하드리안 황제)
• **로마시대:** (BC 63-AD 476)	: 로마장군 봄페이의 예루살렘 점령 　이두매출신 헤롯 가문의 유대 지배시작 　로마의 통치(AD 70년 예루살렘 함락) 　AD 135년경 전 유다인 로마에서 강제 추방정책 실시

이후 역사 안에서 민족으로는 존재했지만(이스라엘 민족) 왕과 국가는 존재하지 않았다. 세계 방방곡곡을 유리 방황하던 이스라엘 민족은 2차 대전 직후 **1948. 5. 14.** 드디어 **이스라엘**이라는 국가로 탄생하였다

■ 율법과 복음의 관계

- **구약** : 오실 메시야 예수 그리스도를 향한 구원의 약속
- **신약** : 오신 메시야 예수 그리스도가 하나님의 나라 성취(구원)
- **율법** : 하나님의 백성을 향한 하나님의 계시

  율법 자체만으로 인간은 구원받을 수가 없다. 왜냐하면 율법을 완벽하게 지킬 수 있는 사람이 없기 때문이다(롬 3:20-28, 5:12-20, 갈 2:16, 히 7:18-28).

  율법을 통해 인간은 자신이 이를 지킬 수 없음을 깨달아 죄인임을 인식하게 된다. 율법의 역할은 인간이 하나님 앞에서 죄인임을 알게 함으로 구원의 필요성을 자각하도록 인도한다(갈 3:15-29).
- **복음** : 하나님의 의를 성취

  (요 3:16-17, 5:24, 8:31-32, 14:6, 고후 5:13-21, 요일 3:23, 5:1-5)
- **구약**(율법: 이스라엘 백성들을 향해)

  ➡ 예수 그리스도의 십자가 사건 ➡ 신약(복음: 모든 인류를 향해)

■ 성경에 나타난 하나님의 구원에 대한 언약과 예언

- 여자의 후손(창 3:15)
- 무지개 언약(창 9:11-17)
- 아브라함의 소명(창 12:1-2)
- 십계명(출 34:1-17장, 신 5:1-33)
- 여호수아 및 백성과의 언약(수 23-24장)
- 다윗의 언약(삼하 7:1-16)
- 메시야 예언(시 2:1-12)
- 새 언약(렘 31:31-34)
- 메시야 탄생에 대한 예언(사 9:6-7)
- 영원한 언약(겔 16:60)

- 메시야 예언(미 5:2-4)
- 치료하는 광선(말 4:2)
- 새 언약(눅 22:20)
- 새 언약의 절대성(히 8-9장)

하나님께서는 구약의 선지자들을 통해 새 언약, 영원한 언약을 예언하셨는데 이 새 언약은 메시야로 오신 예수 그리스도에 의해 성취되었다.

모세를 통해 하나님이 주신 율법을 온전히 지킬 수 있는 인간은 아무도 없다(롬 3:20). 율법을 통해 인간은 죄를 깨달을 뿐이다. 모든 인간은 자신의 행위와 노력으로 하나님 앞에 당당하게 서있는 의인이 될 수 없다. 죄인인 인간은 오직 예수 그리스도가 우리의 죄를 담당하시고 십자가에 돌아가심을 믿는 신앙고백을 통해 하나님으로부터 죄사함 받고 하나님의 자녀(의인)가 될 수 있다. 십자가 통한 속죄의 제사를 믿는 자만이 죄로부터 자유함을 누리고 구원받기에 이른다. 이로써 하나님으로부터 죄인에서 의인으로 칭함을 받게 된다. 예수 그리스도의 보혈의 피로 말미암는 새 언약은 신약 시대에 와서 이스라엘 백성에 국한하지 않고 세계 만민에게 주어졌다. 십자가의 보혈을 통한 구원의 약속이 바로 새 언약이요, 복음이다(요 3:16).

그러면 율법은 필요 없다는 말인가? 절대로 그렇지 않다.

율법하면 사람들은 구약의 모세오경 혹은 구약 성경과 연결 지어 생각하면서 신약 시대 예수님 오심으로 율법의 시대는 가고 율법은 더 이상 필요하지 않은 법으로 오해하기도 한다. 분명히 율법의 시대는 지나갔다.

복음의 시대가 도래 했고 우리는 오늘 그 복음으로 말미암아 구원을 누리고 있다. 그러나 복음이 오기까지 그 바탕에는 엄연히 율법이 있음을 알아야 한다. 율법으로 말미암아 우리는 죄인임을 깨달아 알게 되고 하나님의 인도하심을 더욱 기대하며 소망한다. 율법이 없이는 우리가 죄인임을 인식할 수 있는 방법이 없다. 율법은 우리를 복음으로, 구원으로 인도하는 계기를 마련해 주는 귀한 역할을 감당하고 있다.

창세기 시대

(유럽, 아시아, 아프리카 온 땅을 아우르는 약속의 땅 가나안)

아브라함의 이동경로

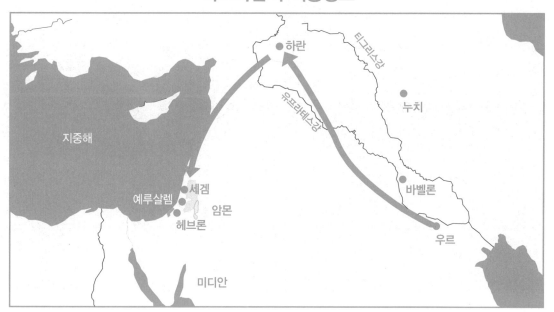

출애굽 여정

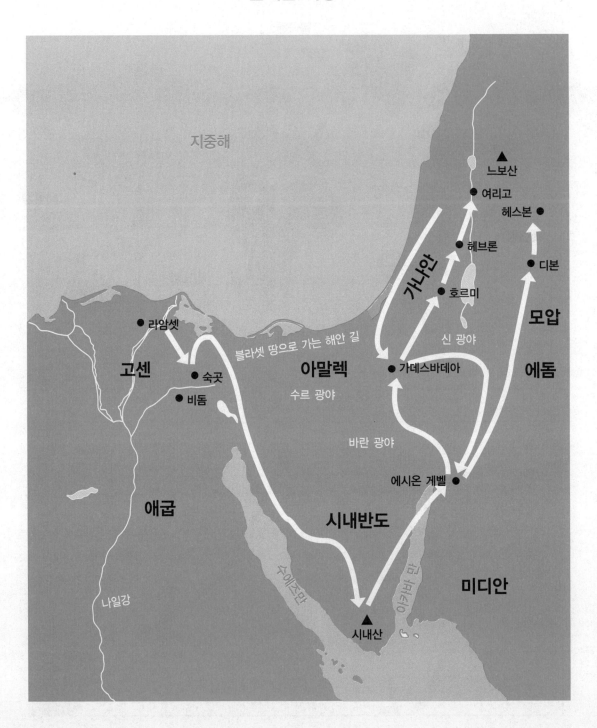

지중해

느보산 ▲
여리고 ●
헤스본 ●

가나안
헤브론 ●
디본 ●

호르마 ●
모압

라암셋 ●
블라셋 땅으로 가는 해안 길
신 광야

고센
숙곳 ●
아말렉
가데스바데아 ●
에돔

비돔 ●
수르 광야

바란 광야

애굽
에시온 게벨 ●

시내반도
미디안

수에즈만
아카바만

나일강

시내산 ▲

12지파의 가나안 분배

지중해

시돈
두로
레바논 산 ▲
헤르몬 산 ▲
다메섹

단(라이스)
단

아셀
게데스
하솔
므낫세(동)

납달리

다볼산 ▲
갈릴리 호수
골란

스불론
잇사갈
이스라엘
아스다롯

돌
므깃도
길르앗 라못
갓

므낫세(서)
벳산
길르앗

요단강

세겜
에발 산 ▲

그림 산 ▲
에브라임
딤낫 세라
실로
아이
암몬

벧엘
기브온베냐민여리고

에그론
예루살렘
베셀

립나
유다
르우벤

라기스
헤브론
엔게디
사해

아스돗
가드

아스글론
드빌

가사
블레셋
브엘세바
호르마
모압

시므온

에돔

범례
— 지명
— 12지파 이름

남북 분열왕국시대

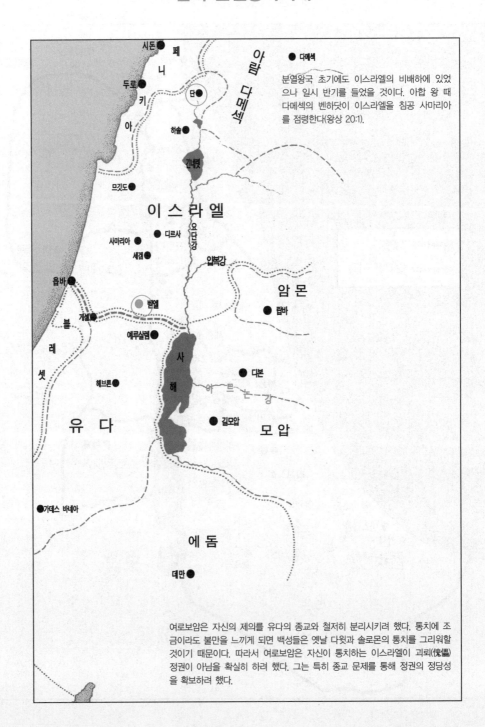

분열왕국 초기에도 이스라엘의 비배하에 있었으나 일시 반기를 들었을 것이다. 아합 왕 때 다메섹의 벤하닷이 이스라엘을 침공 사마리아를 점령한다(왕상 20:1).

여로보암은 자신의 제의를 유다의 종교와 철저히 분리시키려 했다. 통치에 조금이라도 불만을 느끼게 되면 백성들은 옛날 다윗과 솔로몬의 통치를 그리워할 것이기 때문이다. 따라서 여로보암은 자신이 통치하는 이스라엘이 괴뢰(傀儡) 정권이 아님을 확실히 하려 했다. 그는 특히 종교 문제를 통해 정권의 정당성을 확보하려 했다.

바벨론의 3차례 유다 정복(포로) (1, 2, 3차)

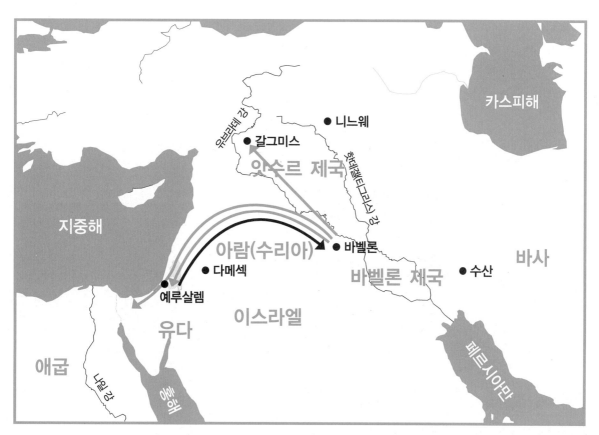

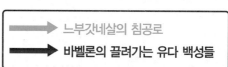

느부갓네살의 침공로

바벨론의 끌려가는 유다 백성들

[구약 성경]
성경의 맥을 따라 읽으라

■
초판 1쇄 인쇄 / 2014년 5월 10일
초판 1쇄 발행 / 2014년 5월 15일

■
지은이/구 순 옥
펴낸이/민 병 문
펴낸곳/새한기획 출판부

편집처/아침향기
편집주간/강 신 억

■
100-230 서울 중구 수표동 47-6 천수빌딩 1106호
☎ (02)2274-7809 • 070-4224-0090
FAX • (02)2279-0090
E.mail • saehan21@chollian.net

■
미국사무실 • The Freshdailymanna
2640 Manhattan Ave. Montrose, CA 91020
☎ 818-970-7099
E.mail • freshdailymanna@hotmail.com

■
출판등록번호/제 2-1264호
출판등록일/ 1991. 10. 21

값 22,000원

ISBN 978-89-94043-69-2 04230
ISBN 978-89-94043-68-5 세트(전2권)

Printed in Korea